YVONNE DE GAULLE

Geneviève Moll

YVONNE DE GAULLE

L'Inattendue

ÉDITIONS FRANCE LOISIRS

Édition du Club France Loisirs,
avec l'autorisation des Éditions Ramsay

Éditions France Loisirs,
123, boulevard de Grenelle, Paris
www.franceloisirs.com

ISBN : 2-7441-3788-X

À Anissa Nouar,
qui m'accompagne depuis l'enfance
dans l'amitié et l'indulgence.

Mon Dieu, il en est peut-être du péril comme de l'eau froide
qui d'abord vous coupe le souffle
et où l'on se trouve à l'aise dès qu'on y est entré jusqu'au cou ?

Blanche de la Force
Dialogue des carmélites
GEORGES BERNANOS

Avant-propos

Voilà des années que je vis avec Yvonne de Gaulle parce qu'elle apparaissait, en creux, dans l'histoire de Charles, au détour d'une de ses phrases, dans l'œuvre de ses biographes, de ses compagnons, de ses détracteurs. Dans ce livre inspiré, *Les Chênes qu'on abat*, Malraux la fait intervenir comme la voix naturelle qui participe du flot tumultueux de la légende. Les remarquables ouvrages de Jean Lacouture sur de Gaulle, l'épopée racontée par Max Gallo, les souvenirs de Philippe de Gaulle, des aides de camp, des ministres, des proches comme Pierre Lefranc, la font apparaître comme l'indispensable appui du Général.

J'ai eu envie de savoir qui se cachait derrière « tante Yvonne ». Et, dans cette vie qui vaut largement les romans les plus échevelés, j'ai découvert un personnage inattendu, loin de la mièvrerie qu'on lui a souvent prêtée, fort, fragile et d'un courage hors du commun. Les lettres de son mari, tout au long de leur vie de couple, montrent par ailleurs à quel point elle a été partie prenante de l'aventure politique, et bien sûr personnelle, qu'il a conduite.

On ne vit pas impunément aux côtés d'un grand homme. Il faut être fait, comme lui, de l'étoffe des héros. C'est ce que j'ai appris en remettant mes pas dans ceux de cette femme qui mérite qu'on lui redonne, aujourd'hui, toute sa stature.

Je n'ai pas souhaité faire ce qu'il est convenu d'appeler une « biographie autorisée » pour me préserver des influences, même amicales, qui auraient interféré avec mon interprétation d'Yvonne de Gaulle. Je me suis donc largement inspirée des écrits, parfois inédits, et de certains témoignages que j'ai eu le privilège de recevoir.

Yvonne de Gaulle

Il me faut remercier ici tous ceux qui m'ont aidée à la mieux connaître. Ceux qui m'ont tenu la main pendant l'accouchement difficile de l'écriture, Françoise Samson, Chantal Terroir, Jeanne Ollivier, Marie-Hélène Sabard, Olivier Delorme. Et Jean-Claude Gawsewitch, qui a été un lecteur enthousiaste et sévère.

Puisse mon emportement pour « l'Inattendue » être partagé.

La veilleuse de l'Histoire

Elle est enfin seule. Assise sur une chaise à dos droit, la voici face au grand corps revêtu de son costume de général de brigade. Les longues jambes de Charles disparaissent dans le drapeau d'étamine tricolore qui a flotté sur La Boisserie les jours de fête nationale. Yvonne a glissé elle-même entre les mains croisées de son mari le chapelet aux grains blancs que le pape Paul VI leur a donné au Vatican, le 31 mai 1967. Le salon est seulement éclairé par les deux cierges que l'une des servantes a disposés dans les chandeliers de cuivre. La branche de buis consacrée lors des Rameaux par l'abbé Jaugey, le curé de Colombey, trempe dans de l'eau bénite, sur un guéridon. Tout est en ordre. Charlotte, la femme de chambre, Honorine, la cuisinière, et Francis Marroux, le chauffeur, se sont retirés à sa demande. La grande maison est silencieuse. Le vent lui-même, qui soufflait vers quinze heures sur ces solitudes de la Haute-Marne, est tombé. Lorsque Charles a fermé les volets, un peu après dix-huit heures, il bruinait.

Elle le regarde. Son visage apaisé semble moins pâle que ces derniers jours. Les rides ont presque disparu. Il a rajeuni de plusieurs années, ses cheveux blancs bien ordonnés par l'ultime coup de peigne d'Honorine.

Yvonne pourrait se laisser aller aux larmes, à la souffrance vive de son corps amputé. Mais elle doit tenir, en attendant leur fils Philippe, leur fille Élisabeth. Son frère à elle, Jacques, bien sûr aussi. Elle doit tenir, comme elle a toujours tenu, droite, debout, lissée par la peur qui a été sa compagne si longtemps... La prédiction de la bohémienne, qui la hante depuis cinquante ans, surgit à nouveau. Charles le lui a raconté souvent : « Son regard était noir, intense : “Tu es promis à un grand destin, lui avait-elle dit. Mais tu seras pendu pour haute trahison.” » La jeune femme avait proféré ces paroles qui résonnent comme une malédiction, dans le soleil, alors qu'il était si jeune encore, en Pologne. La foi d'Yvonne ne l'a pas protégée : la prédiction s'est fichée en elle comme une lame. Elle n'a jamais pu s'en défaire. Et même si, durant ces deux dernières années, il avait quitté les affaires, elle n'échappe que maintenant à l'angoisse persistante. Il est allé au terme de sa vie, trahi seulement par son corps.

Lorsque, un peu avant dix-neuf heures, Charles s'est installé dans le salon, devant son habituelle réussite, à la table de bridge, il était certes très blanc. Mais elle n'attendait pas ce cri qui l'a glacée : « Oh ! J'ai mal, là, dans le dos. » Et il s'est affaissé. Ses lunettes sont tombées sur le sol. Il a prononcé encore quelques mots. Elle a eu l'impression de hurler pour appeler Charlotte et Honorine : « Venez vite ! Venez vite ! Le Général a un malaise ! » Les deux femmes accourent, bouleversées. Elles font partie de la famille, et le Général est bien plus que leur maître. Charlotte, qui a abandonné ses assiettes, aide Yvonne à soutenir Charles : il cherche son souffle.

Honorine compose le 323 à Bar-sur-Aube. Le docteur Lacheny est encore en consultation. Il s'excuse auprès des trois derniers patients qui attendent dans son cabinet et parcourt le trajet entre Bar-sur-Aube et La Boisserie comme un fou, en moins de dix minutes. Honorine a aussi appelé la cure. Et lorsque le médecin arrive, l'abbé Jaugey est déjà là. Yvonne a pris le pouls du Général. Elle sait qu'il s'échappe. Marroux, le chauffeur, et les deux domestiques l'ont installé sur un divan, dans la bibliothèque. Lacheny, d'un regard, comprend : rupture d'anévrisme. L'aorte abdominale s'est rompue. Charles a les yeux toujours ouverts, mais il respire avec difficulté et son corps est agité de soubresauts. Il est inconscient. Le médecin lui injecte un calmant. L'abbé Jaugey administre le sacrement des malades. Yvonne est immobile, pétrifiée. Pas une larme, tandis que les servantes sanglotent.

Puis le visage de Charles se détend. Charlotte prend alors Yvonne dans ses bras, de peur qu'elle ne s'effondre. Mais Yvonne se dégage doucement : « Il a tant souffert au cours de ces deux dernières années... s'entend-elle dire. C'était un roc [1]. »

Il est encore dans le costume croisé gris foncé qu'il a revêtu le matin. Il s'est levé vers neuf heures quinze, plus tard que d'habitude. Il a déjeuné d'une tasse de thé, assis devant le petit guéridon Louis XVI de leur chambre. Il fait gris. L'immense paysage jaune, roux et noir de prés et de forêts qui partent à l'assaut du plateau de Langres est noyé de brume. Avidement, à travers ses épaisses lunettes d'écaille, il s'en est une fois encore repu. Il l'a aimé en toutes saisons, ce panorama. Il s'accorde à son attente de la rigueur du monde, à sa tendresse pour cette terre de France, dont les courbes lentes et douces ont connu, ici, toute la fureur des hommes.

Puis il est descendu dans son bureau, en a ouvert les fenêtres, s'est mis au travail. Il le dit de plus en plus : le temps presse. Il rédige presque sans discontinuer la suite de son œuvre. Il met la dernière main à un chapitre du deuxième volume des *Mémoires d'espoir* : « L'effort ». Le premier tome vient de paraître. Il est arrivé à La Boisserie le 6 octobre, et la critique est déjà très élogieuse. Mais il reste encore tant à faire... Deux ans au moins, trois, peut-être, d'un travail sans répit...

Pourtant, il y a d'autres urgences, l'ordre de marche du quotidien, pour que tout soit en règle... Ainsi, l'histoire des prés jouxtant La Boisserie dont son voisin, René Piot, a le fermage. Le remembrement opéré par la SAFER a changé la donne. Charles désire revoir le contrat. Il l'a écrit à Piot qui n'a pas encore répondu. Il lui dépêche son chauffeur, Marroux. Piot arrive à quatorze heures trente, en costume-cravate, par respect pour cet hôte éminent qui le reçoit pourtant en ami, lui offre une cigarette, l'allume.

René Piot racontera plus tard que le Général lui a dit [2] :

« Si vous le voulez, vous vous occuperez de la parcelle du milieu, celle qui vous appartenait et est devenue mienne par le remembrement. Vous pourrez y faire les foins et vous garderez la

1. et 2. Rapporté par Jean-Paul Ollivier, *De Gaulle à Colombey*, Plon, 1998.

récolte. En échange, je souhaite que vous entreteniez l'ensemble. Êtes-vous d'accord ?

– Oui, mon général. Et je vous remercie. En somme, vous me faites un cadeau.

– Ah ! Si vous pouviez aussi enlever les vieilles clôtures qui se sont affaissées…

– Je le ferai dès la fin du mois, mon général. »

Voilà comme il a réglé l'affaire, il y a quelques heures à peine. Mais, pour Charles, ce n'était pas suffisant. Il a demandé des nouvelles de la famille, des enfants, du train de la ferme. Il sait combien ces terres de Champagne sont dures à vivre, comme les paysans souffrent dans cette région. Et, parce que son voisin fait construire un hangar, sachant le coût de ce genre de bâtiment, deux heures plus tard, il lui adresse un petit mot avec un chèque :

Cher Monsieur Piot,

Après notre bon accord de tout à l'heure, je vous demande d'accepter ceci qui tient compte de votre gracieux renoncement à notre bail.

Veuillez croire, cher Monsieur Piot, à mes sentiments bien cordiaux.

C'était tout lui. Il a toujours pensé que les autres avaient été moins bien dotés que lui par la fortune, la nature, Dieu peut-être. Et sa sollicitude allait parfois au-delà de ses capacités, financières surtout. Il estimait qu'il avait toujours assez, qu'il devait partager, alléger le fardeau d'autrui. Saint Martin, pense Yvonne. Mais elle est comme lui, le comprend, le précède même, parfois. L'argent n'a jamais beaucoup compté pour eux. Les nécessités de la vie ont fait d'elle une femme économe. Non pas regardante. Juste peu gaspilleuse. Une femme d'officier obligée de tenir son rang, sans plus…

Faire sa toilette. C'est Charlotte, Marroux, le docteur Lacheny et l'abbé Jaugey qui s'en chargent. Yvonne a proposé deux uniformes. Charlotte a choisi celui qui allait le mieux. Puis on a sorti le drapeau. Les choses se sont enchaînées. Les cierges, l'eau bénite, le buis, le chapelet. Elle repense à leur chagrin lorsque la petite Anne, « le tout-petit », comme il disait, s'est éteinte, dans sa chambre du premier étage, vingt-deux ans plus tôt. Charles…

Elle pourrait gémir. Elle est seule, maintenant. Elle sent le dossier de la chaise dans son dos. Cela l'oblige à se tenir droite, comme toujours. Et, dans un éblouissement, elle le revoit pour la première fois, chez Mme Denquin-Ferrand, une amie de la famille. Il semblait immense, dans son uniforme d'officier, le visage sévère, avec son grand nez. Mais le regard... Il avait un regard caressant, charmeur. Était-elle jolie, elle, avec ses lourds cheveux bruns ? Ravissante, disait Jacques, son frère, qu'elle soupçonnait d'avoir arrangé la rencontre. Femme d'officier ? Cela lui convenait assez. Encore que... Elle ne craignait pas l'aventure, à l'époque. Elle laisse les souvenirs l'envahir.

Il est en uniforme de commandant – à titre temporaire, insiste-t-il lorsqu'on lui donne son grade –, porte toutes ses décorations : la croix de guerre avec palmes, la Légion d'honneur, des médailles polonaises qu'il vient de gagner sur les champs de bataille contre les Russes. Car, au sortir de la guerre, il a demandé à instruire les officiers polonais, en lutte contre les Bolcheviques de Moscou qui veulent leur ravir leur patrie. Et il s'est battu, brillamment, à leurs côtés. Au moins, cette guerre-là, pour la liberté d'un peuple, ne lui a pas échappé.

Charles, en permission, regarde à la dérobée cette jeune fille frêle et forte, droite sur son siège, les mains sur ses genoux. Elle sent ses yeux posés sur elle et esquisse un léger sourire. Il fond. C'est elle. Elle sait déjà que c'est lui. Mais elle ne dit rien. Elle écoute.

Les de Gaulle évoquent les racines de leur famille, normande, bourguignonne, parisienne pour le père, qui s'enorgueillit de cette noblesse de robe toujours au service des intérêts de la France ; la mère, née Maillot, descendant d'une longue lignée de médecins lillois d'origine écossaise et irlandaise. Les Vendroux, parents d'Yvonne, répondent par leurs propres quartiers d'histoire. On est entre gens du même monde, bien ancrés, des deux côtés, dans cette Europe qui vient de se déchirer.

Mais Charles, que pense-t-il ? À cet instant précis, est-il habité par l'image de cette comtesse polonaise dont on chuchote qu'il était encore, quelques jours avant de quitter Varsovie, le chevalier empressé ? Ou songe-t-il à cette femme de l'un de ses camarades officiers de la caserne Schramm d'Arras, qu'il passait pour conduire dans quelque hôtel discret, l'après-midi ? Non, il le lui a dit plus tard : il pense à fonder une famille. Il est rentré pour cela de Pologne. Ses parents le savent.

C'est pourquoi Mme Denquin-Ferrand, filleule d'Henri de Gaulle, a organisé cette petite réception. Les regards que les deux jeunes gens se jettent à la dérobée ne trompent personne. Il ne faut pas qu'ils se perdent de vue. La bonne fée suggère d'aller tous ensemble, le jeudi suivant, voir *La Femme en bleu*, de Van Dongen, qui est l'attraction du Salon d'automne.

Dans la lumière du Grand Palais, Yvonne rayonne. Et, tandis que les parents s'éloignent, elle peut échanger quelques mots avec Charles. Il a, quand il s'adresse à elle, une voix douce et chaude, débarrassée des sonorités rugueuses qu'elle lui connaîtra, parfois. Elle le sent troublé. Elle aurait envie qu'à la place des gants blancs qu'il tient de la main gauche, il y ait sa main à elle, minuscule.

Lorsqu'ils se restaurent, au buffet du musée, il laisse échapper sa petite cuillère. Quelques larmes de thé manquent s'écraser sur la robe d'Yvonne. Elle sourit. Il s'excuse. Oui, il est troublé. C'est à ce moment-là qu'il la choisit : si elle l'accepte, elle sera sa compagne. Pour la vie.

Lorsque Yvonne reçoit le carton d'invitation pour le bal de Saint-Cyr, que Charles lui adresse, ainsi qu'à son frère, elle se dit qu'elle ne lui est pas indifférente. Elle rêve. Dimanche prochain, elle le reverra, à l'hôtel des Réservoirs, à Versailles. Avec sa mère, elle choisit aux Trois-Quartiers une robe longue en crêpe de Chine pervenche. Pas de bijou. Elle n'a besoin de rien. « Tu es très jolie », lui confirme Jacques en lui prenant le bras.

C'est lui qui la conduit vers Charles. Il est là, presque trop grand, dans le vestiaire de l'hôtel. Ému, il peut à peine dire un mot. Le bal est commencé. Il ne lui propose pas de danser, l'entraîne dans un coin tandis que Jacques s'éloigne, fait servir une coupe de champagne. Le jeune officier écoute Yvonne parler de sa passion pour la montagne, pour ces plages du Nord qu'il aime tant lui-même. « Tu étais, ce soir-là, à la fois vive et douce, gaie, intelligente et spontanée, sûre. Tout ce que j'attendais », lui dira-t-il plus tard.

Lorsqu'il raccompagne le frère et la sœur, sa décision est prise. Il fait sa demande en mariage, dans les règles, par l'intermédiaire de Mme Denquin-Ferrand. Quand ses parents la lui transmettent, Yvonne sent son sang refluer vers son cœur : « Ce sera lui ou personne », murmure-t-elle. Elle l'aime d'un amour définitif, avec toute la certitude de sa jeunesse. À cet amour ne se mêle pas encore de respect. Elle ne le connaît pas assez pour cela. Mais elle sent en lui un esprit exceptionnellement fort et, sous la raideur apparente, une tendresse qu'elle peut aider à s'exprimer. Car, sur ce point, elle est semblable à lui.

Elle ne craint pas d'épouser un militaire. Au contraire. Le goût de l'aventure, c'est sa mère qui le lui a donné. Marguerite Vendroux, née Forest, Ardennaise et intrépide, amoureuse des hautes cimes. Toutes les deux, visages protégés par de fines mousselines, les yeux cachés par d'épaisses lunettes noires, elles ont gravi les sommets, s'en sont allées conquérir le mont Blanc. Yvonne a toujours été très bonne marcheuse, insensible au vertige. Enfant encore, elle n'avait qu'une dizaine d'années, elle marchait en s'aidant de l'alpenstock, un bâton de berger plus haut qu'elle. Elle a tellement aimé la flore des Alpes, le bleu subtil des gentianes, l'abeille délicate de l'orchidée sauvage, la pâleur des edelweiss...

De ces randonnées furieuses, elle a même rapporté certaines de ces fleurs d'altitude, qu'elle a tenté d'acclimater à *Sept-Fontaines*, le château de sa grand-mère Forest, près de Charleville. Une passion botanique que, toute sa vie, elle cultivera, aimant à feuilleter l'herbier qu'elle composa enfant. Et les animaux qu'elle recueille. Cette jeune marmotte ramenée à Calais... Une marmotte à Calais... a-t-on idée ? Elle a connu l'ivresse de la haute montagne, le souffle court, le goût de l'effort physique, le dépassement de soi. L'immensité des paysages, sous le ciel pur, l'exaltait. Pour cela, probablement, elle a toujours aimé les voyages, la découverte du visage singulier de chaque pays. Elle a toujours été intéressée par les coutumes des peuples, leurs rites, leurs objets. Oui, c'est une curiosité qu'elle tient de l'enfance. De son enfance pourtant si protégée.

Elle est Yvonne Vendroux, deuxième fille d'un notable de Calais, descendant des Van Hoog, riches producteurs de tabac dans la région de Delft. Refoulés en Bourgogne par les guerres des

Flandres, sous Louis XIV, ils deviennent Vendroux à Dunkerque, avant de s'installer à Calais quelques décennies plus tard. Ils s'allient ensuite à des Italiens de Venise et de Rome – il y a un pape dans la famille –, mais aussi à des Alsaciens, à des Lorrains.

Elle est autant la fille de cette aristocrate, Marguerite Forest, aussi blonde qu'elle est brune. Audacieuse, elle a été l'une des premières femmes à passer son permis de conduire automobile. Courageuse. Elle est sortie du désastre de 1914-1918 avec la croix de guerre. Comme un soldat, elle a administré l'hôpital de Calais, sauvé des blessés, réconforté des désespérés. Et elle, Yvonne, a suivi le droit sillage de cette femme qui lui a tout appris : les bonnes manières, le sens de l'honnêteté et de la droiture, le respect de Dieu et des autres.

Faut-il, devant la dépouille de cet homme qu'elle a vaillamment aimé, revenir au temps où elle était cette enfant qui, vouée à la Vierge Marie, ne porta, durant plusieurs années, que du bleu et du blanc ?

Elle est née le 22 mai 1900, dans la maison de sa grand-mère Vendroux, rue Le Veux, à Calais. Vaste demeure du XVIIIe siècle, agrandie et embellie sous le second Empire : une vingtaine de pièces meublées avec goût, confortables, mais sans ostentation. Un peu de snobisme, cependant : quelques meubles du beau Brummell, achetés dans une vente aux enchères. Ils sont chez elle, maintenant, à La Boisserie. La demeure de Calais, construite autour d'unc cour et d'un jardin, est proche du port. M. Vendroux, fabricant de biscuits, mais aussi armateur et consul, entre autres, de Grande-Bretagne, y a installé ses bureaux. Le jeune médecin qui a accouché Marguerite Vendroux s'appelait Crèvecœur. Et le pharmacien de la famille Grodecœur… Des noms magnifiques de cette région du Nord aux vastes horizons… Sur la photo de son baptême, quelques jours après sa naissance, elle porte un voile au point d'Angleterre qui a appartenu à Marie Stuart. Elle n'a jamais tiré de fierté de ses origines. Mais elle est de bonne race, bien mélangée, bien européenne.

À l'extérieur de Calais, le bisaïeul d'Yvonne a édifié une belle bâtisse, en pleine campagne, sur huit hectares : Coulogne. Il y a là deux vergers, un parc anglais, un potager, deux jardins de fleurs. Et, sur l'un des trois étangs, une île ronde ornée d'un pavillon chinois. Un cours d'eau traverse un petit bois. Yvonne, avec ses frères et sa sœur, y a passé de belles fins de semaine.

C'est de Jacques, son aîné de trois ans, qu'elle est la plus proche. Dans cette famille où les enfants sont à la garde constante des « nounous » et des domestiques, Jacques s'est très tôt institué son protecteur, avant de devenir son mentor. Jean, son cadet de deux ans, a eu du mal à pénétrer leur complicité. Et, avec Suzanne, sa petite Suzanne, née en 1905, elle a longtemps eu le sentiment de jouer à la maman.

Du côté maternel, les Forest sont des industriels et des notaires ardennais. Le plus bel héritage, symbole de cette enfance partagée, c'est le château de la grand-mère Forest, *Sept-Fontaines*. De cette ancienne abbaye des Prémontrés, il ne subsiste que le bâtiment principal de style Louis XIII, long de cinquante mètres et flanqué de deux tours, l'une carrée, l'autre hexagonale. À mi-pente d'une colline, il s'ouvre sur le midi par une large terrasse à la française. Sur les cent cinquante hectares qui entourent le château, combien de pique-niques, de randonnées, de parties de pêche ! Combien d'autres bonheurs : le parfum entêtant des phlox, la chasse aux papillons où, petite, elle excelle déjà.

Ces enchantements jusqu'en 1907. Car, juste après la mort accidentelle d'un jeune valet de ferme, Abel – elle s'en souvient encore –, le château a en partie brûlé. Une année plus tard, le grand-père Forest disparaît. La famille délaisse *Sept-Fontaines* pour Samoëns, dans les Alpes. C'est là qu'Yvonne découvre la montagne.

Quelle petite fille était-elle, cette femme de soixante-neuf ans qui veille l'Histoire ?

Têtue, tenace, obstinée, avec des idées bien arrêtées, déjà, affirme son frère aîné. Comme sa mère, qui lui a transmis le bon goût du monde, le sens du raffinement propre à son milieu. Jacques a souvent raconté la cérémonie de la première côtelette. Elle avait un an. On a dressé pour elle, sur une petite table recouverte d'un napperon brodé, un couvert d'enfant et une assiette en argent perlé, qu'on a chauffée à l'eau bouillante. Oui, la famille est aisée. Et l'on a des habitudes, chez les Vendroux.

Yvonne garde encore le souvenir du parfum à la violette d'Houbigant qui se dégage des tailleurs bleu marine de sa mère, penchée sur elle. Mais cette femme élégante, qui lui parle toujours comme à une petite personne, la serre rarement dans ses bras. Les enfants, dès le matin, sont pris en charge par les domestiques, et leur mère ne se montre que lorsque chacun est habillé, prêt à vaquer à ses occupations. Ils ne la retrouvent qu'aux déjeuners et en fin d'après-midi, quand ses bonnes œuvres, les visites, les dîners en ville, les voyages ne l'éloignent pas de la maison. On l'entend souvent morigéner les domestiques, qu'elle fait venir de Bretagne ou de Lorraine, et dont elle n'est jamais satisfaite. Le dimanche, parfois, elle s'installe au piano, jouant les *Lieder sans paroles* de Mendelssohn ou des pièces de Grieg. Elle s'assied, bien droite, pour lire les romans de Marcelle Tinayre ou d'André Theuriet, de la littérature pour « dames comme il faut ». Mais Yvonne, qui adore cette mère, n'aime rien tant que de la voir soudain perdre sa gravité lorsque s'approche son époux. Ils sont beaux, tous les deux, et, quoique toujours discrets, donnent d'évidents témoignages de tendresse partagée. Dans ce milieu policé où les convenances s'observent quoi qu'il en coûte jusque dans les ménages les moins bien assortis, les relations et les amis leur font compliment, avec un brin d'envie, parfois, de leur entente manifeste et du modèle qu'ils offrent à leurs enfants.

M. Vendroux aussi n'est que senteurs : savon de chez Thridace, eau de Lubin, cosmétique à la violette de Lenthéric. Le coiffeur de la rue Royale vient lui faire la barbe chaque matin à huit heures. Deux fois par an, un tailleur de Paris se déplace pour lui confectionner le costume de cheviotte noire l'hiver, ou celui de serge blanche l'été. Sur ses chemises à faux col empesé, il porte toujours une cravate de satin noir. Lorsqu'il met son chapeau melon ou son haut-de-forme, une autre vie commence dans la maison.

Ce père qui, lui aussi, ne tient vraiment compagnie à ses enfants qu'aux heures des repas est pourtant très attentif à leur éducation, dont il vérifie la bonne tenue, et à leur instruction à tous les quatre. Car, s'il est un peu plus indulgent avec ses filles, il a décidé qu'elles étudieraient avec sérieux.

Yvonne se lève donc à sept heures trente. Une domestique lui monte un plateau et elle prend, seule dans sa chambre, un petit déjeuner assez simple : du cacao et deux petits pains blancs agrémentés de gelée de groseille. De neuf à onze heures et de quatorze à seize heures, elle apprend à lire et à écrire avec une vieille institutrice qui vient à domicile, Mlle Delannoy. Elle est seule, là encore, car Jacques va déjà à l'école. Quant aux benjamins, ils sont trop petits. Elle aussi est bien jeune pour cette austérité, mais elle s'applique, désireuse d'apprendre. Elle tient bien ses cahiers. Elle excelle en lecture, en rédaction, en instruction religieuse. Elle adore la géographie, mais elle n'a pas la bosse du calcul.

À l'âge de sept ans, finie la solitude : elle entre au pensionnat Notre-Dame, où elle peut se mesurer aux autres petites filles. Mais Mlle Delannoy la suit toujours pour renforcer ses connaissances en culture générale.

À douze heures quinze, déjeuner avec les parents : bonne table, mais sans superflu, servie avec componction par un maître d'hôtel aidé d'une domestique. Et l'on ne parle que si l'on y est convié. L'éducation est stricte, chez les Vendroux. Du reste, on ne participe aux dîners quand il y a des invités qu'après dix ans pour les filles, et après le bac pour les garçons.

Yvonne a un serrement de cœur. Cette petite enfance, sans heurts mais sans frivolité, elle l'a partagée avec Mirette, sa petite chienne qui ne la quittait jamais, et qu'elle était autorisée à promener, après les heures d'étude avec Mlle Delannoy, dans un landau de poupée. Mirette dont la mort a sans doute été son premier vrai chagrin.

Elle a les larmes aux yeux. Elle pourrait se laisser aller, à présent, face au grand corps immobile de Charles. Mais non, ce n'est pas sur lui qu'elle pleurerait ; ce serait sur l'enfant qu'elle a été, une enfant calme, réservée, soignée.

On lui dit qu'elle est très jolie, avec ses longs cheveux châtains et ses yeux gris très vifs. Pourtant, jamais elle ne sacrifie au péché d'orgueil. Et elle remercie Dieu chaque soir de lui avoir donné tout ce qu'elle possède.

Encore les souvenirs... Elle a quoi, neuf ans ? Deux aviateurs, Latham et Blériot, vont tenter de gagner les côtes anglaises à bord d'un avion si léger, si fragile... C'est à Sangatte, à une dizaine de kilomètres de Calais, derrière une dune plantée d'oyats que la famille a franchie avec enthousiasme.

Quelques jours plus tard, on part pour Lanslebourg, en Maurienne. Une véritable expédition dans deux wagons de chemin de fer loués pour l'occasion car, pendant les vacances, parents et enfants sont vraiment réunis. Dix personnes, domestiques compris, avec paniers de pique-nique et un incroyable barda de malles et de panetières. On refera le voyage trois années de suite, et les petits, dans l'excitation de ces moments enfin partagés, de cette insouciance autorisée, se laissent gagner par la passion de la marche, par l'apprentissage de ces beautés renouvelées. C'est à ce moment-là qu'Yvonne va être conquise par les paysages vertigineux de la montagne.

Entre-temps, elle l'apprendra plus tard, Charles croise sa route pour la première fois. Elle a dix ans. Le 26 mai 1910, un sous-marin, le *Pluviose*, est éperonné par l'un des deux paquebots à aubes qui font la navette entre Calais et Douvres. Les enfants Vendroux suivent, avec leurs parents, la tentative de sauvetage de l'équipage. Mais l'on ne pourra rien. Les marins ont droit à des obsèques nationales en présence du président Fallières. Toute la ville porte le deuil. Jacques et Yvonne arborent un crêpe noir auprès de leurs parents, au milieu des personnalités de la ville. Deux rangées de fantassins rendent les honneurs. Parmi eux, un détachement du 33e régiment d'infanterie d'Arras, et un jeune caporal de dix-neuf ans : Charles de Gaulle. À la caserne Schramm, au chef-lieu du Pas-de-Calais, on l'appelle la « grande asperge ». Elle aurait pu le remarquer : il est le plus grand des soldats, roide, sous le ciel pâle.

Elle est bien jeune encore... Mais elle va connaître la tristesse : elle perd sa grand-mère Vendroux juste avant sa communion solennelle, le 20 mai 1911, dont elle se faisait une telle fête. Dans une robe à larges bandeaux blancs brodés à la main, que la sœur de son père a portée en 1886, elle communie avec fierté et ferveur. Elle a cette foi droite et sans faille des enfants, une foi que sa famille a généreusement nourrie. Une foi confiante en la bonté de Dieu, irriguée par la compassion de Jésus pour toutes les créatures et par la révérence envers la Vierge Marie, à laquelle elle est consacrée.

Pour Yvonne, ce clair engagement ne vacillera jamais. Sa foi lui permettra d'accepter toutes les souffrances, tous les tourments de la vie, toutes les peines. L'image de sa fille Anne, l'innocente Anne, suffoquant dans son lit, au premier étage de La Boisserie, s'interpose, tout à coup. Mais elle la chasse. Il n'est pas encore temps.

Pour l'heure, elle est presque une jeune fille, déjà, mais encore si naïve, qui poursuit ses études secondaires. Elle joue du piano, mais la musique ne lui parle pas autant qu'elle émeut sa mère. Elle se met à la cuisine. Elle invente même un entremets, la « flanée aux fraises », dont elle envoie la recette à un journal bien-pensant, le *Noël*. Innocente... Elle apprend aussi à coudre, à tricoter, à faire de la dentelle. Elle adore cela et y excelle. Toute sa vie, on la verra un ouvrage à la main, silencieuse, mais toujours attentive. Elle prend aussi des cours d'aquarelle et de dessin. Elle voudrait rendre la beauté du monde. Mais elle est beaucoup moins douée pour ce genre d'exercices que pour les travaux d'aiguille. Bref, elle s'astreint à devenir une jeune fille accomplie. De bonnes manières, de solides principes chrétiens, une instruction sérieuse, de l'agilité en toutes choses, des travaux d'aiguille, un joli coup de crayon : les bases pour devenir une maîtresse de maison exemplaire.

Elle a douze ans. Les vacances, cette année encore, se passent à Lanslebourg. Et ce sont les premiers émois. Elle sourit au souvenir des deux officiers qui la trouvaient très jolie et qu'elle observait à la dérobée. Elle ne savait rien de l'amour, sinon qu'il donnait aux deux jeunes garçons des regards plus lumineux et à son cœur des battements plus rapides.

Pour la première fois, Jacques, son frère, est loin d'elle. Afin de perfectionner son allemand, il est parti un mois dans le Palatinat.

Parce qu'il est son préféré et qu'aucune de ses amies ne lui inspire une aussi totale confiance, c'est à lui qu'elle écrit des lettres à la fois puériles et enflammées. La sage Yvonne devient fleur bleue. Ainsi commence, entre le frère et la sœur, un échange épistolaire qui se poursuivra pendant plus de soixante ans.

C'est Jacques qui s'occupe d'en faire une sportive. Il l'emmène patiner, nager, monter à cheval. Elle se lance avec bonheur dans tous ces apprentissages – que beaucoup de ses compagnes, à l'école, tiennent pour inconvenants –, et se montre douée. Elle ne craint pas les courses folles, dès que la famille peut retourner à *Sept-Fontaines*, après 1912, ni le corps à corps avec le cheval, qui répond à ses sollicitations avec une sensibilité qui fait le plaisir de leur aventure commune.

Ces mœurs à l'anglaise ont la bénédiction des parents, qui y voient l'occasion de canaliser son tempérament, tout en fortifiant le courage, qui est déjà l'un des traits de son caractère et que l'on prise, dans la famille, avec une fierté tout aristocratique.

Elle grandit. Sa finesse, sa beauté s'affirment. Mais elle n'en use pas. Elle apprend l'anglais, l'allemand, l'art des bouquets, celui de recevoir et d'être reçue. En juin 1914, elle accompagne sa mère à un thé donné par la reine du Danemark, de passage à Calais. Elle porte une robe à mi-mollets. On lui dit déjà qu'elle a de très jolies jambes, mais elle y prête à peine attention. Elle n'a aucune vanité. Elle remercie le ciel de lui avoir donné quelques qualités.

Ces qualités, elle va les mettre en œuvre dès que la guerre éclate, à l'instar de ses parents, ces grands bourgeois qui, dans l'adversité, se mettent tout de suite au service des autres : dès le 4 août, son père se porte volontaire pour garder les points stratégiques de la ville. Sa mère, dont les bonnes œuvres et le dévouement aux pauvres sont connus, est nommée infirmière-chef bénévole à l'hôpital de Calais. Yvonne, elle, confectionne des bandes dans de vieux draps. Jusqu'au moment où les enfants, accompagnés de la grand-mère Forest, sont envoyés à l'abri des bombardements. En Angleterre, à Cantorbéry. Dans le joli cottage loué au cœur du quartier résidentiel de la ville, la toute jeune fille peut exercer ses talents de maîtresse de maison. Mais elle aura peu le temps de s'y adonner : on la met en pension chez les sœurs pour qu'elle puisse poursuivre ses études.

De retour à Calais, le 23 décembre 1914, elle confectionne des friandises, que sa mère apporte aux blessés. Elle tricote des gants, des chaussettes, des écharpes, des couvre-nuques, des chandails pour les soldats du front. Il lui arrive de l'accompagner à l'hôpital et, sans marquer de recul, elle se montre toute compassion. Pas seulement par devoir. Parce que c'est dans son éducation, dans sa nature. Peut-être aussi parce que, un jour, parmi ces jeunes blessés, ces amputés, ces fracassés, ces gueules cassées, ces mourants, elle pourrait bien trouver un de ses cousins, un proche.

Mais les bombardements allemands écrasent Calais. Début 1915, les Vendroux s'installent boulevard Victor, à Paris. Yvonne et sa sœur Suzanne sont mises en pension chez les dominicaines, à Asnières, et Jean dans les Yvelines. La guerre les emporte, eux aussi, dans le chaos.

En 1916, ils retournent à Calais. Jacques part au front. Elle pense chaque jour à ce frère qui, une année plus tôt, lui a fait découvrir l'Opéra. Elle lui écrit trois fois par semaine. Pour lui raconter les événements quotidiens de la famille, la marche de l'hôpital, la misère des blessés, l'admirable conduite de leur mère.

Pourtant, durant l'été 1917, Yvonne retrouve les plages du Nord, à Wissant. Sur ces immensités de sable presque blanc, les cabines de bains sont acheminées par de gros percherons placides. Le vent frais rabat jusqu'à elle leur odeur rustique. Elle aime ces vagues courtes et violentes dont l'écume fouette son visage. Maintenant qu'elle connaît le prix de ces joies qui paraissent si simples, elle s'exalte de ces vastitudes éperonnées par les deux caps Blanc-Nez et Gris-Nez qui ont marqué les paysages de son enfance.

Elle rêve. Elle lit beaucoup plus, beaucoup mieux que les ouvrages admis par la « littérature de dames ». Elle dévore les romans de Gyp, de Pierre Loti, de René Bazin ou d'Henry Bordeaux, les histoires exotiques de Kipling, mais aussi celles, tourmentées, d'Edgar Poe ou de Maupassant. Elle ne sait pas encore qu'elle a partagé avec Charles la même émotion pour un livre de Maurice Barrès, *Colette Baudoche* [1]. Lui y a vu l'esprit de résistance d'une jeune Lorraine contre l'occupant allemand. Elle le drame d'une jeune fille qui veut rester fidèle à la patrie de ses ancêtres.

1. L'histoire d'une jeune Lorraine qui, par amour pour la France, renonce à une passion partagée avec un officier allemand.

L'un et l'autre, déjà, sont sur la même voie. Si proches. Car lui aussi aime les plages du Nord où l'horizon semble plus vaste que partout ailleurs. Sa famille lilloise fréquente Wimereux, Wissant, Sangatte, les caps… Il marche sur le sable dur, à marée basse, sautant à grandes enjambées les ruisseaux laissés par la mer. Elle s'enivre des senteurs marines. Ils ont parcouru les mêmes espaces balayés par les vents, ces grands larges barrés, par beau temps, des falaises crayeuses de Douvres. Le destin dans nos regards d'enfants, se dit-elle.

Le printemps 1918 la renvoie, avec sa sœur et sa mère, au cœur profond de la France, à Mortagne, chez les dominicaines. Elle se plaît dans cette atmosphère feutrée de couvent, où les nonnes passent dans un silence bruissant, le sourire toujours aux lèvres. Heureux caractère, décidément ; elle aime les paysages qui l'entourent : la forêt de Bellême, dont elle décrit longuement à Jacques les chênes immenses et immuables, les bâtiments de la Grande Trappe, les lacs « bordés de bois splendides ».

Durant l'été 1918, elle s'en souvient comme si c'était hier, elle accompagne la famille en Bretagne, avec Suzanne, une petite jeune fille de treize ans, maintenant. Jean les rejoint. Mais Jacques, qui a été blessé, est à nouveau au front, dans cette guerre qui n'en finit pas, conduite par des chefs qui, depuis quatre ans, envoient toute une jeunesse à une mort certaine dans des offensives stupides et criminelles.

Son frère aîné connaît l'enfer. Il lui décrit cette vie de taupe, dans les tranchées, la boue qui envahit la bouche, le nez, les yeux, l'humidité qui alourdit l'uniforme, le gargouillement visqueux des entrailles de la terre. Et la sensation permanente de n'être que chairs putrides, maintenues en éveil par la seule volonté de vaincre l'ennemi, de sauver la patrie, de donner l'exemple. Elle prie tous les soirs. Elle a tellement peur pour lui. Il lui manque… Certes, elle lui raconte tout dans ses lettres, mais ce serait miraculeux de marcher à ses côtés dans ces paysages de Pont-Aven, que Gauguin a peints avec « tellement de pittoresque », dit-elle.

C'est l'été de ses dix-huit ans. Les photos de l'époque montrent une jeune fille ravissante, le visage harmonieux et doux. Sa nuque gracile supporte avec modestie une masse fournie de cheveux châtains. Elle a le regard clair et droit, et le sourire qu'esquissent ses lèvres accentue cet air de franchise qui est le fond de sa personnalité. Elle a presque terminé l'instruction que l'on a prévue pour elle. Il lui reste une année d'études, qu'elle passera, à partir de l'automne, chez les visitandines, à Périgueux. Mais elle est déjà une jeune fille accomplie qui peut tenir une maison, fonder un foyer.

Quels rêves poursuit-elle, cet été-là ? Cherche-t-elle l'élu parmi les jeunes gens qui gravitent autour d'elle, en permission, souvent blessés, diminués, les yeux hantés par la boucherie des champs de bataille ? Elle connaît la plupart d'entre eux depuis l'enfance. Elle a pour eux une grande compassion, parfois même une pitié dangereuse, qu'elle refoule, car la pitié n'est pas un sentiment noble. Mais l'amour ? Ses lectures ont-elles tracé, au fond de son cœur, l'image idéale de celui avec lequel elle voudrait partager sa vie ?

La vieille dame tente de retrouver ses émois d'alors. Mais elle ne voit que cette mer si changeante de Bretagne, parfois gris-vert, comme ses yeux, d'autres fois d'un bleu profond qui exacerbe l'ocre rouge des rochers de Pont-Aven. Elle se rappelle ces oiseaux dont elle observe la liberté dans le vent qui, soufflant des terres, les repousse vers le large.

Une passion partagée

Début 1919, Marguerite Vendroux et son fils Jacques reçoivent la croix de guerre sur la place d'Armes. Elle pour son dévouement à l'hôpital de la ville, lui pour sa conduite héroïque sur les champs de bataille. Yvonne est fière de ces deux êtres lumineux. Aux côtés de son père, de son frère Jean et de sa sœur Suzanne, elle est enfin sereine. Avec le retour de Jacques, la famille est à nouveau au complet.

Elle a été épargnée. Comme l'a été celle de Charles. Ses trois frères à lui aussi sont revenus vivants. Mais elle ne sait encore rien de tout cela.

Pour lors, en 1919, il faut se remettre à vivre avec les séquelles de la guerre. *Sept-Fontaines* est de nouveau quasiment détruit. Les soldats français, qui ont occupé le château, en ont brûlé portes, fenêtres et boiseries pour se chauffer. Les meubles ont disparu. Au hasard des visites autour de la demeure de sa grand-mère, Yvonne reconnaît une commode, un buffet, une armoire. Mais elle ne dit rien. Comment réclamer, alors qu'il ne reste plus, dans telle famille, qu'un jeune enfant et une mère sans le sou, dans telle autre un vieux couple dont tous les fils ont été tués ? Elle est venue, avec tact et discrétion, aider ceux qui ont eu moins de chance qu'elle. Non. Elle ne dira rien. On restaurera *Sept-Fontaines*, voilà tout.

Dans ce pays exsangue, il reste si peu de garçons, après la grande hécatombe. Comme tant de jeunes filles, Yvonne craint de ne pouvoir créer un foyer. Pourtant, elle voudrait faire son cocon à elle, avoir des enfants. Toute son éducation l'a conduite vers ce désir, ce devoir. Mais elle veut aussi l'amour, l'engagement total, l'harmonie.

Au cours des soirées de la bonne société, on lui présente des jeunes gens à marier : des officiers britanniques au Gymkhana-Club, à Paris, où ses parents occupent toujours l'appartement du 37, boulevard Victor ; d'anciens officiers du tsar, à Nice, où elle accompagne sa grand-mère Forest en février 1920.

Deux mois avant son vingtième anniversaire, en mars, ses parents donnent une fête en son honneur dans la maison retrouvée de Calais. Yvonne est éblouissante, mais c'est au bras de son frère Jacques qu'elle ouvre le bal. Si elle a quelque tendresse pour l'un des jeunes hommes présents, elle ne le montre pas. Ce n'est pas le prince charmant qu'elle attend, mais un homme à qui elle pourra donner toute cette tendresse dont elle étouffe, parfois. Comme elle l'a cherché, cet homme, dans tous ces regards posés sur elle.

Et il est arrivé, chez Mme Denquin-Ferrand. Il est très grand, au moins quarante centimètres de plus qu'elle. Il a les oreilles un peu décollées, le nez fort, mais la bouche voluptueuse et le regard intense...

Les familles se rencontrent. Tout se passe bien. La jeune fille n'est pas dépaysée : l'éducation que son futur époux a reçue est proche de la sienne avec, peut-être, à cause d'Henri de Gaulle qui a été longtemps professeur, un ancrage plus solide dans la connaissance de l'histoire de France.

Mais, alors que le père est un républicain nostalgique de la monarchie, les quatre fils de Gaulle affirment haut et fort avoir adopté la République. C'est leur conviction commune : elle est fille de ce long cheminement qui a forgé la Nation. Quand ils enfourchent leur dada, on ne peut plus les arrêter. Les dames s'éloignent et ils continuent, encouragés par les hommes Vendroux. Ils ont même approuvé la séparation de l'Église et de l'État alors qu'ils sont tous de fervents catholiques. Ils la servent donc, cette république, avec ferveur. Encore que Charles fasse volontiers savoir qu'il n'a aucune estime pour les « politiciens », ceux qui font passer leurs médiocres intérêts avant ceux du pays. On a bien vu comment ils s'y sont pris pour évincer Clemenceau. Et ses trois frères, Xavier, son aîné de trois ans, Jacques et Pierre, ses cadets, acquiescent.

Yvonne voit avec plaisir Jacques et Charles bavarder. Elle sent, chez ce frère qu'elle aime d'autant plus profondément qu'elle a craint de le perdre, une sorte de déférence amicale envers son futur époux. Les deux jeunes gens se racontent leur guerre. Ils baissent la voix quand elle s'approche, mais elle en apprend beaucoup.

Le 15 août 1914, au pont de Dinant, dans un assaut furieux, Charles a vu ses hommes massacrés. Il répète à l'infini ces noms : le caporal Vansteen, fauché sous ses yeux, le sergent Debout, bloqué sous lui qui vient d'être blessé au genou. Son corps tout chaud le protège des balles qui auraient pu l'achever. Mort à sa place. Il ne pardonnera jamais au commandement militaire toutes les vies sacrifiées, ni ne se consolera de la blessure qui l'éloigne des champs de bataille. Car il s'était préparé pour cela : servir sa patrie.

Dans ces terres ardennaises, il connaîtra ses premières colères, il construira son premier jugement sur l'impéritie de ces chefs militaires qui, dans les bureaux de l'état-major, d'un trait de plume incompétent et inconscient, décrètent l'offensive, envoyant des hommes nus, sans la protection de l'artillerie, se faire tailler en pièces.

De retour au front, il a vécu, comme Jacques, sous la terre grasse. Commander, dans ces boyaux souterrains qui s'effondrent sous les bombardements incessants de l'ennemi, c'est tenir sa peur à distance pour réconforter ces hommes si jeunes qui vont mourir. C'est tenter de tenir droite, quoi qu'il en coûte, cette haute silhouette qui, trop souvent, est obligée de se casser. C'est raviver en permanence la flamme vacillante de la foi dans cette terre de France qui doit vivre libre.

Il est officier. Le 2 mars 1916, à six heures trente du matin, les Allemands, qui tiennent le fort de Douaumont, attaquent. À l'artillerie lourde. Les obus labourent les monceaux de cadavres qui offrent leurs remparts gelés aux troupes fraîches décimées en masse. La compagnie de Charles est réduite à une quarantaine d'hommes. Il envoie une grenade, s'élance à l'assaut des troupes allemandes, entraînant avec lui cette poignée de jeunes garçons qui n'ont plus que le feu pour horizon. C'est un corps à corps furieux avec l'ennemi, baïonnette au bout du fusil. Charles saute dans un trou d'obus. Les Allemands sont sur lui. Une lame s'enfonce brutalement dans sa cuisse. C'en est fini. Le métier de guerrier lui est confisqué. Durant les trente-deux derniers mois du combat, il est prisonnier. Cinq fois, il tente de s'évader. Chaque tentative lui vaut des mois de forteresse.

Par ce récit, qu'elle a écouté discrètement, Yvonne pressent déjà quelques traits de caractère de son fiancé. Il a dû être conscient de son rôle, s'interdisant de désespérer pour trouver au fond de lui-même la ressource de donner du courage aux autres, de soutenir « le moral des troupes », de ses camarades de combat, quel que soit leur rang. Et ces mois de forteresse, quelle humiliation pour lui... Être tenu loin du front, ne pas participer à l'effort de tout un peuple pour défendre la patrie... Combien de fois a-t-il connu le désespoir ?

La permission du « commandant de Gaulle à titre provisoire » se termine le 20 novembre. Il veut repartir en ayant scellé son avenir. Les fiançailles ont donc lieu le 11 novembre. Il s'avance vers Yvonne, glisse à son doigt fin un joli diamant. Il se penche vers elle et, presque timidement, ils échangent un baiser furtif. Mais il faudra encore attendre.

Charles repart pour la Pologne. Il ne reviendra que deux mois plus tard. « Deux mois qui semblent bien longs à Yvonne », écrit Jacques. Et à Charles, donc, qui a cessé de fréquenter les salons des comtesses polonaises... Dans sa chambre de l'hôtel Bristol, à Varsovie, il entame la longue fidélité à cet amour profond qui va être consacré par le mariage. Il se sent très seul, loin d'Yvonne. Et, pour les fêtes de fin d'année, il envoie aux Vendroux des vœux que la jeune fiancée va lire et relire :

Au moment d'entrer dans cette nouvelle année, je me sens pénétré à votre égard d'une immense reconnaissance en pensant au trésor que vous acceptez de me donner. Cette reconnaissance durera aussi longtemps que durera ma vie.

Deux mois plus tard, le 6 février, il est enfin dans le train pour Calais. La Pologne est derrière lui. Il vient de passer six jours à Paris, durant lesquels il a réglé sa situation : il sera professeur d'histoire adjoint à Saint-Cyr. Pas encore de quoi pavoiser. Mais il préparera son concours d'entrée à l'École supérieure de guerre.

Sur le quai de la gare de Calais, il n'est pas attendu par Yvonne – ce ne serait pas convenable –, mais par Jacques qui le conduit au Grand Hôtel, à quelques centaines de mètres de la maison des Vendroux, au 19 de l'ancienne rue Le Veux, devenue rue de la Victoire. Il est impatient. Avant le dîner, on les laisse seuls, enfin… Il lui prend les mains et, en même temps, ils pensent : « Comme je me suis langui de vous… »

À table, M. Vendroux sort une bouteille de vin du Cap vieille de cent quinze ans. « Prise de corsaire, dit-il, pendant le blocus continental. » Puis on règle les détails de la cérémonie du mariage, le 6 avril à la mairie, le lendemain en l'église Notre-Dame-de-Calais.

Après dîner, Jacques et Charles reviennent sur « leur » guerre. Ces deux-là, on ne les sépare plus. Mais, cette fois, Yvonne assiste aux confidences de Charles. Il a mis à profit son séjour forcé dans les prisons allemandes pour lire beaucoup, apprendre, réfléchir. Pour penser à l'armée future, à celle qu'on devra construire lorsque la guerre sera gagnée, qu'il faudra en préparer une autre. Car à l'époque il le sait déjà : les Allemands vaincus ne penseront qu'à prendre leur revanche.

Le fruit de ses réflexions, il le faisait partager à ses camarades prisonniers. Il parlait. On l'écoutait. Il raconte avec ironie qu'on l'appelait le Connétable. Mais on respectait sa hauteur de vue. Il explique pourquoi ils refusaient le feu, ceux-là que le haut commandement militaire appelait des traîtres et faisait fusiller. « La défaillance de certaines unités n'a d'autre motif que la démoralisation résultant de ces expériences lamentables où l'infanterie toucha le fond du désespoir [1]. » Il pense à toute cette génération sacrifiée en Champagne, dans la Marne, en Lorraine par ces généraux indignes. Les officiers supérieurs, prisonniers comme lui, baissaient la tête. Risquait-il d'être sanctionné, plus tard, pour ces propos ? Peu importait ! Il devait la vérité. Pour ceux qui étaient tombés. Pour ces hommes dont il avait partagé la lourde misère dans les tranchées. Car, s'il était un chef, il était d'abord plein de compassion pour ceux avec qui il avait combattu.

Lorsque la guerre se termina enfin et qu'il put quitter, sans attendre son ordre de rapatriement, la forteresse de Würzburg, sa dernière prison, il savait que l'œuvre à accomplir était devant lui.

Ainsi Yvonne découvre-t-elle, chez cet homme qu'elle a choisi, l'humanité et la puissance d'une pensée.

---

1. Cité par Max Gallo, *De Gaulle*, t. I : *L'Appel du destin*, Robert Laffont, 1998 (extrait de : Charles de Gaulle, *Le Fil de l'épée*, Berger-Levrault, 1932).

Les deux jeunes gens visitent, à Paris, un appartement de trois pièces en façade, au 99, boulevard de Grenelle. Petit, inconfortable, une salle de bains sans eau courante, avec le métro aérien qui rugit toutes les dix minutes devant les fenêtres. Mais tant pis. Ils seront chez eux. C'est ce qu'elle pense. C'est là qu'ils commenceront à construire leur foyer. Et puis, il faut être raisonnable : il n'a que sa solde de capitaine, son grade polonais de « commandant à titre provisoire » n'étant pas homologué. Cette situation ne durera pas. Lorsque viendra le premier enfant, on avisera. Même si cela devait durer, elle se sent la reine de l'organisation. Elle improvisera, pour qu'il soit à l'abri de tout, qu'il puisse réfléchir, écrire en toute tranquillité. Il la regarde, si petite, si fragile et si forte. Oui, elle le lit dans ses yeux : il est sûr de ne pas s'être trompé. Elle étouffe d'émotion.

Tout au long de sa vie, il en sera ainsi. Surtout lorsqu'elle le connaîtra mieux, quand elle saura l'immense exigence qui l'habite et que les autres prennent pour de l'orgueil. Cette idée profonde qu'il a un destin à accomplir, il se l'est forgée lorsqu'il était en forteresse, en Allemagne. C'est pour cela qu'il avait choisi l'armée : parce qu'elle est le bras vigilant de la liberté. Yvonne l'aiderait de toutes ses forces à être lui-même, à réaliser son ambition, qui est haute et digne. Elle lui aplanirait toutes les difficultés du quotidien.

Tout est silencieux à La Boisserie. Le vent même, qui pourtant balaie à plaisir, en ce mois de novembre, les rudes coteaux de ces marches de Lorraine, s'est apaisé. Les flammes des cierges sont presque immobiles, baignant d'une lueur dorée le visage de Charles. Le cœur étreint par la douleur, figée auprès de ce corps gisant dont elle va devoir apprendre l'absence, Yvonne tente de retrouver le jeune homme qu'il était, devant M. Duquenoy-Martel, le maire de Calais, prononçant son interminable discours, le jour de leur mariage civil.

Elle n'écoute pas. Elle s'efforce de paraître attentive, mais elle pense fébrilement au lendemain, à des détails futiles – la robe de satin blanc, le voile de tulle, la couronne de fleurs d'oranger, l'heure à laquelle elle se lèvera pour être prête –, elle pense à lui, à son sourire, à leurs amis, à cette journée, à la nuit… Mon Dieu…

Lorsqu'elle entre dans l'église Notre-Dame, le 7 avril 1921, la nef est pleine. Elle est au bras de son père. Charles est debout devant l'autel, en grand uniforme, la poitrine bardée de décorations, képi sous le bras, gants blancs à la main. Elle avance vers lui, dans la musique lumineuse de Bach. Enfin, elle est près de lui, et cette union consacrée par l'abbé Baheux, qui l'a connue toute petite, la comble de joie. Elle remercie Dieu de les avoir donnés l'un à l'autre.

Et, pour la première fois, après un déjeuner de noces digne des repas du siècle dernier[1], il la prend dans ses bras pour ouvrir le bal. Elle éprouve un trouble qui la fait chanceler. Mais c'est un trouble légitime. Elle est maintenant Mme Yvonne de Gaulle. Sans honte, elle peut enfin s'appuyer sur Charles. Il ne la presse pas encore contre lui. Il regarde sa montre. Le train pour Paris est à dix-neuf heures.

Que sait-elle de l'amour, à ce moment-là ? Sa mère lui a bien dit deux ou trois choses, mais si peu utiles… Des conseils sur la façon de tenir sa place, sur son rôle d'épouse attentive et prévenante, sur la manière d'élever les enfants, sur la petite bonne qu'elle lui a choisie et qu'elle lui enverra lorsqu'ils seront revenus de leur voyage de noces. Des détails… Pourtant, dans la nuit, en arrivant dans leur chambre de l'hôtel Lutétia, elle n'a aucune crainte. Charles est doux, délicat, patient. Et, le lendemain, lorsqu'ils partent pour le lac Majeur, ce sont deux amants éblouis qui se regardent.

Pendant deux semaines, dans ces paysages radieux qu'ils explorent à pied, ces villes – Brescia, Milan, Mantoue, Padoue, Venise –, ces musées qu'ils découvrent, ils apprennent à se connaître. Ils sont heureux. Ils ne s'étaient pas trompés l'un sur l'autre. Et, quand il s'installe pour prendre des notes ou pour lire, elle aussi se plonge dans un livre, ou reprend un « ouvrage de

---

1. Hors-d'œuvre à la parisienne, saumon de Loire sauce vénitienne, croustade de ris de veau Toulouse, tournedos Renaissance, baron d'agneau à la broche, cœur de laitue, asperges d'Argenteuil sauce mousseline, poularde à la Neva, corbeille andalouse, fruits, desserts. Vins : barsac, haut-pomerol, pommard, White Star, champagne brut impérial.

dame », comme il dit. Elle le regarde encore et toujours, apprend ses visages différents : celui de la réflexion, celui du rêve, de la création. Il lui écrit des poèmes, lui montre une phrase qu'il vient de lire. Il lui dit qui il veut être, comment il a senti, peu à peu, naître en lui une force de plus en plus flamboyante : le signe d'un destin.

Ce destin, il aurait pu l'accomplir seul, mais il a besoin de quelqu'un comme elle à ses côtés. Elle est sereine. Même si cette ambition hors du commun l'effraie un peu, elle pense qu'elle n'aura pas de mal, grâce à Dieu, à tout partager.

Fin avril, ils s'installent boulevard de Grenelle. Le quartier, proche de ce VIIe arrondissement dans lequel Charles a été élevé, est très populaire, avec son Vél'd'Hiv et son bal nègre. Mais il est bien commode : les travaux du ménage sont faits par une ordonnance qui vient à pied de la caserne Dupleix. Chaque matin, de sa voix posée, précise, toujours aimable, elle lui indique les tâches à accomplir. La petite bonne luxembourgeoise que Marguerite Vendroux leur a envoyée pourvoit au plus simple, car c'est Yvonne qui s'occupe de la cuisine et du gros des courses. Au marché de Grenelle, elle trouve de quoi faire une cuisine saine que Charles, qui n'aime pas passer trop de temps à table, déguste avec plaisir.

Ils reçoivent leurs amis. Jacques surtout, avec qui Charles se découvre de réelles affinités. Des officiers avec lesquels il s'entend bien – les Ditte, par exemple – et devant lesquels il développe, parfois, ses idées. Elle l'écoute avec passion, admiration même. Elle est sûre, désormais, qu'il est un grand homme. Aussi, pour être certaine de tout comprendre, pour éprouver ses convictions, dès qu'ils sont seuls, par petites touches, mais toujours avec franchise, elle exprime ses doutes sur l'une ou l'autre de ses affirmations. « Vous ne comprenez pas, Yvonne. » Et, pour elle seule, il reprend sa démonstration. Lorsqu'elle fait une réflexion sur tel ou tel de ses collègues, il lui lance un regard en coin, ne dit rien, réfléchit. La plupart du temps, elle lui révèle une faille qu'il n'a pas perçue. Et il en tient compte.

Souvent, le dimanche soir, ils vont dîner chez les parents Vendroux, boulevard Victor. Ils prennent le métro. En première classe, si Charles est en uniforme (son respect pour son rang de militaire va jusque-là), en seconde s'il est en civil.

Elle est enceinte. Il la comble d'attentions, la laisse partir à *Sept-Fontaines* bien qu'il lui pèse d'être séparé d'elle. Mais, pour cette première grossesse, il veut lui donner le meilleur. Et il est vrai que, dans la grande maison maintenant restaurée de sa grand-mère Forest, même si Charles lui manque, elle se sent bien. Elle tricote une layette blanche. Elle fait de longues promenades dans ces bois qu'enfant elle a parcourus avec ses frères et sa sœur Suzanne. Elle cueille des champignons.

Et dès qu'il le peut, Charles est là. Elle le laisse partir pour de longues randonnées à cheval. Il tente de repérer la voie romaine qui allait de Reims à Aix-la-Chapelle. Il revient avec des bribes de tracé, un pan de l'histoire forgée dans ce massif des Ardennes où le sort de la France s'est si souvent joué. Elle écoute, elle apprend pour suivre les méandres de sa pensée. L'enfant bouge en elle. Charles pose sa main sur son ventre. Il rayonne. Elle l'entend encore dire : « Ma petite femme chérie... »

De retour à Paris, Charles se rend à pied au 4 bis, boulevard des Invalides, où il visite le maréchal Pétain, aujourd'hui vice-président du Conseil supérieur de la guerre. Il a gardé d'excellentes relations avec celui qui a été son colonel lorsqu'il faisait ses classes à la caserne Schramm d'Arras. Pétain était alors un officier frondeur, ironique et grande gueule, dont les théories, en contradiction avec celles de l'état-major, lui avaient valu de longues années de quasi-mise à l'écart : capitaine pendant douze ans. Toujours tiré à quatre épingles, fringant, bel homme, il avait une réputation de grand séducteur. La guerre de 1914 a révélé les qualités de l'officier. Charles a pour lui un grand respect. Pourtant quelque chose le gêne...

Un soir, le maréchal les convie à dîner, Yvonne et lui. Et, bien qu'il vienne d'épouser une jeune divorcée, il les reçoit seul. Yvonne, qui n'en pense pas moins, ne dira rien : cet homme, quelle que soit sa moralité, peut aider Charles, le comprendre.

Quelques semaines plus tard, le 28 décembre, dans le petit appartement du boulevard de Grenelle, accouchée par le professeur Lévy-Solal, elle met au monde un beau garçon, que le couple prénomme Philippe. Sa marraine sera sa grand-mère Marguerite Vendroux et son parrain son oncle Xavier de Gaulle.

Yvonne a oublié ses souffrances d'alors, ce long déchirement de tout son être. Elle ne se rappelle que Charles radieux, tenant Philippe dans ses bras. Charles se penchant vers elle avec bonheur, la remerciant pour cet enfant qui conforte leur vie de couple. Elle a le sentiment confus que, à travers ce miracle inouï de la vie, Dieu approuve ainsi ces amours à la fois joyeuses et graves qui tissent l'intimité ardente de leurs nuits.

En avril 1922, ils s'installent au 14, square Desaix, dans un appartement de cinq pièces au loyer heureusement modeste : Mlle Deutsch de La Meurthe, mécène et philanthrope, le destine aux officiers de l'École de guerre, dont Charles prépare maintenant le concours d'entrée dans un petit bureau calme qu'Yvonne a aménagé avec goût.

Tandis que, dans la pièce voisine, elle tricote ou brode en silence, il travaille chaque soir, après avoir cajolé son fils et dîné avec elle. Professeur à Saint-Cyr, il tente de communiquer aux élèves officiers sa conception de l'armée, épée de la patrie. En préparant son entrée à l'École supérieure de guerre, il acquiert peu à peu la certitude qu'un chef doit être un être à part, exemplaire, irréprochable, dominant ses propres sentiments pour imposer aux autres sa vision.

Premières épreuves

Par la porte entrebâillée, elle entend la plume courir sur le papier. Elle sait maintenant qu'il ne lui suffit pas de l'aimer : il faut tenter de le comprendre. Elle n'a pas encore toutes les connaissances nécessaires, en particulier cette longue fréquentation de l'histoire que, par goût, il poursuit chaque jour. Il a l'image de la continuité de la France et de ses pierres angulaires, les héros, qui en ont fait la grandeur. Dans cette longue marche qui a construit la nation, les soldats, toujours, ont été aux avant-postes du destin.

Même lorsque le peuple prend son avenir en main, c'est encore aux chefs militaires qu'il demande de sauver la patrie en danger : à Hoche, à Carnot, à Bonaparte. Bonaparte indomptable, solitaire, forcené, chaussant tout à coup les sandales d'airain d'Empereur, pour le meilleur et pour le pire. Le pire : la France dépendante des Puissances, réduite à baisser le front. Il faut toujours se tenir sur les cimes, ne jamais tomber. Comme à Sedan. Sedan... Il raconte quel drame la défaite a été pour son père, qui a fait le coup de feu contre les Prussiens. En vain : Paris encerclé, la France dépouillée de l'Alsace et de la Lorraine. Et puis cette guerre de 1914-1918 qui a décimé le pays, le traité de Versailles qu'il juge trop lourd, exacerbant le désir de revanche des Allemands. Et la guerre à venir...

Il lui a lu certains passages d'un article qu'il a intitulé « Préparer la guerre, c'est préparer des chefs ». Elle comprend qu'il a la conviction d'être un jour l'un de ces chefs. Parfois, elle se demande s'il ne pèche pas par orgueil. Elle le lui suggère de sa voix douce. Il lui répond que cela n'a rien à voir avec l'orgueil.

Que c'est dans la logique de sa formation, de son savoir, de sa réflexion. Lorsqu'elle l'entend discourir devant ses camarades officiers, lors des dîners qu'il lui demande d'organiser, lorsqu'elle les observe en train de l'écouter, oui, elle se dit qu'il peut être un chef. Mais elle pressent que le chemin sera difficile, tant est haute son exigence, et parfois son intransigeance.

En mai 1922, il reçoit les résultats du concours d'entrée à l'École supérieure de guerre : il est admis au 33e rang sur 130. Il devra effectuer des stages, mais non loin de Paris (dans la capitale au 6e dragons, dans l'aviation au Bourget, et surtout au 503e régiment de chars, à Satory). Au sortir de Saint-Cyr, il a choisi l'infanterie, parce que, selon lui, elle sera essentielle dans les batailles à venir. Aujourd'hui, il est persuadé du rôle capital que joueront les blindés mobiles. Sa théorie n'est pas encore tout à fait élaborée, mais il pressent que la force future de l'armée pourrait se tenir là.

Un soir, Yvonne le surprend consultant un cahier de croquis. Il les lui commente. Léonard de Vinci avait tout inventé. Il disait que cet engin conique, armé d'une vingtaine de canons, un char, en avant des troupes à pied, ferait un massacre chez l'ennemi. Il a fallu attendre quatre siècles pour que l'on reprenne son idée. Pourtant, l'état-major se soucie peu des chars… Pour la haute hiérarchie, ce n'est encore qu'une force d'appoint. Maintenant, au cœur même de l'armée, il pourra influer sur le cours des choses. Il sera un chef, dont il décrit les obligations.

C'est le présent, c'est l'avenir de tout un peuple, de toute une civilisation, qui dépendent de son caractère, de son intelligence, de son savoir. La défaite, c'est la patrie asservie et ruinée... Malheur au peuple qui ne saura pas recruter, former et mettre à la première place le chef impavide et inflexible.

Il vient d'écrire cela. Elle craint qu'il ne s'exerce à une dureté qui n'est pas la sienne et qu'elle désapprouve. « Non pas de la dureté, Yvonne, mais le respect de la tâche à accomplir et de la haute valeur morale qu'elle demande. » Elle voudrait le prendre contre elle, caresser son front si vaste. Mais elle est trop pudique. Elle attend qu'il l'entoure de ses bras, dépose un baiser dans ses cheveux. « Ma petite femme chérie… » C'est le plus souvent lui qui fait les premiers pas de leur intimité.

Il commence ses cours à l'École supérieure de guerre. Comme élève. Et Yvonne sait déjà qu'il souffre. Certains de ses professeurs sont responsables, par leur théorie de l'offensive tous azimuts, de la grande boucherie. Aujourd'hui, ils prônent la défensive à tous crins : prendre une position, bâtir une ligne fortifiée, s'y enterrer, ne plus bouger. Lui est persuadé que, au contraire, la guerre doit être mouvements, déplacements, utilisation du terrain et des circonstances. Il l'a appris en Pologne, où les Russes ont obligé les armées alliées aux manœuvres rapides, à des corps à corps éclairs, à des désengagements soudains. Et il est de plus en plus convaincu de l'importance de la mécanique. Mais qui l'écoute ? Yvonne l'entend chaque jour fustiger la médiocrité de son entourage. Excepté quelques proches, dont le capitaine Chauvin, un officier de chars, l'un des premiers, avec le général Jean-Baptiste Estienne, à avoir compris l'importance des éléments blindés, en groupes compacts, à l'avant de l'infanterie. Chauvin devient son ami. Yvonne l'accueille comme tel, car elle sent en lui un authentique respect pour Charles.

Il ne se détend vraiment que pendant les vacances à *Sept-Fontaines*, auprès des Vendroux. Avec eux, il témoigne d'une amabilité qui n'est jamais feinte. Il est un père attentif et tendre pour son petit Philippe qui, durant cet été 1923, court déjà dans les couloirs de la grande maison. Il est toujours aussi prévenant avec Yvonne, qui veille à lui ménager des plages de solitude durant lesquelles, dans leur chambre, il lit, réfléchit, écrit. Jacques en fait confidence à Yvonne : il pense que Charles évolue, prend une nouvelle épaisseur.

Il prépare « La discorde chez l'ennemi », un article dans lequel il explique pourquoi, selon lui, l'Allemagne a été défaite en 1918. On court à l'échec si la conduite de la guerre n'est pas le fait des politiques, si le commandement militaire ne reconnaît plus la suprématie des politiques, comme Ludendorff l'a fait en 1917. Il lit certains passages à Yvonne. Elle l'écoute, commente d'un mot, comme à son habitude, le style, pas le fond. Parce que, peu à peu, elle comprend qu'il a une pensée originale, bousculant les idées reçues.

Parfois, il l'intimide, mais, par bonheur, il y a l'intimité. Ils y sont livrés l'un à l'autre, sans cette retenue qu'ils observent lorsqu'ils ne sont pas seuls. Elle s'étonne toujours, en regardant cet homme à la fois affable et rigide, de la chaleur familière et joyeuse qu'il lui réserve, de l'amoureuse complicité qui tend son corps vers elle, dans le secret, du sourire reconnaissant qu'elle sait faire naître en lui.

Au mois d'octobre, elle est à nouveau enceinte, et heureuse de l'être. Lorsqu'elle le lui apprend, il la serre longuement dans ses bras. Son front se déride. Il vient d'avoir une rude journée, a lu l'appréciation que certains de ses professeurs portent sur lui, à l'École de guerre :

Paraît avoir l'intelligence très vive, de l'acquis, une personnalité très développée. Doit arriver à bien faire, surtout s'il se livre avec un peu plus de bonne grâce et consent plus facilement à se laisser discuter. Travaux excellents au début, plus faibles dans la deuxième partie de l'année.

« Les abrutis… » Elle tente de le calmer, l'engage à moins d'amertume. Peine perdue. Du reste, elle est d'accord avec lui. S'il a raison, il se doit de le dire, quelles qu'en soient les conséquences. Qu'il ait au moins un havre de paix : chez eux, avec le petit Philippe, en attendant le second enfant ; dans leurs familles respectives, où on lui manifeste un respect inconditionnel. Que l'on passe les fêtes dans cette douceur qui lui rappelle, à elle, le temps d'avant-guerre où tout était tellement plus facile.

Mais, au soir du 10 novembre 1923, alors qu'il est dans son bureau et qu'elle coud dans le petit salon attenant, il surgit, *Le Figaro* à la main. La tentative de putsch fomentée par les ultranationalistes, dirigés par Adolf Hitler et le général Ludendorff, a échoué en Bavière. Cet Hitler a déjà provoqué des troubles la semaine précédente, et ses partisans ont ouvertement demandé qu'il prenne le pouvoir. Telle est l'une des conséquences de l'Allemagne réduite à merci. Voilà le danger : les ultranationalistes, comme les fascistes de Mussolini en Italie. Mais qui s'en rend compte, ici ? Il se laisse tomber dans un fauteuil, près d'elle, lui tend la main…

L'année suivante, en 1924, le printemps est précoce, et Yvonne commence à souffrir de la chaleur. Le 15 mai, elle met au monde la petite Élisabeth, avec plus de facilité que pour Philippe. Charles prend l'enfant dans ses bras. Il est tellement heureux qu'il ne sait plus s'il doit d'abord remercier sa femme ou baiser la petite main fermée du bébé. Très vite, il lui manifeste un amour absolu. Une faiblesse, presque, qu'elle s'efforcera de corriger afin que Philippe n'en conçoive aucune amertume.

Philippe, qui se souviendra toute sa vie de la gifle qu'il a reçue de son père : il avait un peu plus de trois ans et l'avait appelé Charles, innocemment, comme le faisait Yvonne...

Lui, ce soir-là, à l'arrivée d'Élisabeth, pour marquer son bonheur, écrit ces vers :

Quand un jour, tôt ou tard, il faut qu'on disparaisse
Quand on a plus ou moins vécu, souffert, aimé
Il ne reste de soi que les enfants qu'on laisse
Et le champ de l'effort que l'on aura semé[1].

Tout à coup, elle entend du bruit, du côté des chambres des domestiques. Des pas dans l'escalier : c'est Charlotte, en bonnet de nuit, enveloppée de sa longue cape bleu marine. Elle chuchote : « Madame, vous devriez essayer de vous reposer. Je peux veiller le Général, si vous le permettez. » Yvonne sort de sa rêverie. L'irruption de la camériste a fait vaciller la lumière. Des ombres se meuvent vivement sur les joues et le front lisses de Charles. Elle fait un signe de la main. « Madame... » insiste la femme de chambre. « Non, laissez-moi. J'ai besoin d'être seule avec lui », dit-elle à voix basse. Tandis que les pas s'éloignent, pour la première fois, elle prie : « Je vous salue, Marie, pleine de grâces, le Seigneur est avec vous... » À mesure qu'elle égrène les prières, les larmes l'envahissent, s'écoulent lentement jusqu'à ses lèvres. Elle sort de sa manche un fin mouchoir qu'elle a elle-même brodé, endigue le flot, ferme les yeux.

Elle tente de faire resurgir la jeune femme de vingt-cinq ans, il y a si longtemps, square Desaix, avec les deux petits qui l'occupent presque toute la journée. Les voisines, épouses d'officiers comme

1. Cité par Max Gallo, *De Gaulle*, t. I : *L'Appel du destin*, Robert Laffont, 1998.

elle, frappent à sa porte vers seize heures, l'entraînent jusqu'au Champ-de-Mars. Elle pousse le landau d'Élisabeth, une bonne la poussette de Philippe. Qui était-ce, déjà ? Elle ne s'en souvient plus. Oui, pour cela, elle est semblable à sa mère : à l'époque, elle ne les trouve jamais assez efficaces. Elle songe à son inconscience d'alors. Ses parents l'aident, heureusement. Car, avec la seule solde de Charles, elle n'aurait pu s'offrir ce luxe : une petite domestique… Du reste, les autres couples du square Desaix, logés à la même enseigne que son mari, n'ont personne. L'un de ces jeunes officiers lave des voitures, la nuit, pour assurer un peu de confort à sa famille. « Une honte », dit Charles. Mais il n'en a que plus d'estime pour son camarade.

L'autre « honte », c'est son rang de sortie de l'École de guerre : 52e sur 129. Et il est nommé stagiaire à l'état-major de l'armée du Rhin, à Mayence, pour s'occuper… de la conservation des aliments. Il ne décolère pas. Yvonne se tient très droite, lui tend la main : « Je suis là, Charles, et nous avons les enfants. Nous tiendrons. » Il la regarde… Sans elle, aurait-il le courage d'y croire encore ? Probablement. Mais moins bien, peut-être. Elle le pousse doucement vers son bureau. « Ne m'avez-vous pas dit que vous vouliez écrire cet article pour *La Revue militaire* ? – "Doctrine *a priori* ou doctrine de circonstance [1]." Oui, je n'en ai pas encore terminé avec ces cons de l'École de guerre. » Et, pendant quelques heures, elle entend sa plume courir sur le papier. Puis, lorsqu'il se glisse dans leur lit, qu'il la prend contre lui, elle le sent calmé.

C'est Philippe Pétain qui le tire des entrepôts frigorifiques de Mayence. Le maréchal a depuis longtemps repéré le talent d'écriture de l'officier de Gaulle, cet esprit farouche, épris d'une indépendance qui l'oppose aux instances supérieures de l'armée. Pétain aussi a toujours été plein d'ironie, de distance à leur endroit. D'une certaine manière, c'est un bon tour qu'il joue à la hiérarchie.

Pourtant, Yvonne n'accueille pas sans inquiétude la distinction qui sort son mari du rang. Elle sait les jalousies que cela va susciter. Surtout, les motivations de Philippe Pétain lui semblent dérisoires. Cet homme couvert de gloire, qui n'a plus rien à prouver, brigue l'Académie française. Pour lors, Charles se voit proposer d'être l'un de ses « nègres », celui qui écrira pour le

1. Parution, mars 1925.

maréchal une « Histoire du soldat », que l'autre signera. Nous verrons bien. Après tout, c'est lui qui a sauvé son époux de l'exil de Mayence.

Mais, un soir, Charles rentre accablé : Pétain est envoyé au Maroc par le gouvernement pour écraser la révolte d'Abd el-Krim, dans le Rif. Il a accepté de participer à l'exécution politique du maréchal Lyautey. Le fin Lyautey, l'homme respectueux des autres au point qu'il a interdit les visites de la mosquée Qarawiyyīn, de Fès, aux touristes non musulmans, Lyautey contraint aujourd'hui à la démission et tourné en ridicule.

Que dire, sinon lui répéter une nouvelle fois qu'elle n'apprécie pas Pétain ? Alors elle se tait. Charles a encore besoin de lui. Le maréchal ne le laissera pas tomber. C'est vrai : quelques mois plus tard, toujours avec son sens aigu de l'ironie, alors que Charles vient de passer chef de bataillon (comme Pétain, il sera resté douze ans capitaine), le maréchal lui propose de prononcer trois conférences à l'École supérieure de guerre. La revanche attendue sur ces barbons qui l'ont humilié, se dit-elle. Lui exulte. Mais parce que l'honneur qui lui est fait est insigne, il doit se montrer irréprochable. Et il se met au travail.

Pendant ce temps, elle s'occupe des enfants, prépare les fêtes de fin d'année, achète les cadeaux, confectionne une robe pour Élisabeth, qui est une jolie petite fille, vive, intelligente et drôle. Charles ne peut cacher son adoration pour elle. Philippe, qui vient juste d'avoir cinq ans, fait aussi leur fierté. Tendre et appliqué, pour le jour de l'an, il leur écrit un petit compliment qu'elle sait encore aujourd'hui. Comme Charles, qui le lui rappelait parfois, mot pour mot, avec une belle émotion dans la voix :

Le petit cœur de votre enfant
Est tout débordant de tendresse
Prenez mes baisers, mes caresses
Et tous les vœux tendres et doux
Qu'au jour de l'an je fais pour vous.

Philippe. Il doit être en route, maintenant. Cette longue route, en pleine nuit, depuis Brest, avec le chagrin qui doit noyer son regard... Yvonne revoit l'enfant longiligne assis à son petit bureau, Charles penché sur lui. Il était sévère avec son fils, lui demandant des efforts constants. Mais c'était par amour. Il voulait pour lui le meilleur. Elle se souvient d'eux, marchant dans les forêts des Ardennes ou dans les plaines de la Somme, Charles montrant à l'enfant les vestiges de l'histoire, lui expliquant ici l'issue incertaine d'une bataille, là les blessures d'une ruine. Il lui disait le nom des arbres, lui apprenait à reconnaître une feuille, l'immobilisait en silence devant la bauge d'une laie nourrissant ses petits. Pas facile, pour un garçon, d'avoir un père d'une exigence hors du commun. Pourtant, Dieu merci, Philippe aussi montrait du caractère. Du reste, malgré les objurgations de Charles, c'est la marine qu'il a choisie, et dans laquelle il a fait une belle carrière.

Il aura tant de chagrin… Et Élisabeth, qui vénérait son père. Élisabeth à qui il manifestait tant de tendresse, de déférence, presque. Parfois, à table, il lui prenait la main et lui demandait d'une voix douce : « Et toi, Élisabeth, qu'en penses-tu ? » Et il écoutait sa réponse sans la contester, en souriant. Oui, il n'était vraiment lui-même qu'en famille, se montrait d'une patience constante et amusée avec ses petits enfants, aimable, enjoué, parfois, avec les membres de la famille. Alors qu'avec les autres…

Ces conférences à l'École de guerre, par exemple, qu'il prononce finalement en mai 1927. Il ne les avait pas données à lire à Yvonne : il les lui avait dites. Elles remettaient en cause toute la formation des chefs militaires, mais aussi l'attachement à une discipline aveugle, concluant sur le caractère hautement moral qu'on attendait de celui qui était appelé à commander. C'était une véritable gifle pour ses anciens professeurs. Et pour certains de ses camarades, qui concevaient déjà à son endroit une haine farouche. Parfois, elle le soupçonnait d'attiser cette haine pour avoir la satisfaction de la battre en brèche, prouvant ainsi la force de sa pensée.

Elle le connaissait bien, maintenant. Elle savait qu'il avait construit des certitudes dont personne ne pouvait le faire démordre. Et, pour avoir suivi pas à pas sa réflexion, elle ne doutait plus qu'il eût raison. Comme son frère Jacques. Non seulement ces deux-là aimaient à se perdre dans de longues discussions, mais ils entretenaient une correspondance régulière. Ou comme Henri de

Gaulle, son père, qui relisait tout ce qu'il écrivait. « Pour critiques et correction », demandait Charles. Il signait toujours : « Votre fils très respectueux et affectionné. »

À l'automne de cette même année, il prend son commandement à Trèves, en Allemagne. Ils s'installent dans une maison dont ils occupent deux étages, à l'angle de la Nordallee et de la Martinstrasse. Yvonne, à nouveau enceinte, regarde par la fenêtre l'immense statue de la Vierge qui couronne la colline de la Mariensaule. Ils sont dans l'Allemagne occupée, et Charles est très pointilleux : on ne doit pas peser sur ce peuple à qui la pénurie donne des yeux fiévreux. « C'est sur ce terreau-là que peuvent naître toutes les folies. » Alors elle se sert dans les coopératives militaires qui reçoivent les produits de France. Elle emploie du personnel local, avec lequel elle parle allemand. Une jeune Autrichienne, Antonia, promène les enfants. Et Philippe poursuit son instruction avec une dame française mariée à un Allemand.

Yvonne a aimé cette ville. L'on n'y est qu'à une cinquantaine de kilomètres de la France, sur la rive droite d'un fleuve qu'elle connaît bien : la Moselle. Mais il y a ce peuple qui souffre, écrasé par la dette de guerre, par l'effondrement de l'industrie. Il y a tant de chômage... Même s'ils fréquentent surtout les officiers français, chaque fois qu'elle sort, cette misère lui arrache le cœur. Et c'est la haine qu'elle reconnaît dans les regards, lors du défilé du 14 Juillet. Philippe, lui ne voit que son père : « Seul, à cheval, derrière sa fanfare de clairons, de cors de chasse et de tambours, mon père, en tête de son bataillon, me paraît trop grand ou sa monture trop petite [1]. »

L'été, une fois encore, on gagne *Sept-Fontaines*. Philippe et Élisabeth y retrouvent leurs cousins, les enfants de Jacques et de son épouse, Cada. Yvonne l'a tout de suite prise en amitié. Par bonheur, ce frère, auquel elle est tellement attachée, a choisi une femme qui a beaucoup de points communs avec elle. Et c'est une sœur de plus qu'elle se découvre.

On a aménagé dans la grande maison, pour les jours de pluie, un « hurloir à enfants » afin d'avoir un peu de paix. Yvonne a une grossesse paisible. Elle se sent un peu léthargique, comme si

1. Philippe de Gaulle, *Mémoires accessoires*, Plon, 1997.

l'enfant, en elle, dormait et l'endormait. Parfois, elle s'assoupit, l'aiguille à coudre engagée dans un bavoir ou une brassière. Et elle se réveille en sursaut, ne sachant plus où elle est, dans quels limbes elle s'est égarée.

Puis vient le drame. Une petite fille naît le 1er janvier 1928. Elle n'est pas normale. L'accoucheur et les médecins laissent peu d'espoir aux parents : cette rigidité de l'enfant, son visage rond et presque plat, ces paupières un peu gonflées qui s'étirent vers les tempes... Ce sont des signes. Mais il faut tout de même espérer. On ne sait jamais. Yvonne, épuisée, enfonce sa tête dans les oreillers. « Mon Dieu, faites... » Charles lui prend la main, l'embrasse doucement. Il est là, près d'elle. On la gardera chez nous. Nous l'entourerons de tout l'amour dont nous sommes capables. Si Dieu nous a choisis pour cette épreuve, c'est qu'il nous distingue. Mais il nous rappelle aussi ce que nous sommes : des humbles, face à sa toute-puissance. La révolte et la peur la submergent. Lorsqu'elle lit l'amour dans les yeux de son mari, elle s'apaise : oui, ils seront là, tous les deux, soudés par cette épreuve qui les crucifie ensemble.

La vie d'Yvonne change avec l'arrivée de cette enfant qui demande une attention de chaque instant : jamais elle ne distinguera le chaud du froid, le feu de la glace. Elle est presque insensible à la douleur physique et tout devient danger pour elle.

Pendant un long temps, la jeune femme refuse que quelqu'un d'autre s'occupe de la petite Anne. Pourtant, il ne faut pas que Philippe et Élisabeth soient privés de son attention, de son affection. Et elle doit être là pour Charles, qui connaît ses premiers déboires avec le maréchal : il veut faire corriger le manuscrit de l'*Histoire du soldat* par un autre de ses nègres, le publier sous son nom. La vanité d'entrer à l'Académie, toujours... Comment l'écrivain qu'est de Gaulle pourrait-il l'accepter ? Il refuse donc. Voici à nouveau les nuages. Son intransigeance, la haute idée qu'il s'est faite de son rôle et de sa pensée l'entraînent vers cette rupture avec Pétain dont Yvonne a toujours eu l'intuition. Rien de bon ne peut venir d'un homme aussi volage et avide d'honneurs. Elle sait pourtant qu'elle accepte de nouvelles difficultés lorsqu'elle dit à son mari : « Vous avez raison. » Et la sentence tombe : le bataillon de Trèves sera dissous. Charles partira au Levant.

Pendant cet été 1929, dans la villa Antoinette qu'ils ont louée, à Wissant, ils discutent longuement de la possibilité pour Yvonne et les enfants, pour la petite Anne, surtout, dont la santé est très fragile, de demeurer en France. Yvonne refuse : elle le suivra, sera là où il est, près de lui, toujours. Ne s'y est-elle pas engagée, face à Dieu, le jour de leur mariage ? Elle le sent inquiet. Tandis qu'elle nourrit à la cuillère sa petite fille qui ne peut rien mâcher, elle le voit s'éloigner à grandes enjambées vers la plage. Elle sait, par tous ses gestes de tendresse, qu'il voudrait prendre une part plus grande encore du fardeau quotidien qu'elle assume. Et jamais Charles ne faillira. Dès qu'il rentre à la maison, il va dans la chambre d'Anne, la prend dans ses bras, lui parle, lui chante des comptines. L'enfant mettra un temps infini à se tenir droite, à marcher, à parler. Mais elle a tant d'amour, autour d'elle, qu'elle finit par sortir un peu des profondeurs insondables dans lesquelles elle est enfermée.

Yvonne s'efforce d'avoir l'humeur égale, un léger sourire aux lèvres. Mais une immense fatigue la pousse parfois dans un fauteuil. Elle a maigri, ses joues se sont un peu creusées, une ride, légère encore mais bien là, barre son front. Elle aspire à cet air chargé de sel et d'iode que Charles respire en ce moment. Elle sait que, lorsqu'il rentrera, elle pourra à son tour parcourir cette grève tranchée au nord par le cap Gris-Nez et jonchée d'un goémon presque noir. Elle a envie d'observer, comme lorsqu'elle était enfant, les hommes vêtus de cabans vert-de-gris qui remplissent à la fourche les charrettes rustiques de cet « or de la mer ». Il servira d'engrais pour les hortillonnages tout proches. Mais Anne pose sa petite main sur son bras. Et les désirs disparaissent.

Le 28 octobre de cette année 1929, gare de Lyon, les Vendroux accompagnent les de Gaulle qui s'embarqueront à Marseille sur un vieux rafiot : le *Lamartine*. Yvonne rassure sa mère : oui, le professeur Lévy-Solal lui a donné tous les médicaments dont Anne aura besoin. Philippe et Élisabeth tiennent à peine en place. Charles, de temps à autre, regarde sa femme qui paraît toujours aussi sereine, portant la petite Anne, très sage. Comme si elle comprenait l'importance du moment. Le voyage en train est long, inconfortable et difficile. Mais, dès que l'enfant se plaint, Charles la prend dans ses bras, et elle se calme. Et puis c'est Marseille, les cris du port, le vol chaotique des mouettes et leurs piaillements aigus ; et enfin, le bateau. On s'installe dans deux cabines contiguës, petites mais agréables. La sirène rugit, le *Lamartine* quitte le quai.

Philippe, sur le pont au côté de son père, se délecte des mouvements de la houle, de l'horizon si vaste, de la rudesse du soleil qui pique de mille flamboiements la surface de l'eau. Première escale, Naples, avec, à l'est, le Vésuve. Dominant le port, le Palazzo Reale, dans lequel ont vécu la sœur de Marie-Antoinette, Marie-Caroline, et son mari, le roi Nazzone, qui créa la Mafia pour lutter contre les bonapartistes. Charles entraîne Yvonne et les enfants, la petite Anne dans une poussette, vers Pompéi et Herculanum.

Et c'est la leçon d'histoire, sous l'ombre menaçante du volcan meurtrier. Yvonne constate qu'on a construit des maisons sur les pentes noires du monstre assoupi. Mais elle se laisse séduire par le magnifique paysage, la ville surplombée par son fort et le mont Pausilippe. Charles parle de Virgile, qui a séjourné là, des empereurs Claude et Néron, qui y ont élevé des palais, des Ostrogoths, qui se sont emparés de la ville à la fin du VIe siècle, du dernier empereur romain qui y fut exilé. Philippe écoute, boit les paroles de son père. Puis, après un déjeuner de poissons et un régal de granité au citron, ils retrouvent le bateau.

Lorsqu'ils aperçoivent au loin la côte du Péloponnèse, la leçon reprend, puis Charles gagne sa cabine. Il lit à Yvonne la lettre qu'il vient d'écrire à son père, dans laquelle il dit sa joie d'approcher cette terre grecque dont Henri de Gaulle lui a fait partager la passion. Sur ces côtes blanches comme des os de seiche sont nées la pensée, la géométrie, la démocratie. Et il écrit :

La seule vue de la mer, et de celle-là, rend plus claires et plus profondes les idées et les espérances, et l'on admire Thémistocle qui fit placer la tribune de l'Agora de telle façon que les orateurs eussent toujours sous les yeux la Méditerranée [1].

Voici Athènes et l'Acropole ; le toit effondré du Parthénon, les cariatides de l'Érechthéion injuriées par le temps font peine à voir. Mais il reste la grandeur de l'ordre classique. Yvonne, malgré l'attention permanente qu'elle doit porter aux enfants, se repaît de tous ces paysages, de ce peuple grec, brùyant et coloré, des ânes

1. Charles de Gaulle, *Lettres, notes et carnets*, t. II, Plon, 1980, p. 354.

chargés de paniers tressés qui bousculent la foule, des femmes vêtues de noir qui vendent, à même le sol, quelques poivrons séchés, des herbes, des fromages de chèvre secs comme des cailloux.

Puis c'est Istanbul et l'entrée dans l'Orient. Au passage de ce que les Anciens appelaient l'Hellespont, Charles s'est lamenté de ne pouvoir s'arrêter à Troie, distante d'à peine quelques kilomètres. Son père lui disait, en commentant la localisation par Schliemann de la ville antique près du village d'Hissarlik, que l'on pouvait considérer la guerre de Troie, eu égard à la géographie, comme la première guerre des Dardanelles.

Mais l'arrivée dans la ville turque sous les derniers feux du jour illuminant la Corne d'Or les console. D'un côté l'Europe, de l'autre l'Asie. Charles cite Chateaubriand, Lamartine, Loti, dont la maison, dans Istanbul, est intacte. Yvonne voit les yeux brûlants d'Aziyadé [1], la cherche presque, mince silhouette voilée, sur les hauteurs de la ville. Elle aime ces mosquées, dont celle, tout aérienne, de Soliman le Magnifique.

Ils visitent Sainte-Sophie, parcourent les vestiges de l'hippodrome, construit par les Grecs, ont droit à une nouvelle leçon d'histoire : la splendeur de Byzance, les croisades, la politique orientale instituée par François Ier avec Soliman, qui renouait avec une vieille tradition franque : celle de Charlemagne et du calife de Bagdad, Harun al-Rachid.

C'est l'Orient rêvé, enfin, tellement étrange. Depuis le palais de Topkapi, fermé depuis presque un siècle, le sultan régnait sur presque tout le sud de la Méditerranée. Elle songe avec effroi à toutes ces femmes prisonnières du harem, à celles qui, pour avoir commis quelque erreur, étaient précipitées dans la mer, enfermées dans un sac, les pieds lestés d'une pierre. Elle frissonne, mais adorerait se promener seule dans ces souks où une multitude de venelles laissent monter l'odeur forte des épices. Elle observe tout, retient une exclamation, oublie qu'elle est chargée de famille et qu'il faut faire attention aux enfants. Son appétit de découverte, malgré ses soucis avec la petite Anne, est comblé.

1. Héroïne du roman éponyme de Pierre Loti, 1879.

Mais il faut repartir. Et c'est Beyrouth, enfin. Ces quinze jours de voyage, pour fatigants qu'ils ont été, sont à ajouter aux moments de bonheur que, grâce à Charles et à ses trois enfants, elle a déjà connus.

La paix fragile

Toute la famille est sur le pont pour découvrir la ville qui dévale les collines vers la mer. Ce n'est pas seulement un port, c'est l'Orient, mais, vu de loin, un Orient comme maîtrisé, moins coloré qu'Istanbul. Peut-être parce que les minarets des mosquées y sont moins nombreux.

On est en novembre. Le ciel est clair et l'air doux, encore. La famille s'installe à l'hôtel Métropole pour quelques jours. Charles se rend au Grand Sérail, où est établi l'état-major de l'armée du Levant. Il faut chercher à se loger. Un Libanais, Camille Wehbé, loue une partie de sa maison aux officiers français, dans le quartier de Karakol Druze.

Les premiers jours sont éreintants : il faut aménager l'appartement, inscrire Philippe chez les Pères jésuites, Élisabeth chez les Dames de Nazareth, trouver quelqu'un pour veiller sur Anne quand Yvonne parcourt les rues bruyantes de la ville à la recherche de tissus, de pelotes de laine, ou tout simplement de nourriture. Elle s'aventure dans les souks, enfin, y flânerait presque si elle n'était toujours anxieuse lorsqu'elle laisse sa petite fille plus de deux heures. Elle traverse la place des Canons avec un sentiment de frustration : elle n'a jamais le temps de s'arrêter.

D'autant que Charles rentre presque chaque jour déjeuner. Un repas rapide (trois quarts d'heure à peine), auquel participent les enfants. Mais ils ne sont autorisés à prendre la parole que si on les interroge. Lui raconte sa matinée : il a retrouvé des anciens de Saint-Cyr, pour lesquels on organisera un dîner.

Il part en tournée d'inspection au Liban et en Syrie. Il a en charge les 2e et 3e Bureaux : le renseignement et les opérations. Elle est un peu inquiète : si le Liban est assez favorable aux Français, tel n'est pas le cas de la Syrie, dont la population est hostile au mandat institué par la Société des nations après la chute de l'Empire ottoman. Et puis il y a ces Druzes, aux frontières de la Syrie et de la Jordanie, qui font le coup de feu contre tout le monde. C'est la première fois que, dans sa nouvelle affectation, Charles est ainsi exposé : un officier français, à peine accompagné, dans ces contrées inhospitalières... Mais elle se dit qu'il l'était autant à Trèves, où n'importe quel Allemand revanchard aurait pu l'assassiner. Cependant... Elle dort mal, se réveille avec l'aube, s'apaise un peu en regardant la mer, émeraude à cette époque de l'année, s'occupe des enfants, leur fait répéter leurs leçons, étouffe de tendresse la petite Anne.

Lorsque Charles revient, il n'en finit pas de raconter, et chacun a dans les yeux les merveilles qu'il a vues : le krak des chevaliers, avec la ribambelle d'enfants blonds aux yeux verts qui ont accueilli la voiture – des descendants des croisés peut-être –, Alep, avec ses murailles et ses portes gigantesques, Damas et ses jardins, cette grande mosquée dans la cour de laquelle, dit-on, la tête de saint Jean le Baptiste a été enterrée. Et puis Baalbek, et surtout Palmyre.

Yvonne découvrira le site quelques mois plus tard, au cours d'une expédition avec Charles. Ce sera sans crier gare, au sortir du désert, un désert de pierres, d'où la voiture soulèvera une poussière jaune, collante, tenace : d'abord, des tours, immenses, des tombeaux verticaux. Et, dans le soleil levant, le champ de ruines, à perte de vue, avec les colonnades des temples dressées vers le ciel. Sur la colline, à gauche, un petit fort, que les Arabes appellent un *qalaat*. À droite, l'oasis, avec seulement quelques maisons et cet hôtel étonnant, l'hôtel de la Reine Zénobie, une sorte de caravansérail amélioré, tenu par une Française superbe, Marga d'Andurain. Charles l'a déjà rencontrée à Beyrouth, à une soirée avec des officiers britanniques. Oui, elle se rappelle cette femme, qui leur avait indiqué la source chaude sulfureuse, au cœur de l'oasis. Drôle de personnage, dont elle apprendra, beaucoup plus tard, au sortir de la guerre de 1940, l'assassinat à Tanger. « Une aventurière », avait dit Charles.

Au cours de sa première inspection, il s'est attardé devant l'Euphrate, vigoureux et rapide, à la frontière turque ; au bord du Tigre plus lent, à l'eau mordorée, aux confins de la Syrie ; il a déambulé dans les « jardins sur l'Oronte [1] ». C'est l'histoire encore qui l'a happé pendant ce voyage, dans les pas des cohortes romaines, des croisés, des rois francs qui tinrent ces pays durant deux siècles. Aujourd'hui, les Français et les Anglais se partagent l'Orient si riche, si mystérieux. Si hostile, aussi. Charles raconte son passage à Tripoli, à Lattaquié, et surtout dans cette île d'Arwad où se situe la principale prison française, une prison politique où les conditions d'enfermement sont, paraît-il, extrêmement dures. Ce n'est peut-être pas ainsi qu'il faut traiter les peuples que l'on administre. Eux aussi ont une histoire, et quelle histoire... Il s'est arrêté à Ras Shamra, au nord de Lattaquié, où une équipe d'archéologues a mis au jour l'ancienne Ougarit.

Près du corps de Charles, si elle se rappelle ce récit avec tant de précision, c'est qu'elle a ensuite parcouru certains des lieux qu'il lui a décrits alors. Mais c'était aussi la première fois qu'il partait longtemps sans elle, et il voulait tout lui faire partager. Sa connaissance de l'histoire le rendait vivant et passionnant. Il était ainsi, toujours désireux de la faire cheminer avec lui. Et les enfants en profitaient.

Personne ne peut imaginer ce qu'était la vie avec Charles de Gaulle, de quelle somme incroyable de tendresse et d'amour il était capable, combien il était généreux et magnanime. Mais quelle idée il avait de lui-même et de son destin ! Et combien cette idée le rendait inflexible, au point que chacun le pensait fou d'orgueil.

Il est là, maintenant, allongé devant elle. Elle pose sa main sur les siennes, presque froides. Où est-il ? Sa grande âme se trouve-t-elle déjà face à Dieu ? « Notre Père, qui êtes aux cieux... » Elle recommence à prier, mais les souvenirs entravent la prière.

1. *Un jardin sur l'Oronte*, roman de Maurice Barrès, 1922.

Il doit donner une série de conférences à l'université Saint-Joseph de Beyrouth, les rédige, puis les lui dit. Il pense à rassembler son travail pour l'École de guerre en un livre, qu'il intitulera *Le Fil de l'épée.*

Il l'emmène en Palestine. Pour elle, c'est le voyage le plus émouvant. Elle regarde Jérusalem flamboyer dans la tombée du jour. Elle pense à ce Dieu vivant, Jésus, qui gravit l'une de ces collines, la Croix à peine équarrie sur l'épaule. Elle est bouleversée dans le jardin des Oliviers, y recherche la trace des apôtres endormis, le lieu où le fils de Dieu a supplié son père de lui épargner l'humaine souffrance. Dans le Saint-Sépulcre, devant la pierre où l'on a lavé le corps du Christ, auprès de Charles muet, les mains serrées l'une contre l'autre, elle se recueille longuement.

Puis ils déambulent ensemble dans les rues bruyantes de la vieille ville où juifs et musulmans mêlés vaquent à leurs occupations. Ils se rendent à Bethléem, traversent la Galilée pour rejoindre Nazareth. C'est ainsi qu'elle a toujours rêvé les paysages bibliques, nus, dépouillés, ocre jaune, parsemés de villages de quelques centaines d'âmes cultivant difficilement une terre aride et ingrate. Sur les immenses territoires quasi désertiques, des bergers avancent lentement derrière des moutons étiques. Tout semble immobile, depuis des siècles. L'histoire s'est faite là, sur les rives de ce lac de Tibériade, si vaste qu'il ressemble à la mer. Elle imagine Jésus, qui s'est fait pêcheur d'hommes, en regardant un jeune garçon lancer dans les eaux peu profondes une senne semblable à celles d'il y a deux mille ans.

Ils gagnent le Jourdain, guère plus qu'un méchant oued bordé de roseaux et de tamaris, dont les eaux paresseuses glissent en chuchotant sur des pierres blanches. Charles et elle s'y lavent le visage, pour renouveler le sacrement institué par le Baptiste.

Enfin, c'est la mer Morte et, au loin, les montagnes de Moab. Lorsque, en 1947, on y découvrira des manuscrits vieux de deux mille ans, elle se rappellera ces falaises pelées trouées de grottes, et s'en voudra presque de ne pas avoir vu le Christ là, réfléchissant au milieu des Esséniens.

Au sud de la mer Morte, Massada. Par un chemin escarpé, si raide que, parfois, Charles est obligé de lui tendre la main, ils sont parvenus dans cet ultime bastion de la résistance juive aux Romains. Comment imaginer les dernières heures de ces hommes qui ont désigné l'un d'eux pour donner la mort à tous les autres ?

Afin que personne ne tombe aux mains de l'ennemi. Yvonne et Charles sont restés longtemps côte à côte, priant pour ces âmes martyres, tandis que le soleil déclinait sur la surface paisible de la mer Morte.

Yvonne est revenue de ce voyage l'âme en paix, prête à affronter toutes les difficultés du quotidien, plus forte qu'elle ne l'a jamais été. Elle reprend sa vie de femme d'officier, toujours prête à accueillir, pour un dîner, pour un thé, pour une soirée les camarades de Charles et leurs épouses, toujours « vaillante et brave », comme le lui écrit son mari dès qu'il est séparé d'elle. Mais elle ne l'accompagne presque jamais dans ses mondanités : elle reste auprès de la petite Anne.

Les vacances, durant cette première année de leur séjour au Liban, se déroulent à la montagne. Ils ont loué une petite maison à Aley, près de Souk el-Gharb, au pied d'immenses cèdres bleus. Mais la région n'est pas sûre, et les promenades se limitent à quelques sorties à pied.

Au mois de septembre 1930, c'est pour l'Europe que Charles est inquiet : ce roquet, Hitler, a envoyé cent sept députés au Reichstag. Il vient de lire son livre effrayant, *Mein Kampf*, « mon combat », dans lequel le chef du parti national-socialiste annonce clairement ses intentions de mettre le Vieux Continent en coupe réglée. Le commandant de Gaulle voudrait bien rentrer, alerter les chefs militaires, les politiques, qui ne semblent rien voir venir de l'autre côté du Rhin et laissent peu à peu enterrer le traité de Versailles. Mais il est cloué au Levant pour une année encore. Et repart en campagne.

Philippe, trop mince, trop fragile, tombe malade. Et la petite Anne suffoque lorsque la chaleur est trop lourde. On ne peut continuer ainsi. Quel que soit son attachement pour son mari, Yvonne ne peut lui sacrifier la santé de ses enfants : elle doit rentrer en France.

Début 1931, Charles les conduit au débarquement, sur le port de Beyrouth, des voitures de la Croisière Jaune, organisée par André Citroën. Les automobiles doivent partir de la capitale libanaise et emprunter la route de la soie pour rejoindre la Chine. Un trajet de plusieurs milliers de kilomètres dans ces machines brinquebalantes que Philippe observe avec curiosité, transbordées au milieu de personnages vêtus comme des héros de Jules Verne. Le soir, sur une carte, Charles explique le trajet, parle des pays traversés, des villes aux noms de légende. Et Yvonne se rappelle le décollage laborieux de Blériot sur cette plage du Nord, lorsqu'elle était enfant. Elle est heureuse que Philippe et Élisabeth aient pu assister à cet événement avant de quitter le Liban.

Car il faut partir. Le printemps est là, qui lave le ciel. L'herbe, d'un vert cru, se colore de boutons d'or et de ces corolles rouges, des anémones sauvages, que les Libanais appellent « sang d'Adonis ». La ville, balayée déjà par un vent tiède, s'active, tandis qu'Yvonne, les trois enfants et la gouvernante attachée à Anne embarquent sur le bon vieux *Lamartine*, qui passe, cette fois, par le sud.

Première escale, Alexandrie, la ville de Cléopâtre. La leçon d'histoire est lue par Yvonne dans le guide Baedeker qu'elle a acheté à Beyrouth. Difficile d'y intéresser les enfants, après les récits passionnants de Charles… On a tout de même le loisir de déguster une glace dans le salon de l'hôtel Cécil et d'admirer le fort de Qaït Bey, dont on dit qu'il fut construit sur l'emplacement de l'une des Sept Merveilles du monde, le phare d'Alexandrie. Philippe regrette l'absence de son père, qui aurait pu faire vivre tout cela.

La traversée se poursuit. On longe la Crète, l'île de Santorin. Mais la magie du premier voyage a disparu. À peine reste-t-il la joie de retrouver les dauphins, en pleine mer, qui semblent guider par de mystérieux chemins le rafiot au bord de l'épuisement.

Gare de Lyon, les grands-parents Vendroux sont là, avec leur automobile dans laquelle on s'entasse. Puis, à travers un Paris encombré par les visiteurs de l'Exposition coloniale, la famille gagne le square Desaix.

Charles écrit plusieurs fois par semaine, raconte ses nouvelles tournées d'inspection, commente l'actualité. Il est inquiet de la situation en Espagne, où le roi Alphonse XIII vient d'abdiquer pour éviter la guerre civile. Il dresse un portrait du nouveau président de la République, Paul Doumer, élu le 13 mai. L'homme qui a battu le général Boulanger, qui a été ministre des Finances et président du Sénat, qui a perdu quatre fils durant la guerre de 1914-1918, est, certes, un gros travailleur et un homme de volonté. Mais il a soixante-quatorze ans. Saura-t-il choisir un bon président du Conseil ? Car il faut veiller aux intérêts de la France face à la crise économique mondiale et à la montée du nazisme en Allemagne.

Il s'inquiète aussi pour les enfants, pour la « pauvre petite Anne » et pour « sa petite femme chérie » qui lui manque tellement.

Enfin, il rentre. Il est affecté au secrétariat général du Conseil supérieur de la défense nationale. Autant dire au cœur battant de l'institution militaire. Les appréciations de ses supérieurs au Levant sont exceptionnelles, il est difficile de ne pas en tenir compte : « Officier de premier ordre… Culture générale et militaire étendue, intelligence ouverte, excellent esprit militaire, haute valeur morale. »

J'insiste, écrit le général de Grandrut, *sur les mérites de ce soldat doublé d'un penseur, qui n'ignore pas ce qu'il vaut et développe par un travail constant les qualités qu'il a conscience de posséder.*

Yvonne est fière qu'on reconnaisse enfin la valeur de son mari. Mais il demeure ce risque : l'absolue nécessité pour lui de faire prévaloir son opinion.

Pour l'instant, elle savoure son retour et les longs moments qu'elle peut à nouveau partager avec lui. Elle a trouvé la gouvernante qui va la soulager un peu de la garde constante d'Anne : Marguerite Potel, « Mademoiselle », comme on l'appellera désormais, tendre, attentive et douce, qui fera partie de la famille.

Cette année-là, les vacances, à nouveau à Wissant, puis à *Sept-Fontaines*, sont pour elle un pur moment de bonheur. Philippe et Élisabeth grandissent bien. Ils se disputent pour aller chercher le pain, à pied, dans le village voisin du domaine familial. Ils passent des heures à faire voler un cerf-volant sur cette plage du Nord qu'ils sont toujours heureux de retrouver. Charles cajole la petite Anne, qu'il parvient à faire rire. Parfois, elle et lui, tenant chacun une main de l'enfant, la promènent doucement. Oui. De purs moments de bonheur.

C'est la rentrée. Philippe est inscrit à Stanislas, Élisabeth à Notre-Dame-de-Sion. Charles a quarante et un ans le 22 novembre 1931. Il dit à Yvonne qu'il est temps pour lui de montrer quelle est sa vision du monde. Lorsqu'il discourt ainsi à haute voix, comme pour mieux cerner la force qu'il sent en lui, elle a peur. Peur que Dieu ne condamne cette exigence de grandeur qu'il conçoit pour la nation et pour lui-même. Peur que les hommes ne supportent pas sa voix fracassante. Peur qu'on ne le tue pour ne pas devoir entendre ce qu'il dit. Une nuit, il lui a rapporté sa rencontre avec une bohémienne, sur un pont de Varsovie, en 1920. La jeune femme est venue délibérément vers lui, a saisi sa main nue, l'a observée rapidement. « Tu es promis à un grand destin, lui a-t-elle dit. Mais tu seras pendu pour haute trahison. » Et elle a disparu dans la foule. L'histoire a glacé Yvonne. Puis elle l'a oubliée. Aujourd'hui, elle resurgit comme un maléfice...

Elle s'apaise lorsqu'elle le voit sortir avec son fils pour aller acheter un journal, faire quelques courses. Elle sait qu'il en profitera pour montrer à Philippe un lieu, une façade, une rue que l'histoire a marqués. Comme son père Henri de Gaulle l'a fait avec lui. Avec ce rôle de guide, il exerce sur le jeune esprit de Philippe toute son emprise, aimante, tendre et exigeante à la fois. Dans cet exercice, il est à l'abri de la fureur des autres.

Au début de l'année 1932, ils emménagent dans un grand appartement, au deuxième étage du 110, boulevard Raspail. Yvonne s'adonne à la décoration avec bonheur. Choisir les tissus pour les rideaux, ajouter ici ou là un meuble, courir les magasins dans ce quartier riche en commerces, à proximité de ce Bon-Marché qui ne fait pas encore mentir son enseigne, lui permet de retrouver le rôle pour lequel elle a été élevée. Elle est à son aise, elle qui sait tenir les cordons de la bourse, pour choisir la qualité au moindre prix. Ensuite, il faut tailler, coudre, accrocher, disposer de telle sorte que Charles et les enfants puissent lui en faire compliment. Alors, elle est pleinement récompensée. Oui, c'est pour cette vie-là qu'elle se sent faite : donner à son mari, à ses enfants, et surtout à la petite Anne, à laquelle Mlle Potel s'attache chaque jour davantage, le nid douillet dans lequel chacun peut s'épanouir.

Pourtant, cette harmonie est bousculée : le 3 mai, à Sainte-Adresse, où il s'est retiré, Henri de Gaulle meurt. Charles est accablé. Ce père, qui a fait de lui ce qu'il est, qui lui a toujours été de si bon conseil, son second lecteur après Yvonne, le laisse seul. Il avait, à son endroit, plus que de la piété filiale : un amour, une admiration, un respect qu'il ne pourra plus donner à aucun homme. Il se sent amputé. Souvent, il se surprend sortant de son sous-main une feuille blanche pour écrire à ce père dont, un instant, il a oublié la disparition.

C'est Yvonne qu'il faut maintenant consoler : le 19 mai, son père disparaît. Le petit homme débonnaire et raffiné dont la tendresse faisait l'un des bonheurs de sa vie s'en est allé. Elle le revoit conduisant la calèche qui les menait à Coulogne, près de Calais, chaque fin de semaine, mais elle est incapable de retrouver ses traits de jeune homme. Elle se rappelle seulement sa casquette en tweed, et les guêtres qu'il portait sur des pantalons de velours. Elle se souvient aussi du regard qu'il posait sur sa femme, Marguerite, les yeux illuminés d'une joie dont enfant elle ne comprenait pas la force. Et, aux dernières vacances à *Sept-Fontaines*, sa manière de parler à la petite Anne, de la faire rire... Et sa singulière attention pour Charles...

Lui qui, encore bouleversé par la mort de son propre père, trouve la force de la consoler, de l'aider, de la remettre droite. Ils sont tous deux côte à côte, en première ligne désormais, face à la limite de la vie.

Les événements le ramènent bien vite à la réflexion politique. Le 6 mai 1932, un terroriste russe assassine le président Paul Doumer. En Allemagne, les nazis, de plus en plus agressifs, gagnent du terrain. Et, tandis que le 22 juillet paraît *Le Fil de l'épée* (qui reprend, en les étoffant, ses conférences à l'École de guerre), Charles sent que ce livre n'est qu'une partie de son propos. Devant la médiocrité de la réflexion au sein de l'armée, qui a accepté la proposition du ministre Maginot de construire une ligne de fortifications le long du Rhin (toujours la guerre défensive) alors que l'Allemagne redresse la tête, il commence à envisager d'autres stratégies. Certes, il a donné sa définition du chef et du soldat. Mais il reste à construire un instrument novateur, une armée capable de répondre rapidement à une attaque. Car la guerre ne peut plus se faire comme en 1914-1918. Déjà, de l'autre côté du Rhin, on crée des corps d'élite.

Il analyse la situation avec un groupe d'amis composé

d'officiers, de son éditeur et de proches d'hommes politiques, dans l'arrière-salle de la brasserie Dumesnil, à l'angle de la rue de Rennes et du boulevard du Montparnasse. Chaque lundi soir, après leur rencontre, il rapporte les thèses de chacun à Yvonne. Son ancien maître, le colonel Émile Mayer, dreyfusard à l'instar de Henri de Gaulle, et ami de Jaurès, prône, lui aussi, une guerre de mouvement dans laquelle l'aviation tiendrait un rôle prépondérant. Charles approfondit son idée de l'utilisation massive des chars. Mais il y ajoute un corps permanent de professionnels. Et il commence le livre qui va changer son histoire et celle de l'Europe : *Vers l'armée de métier*.

Chaque jour, il rentre accablé de son travail. Personne n'écoute ce qu'il dit. Les rapports qu'il fait sur ses nouvelles théories stratégiques sont rejetés, vilipendés, moqués presque. Yvonne le voit rentrer la bouche amère, mais animé d'une détermination de plus en plus grande. Elle le décharge de tout, y compris des études de Philippe qu'il surveillait auparavant, afin qu'il puisse avoir ces heures d'écriture durant lesquelles il rebâtit l'armée française. Mais il préserve toujours un moment pour Anne.

Pendant ce temps, à Berlin, Hitler est nommé chancelier du Reich, acclamé par une foule hystérique, fanatisée. Charles dévore la presse française et allemande, mesure l'aveuglement des politiques face au péril en marche. Il continue de jouer les Cassandres. Non seulement personne ne l'écoute, mais on se détourne de lui. À un dîner chez Pétain, Yvonne s'en aperçoit, qui l'observe : il est seul, distant, comme abandonné par ces militaires qui font des ronds de jambe au maréchal. Elle voudrait s'approcher de lui, le prendre par la main, fuir. Mais il faut rester digne, discuter avec les femmes d'officiers qu'elle connaît, ne pas tenir compte de la haine, oui, la haine qu'elle lit dans certains regards. Au retour, elle lui en fait part. Il sait maintenant qu'il ne parviendra pas à faire bouger l'armée. Alors, il essaiera de convaincre les politiques.

C'est leur première divergence profonde : il a lui-même expliqué que, dans ce système de la IIIe République, les politiques défendaient d'abord leur place et leur parti… Qu'importe, il y en aura bien un ou deux pour écouter. « Mais Charles… – Ah ! taisez-vous, Yvonne. Vous savez bien que les femmes n'entendent rien à la politique. » Et il s'enferme dans son bureau. Elle est furieuse, non pour l'opinion qu'il vient d'émettre sur les femmes, qu'il lui répétera des dizaines de fois. Elle sait qu'il n'en pense pas un mot. Mais parce qu'il va se commettre avec une valetaille bien pire que celle de l'armée.

Pourtant, elle le laisse partir à ces soirées où il rencontre des journalistes et des hommes de réseaux proches des politiques. Toutefois, Charles ne parle que lorsqu'il est sûr d'être écouté, lui dit-il. La situation se dégrade trop vite, en Allemagne. Après l'incendie du Reichstag, Hitler obtient les pleins pouvoirs. Charles est sûr que cet homme va maintenant appliquer le programme qu'il a dévoilé dans *Mein Kampf*. En France, les affaires de corruption occultent toute réflexion profonde.

Alors, le 10 mai 1933, Charles publie un article fracassant dans *La Revue politique et parlementaire*. Il l'intitule comme le livre à venir : « Vers l'armée de métier », et le signe de son seul nom : Charles de Gaulle. Ses amis lui assurent que le président du Conseil, qui est en même temps le ministre de la Guerre, Édouard Daladier, l'a lu avec intérêt. Mais le chef d'état-major, le général Gamelin, s'oppose à toute réforme. Et les autres suivent : Weygand, Pétain, toute la hiérarchie militaire.

Pendant l'été, un nouveau malheur foudroie Yvonne : Marguerite Vendroux disparaît. La courageuse, l'intrépide, la « petite maman » n'est plus. Elle n'a pas survécu à son mari. C'est comme si *Sept-Fontaines* avait perdu son âme. Comme si toute la jeunesse calaisienne d'Yvonne était enfouie dans la terre avec le corps de sa mère. Au cimetière, sous ses voiles noirs, les paupières gonflées, elle regarde les visages effondrés de ses frères, Jacques et Jean, le nez rougi de sa sœur Suzanne. Charles lui prend la main, la serre doucement. Oui, il lui reste cela : une grande famille où chacun est attentif à l'autre, où les souvenirs heureux permettront encore de rire, de raviver les images déjà estompées de son père nouant sa cravate, de sa mère choisissant une épingle à chapeau, les choses simples de la vie.

À l'automne, le chagrin ne s'est pas effacé, mais il faut relever la tête pour assurer le quotidien : les enfants à l'école, la petite Anne, dont la santé est toujours aussi préoccupante et que Mlle Potel, sa gouvernante, ne quitte pas un instant, Charles, toujours aussi pessimiste, inquiet. Yvonne tente bien de le calmer. Mais la situation internationale montre que les craintes de son mari sont fondées. Le gouvernement du Reich quitte la Société des nations et la conférence sur le désarmement. Hindenburg dissout le Reichstag et organise de nouvelles élections pour le 12 novembre de cette année 1933. Il n'a fallu que quelques mois au Führer pour rendre l'Allemagne à nouveau dangereuse.

Yvonne sent monter en Charles une angoisse qu'il lui fait partager. Il lui lit le nouvel article qu'il destine à *La Revue des vivants* : « Formons une armée de métier ». Et il renforce ses contacts politiques, rencontre les démocrates-chrétiens, des gens de gauche, de droite, tous ceux qui, citoyens et patriotes, peuvent faire avancer ses idées.

Il vient de passer lieutenant-colonel, mais rien ne bouge au sein de l'armée. Bien plus : la situation intérieure se dégrade. Les émeutes de février 1934 déchirent le peuple, extrême droite contre gauche et extrême gauche. Le Quartier latin s'embrase, la place de la Concorde devient le lieu d'affrontement des Français. Le sang coule. En face, l'Allemagne se réarme.

Le 5 mai, Charles publie chez Berger-Levrault *Vers l'armée de métier*. Yvonne a lu chaque page de l'ouvrage, au fur et à mesure qu'il l'écrivait. Non seulement elle a compris la démarche de son mari, mais elle l'approuve. Car, bien que « femme sans tête politique », elle est celle devant qui il forge sa pensée, à qui il explique l'évolution de la situation, avec qui il discute même l'opinion de tel ou tel s'opposant à la sienne. C'est devant elle qu'il commente les journaux, qu'il analyse la situation intérieure et internationale. Et elle a cheminé avec lui, admis ses conclusions, conforté son point de vue même. Parce que Henri de Gaulle n'est plus là pour relire attentivement le travail de son fils, Yvonne a pris le relais. Elle s'est étoffée, s'est imprégnée de sa culture, en a fait son miel. Elle n'a jamais demandé cela, mais c'est ainsi. Et elle accepte avec reconnaissance ce don que le ciel lui a fait en le mettant à son côté. Si elle a peur, encore et toujours, qu'on réserve à Charles un mauvais sort, elle espère qu'à force de hurler dans le désert, sa voix parviendra enfin à une oreille attentive.

En attendant, c'est l'Allemagne qui met en pratique les théories de Charles sur l'utilisation des chars. Le Reich crée les panzerdivisions.

La famille tout entière aspire au calme, à se retirer de cette vaine agitation dans un lieu où la petite Anne pourrait trouver un peu de liberté en toute sécurité. Dans *L'Écho de Paris*, ils repèrent une maison à vendre dans un petit village des marches de Lorraine, près de Chaumont : Colombey-les-Deux-Églises. Le hameau ne compte qu'un seul édifice religieux, mais on leur assure qu'il en existait deux jusqu'au XIIe siècle. La maison se situe à la sortie du bourg, sur une hauteur. C'est une ancienne brasserie, devenue La Boisserie à cause des arbres qui l'entourent. Elle est assez vaste, sur un étage, mais n'a ni eau ni électricité. Le parc, cependant, bien à l'abri, permettra à Anne de sortir sans risque. Elle vaut quarante-cinq mille francs : presque trop cher pour la solde de Charles. La famille négocie un arrangement avec la propriétaire : dix-sept mille francs à la signature de l'acte de vente. Le reste en viager (soit six mille francs par an… et la propriétaire se noie dans sa baignoire trois ans plus tard).

Charles a tout de suite aimé le sévère paysage qui cerne La Boisserie : des forêts, parmi lesquelles celle de Clairvaux, avec l'abbaye en contrebas, dans la vallée. Napoléon l'a transformée en prison centrale pour les lourdes peines. Des collines trouées de champs à la terre ingrate. Quelques fermes qui, depuis des temps immémoriaux, disputent leur survie aux vents glacés soufflant du plateau de Langres. Dans cette aridité battue en brèche par la volonté opiniâtre des hommes, Charles puisera son inspiration, il en est sûr. Et puis, l'on n'est pas loin de Domrémy, et les images mêlées de Jeanne d'Arc et de saint Bernard sont de bon augure.

Yvonne pense déjà au jardin qu'elle pourra inventer, aux arbres fruitiers qu'elle plantera, au potager qui naîtra dans un recoin de la prairie, derrière la maison.

L'acte de vente est signé le 9 juin 1934. Le 14 juillet, les de Gaulle prennent possession de la bâtisse. Yvonne tente de se souvenir de l'organisation qu'elle a mise en place durant les premiers jours : la petite bonne cherchant les seaux d'eau au puits, les repas préparés sur une cuisinière à bois et le lent aménagement des quatorze pièces, dont certaines, cet été-là, restèrent fermées. Il avait d'abord fallu installer confortablement une chambre pour Anne et une autre, attenante, pour Mlle Potel, trouver de quoi créer un bureau rudimentaire pour Charles, faire fabriquer des lits par le charpentier du village, s'approvisionner dans les environs, à

Bar-sur-Aube ou à Chaumont, se renseigner sur le médecin le plus proche.

Le premier dimanche, ils se sont rendus à la messe, dans cette petite église de Colombey à la bonhomie rustique. Puis Charles est parti à pied, avec Philippe, à la conquête de la première forêt, celle de Dhuis, peut-être, ou celle du Heu, elle ne s'en souvient plus. L'adolescent adorera ces longues randonnées avec son père, au cours desquelles Charles ne manquera pas de lui dispenser leçons d'histoire ou de stratégie militaire : « Là-bas, sur ces hauteurs, les Romains construisaient leur camp fortifié », « Ici, il faut placer une mitrailleuse [1] ». Il lui apprend la guerre telle qu'il voudrait qu'on la fasse, en fonction du terrain. Une leçon que Philippe n'oubliera pas et qu'il aura, dit-il, l'occasion d'appliquer.

Il est bien l'un des rares, à cette époque, à écouter et à comprendre Charles. Car, lorsque vient le retour à Paris, les adversaires sont coalisés contre le dernier livre du lieutenant-colonel de Gaulle. Et ce ne sont pas les militaires qui sont les plus acharnés, mais certains politiques, comme Léon Blum. Heureusement, d'autres prêtent une oreille attentive à ses propos, mais ils n'ont aucun pouvoir de décision, alors que la situation va s'aggravant en Allemagne. Hitler organise la Nuit des longs couteaux : il fait massacrer l'élite des SA, les Chemises brunes, ces troupes d'assaut organisées par son ami Ernst Röhm, qu'il élimine du même coup. Il resserre ainsi ses liens avec la Reichswehr, l'armée allemande. Puis il fait assassiner le chancelier autrichien Dollfuss. Il prépare l'Anschluss, le rattachement de l'Autriche au Reich. Mais qui s'en préoccupe ? Personne ne veut voir ce qui se prépare. Personne n'a lu *Mein Kampf*.

Et les événements s'enchaînent : des fascistes croates abattent le roi Alexandre Ier de Yougoslavie, en visite à Marseille, ainsi que le ministre antiallemand Louis Barthou, qui l'accompagne. Il était l'un des rares à pouvoir aider Charles. Il faut trouver quelqu'un d'autre : ce sera Paul Reynaud. Le député de Barcelonnette a un esprit indépendant. Surtout, il est l'un des seuls à avoir pris conscience du danger que représente Hitler. Il lit *Vers l'armée de métier*, reçoit Charles, l'écoute pendant une heure. Mais il est pressé. Il a un autre rendez-vous. Pourtant, Charles sent bien que

1. Philippe de Gaulle, *Mémoires accessoires*, *op. cit.*

c'est lui qu'il faut convaincre. L'un de ses proches, Gaston Palewski, l'est déjà. Charles adresse au député de Barcelonnette un mémorandum sur l'état de l'armée allemande :

1. Le Reich possède trois divisions blindées et mécanisées et en constitue trois autres.

2. Le personnel de ces divisions est un personnel d'élite.

3. Ces divisions sont organisées exactement d'après le type que j'ai décrit dans mon livre[1].

Et Paul Reynaud, convaincu, entre dans la bataille. Le 15 mars 1935, à l'Assemblée, il met en garde la nation sur les intentions du Reich : « C'est par une offensive foudroyante, avec une aviation ultramoderne et une arme rapide à grand rendement, que l'Allemagne agira[2]. » Et il plaide pour une armée française assez forte pour aider les peuples alliés menacés par Hitler, comme la Pologne ou la Yougoslavie.

Quelques instants plus tard, le général Maurin, ministre de la Guerre, balaie l'argumentation de Reynaud : « Comment peut-on croire que nous songions encore à l'offensive quand nous avons dépensé des millions pour établir une barrière fortifiée ? Serions-nous assez fous pour aller, en avant de cette barrière, à je ne sais quelle aventure ? »

Lorsqu'il rentre de l'Assemblée, où il a assisté au débat, Charles est pâle et déprimé. Fumant cigarette sur cigarette, il raconte la séance à Yvonne, par le menu, puis, ainsi qu'il le fait chaque soir, va s'enfermer avec la petite Anne. Comme s'il puisait auprès de sa fille infirme la force de rebondir. Comme si l'enfant lui était une nourriture spirituelle et lui rendait plus clair le mystère du monde.

Le lendemain, Hitler dénonce les clauses du traité de Versailles et rend le service militaire obligatoire. Il donnera au Reich une armée forte de douze corps et de trente-six divisions. À Berlin, une foule en délire accueille la décision du Führer.

Charles lit avec effroi les journaux allemands, et Yvonne le compte rendu que font les quotidiens français du coup de force d'Hitler. Quand va-t-on comprendre la pertinence des analyses de Charles ? Quand les politiques timorés et les militaires atones vont-ils enfin bouger ? Mais rien n'y fait. Le projet de loi déposé par Paul Reynaud demandant la création d'un « corps spécialisé,

---

1. et 2. Max Gallo, *De Gaulle*, *op. cit.*

constitué en permanence à effectifs de guerre et recruté en principe au moyen de militaires servant par contrat », est rejeté.

En octobre, Mussolini attaque l'Éthiopie. Pierre Laval, ministre des Affaires étrangères, s'entretient avec son homologue anglais, Anthony Eden, avant la réunion du Conseil de la Société des nations. Quelles positions vont prendre les puissances européennes ? *Le Figaro* donne déjà le ton :

La situation est d'autant plus délicate que la grande majorité de l'opinion française est, on le sait, opposée à une intervention quelconque de la France dans le conflit.

On est à la fin de 1935. Voilà presque trois ans que Charles hurle dans le désert.

Les imprécations de Cassandre

Étrange période. Charles ne cesse de s'agiter, d'écrire, de rencontrer des gens. Il défend ses opinions avec acharnement, parvient à convaincre un parlementaire, un journaliste. Mais pas suffisamment pour faire changer d'avis ni la haute hiérarchie militaire, ni les hommes politiques en charge. Il enrage, ne tient pas en place, prend Yvonne à témoin de la cécité des uns et des autres. Elle tente, comme chaque fois, de le calmer. Il lui arrive de ne plus trouver les mots, de se taire, le laissant suivre le fil de son raisonnement, commenter les événements de ces mois troubles.

Naît alors une sorte de société secrète d'extrême droite, fascisante et prête à renverser la république, la Cagoule, à laquelle appartiennent des officiers de haut rang. Le colonel de La Rocque regroupe dans ses Croix-de-Feu une jeunesse profondément anticommuniste. En face, les partis de gauche s'allient dans un Front populaire. Dans le même temps, l'Allemagne, unie derrière son Führer, met fin au chômage, fait tourner à plein l'industrie, envahit la Rhénanie. Nous sommes le 7 mars 1936. Le pacte de Locarno, signé en 1925 (et qui engageait la Grande-Bretagne, la France, l'Italie, la Belgique, la Pologne, la Tchécoslovaquie et l'Allemagne à respecter les frontières issues du traité de Versailles), est unilatéralement violé par le Reich. Le gouvernement français condamne, proteste, se perd en rodomontades. L'armée se contente de renforcer la garde sur la ligne Maginot. Une nouvelle occasion perdue de faire reculer le Führer. Car, si l'armée française avait attaqué les troupes du Reich dans cette zone démilitarisée, peut-être Hitler aurait-il réfléchi à deux fois avant de poursuivre ses incessantes provocations. C'est ce que pense Charles. C'est ce qu'il dit et répète à l'envi.

Deux mois plus tard, le 3 mai, le Front populaire gagne les élections. Léon Blum, l'un des adversaires les plus acharnés de « l'armée de métier », accède à la présidence du Conseil. Pourtant, c'est vers lui que Charles se tourne. Yvonne comprend. La situation se dégrade trop vite. Les Allemands construisent la ligne Siegfried en Rhénanie. En Espagne, la guerre civile fait rage entre les Républicains du *Frente popular* et une grande partie de l'armée, entraînée par un profasciste, le général Franco, lequel reçoit le soutien d'Hitler et de Mussolini. La France est cernée.

Le Front populaire français prône la non-intervention en Espagne, mais, pour la première fois, le budget de l'armée est largement augmenté : il atteint quatorze milliards de francs, soit quarante pour cent de plus que ce que demandait l'état-major. Et l'on accélère la fabrication des chars.

Grâce à son ami Émile Mayer, Charles obtient un rendez-vous avec Léon Blum. Ce sera le 14 octobre, en début d'après-midi. Le matin, le roi des Belges, Léopold III, annonce la neutralité de la Belgique. Même un petit pays comme le sien n'a plus confiance en la France, qui n'est pas intervenue en Rhénanie. Charles espère que le chef du gouvernement va enfin l'entendre. Et il est d'abord surpris par l'homme : grand, le visage fin, mais le regard éteint. On le dirait accablé par sa charge. Ses propos aussi sont étonnants : il est très intéressé par les idées que Charles a développées dans son livre. Ces idées qu'il a lui-même tellement combattues, voilà qu'il les comprend différemment. Parce que, dit-il, « on change d'optique [...] quand on devient chef de gouvernement ». Pour autant, il s'accroche à la doctrine officielle : la défense, toute la défense, rien que la défense. On ne fera courir aucun risque à la France.

Pendant cet automne 1936, l'Allemagne et l'Italie concluront une alliance militaire que viendra rejoindre le Japon.

Charles sort de l'entrevue désabusé. Yvonne avait mis tant d'espoir dans cette rencontre. Elle se trouve dans la chambre d'Anne lorsqu'il revient et, pendant un temps, ne compte que ce moment qu'il passe avec l'enfant. Elle a huit ans, maintenant. C'est une petite fille chétive, un peu tassée sur elle-même, le visage rond, avec des yeux étirés vers les tempes. Mais son regard myope s'éclaire dès qu'elle le voit ; il la prend sur ses genoux, caresse ses fins cheveux blonds, se balance avec elle en lui murmurant une chanson qu'il a inventée pour elle. Yvonne les observe tous deux, admire la patience dont il fait preuve, la petite flamme qu'il parvient à allumer dans les yeux de sa fille. Même Mlle Potel, qui s'apprête à donner son bain à l'enfant avant de la faire dîner, regarde avec émotion la scène, qui se répète chaque soir.

Face à face, Philippe et Élisabeth, font leurs devoirs. Charles va de l'un à l'autre, vérifie, explique lorsque surgit quelque difficulté. Il a cette présence-là, aussi, mais parfois, avec Philippe, s'énerve. L'adolescent pince les lèvres, ne répond rien. Yvonne sait combien son fils souffre lorsque Charles le morigène. Mais, en dépit de sa tendresse maternelle, elle ne contredit jamais Charles dans son rôle de père. « Ma mère n'embrasse et ne cajole guère [1] », dira plus tard Philippe. Elle pressent ce jugement, mais n'y peut rien. Elle a ce qu'elle appelle elle-même cette « infirmité ». Sauf pour la petite Anne, elle est incapable de se débrider assez pour donner une caresse, un baiser. Son amour des siens, elle l'exprime par ses attentions quotidiennes. Pourtant, elle a toujours étouffé de tendresse les chats ou les chiens qui ont vécu dans la famille. Les chats, surtout, qu'elle saisit dans ses bras, embrasse, ébouriffe.

Des yeux, elle cherche Poussy, la chatte grise angora qui, d'ordinaire, venait en feulant se frotter contre les jambes de Charles. Mais la chatte a disparu, effrayée peut-être par le grand corps immobile qui repose là, dans cette pièce dont les sièges ont été repoussés contre le mur. Yvonne a froid tout à coup, comme si, au cœur de la nuit, l'hiver avait fait une incursion brutale en plein mois de novembre. Elle a du mal à se lever pour prendre, dans l'entrée, le fichu qu'elle a tricoté, il y a combien d'années, maintenant ? Et elle se rassied, se recroqueville un peu sur sa chaise, se remet à prier pour l'âme de Charles...

1. Philippe de Gaulle, *Mémoires accessoires, op. cit.*

À l'époque, La Boisserie est en travaux. Charles a choisi les artisans qui réalisent l'adduction d'eau, installent le chauffage... En hiver, à l'exception de quelques pièces, la maison est invivable. Mais c'est Yvonne qui paie les factures, fait les comptes, tient les cordons de la bourse. Une tâche dont elle s'acquitte avec une priorité : ne pas faire attendre ceux qui travaillent. L'héritage de ses parents aide à la restauration de La Boisserie. Mais, pour le reste, on vit sur le traitement de Charles. En début d'année, Mme Bombal, l'ancienne propriétaire, a reçu son annuité de viager : deux mois de solde du lieutenant-colonel de Gaulle.

Pourtant, personne ne manque de rien à la maison. Yvonne a appris à gérer l'argent du ménage. Elle a pris des habitudes d'économie qui stimulent son imagination puisqu'elle a dû longtemps masquer leur peu de moyens. Elle n'en dit jamais rien à Charles, qui n'a que les faux frais de ses cigarettes et des déjeuners qu'il doit parfois offrir à l'un ou l'autre de ses interlocuteurs. Encore que, finalement, il préfère les recevoir chez lui lorsque ce sont des amis.

Tout cela dans le bon ton, comme il se doit au sein de cette société qui, si elle n'est plus tout à fait la même qu'en 1900, se montre encore très attachée aux valeurs bourgeoises qui l'ancrent dans le siècle précédent. Par exemple, Yvonne ne sort jamais « en cheveux ». Elle les coiffe en délicats bandeaux que la finesse de ses traits supporte bien. Ils lui donnent un air de femme respectable un peu sévère. Elle porte, pour sortir, des chapeaux qu'elle fait confectionner chez une modiste. C'est peut-être le plus grand luxe qu'elle s'accorde. C'est ainsi que s'expriment les conventions de leur milieu. Quant à Charles, quand il n'est pas en uniforme, il revêt lui aussi un couvre-chef, et un haut-de-forme lorsqu'il se rend à une soirée où l'habit est de rigueur.

Pour lors, durant cette année 1936 qui s'achève, il est en tenue de lieutenant-colonel. Le général Gamelin l'a retiré du tableau d'avancement alors qu'il devrait déjà être colonel. C'est son ami Paul Reynaud qui l'en informe. Il ne décolère pas, s'enferme dans son bureau, retrace toute sa carrière, construit un dossier sans faille. Yvonne le relit, passe en revue ses états de service, et cet itinéraire ainsi résumé exacerbe sa fierté d'avoir épousé un tel homme.

Les politiques feront plier l'armée. L'ordre vient du ministre de la Guerre lui-même, Édouard Daladier : Charles sera colonel à la fin de 1937. Encore un an à attendre…

Il ne voit là qu'une gratification personnelle et voudrait que ses idées aussi triomphent. Non par orgueil, mais pour le salut de la France. Les choses changent, cependant, puisque l'on construit des chars B2 et B1 *bis* qui ont une excellente puissance. Mais on le fait dans le désordre, comme si l'armée hésitait encore, alors qu'à Berlin… Le 1er mai 1937, l'ambassadeur de France, André François-Poncet, voit défiler une panzerdivision tout entière, survolée par des avions, « une force que rien, sauf une force semblable, ne pourrait arrêter [1] ».

Charles pense la guerre de plus en plus proche. Il voit, comme s'il avait un don de double vue, les panzerdivisions déferler sur la Belgique, traverser les Ardennes, que les généraux français jugent imprenables, se ruer sur Paris. Il le dit à son beau-frère, Jacques Vendroux, qui l'écoute avec d'autant plus d'attention qu'il a suivi le même cheminement intellectuel.

C'est de la France qu'il s'agit, de cette France qui a éclairé le monde. Ce Finistère de l'Eurasie a pétri un peuple, des hommes, des idées qui ont changé le cours de l'histoire. Et aujourd'hui, avec une armée dirigée par des médiocres, avec un système politique qui ne permet pas de maintenir en place un gouvernement plus de six mois, la France, sans vision et sans voix, est à la merci de la botte allemande. Elle n'a quasiment plus sa place dans le concert des nations, sauf pour des protestations indignées sans lendemain. La ville de Guernica, en Espagne, est rasée par l'aviation allemande au service de Franco. Sans qu'aucune des démocraties intervienne. Mussolini et Hitler s'entendent sur le dos des autres nations. Et le Japon attaque la Chine.

Pendant que le monde court vers l'abîme, les Français profitent de leur deuxième année de congés payés. Ils se sont distraits toute cette année du feuilleton de la cour d'Angleterre : le futur Édouard VIII a abdiqué en décembre 1936 pour pouvoir épouser une roturière américaine. Il est remplacé par son frère, George VI. La nouvelle reine est charmante, et les deux petites princesses, Élisabeth et Margaret-Rose, sont deux adorables fillettes. On

1. Cité par Max Gallo, *De Gaulle*, t. I, *op. cit.*

préfère s'intéresser à ces destins d'opérette plutôt qu'aux jeunes idéalistes qui ont créé les Brigades internationales pour combattre le fascisme en Espagne. Ils se font tuer aux côtés des républicains à Guadalajara ou à Teruel.

On ne suit plus qu'à peine les péripéties continuelles de la vie politique française. Le pays est maintenant coupé en deux : gauche et extrême gauche d'un côté, extrême droite et fascisants de l'autre. Mais qu'est-ce que cela change ? La France est comme un fruit blet, qui peut tomber d'un moment à l'autre. Pourtant, ce peuple français qui danse sur une poudrière, Charles en connaît le courage, l'intrépidité, la puissance. Il a vu sa jeunesse à l'œuvre dans la boue de la Grande Guerre. Il a accompagné ces fils de paysans, d'artisans, de petits épiciers, dans des assauts où chacun trouvait au fond de lui-même les ressources de l'héroïsme, de la bravoure et du sacrifice. Il a partagé avec eux des gamelles infâmes. Ils étaient ses soldats, ses hommes, ses compagnons d'armes. Comme lui, ils étaient l'épée de la France. L'insouciance n'a tout de même pas pu engloutir cette force ?

« Peut-être les temps changent-ils… » murmure Yvonne.

Et il répond en maugréant par cette phrase de Paul Valéry : « Nous autres, civilisations, nous savons maintenant que nous sommes mortelles… » Mais pas nous, pas encore. Nous savons comment vaincre les Barbares…

Yvonne entend Charles dire et répéter cela. Elle le voit dévorer les journaux depuis que la guerre a commencé en Asie. Pour se détendre, il lit les derniers livres parus, comme il le fera toujours. Et il découvre un jeune écrivain qui vient de participer aux Brigades internationales. Il publie un livre fougueux et courageux : *L'Espoir*. Elle le feuillette, parcourt quelques pages, le repose : Anne vient de crier, là-haut…

Le ciel s'éclaircit un peu : le futur colonel de Gaulle est nommé à la tête du 507 [e] régiment, à Metz. Enfin, il va pouvoir mettre en application ses théories. Mais nous sommes déjà au milieu de l'année 1937.

Yvonne prépare le déménagement, installe la maison que Charles a trouvée au n° 1 de la rue Vacquinière, à Metz. La ville est grise, sévère, avec sa gare prussienne presque noire. Mais elle possède aussi de vastes allées bien dégagées et de beaux parcs. La bâtisse est agréable, avec un petit jardin qui permet à Anne de s'ébattre sans risque. Surtout, on est proche de La Boisserie, qui prend des allures de vraie demeure familiale.

À Metz, Charles travaille sous les ordres d'un homme qui doute profondément de l'utilité des chars : le général Henri Giraud. Pour le 11 Novembre, à la tête de son engin blindé qu'il a baptisé *Austerlitz*, Charles fait une démonstration éblouissante des capacités de son unité. Peine perdue : les chars lancés à pleine vitesse ne font qu'effrayer les chevaux. Giraud manque d'être désarçonné. Il est furieux, tance le colonel de Gaulle, qui n'a convaincu personne. Pourtant, celui-ci continue de former ses hommes, de les mener à l'attaque en manœuvres, rapidement, dans l'objectif d'enfoncer l'ennemi.

La Boisserie est maintenant habitable. Pour le bien-être d'Anne, Yvonne s'y installe avec Mlle Potel et une domestique. Et quelle que soit la distance à parcourir, Charles rentre, le soir, à Colombey, pour aider Yvonne à supporter la charge chaque jour plus pesante de cette enfant dont la santé est toujours préoccupante.

Elle se rappelle ses moments de désespoir, lorsque la petite Anne, immobile et presque raide sur son lit, refuse de se lever, en dépit des subterfuges utilisés par Mlle Potel, qui l'appelle alors au secours. L'enfant est lourde, maintenant. Et il lui faut, à elle, si frêle à cette époque, trouver la ressource physique de la prendre dans ses bras et de la porter jusqu'à la salle de bains, où Marguerite Potel prend le relais. Dès que sa mère fait mine de s'éloigner, Anne hurle, et Yvonne doit lui tendre la main. Lorsque, enfin, la petite fille se calme, elle est épuisée. Elle n'a plus le courage de rien, s'enfonce dans un fauteuil et laisse couler ses larmes. Qu'a-t-elle fait pour mériter cela ? Et qu'a-t-il fait, lui ?

Mais Yvonne se refuse le droit de penser ainsi. Ils l'aiment, cette enfant, ils l'adorent, même. Se feraient tuer pour la protéger. Dieu a voulu cette épreuve, il faut s'en montrer digne. Alors, elle sèche ses larmes, tend l'oreille vers la salle de bains, entend Mlle Potel fredonner et Anne gazouiller. Tout est en ordre. Elle peut se mettre à son courrier, organiser sa journée, prévoir, peut-être, la sortie d'une heure qu'elle remet depuis plusieurs jours, et qui doit lui permettre de trouver le galon dont elle a besoin pour le couvre-lit de la chambre d'Élisabeth…

Depuis que les aînés sont en pension à Paris (Philippe a dix-sept ans désormais, et, Élisabeth quatorze), tout tourne autour de la petite infirme. (On ne dit jamais la « petite mongolienne », ce serait comme la rejeter hors de la famille. Non, c'est leur petite fille malade, voilà tout.) Le seul moment où Yvonne peut se détendre, être elle-même, apaisée, c'est lorsque Charles rentre, passe ce long moment avec sa fille, puis s'assied en face de sa femme pour dîner rapidement, lui raconter le cours parfois chaotique de ses journées. Car il est à la peine, avec Giraud qui continue de penser que les chars doivent suivre l'infanterie. Et l'état-major a la même opinion. Les « chefs » ne voient toujours rien venir alors que l'Italie quitte la SDN et que le Führer prend le commandement de toute l'armée allemande.

Puis c'est l'Anschluss : comme Hitler l'a écrit dans *Mein Kampf*, l'Autriche est rattachée à l'Allemagne. Nous sommes le 13 mars 1938.

Yvonne s'occupe du jardin, plante une vigne vierge, organise des bordures, des parterres, s'adonne à sa passion première : les plantes. Elle se fait conduire à Bar-sur-Aube ou à Chaumont pour choisir quelques arbres fruitiers, les plants du potager. Et lorsque Charles rentre, ils font le tour du parc. Elle lui montre son travail, les premières pousses, les légumes prêts à être cueillis. Ils voient forcir les arbres.

Ils s'échappent pour de grandes marches dans les forêts voisines, celles où a cheminé Bernard de Clairvaux, qui réforma les ordres religieux, prônant la pauvreté sur le modèle du Christ. Celles que Jeanne d'Arc traversa pour prendre la route de Chinon. Celles que Charles le Téméraire parcourut à bride abattue pour aller mourir devant Nancy, dévoré par les loups. Charles évoque ces maillons de l'histoire qui ont fait la chair de la France tandis qu'elle regarde les fûts des hêtres et des chênes monter vers le ciel clair. Parfois, au détour d'un chemin, ils surprennent une biche avec son faon, et Yvonne saisit doucement le bras de son mari. Ils font une halte, tandis que les animaux, sans effroi, s'éloignent sous le couvert. Il la serre contre lui. Puis ils reprennent leur marche. Ils sont seuls, ensemble, dans cette nature qui leur fait l'offrande des chants d'oiseaux et d'une lumière de début du monde. Ils oublient l'imminence de la guerre, l'impéritie des hommes, le fracas du monde. Ils sont presque heureux.

Mais peut-elle être tranquille avec Charles ? Voilà qu'il veut donner à l'écrivain Daniel-Rops, rencontré lors d'une soirée avec Émile Mayer, le manuscrit sur l'histoire du soldat, celui-là même qu'il a écrit en partie à la demande de Philippe Pétain. En y ajoutant quelques chapitres, on pourrait le publier chez Plon, où Daniel-Rops est éditeur. Au moment même où certains militaires de haut rang sont tentés par une aventure radicale parce que le pouvoir politique s'épuise en balbutiements, il veut rappeler que l'armée n'est que le glaive de la nation, qu'elle n'est rien si elle n'est pas au service du peuple. Il relit à Yvonne certains passages de l'ouvrage :

Pauvre peuple qui, de siècle en siècle, porte, sans réfléchir jamais, le plus lourd fardeau de douleurs. Vieux peuple auquel l'expérience n'a point arraché ses vices mais qui redresse sans cesse la sève des espoirs nouveaux. Peuple fort... Ah ! grand peuple, fait pour l'exemple, l'entreprise, le combat... et dont le génie tour à tour négligent ou bien terrible se reflète fidèlement au miroir de son armée...

Oui, il doit publier cela aujourd'hui, où toutes les aventures sont possibles. Et il intitulera l'ouvrage *La France et son armée*. Il prévient Pétain de cette publication en lui soumettant la dédicace qu'il souhaite y faire figurer :

À Monsieur le maréchal Pétain,
qui a voulu que ce livre fût écrit, qui dirigea de ses conseils la rédaction des cinq premiers chapitres et grâce à qui les deux derniers sont l'histoire de notre Victoire.

Yvonne relit l'envoi, reste sceptique quant à l'acquiescement du maréchal. La réponse arrive quelques jours plus tard : non seulement Pétain estime que ce travail a été rédigé pour lui, donc qu'il lui appartient, mais il en interdit la publication.

Les deux hommes se rencontrent. L'entrevue se passe mal. Charles décide de passer outre. Plon publiera *La France et son armée*. La rupture avec celui qui l'aida, mais dont l'ambition sénile ternit la stature, est consommée. Yvonne n'en conçoit aucune peine. Un peu de crainte seulement : il est puissant, il peut toujours nuire à Charles. Encore que le colonel de Gaulle soit déjà bien mal noté par ses supérieurs : il persiste à prôner l'offensive, à vouloir mettre ses chars en avant des batailles ; il conteste toute la stratégie envisagée par le haut commandement. Et la guerre approche à grands pas.

C'est Munich. Depuis l'Anschluss, en Tchécoslovaquie, sous la pression du parti nazi, la minorité allemande, dite « sudète », s'agite, en faveur de son rattachement au Reich. Le 21 septembre 1938, Hitler prononce un discours dans lequel il dit garantir la « Tchéquie » mais, poursuit-il, « en ce qui concerne le problème sudète, ma patience est à bout ». Le 26, il envoie un ultimatum au gouvernement de Prague. La France et l'Angleterre, alliées de la Tchécoslovaquie, protestent. Grâce aux bons offices de Mussolini, Hitler accepte de recevoir le président du Conseil français, Édouard Daladier, et le Premier Ministre de Grande-Bretagne, Neville Chamberlain, pour une conférence à Munich, les 29 et 30 septembre. Le Duce en est le « conciliateur ».

Le 30 septembre, en lisant *Le Figaro*, Charles a un haut-le-cœur. Un seul titre barre la une : « La paix est sauvée. » Les accords de Munich ont été signés le matin même à une heure trente-cinq. Le Reich obtient le rattachement des Sudètes et occupera, entre le 1er et le 10 octobre, les territoires où ils vivent. Une commission internationale est chargée de tracer les nouvelles frontières de l'Allemagne, ainsi agrandie. La France et la Grande-Bretagne garantissent immédiatement le nouveau territoire de la Tchécoslovaquie. Berlin et Rome donneront à leur tour leur garantie quand les revendications de la Pologne et de la Hongrie auront été satisfaites. En clair, Hitler, aidé par son allié Mussolini, a une fois encore accompli strictement ce qu'il avait écrit. Il gagne sur toute la ligne, les puissances obtempèrent.

Lorsqu'il rentre à La Boisserie pour cette fin de semaine, Charles ne décolère pas. Il a fallu que ce soit Daladier. Celui qui a fait plier l'armée pour qu'il accède à son grade de colonel, celui qui a lancé la construction massive des chars, celui-là même a signé l'infamie. Quand il revient de Munich, il est acclamé. Il dit avoir sauvé la paix. Et tout le monde veut le croire. Il a cédé, encore cédé, alors que c'était la guerre qu'il fallait opposer à Hitler.

Mais ils sont si peu à condamner Munich… En lisant la presse britannique, Charles constate le même défaitisme, la même lâcheté chez les Anglais. À l'exception d'un homme, qui parle, devant la Chambre des communes, de défaite totale après Munich ; il prévient ses compatriotes : loin d'en signer la fin, ces accords marquent le début d'un conflit sans merci. Dans cette crise tchèque, il aurait souhaité qu'une action commune unisse l'Angleterre, la France et la Russie contre l'Allemagne. Cet homme, ancien officier de cavalerie puis correspondant de guerre avant d'entrer en politique et de participer à plusieurs gouvernements, s'appelle Winston Churchill.

Quelques jours plus tard, Charles est profondément affecté : son ami Émile Mayer disparaît. De Metz, il écrit son chagrin à Yvonne, à son ami Jean Aubertin. C'était à la fois un maître et un allié. Il lui avait permis l'accès à la classe politique, au cercle fermé de quelques journalistes. Avec lui, sans se refréner, presque comme avec Yvonne, il pouvait réfléchir à haute voix, élaborer sa pensée. Dans la tourmente qui approche, Émile Mayer ne sera plus là pour le conforter, l'épauler, l'aider. Et, tandis que *La France et son armée*, chaleureusement accueilli par la critique, fait de Charles un écrivain reconnu, les nuages s'accumulent.

Pourtant, vue de La Boisserie, la France paraît calme, éternelle. Les parcelles des champs, qui trouent les forêts drues, dans le vaste paysage qui s'étend à l'arrière de la maison, ont été labourées, mettant à nu la terre presque noire par endroits. L'automne s'empare des arbres du parc, colore des premières rousseurs l'enchevêtrement serré des feuillages. Les dernières mirabelles finissent de mûrir et dans quelques jours les pommes seront bonnes pour les confitures. Yvonne ne parvient pas à imaginer que cette douceur dans l'air, à peine balayée parfois d'une brise plus fraîche, puisse être anéantie par les fracas du monde. En regardant ce paysage de la Champagne la plus pauvre qui a connu toutes les blessures de l'histoire, Charles s'apaise un peu, trouve le courage de faire face et de se battre encore. Elle sait aussi qu'il a besoin d'elle, de sa voix tranquille, de ses gestes mesurés, de sa tendresse renouvelée. Elle se glisse à son côté, et c'est ensemble qu'ils se laissent aller à la quiétude du moment.

Mais, au-dessus d'eux, dans la chambre d'Anne, ils entendent les pas précipités de Marguerite Potel. L'enfant a dû tomber, se faire mal. Ils montent l'escalier en courant.

Durant ces années qui précèdent la guerre, ils sont ainsi : partagés entre l'imminence du drame mondial et celle du drame intime, l'angoisse quotidienne pour leur petite fille qui grandit mal, se fragilise chaque jour davantage, enfermée dans le mystère de sa maladie. Il n'est pas une seconde, Yvonne le sait, où Anne n'est pas la préoccupation de Charles. Même lorsque, coiffé de son casque en cuir à bourrelets, sur son char, à la tête de son unité, il manœuvre avec d'autant plus de vélocité qu'il veut prouver la maniabilité de son arme. Il est comme elle : où qu'elle soit, quelle que soit la tâche entreprise, elle a l'oreille toujours tendue vers le premier étage. Elle n'est rassurée que lorsque Anne se trouve sous ses yeux, qu'elle la voit déambuler lentement dans les allées du parc avec Marguerite Potel, ou qu'elle la tient elle-même par la main. Cette enfant, qui est leur croix, est aussi leur raison de vivre. Contre toute logique, elle ne veut même pas envisager la possibilité de la guerre. Car, alors, il faudrait fuir La Boisserie.

Comment serait-ce possible, avec Anne qui ne peut vivre que dans le calme et le silence, que le moindre changement effraie ?

Dès que Charles regagne Metz, Yvonne s'enferme dans l'illusion de cette paix fragile qui règne autour de la maison, dans le village où l'on entend le marteau du maréchal-ferrant, le piétinement des bêtes rentrant des derniers pacages, la cloche de la petite église qui sonne l'angélus.

Mais elle sait la précarité du moment. L'atmosphère est empestée par des actes inacceptables, comme le répète Charles. Les Juifs sont pourchassés en Allemagne. De violentes manifestations antisémites se déroulent dans tout le pays, les synagogues sont en feu, les magasins israélites saccagés. Et lorsque le gouvernement français reçoit, pour signer le pacte de non-agression, le ministre allemand des Affaires étrangères, Ribbentrop, on écarte des réceptions officielles les ministres « juifs », comme Georges Mandel, qui fut le collaborateur de Clemenceau ! Charles, dont le père a été dreyfusard, est ulcéré : une fois de plus, la France se soumet. Et pour le pire, la ségrégation d'une partie de son peuple.

Heureusement, dans l'armée, les choses changent un peu. Face à l'incompréhension têtue d'un Giraud ou du général de La Porte du Theil, qui commande la 42e division d'infanterie à laquelle il appartient, Charles trouve deux alliés : le général René Martin, inspecteur général des chars, et le général Delestraint, qui a constitué la première brigade d'engins blindés. Celui que, par dérision, l'on surnomme le « colonel motor » peut écrire au général Martin, le 27 décembre 1938 :

L'année 1939 sera, pour les chars, une année capitale, puisque pour la première fois, on verra apparaître sur le terrain et sous vos ordres une grande unité cuirassée. Je sais, mon général, avec quel esprit lucide et quelle ferme résolution vous accueillez et organisez cette immense transformation de notre art de soldat[1].

Charles pense aussi au politique. Il espère bien que celui qui suit sa carrière depuis la publication de *Vers l'armée de métier*, Paul Reynaud, va enfin parvenir à la présidence du Conseil. Et peut-être qui sait ? – l'appeler auprès de lui pour donner à l'armée une impulsion nouvelle et en finir avec ces généraux léthargiques et aveugles qui poursuivent à petite vitesse la mise sur pied des unités blindées.

Mais il déchante. Paris, comme Londres, reconnaît le gouvernement de Franco en Espagne. Et Pétain accepte le rôle d'ambassadeur à Madrid. Tandis que l'Allemagne dépèce la Tchécoslovaquie, absorbe la Bohême et la Moravie, menace la Pologne, veut annexer le couloir de Dantzig. Mais qui veut mourir pour Dantzig ? comme le répète à l'envi un ancien socialiste que Charles a rencontré quelques années plus tôt, Marcel Déat. De son côté, l'Italie revendique la Corse, Nice, la Tunisie, Djibouti, occupe l'Albanie, conclut un pacte d'acier avec l'Allemagne.

La France, humiliée, n'intervient toujours pas. Ni l'Angleterre. Les pacifistes gagnent la partie.

1. Cité par Jean Aubertin, *Le Colonel de Gaulle*, Plon, 1965.

Un bateau dans la tempête

À La Boisserie, où il tente de calmer son angoisse, Charles s'ouvre à Yvonne de son inquiétude concernant Anne. Elle y pense elle-même depuis qu'elle a compris que la guerre est inéluctable. La maison est trop proche des premières lignes de combat. Il faudra fuir. Et elle sera seule. Il lui dit combien il a confiance en elle, en son courage, en son intelligence des situations. Mais, au moment opportun, quels moyens aura-t-elle de partir ? Il faudra faire réquisitionner une voiture, emmener… Oui, elle saura. « Ne vous inquiétez pas, Charles. » Il a la gorge nouée, pense à son devoir, qu'il lui faudra d'abord accomplir, pour la France.

Et sa famille, ce havre à la fois de paix et de torture quotidiennes, comment n'y penserait-il pas, au cœur de la tourmente ? « Ne vous inquiétez pas, Charles. Je ferai face. » Et Philippe, que va devenir Philippe qui, contre le gré de son père, vient de s'inscrire en classe de préparation à l'École navale, à Stanislas ? Charles, qui le pense de constitution trop fragile, le destinait au droit. Mais le jeune homme, pour la première fois, lui a tenu tête. Yvonne a défendu ce fils de dix-huit ans dont elle sent la détermination. Elle est fière qu'il ait eu ce courage : choisir sa voie contre l'avis de ce père qui l'a toujours impressionné. Comment ne le serait-on pas face au « connétable » ?

Charles est à peine rentré à Metz que Staline, qui ne peut plus compter sur cette France qui s'est tellement soumise, signe avec l'Allemagne un pacte de non-agression. Nous sommes le 23 août 1939.

Comme en 1914, l'été est flamboyant. La nature ignore la folie des hommes. À Paris, on tergiverse toujours. Et, le 1er septembre, Hitler envahit la Pologne. Enfin, on mobilise. Mais « la mobilisation n'est pas la guerre ». C'est à cette seule condition que les deux Chambres, l'Assemblée nationale et le Sénat, ont voté des crédits supplémentaires à l'armée. Car on tente encore de négocier avec le Führer, toujours par l'intermédiaire de Mussolini.

Charles reçoit l'ordre de se rendre, à la tête des chars de la Ve armée, à Wangenbourg, au sud de Saverne, en arrière de la ligne Maginot. Lorsqu'il y arrive, il apprend que son 507e, qu'il a amené à la perfection dans l'attaque, a été scindé en trois et dispersé. Mais il n'a plus le temps de protester : le 3 septembre, la France et l'Angleterre déclarent la guerre à l'Allemagne. Les démocraties n'abandonnent pas la Pologne à son sort. Il faudra donc « mourir pour Dantzig ».

Et c'est la drôle de guerre. On attaque quelques postes allemands, en avant de la ligne Maginot, pendant que l'armée du Reich envahit la Pologne où les panzerdivisions font un massacre sur la Vistule. Charles écrit à Paul Reynaud sa certitude que, tant qu'ils n'en auront pas fini avec l'est, les Allemands les laisseront mijoter, pour fondre ensuite sur le nord de l'Europe et la France. Alors viendra l'heure des loups.

Yvonne reçoit plusieurs fois par semaine des lettres de son mari, qui lui relate par le menu l'incohérence de cette guerre qui n'en est pas une. Elle suit presque au jour le jour le travail qu'il demande à son unité. Elle s'inquiète avec lui du manque de moyens de cette armée qui n'est pas formée pour la guerre moderne.

Elle prépare l'hiver, fait rentrer du bois, des pommes de terre, cuit des confitures. Elle pense à ses deux enfants à Paris, si loin d'elle, enfermée à La Boisserie avec Anne, Mlle Potel et une bonne-cuisinière sur laquelle elle ne se décharge jamais du repas lorsque Charles passe en coup de vent.

L'hiver, cette année-là, est rude. Elle chauffe autant qu'elle peut la grande maison, mais ne parvient à trouver du bien-être que devant la cheminée du salon. Elle s'y installe pour tricoter, ou pour rédiger son courrier sur une petite planche qu'elle pose sur ses genoux. Son secrétaire est trop loin du feu.

Lorsque Charles vient passer Noël avec elle, que la maison et le parc sont couverts d'une neige épaisse dans laquelle on s'enfonce presque jusqu'aux genoux, elle a fait de La Boisserie un nid douillet, coupé des tourments du monde. Par la fenêtre de la salle à manger, elle le voit observer les oiseaux transis que la faim attire jusqu'au palier : elle a disposé pour eux du saindoux et des graines. Mais l'eau a gelé dans le petit bac, à proximité de la nourriture. Et leurs becs ne parviennent pas toujours à briser la croûte glacée. Charles sort avec un peu d'eau chaude. Elle le suit, vêtue d'une lourde cape, portant sur son bras un manteau qu'elle l'oblige à passer. Elle l'entraîne lentement dans l'allée qui conduit vers le parc. Leurs pas font craquer la neige. Il lui tient le bras, l'aide à progresser dans ce silence ouaté qu'ils viennent de rompre. Elle se retourne. Les oiseaux, qui s'étaient un peu éloignés lorsque Charles est sorti, s'abreuvent maintenant avec avidité. Ils sourient tous deux. La guerre est si loin, dans cette fin de jour irréelle, au milieu de ce décor d'arbres blancs, immobiles, où la fumée droite des cheminées se perd dans le gris du ciel bas.

Le soir, ils vont à la messe de minuit dans la petite église de Colombey. Ils chantent, avec les paysans, « il est né le divin enfant… » et communient pour la sauvegarde de la France, pour la vie de tous ceux que la guerre menace, pour leurs enfants, et surtout pour la petite Anne qui dort maintenant. Marguerite Potel les rejoint au dîner, après la messe.

C'est une semaine magnifique que Charles lui a donnée. Ils ont bavardé, longtemps, se sont retrouvés auprès de la petite Anne, ont bravé ensemble les morsures du froid pour marcher jusqu'à la forêt de Clairvaux. Ils sont si proches, si solidement arrimés l'un à l'autre que son quarante-neuvième anniversaire, à lui, les a presque surpris. Il a quarante-neuf ans, et ses ardeurs d'homme, sa force de chef, la conviction qu'il a de ne pas encore avoir accompli son destin sont intactes. Elle songe, en le regardant s'assoupir auprès d'elle, à la prédiction de la bohémienne. Elle frissonne. Cette drôle de guerre, que leur réserve-t-elle ? Quel drame plus grand encore que l'écrasement de la France pourrait-elle apporter ? Sa mort, à lui, dans l'infamie ? Comment pourrait-elle vivre sans lui ?

Le 1ᵉʳ janvier, il regagne son cantonnement. Il lui écrit : « Ma petite femme chérie... » Et l'attente continue, qu'il met à profit pour créer, à Blamont, un « centre d'instruction des chars de la Vᵉ armée ». De plus, il demande l'établissement d'une liaison radio entre les blindés, afin qu'ils soient capables d'opérer en groupe face à l'ennemi. Il a analysé l'ordre d'attaque des panzerdivisions en Pologne. Il sait comment les Allemands ont manœuvré, et comment, donc, il faudra les contrer. Il écrit un mémorandum, qu'il fait circuler. Mais seuls quelques-uns l'écoutent, comme le lieutenant René Capitant, un juriste officier de réserve, qui a lu *Vers l'armée de métier*.

Et, lorsque le 3 janvier 1940, Paul Reynaud vient voir fonctionner les chars, ouvertement, face à son général, Bourret, de Gaulle prône l'offensive pour le printemps. Bourret répond : « Si on attaque au printemps, le ministre qui l'aura décidé et le général qui l'aura exécuté seront pendus. » Aveuglement criminel... Charles se désespère, écrit à Yvonne que l'on court vers le pire. Et le pire arrive : après que l'URSS s'est emparée de la Carélie et du lac Ladoga, le 9 avril, les Allemands s'en prennent à la Norvège et au Danemark. Le 10 mai, vers cinq heures du matin, la Wehrmacht lance son offensive à l'ouest, sur les Pays-Bas, la Belgique et le Luxembourg.

Yvonne reçoit la première lettre du front :

Ma chère petite femme chérie,

Voici la guerre, la véritable guerre commencée. [...] Il faut s'attendre à une activité croissante des aviations et, par conséquent, prendre des précautions. Pour toi, pour le tout-petit, pour Mademoiselle, Colombey serait un bon gîte, surtout s'il n'était pas sur la grande route de Strasbourg à Paris. Fais donc bien attention, de jour à rentrer et à faire rentrer s'il y a alerte, et le soir à bien éteindre les lumières. [...] Pour Philippe, à Paris, il faut qu'il ne fasse pas inutilement le « malin » si l'on tire.

Yvonne pense à Marie-Agnès, la sœur de Charles, de trois ans son aînée. Son fils est au front. Elle lui écrit pour lui dire combien elle partage ses craintes. Elle ne parle pas des siennes mais, lorsqu'elle se rend au village acheter le pain, c'est pour prendre des nouvelles. Chacun, ici, a un fils, un neveu, un petit-fils mobilisés. Chacun est inquiet. Pour le moment, c'est la Belgique qui est envahie. Mais les Allemands se ruent vers les Ardennes, « infranchissables », selon Pétain. Les panzerdivisions progressent à une vitesse vertigineuse.

Les villageois disent que des milliers de personnes sont déjà sur les routes, fuyant par tous les moyens possibles, le plus souvent en poussant des charrettes à bras. La radio raconte des scènes d'horreur, les stukas allemands bombardant les colonnes de réfugiés, auxquels se sont joints des soldats blessés ou débandés. Yvonne pense à Jean, son frère, qui exploite *Sept-Fontaines*, si proche de la frontière, à sa femme, à ses enfants. Où sont-ils ?

« Est-ce que vous savez quelque chose de plus, madame la colonelle ? » C'est le vieux cantonnier qui lui pose la question, pour tout le monde. Elle dit qu'elle vient de recevoir une lettre de son mari, que ce sera difficile, mais qu'il faut tenir. Elle ne peut désespérer ces braves gens et leur confier les analyses de Charles : une armée mal préparée, mal dirigée, une stratégie complètement dépassée.

Elle sait que les Ardennes n'ont pas de défense, à peine quelques casemates qui ne tiendront pas devant le rouleau compresseur des panzers. Elle pense que la bataille, comme en 1914, se fera sur la Meuse, qu'elle sera perdue, et que les Allemands se rueront sur Paris. « Il leur faudra trois semaines pour aller jusqu'à Biarritz », a dit Charles. Elle sait quel malheur va surgir dans cette France en déclin qui s'est moins bien remise de la guerre de 1914-1918 que l'Allemagne. Elle ignore où est son mari. Elle suppose seulement quelles affres il doit traverser en voyant ainsi toutes ses prévisions se réaliser...

Elle apprendra plus tard que, le 14 mai, Philippe a reçu un coup de téléphone d'un aide de camp de son père : on lui envoie une voiture. Il doit rejoindre d'urgence le colonel de Gaulle au château de Montry, près de Meaux, au quartier général de l'armée. Il faut trois heures à l'automobile pour acheminer le jeune homme. Devant lui, lorsqu'il arrive, on retourne les cartes de la progression ennemie. Mauvais signe. Puis on le laisse en tête à tête avec Charles, qui va partir pour le front. Philippe sent que ce père, si grave tout à coup, craint de ne pas le revoir et qu'il va lui faire des recommandations solennelles :

« Je regrette de n'avoir pu aller voir Élisabeth, ni revoir la petite Anne et ta maman, dit-il à son fils. Je vais écrire à celle-ci pour qu'elle ne reste pas à Colombey qui risque de se retrouver dans la zone arrière des armées, ce qui lui rendrait l'existence difficile. Il vaut mieux qu'elle rejoigne ta tante Suzanne Vendroux à La Martillière, près d'Orléans. Les deux sœurs pourront s'entraider. Toi-même et ta sœur, si vous ne pouviez pas être utiles à votre mère pour faire le déplacement dans les tout prochains jours, ne retournez pas non plus en Haute-Marne et rejoignez-la directement chez votre tante.

Je te remets ce que je peux d'argent pour tout le monde (environ deux mille francs, somme que Philippe n'avait jamais eue entre les mains auparavant), car je ne suis pas sûr que les délégations et virements parviennent bien à leurs destinataires. »

Et il ajoute : « Très confidentiellement, sache que la situation est très sérieuse. Il faut vous préparer à quitter Paris sans attendre le dernier moment, quand ce ne serait que pour aller vous occuper d'Anne et de votre mère [1]. »

Et Charles, pourtant peu démonstratif, serre son fils contre lui et le renvoie par le véhicule qui l'a amené.

Mais Philippe ne peut prévenir sa mère tout de suite. Pourtant, elle a compris qu'il ne faut pas rester à Colombey. Elle se fait conduire à Chaumont le 17 mai, rencontre le général Bret, que Charles lui a conseillé de contacter en cas d'urgence, et lui demande de réquisitionner une voiture pour le lendemain huit heures. Elle rassemble quelques documents, l'essentiel de l'argenterie, des vêtements…

Marguerite Potel prépare les affaires d'Anne, les médicaments dont elle a besoin. Il faudra calmer l'enfant sur la route. La gouvernante appréhende le trajet jusqu'à Rebréchien, près d'Orléans. Elle connaît Suzanne Rérolle, la sœur d'Yvonne, son mari, directeur au Crédit Lyonnais, leurs deux jeunes enfants. Ce sont des gens affables, comme les de Gaulle. Mais comment la petite Anne va-t-elle supporter tout cela ?

« Nous n'avons pas le choix, Mademoiselle. Il faut partir. » Yvonne est déterminée : elle sait la proximité des combats, il faut d'abord mettre l'enfant à l'abri.

1. Philippe de Gaulle, *Mémoires accessoires*, *op. cit.*

À huit heures du matin, le 18 mai, la voiture est là. Le ciel est sans nuages et le village déjà au travail. En fermant la porte de La Boisserie, Yvonne a le sentiment qu'elle ne reverra pas sa maison de sitôt. Mais elle part sans un regard. La vie est ainsi faite, de coups de boutoir qui vous font avancer, malgré tout.

Elle n'est pas seule dans son cas. Tout le nord de la France est sur les routes. Les Allemands foncent vers la mer, mais le haut commandement pense que ce sont, une fois encore, les vastes plaines de la Somme qui seront le théâtre des batailles. Et c'est là, à Bruyères, à quelques kilomètres de Laon, que Charles établit son état-major.

Dans la voiture qui la conduit avec Anne et Mlle Potel, par les petites routes, à travers une France encore paisible, où les blés blonds finissent de mûrir, Yvonne ignore que son mari, à la tête de ses chars, réussit à repousser les Allemands à Moncornet. Mais, dans cette armée en déroute, il n'a pas d'appui, aucun renfort possible. Et comme il s'évertue à le dire depuis plusieurs jours, alors que le gros des panzerdivisions continue sa progression vers la mer, il mène un combat d'arrière-garde. Cependant, au moins dans l'Aisne, en utilisant comme il l'a fait ses chars, conduits par des soldats souvent inexpérimentés, il a stoppé un temps l'avancée de l'ennemi. Un temps seulement. Car la stratégie est encore à la défensive.

La petite Anne s'est endormie dans les bras de Mlle Potel lorsqu'on arrive sur la nationale, avant Rebréchien. Elle ne voit pas les réfugiés qui progressent dans un enchevêtrement indescriptible de voitures automobiles surchargées, de bicyclettes, de charrettes à bras ou tirées par de lourds chevaux. Une vieille femme, juchée sur un bric-à-brac d'objets divers, tient contre elle une cage dans laquelle sautille un canari affolé. Les enfants paraissent épuisés. Un homme porte ses chaussures à la main. Un vieillard pousse un landau dans lequel hurle un bébé. Yvonne regarde ces malheureux le cœur broyé, mais on ne peut s'arrêter. Il faut mettre Anne à l'abri. Le village n'est plus qu'à quelques kilomètres, que la voiture met plusieurs heures à parcourir. Encore heureux qu'on n'ait pas à traverser la Loire. Au crépuscule, enfin, on parvient chez Suzanne, dont la grande maison, presque un château, est encore à peu près calme.

La jeune sœur d'Yvonne est soulagée de la savoir enfin auprès d'elle. Jean Rérolle s'est replié sur Riom avec tout le personnel de sa succursale. La vie s'organise tant bien que mal. Parfois, des réfugiés parviennent jusqu'au parc de La Martillière, demandent asile pour quelques heures, une nuit. Les deux femmes, aidées des domestiques, portent des seaux d'eau, du pain, que la cuisinière a cuit le matin.

Elles écoutent la TSF, apprennent le 19 mai le remplacement du chef d'état-major, le général Gamelin, par le général Maxime Weygand, rappelé du Levant. Weygand, soixante-treize ans... Yvonne secoue la tête. Charles lui a dit qu'il n'avait jamais commandé, au feu, qu'en second ou en troisième. Et le voilà généralissime...

Le 27 mai, enfin, elle reçoit une lettre de son mari. Il lui annonce qu'il vient d'être nommé général de brigade à titre provisoire.

Je l'ai appris par une lettre que Paul Reynaud, ministre de la Guerre, m'a fait porter en ligne et par laquelle il m'annonçait qu'il avait signé ma promotion sur proposition du général Weygand.

Weygand serait donc moins obtus que ne le dit Charles ? Il poursuit : *Toujours la bagarre. Mais les choses, de mon côté, ne vont pas mal. J'ai comme l'impression que la surprise est surmontée et que nous allons vers le rétablissement. Mais que de plumes nous avons laissées et laisserons encore ! [...] J'espère que tu te plais chez Suzanne et qu'Anne s'habitue un peu. Je n'ai de lettres de personne, sauf de toi, quoique avec un grand retard.*

Je t'ai envoyé ce matin des liasses de lettres et de papiers que j'avais gardés et que je te demande de ne pas perdre. Il y en a d'importants.

Ce 27 mai, Yvonne et Suzanne apprennent, par la TSF, que Dunkerque s'est organisé en camp retranché, que la Belgique a capitulé. Les Allemands sont devant Calais.

Toute leur enfance resurgit et les deux sœurs ont envie de pleurer dans les bras l'une de l'autre. Elles s'inquiètent pour leurs frères, Jean à *Sept-Fontaines*, Jacques, qui a repris la biscuiterie des Vendroux à Calais, mais dont la femme, Cada, est à Carantec, en Bretagne. Pour Charles Cailliau, le fils de Marie-Agnès de Gaulle, qui est au front. Pour Charles, qui envoie une autre lettre alors qu'il prépare une attaque au sud de la Somme : « Je pense beaucoup à toi et à nos enfants. Philippe et Élisabeth devraient bien m'écrire un mot. »

Il précise qu'il a envoyé de l'argent à Notre-Dame-de-Sion, pour Élisabeth, et à Stanislas, pour Philippe. Il pense à tout, même au cœur du combat.

Il écrit à nouveau le 2 juin. Il a gagné une bataille près d'Abbeville, a été cité à l'ordre de l'armée. Mais il prévoit le pire :

Je crois qu'il vaudrait mieux que tu trouves quelque chose de meublé pour attendre la fin de la crise. Ce serait, de préférence, soit Charente, Dordogne, Haute-Vienne, soit Bretagne (vers Brest), où se trouve déjà Cada. Je t'enverrai mille cinq cents francs par mois à partir du 30 juin.

Je suis passé hier à Paris et ai vu Philippe cinq minutes. Il va très bien. Très compréhensif, très détendu.

Je t'embrasse de tout mon cœur qui t'aime, ma chère petite femme. Rien ne compte plus que ceci : il faut sauver la France.

La lettre lui parvient le 5 juin, alors que la TSF annonce que les blindés de Rommel viennent de franchir la Somme et que Charles vient d'être nommé sous-secrétaire d'État à la Défense nationale et à la Guerre dans le nouveau gouvernement de Paul Reynaud.

Le 8 juin, Philippe est convié à dîner par son père à l'hôtel Lutétia, où son secrétariat d'État a élu domicile. Il lui apprend avec ménagement la mort de son cousin, Charles Cailliau, lui demande de quitter Paris avec sa sœur, de passer prendre Yvonne, Anne et Mlle Potel à La Martillière et de rejoindre Carantec.

Mais impossible de monter dans un train, ni à la gare d'Orsay, ni à celle d'Austerlitz. La foule, énorme, a pris d'assaut les chemins de fer. Le lendemain, Charles envoie à Philippe et Élisabeth le chauffeur qu'il avait à Montry.

Le 10 au soir, les deux jeunes gens arrivent, sans trop d'encombre, chez Suzanne Rérolle. Ils y retrouvent l'oncle Jean Vendroux et toute sa famille. Depuis plus d'une semaine, ils ont vécu le drame de tant de réfugiés dans les convois bombardés par l'aviation allemande. Ils sont épuisés, effrayés, désespérés par le sort que connaît la France. Et ils vont poursuivre vers le sud, après la halte à La Martillière.

Yvonne aussi sait qu'il faut partir. Elle enjoint sa sœur de s'y résoudre, ainsi que le lui a demandé son mari. Mais Suzanne hésite à laisser la maison. Elle sait trop qu'elle sera « visitée », comme toutes celles qu'on a abandonnées dans ces semaines de débâcle.

Le lendemain matin, la TSF leur apprend que, la veille, l'Italie a donné l'estocade finale en déclarant la guerre à la France et à la Grande-Bretagne. Le gouvernement français a quitté Paris.

Yvonne, Anne, Élisabeth et Mlle Potel s'entassent dans la voiture qui a conduit les enfants. Malgré les bagages réduits au strict minimum, le véhicule est trop petit pour accueillir Philippe, qui devra rejoindre la Bretagne par le train.

Le voyage est infernal, dans la chaleur. La petite Anne est presque déshydratée. Mlle Potel humecte patiemment ses lèvres. Élisabeth tient la main de l'enfant et lui parle sans arrêt d'une voix si douce... Le chauffeur, un civil réquisitionné, les remercie presque de lui avoir permis de quitter Paris.

Ils arrivent à Carantec, entre Morlaix et Roscoff, après des heures de route. La villa *Ker Armor*, qu'Yvonne a louée la veille, est près de celle de Cada, *Ker Aven*. Les deux belles-sœurs vont pouvoir s'épauler, alors qu'aucune d'entre elles ne sait exactement où se trouve son mari.

La solidarité familiale joue, et Yvonne peut respirer un peu, s'asseoir sur un banc, face à la mer étale au bleu de carte postale. Tout près, l'île Callot semble échapper aux tempêtes des hommes... À tout prendre, elle a de la chance : elle a un refuge, ses enfants avec elle, même si Philippe ne les a pas encore rejoints. Mais elle ne s'inquiète pas trop : il est débrouillard. Charles n'est plus sur le front en permanence. Reste l'angoisse pour Jacques, mobilisé pour la dernière fois de sa vie, et pour Suzanne, qui n'arrive pas. Et Marie-Agnès, qui doit savoir maintenant que son fils... Elle revoit le grand jeune homme sérieux qui traitait Philippe comme son petit frère. Comment a-t-il été tué ? Où ? Charles ne lui a encore donné aucun détail. Et si Jacques, aussi... Elle chasse les images qui l'assaillent, regagne la maison.

Le lendemain, voici enfin Suzanne et ses deux enfants, Jacques-Henry et Marguerite-Marie. Elle a conduit la Primaquatre Renault de son mari sans permis, mais elle est arrivée à bon port. Jean Rérolle, quant à lui, a quitté Riom. Il a été mobilisé et elle est sans nouvelles de lui. On la console, on l'installe avec les petits, qui ont quatre et cinq ans. Philippe arrive après sa tante : il a mis deux jours pour rejoindre Carantec en train.

Charles apparaît dans l'après-midi du 15 juin. Il se rend à Londres au nom du gouvernement pour s'entendre avec les Anglais sur la poursuite de la guerre. La veille, les Allemands sont entrés dans Paris. Il prévient Yvonne qu'il va lui faire porter le passeport diplomatique auquel elle a droit en tant qu'épouse d'un membre du gouvernement. Elle devra partir avec les enfants soit vers le sud de la France, soit vers le Portugal ou l'Angleterre. Lui sait que tout est perdu, mais il faut encore tenter l'impossible. Et il disparaît.

Le passeport arrive le 16 juin. Yvonne, Philippe et Élisabeth, envisagent toutes les destinations possibles, le seul impératif étant que le voyage soit supportable pour Anne. Ils n'ont pratiquement plus d'argent, seulement quelques vêtements, et aucun moyen de locomotion. Suzanne, qui vient de vivre une journée de cauchemar à conduire une voiture dont elle connaît à peine le fonctionnement, se refuse à tout mouvement.

Après maintes tergiversations, elle accepte cependant de faire un saut à Brest pour y accompagner l'une de leurs tantes qui fournit des secours financiers à toute la famille. Yvonne et Philippe en profitent pour aller se renseigner sur un moyen de descendre vers le sud, le Maroc peut-être, s'ils peuvent atteindre Nantes ou Bordeaux.

Comment a-t-elle à nouveau persuadé Suzanne de les conduire le lendemain à Brest, entre ces colonnes de soldats canadiens et anglais qui quittent la France après la boucherie de Dunkerque ? Lorsqu'ils arrivent dans la ville, le bruit court que les Allemands sont déjà à Rennes et à Nantes. La rade est vide. À peine quelques rafiots dans le port de commerce.

Par hasard, ils passent devant le consulat britannique. « Pourquoi pas l'Angleterre ? » s'interroge Yvonne à haute voix. C'est là que ses parents l'avaient envoyée, avec Suzanne, en août 1914. Mais le consulat ferme ses portes, les employés fuient. L'un d'eux accepte pourtant de lui donner un visa. Il ne peut rien de plus. La nuit tombe. Il faut rentrer à Carantec.

Une fois de retour, ils apprennent que le gouvernement Reynaud a démissionné la veille. Que le maréchal Pétain assume la présidence du Conseil. Il a quatre-vingt-quatre ans… Où est Charles ? Que fait-il, à cette heure ? Yvonne l'ignore. Elle est maintenant tendue vers cette idée : gagner l'Angleterre, coûte que coûte. Au moins qu'une partie de la famille soit à l'abri : les Allemands ne franchiront pas la Manche de sitôt. Il leur faudra d'abord avaler la France.

Le 18 juin, elle a encore davantage de peine à convaincre sa sœur de les ramener à Brest, avec Anne, Mlle Potel et Élisabeth, cette fois. Lorsqu'ils arrivent, les dépôts de carburant, qui ont été bombardés, sont en feu. Le port de commerce est quasiment vide. Un bateau s'éloigne du quai. Un autre, qui ressemble au transmanche sur lequel Suzanne et elle ont embarqué il y a vingt-six ans, s'apprête à appareiller. Où qu'il aille, ce sera le bon.

Suzanne a les larmes aux yeux, mais elle doit rejoindre ses jeunes enfants, attendre des nouvelles de son mari. C'est le moment des adieux. Yvonne n'emporte, pour tout bagage, que des vêtements, les papiers que Charles lui a fait parvenir quinze jours auparavant, quelques bijoux que la famille se transmet de génération en génération, les médicaments d'Anne.

Le bateau est un vieux navire marchand poussif. Il rembarque des soldats britanniques ayant participé à la bataille de France. Il y a peu de place. On installe la famille dans une seule cabine qui ne dispose que de deux couchettes. Yvonne et Élisabeth, tête-bêche, en occupent une, l'autre est pour Mlle Potel et Anne. Philippe prend place sur un petit coffre, près du hublot, puis sort sur le pont. Il lui racontera plus tard le port silencieux dans le soir qui tombe, la terre de France qui s'éloigne, embrasée par l'incendie des dépôts d'essence, « l'édifice monumental de l'École navale de Saint-Pierre, qui évoque les vestiges déserts d'une acropole des temps révolus : c'est un monde déjà mort que nous laissons [1] ».

Alors que le bateau chemine lentement à travers la Manche,

1. Philippe de Gaulle, *Mémoires accessoires*, *op. cit.*

Yvonne demande à ses enfants de prier, avant de s'endormir, qu'une torpille ou une mine ne les envoie pas par le fond.

Elle ne sait pas encore que le navire qui a quitté le quai avant le leur, et sur lequel ils auraient embarqué s'ils étaient arrivés à temps, est déjà coulé.

Elle reste éveillée une grande partie de la nuit, entend la petite Anne gémir dans son sommeil, prie. Le corps d'Élisabeth, contre le sien, lui tient trop chaud. Elle n'ose pas bouger. Elle s'assoupit un moment, est réveillée en sursaut par des cris sur le pont, le ronflement d'un moteur d'avion, la corne d'un autre bateau. Philippe n'est pas là. Il ouvre brusquement la porte :

« Les côtes anglaises, annonce-t-il.

– Merci, mon Dieu, de nous avoir conduits ici sains et saufs. »

C'est l'aube du 19 juin. Après les soldats britanniques, ils débarquent, fripés et mal en point, dans le petit port de Falmouth. Ils avisent une pension, le *Landsworn Hotel*, y louent trois chambres, qu'ils paient d'avance. Ils ont faim, et le petit déjeuner très « british » qu'on leur sert leur redonne des forces. La pension est occupée par quelques vieux couples qui les dévisagent à la dérobée. Yvonne s'en moque. Elle n'a qu'une seule idée : installer Anne le mieux possible, puis dormir un peu. Elle avisera après.

Philippe, lui, veut savoir où en sont les Allemands, ce que fait le gouvernement français, et s'il a bien compris la rumeur qu'il a entendue à Brest, selon laquelle Pétain aurait demandé l'armistice. Au hasard, dans le petit port aux rues calmes et coquettes, il achète un journal. Un entrefilet, à la une :

Un certain général de Gaulle, qui se trouve à Londres, vient de lancer un appel à tous les Français présents en Grande-Bretagne. Il leur demande de se mettre en rapport avec lui afin de continuer le combat partout où cela sera encore possible[1].

1. Philippe de Gaulle, *Mémoires accessoires*, *op. cit.*

Mrs. de Gaulle

De sa fenêtre, elle retrouve l'agencement fantaisiste et propret des rues anglaises. Elle a pris un peu de repos. Elle a recouvré toute sa lucidité, et l'inquiétude de l'avenir ne l'étreint pas trop encore. L'espace d'un instant, elle s'abandonne au charme de l'Angleterre qu'elle aime. La guerre n'affecte pas encore le pays, et, depuis 1914, rien ne semble avoir changé. À peine quelques voitures de plus, dans la rue qui longe la pension…

Le ciel est d'un gris uniforme, léger. La pluie fine de l'aube a cessé. Les arbres, comme lavés, sont larges et solides, les jardins fleuris de ces roses à cœur simple dont, depuis la fenêtre de sa chambre, elle devine le parfum. Un couple âgé déambule lentement, avec, au bout d'une laisse, un teckel effronté. Sur le trottoir, des mouettes se disputent goulûment un trognon de fruit. Une voiture à cheval passe au petit trot, conduite par un jeune garçon coiffé d'une casquette de tweed. Il est presque midi. Il faut réagir, réfléchir à ce qu'elle va faire de ses enfants. Elle doit trouver un bon refuge pour Anne et essayer de savoir où est Charles.

Tout à coup, elle pense à Jeanne de Gaulle, sa belle-mère, seule et malade, près de Paimpont. Elle n'a même pas eu la possibilité d'aller la voir lorsqu'elle est passée par Carantec… Elle pense à tous les siens qu'elle a laissés plongés dans cette effroyable débâcle. À sa tante, grâce à laquelle elle a un peu d'argent pour voir venir. Mais jusqu'à quand ? Que fera-t-elle, si elle est vraiment coupée de la France ? Comment assurer le lendemain, avec la petite Anne qui demande une attention de chaque minute ? Comment permettre à Philippe et à Élisabeth de poursuivre leurs études ?

Elle envisage les plus folles possibilités : elle s'installera comme couturière, travaillera à façon. Elle parle assez bien l'anglais pour s'inscrire dans cette société britannique dont elle connaît les coutumes. Mais l'acceptera-t-on, elle, la Française, alors que tant de femmes dont les maris, les frères, les pères sont mobilisés, au combat de l'autre côté de la Manche, se trouvent dans la même situation qu'elle ? « J'ai besoin d'une tasse de thé », soupire-t-elle au moment où l'on toque à la porte.

C'est Philippe qui entre, survolté, des journaux sous le bras : Charles est à Londres. Pétain a demandé l'armistice. Philippe a lu un entrefilet dans un journal : un certain général de Gaulle a lancé un appel à la résistance, hier soir, sur la BBC. Et le *Times* reproduit intégralement son message.

Dieu soit loué. Il est vivant et proche d'eux. Le hasard, peut-être le destin même, les fait se rejoindre. Elle n'est plus seule.

Yvonne s'empare des journaux, traduit à haute voix le titre du *Times* : « La France n'est pas perdue », puis elle lit le texte de la déclaration de Charles à la radio, la veille :

Les chefs qui, depuis de nombreuses années, sont à la tête des armées françaises, ont formé un gouvernement.

Ce gouvernement, alléguant la défaite de nos armées, s'est mis en rapport avec l'ennemi pour cesser le combat.

Certes, nous avons été, nous sommes, submergés par la force mécanique, terrestre et aérienne, de l'ennemi.

Infiniment plus que leur nombre, ce sont les chars, les avions, la tactique des Allemands qui nous font reculer. Ce sont les chars, les avions, la tactique des Allemands qui ont surpris nos chefs au point de les amener là où ils en sont aujourd'hui.

Mais le dernier mot est-il dit ? L'espérance doit-elle disparaître ? La défaite est-elle définitive ? Non !

Croyez-moi, moi qui vous parle en connaissance de cause et qui vous dis que rien n'est perdu pour la France. Les mêmes moyens qui nous ont vaincus peuvent faire venir un jour la victoire.

Car la France n'est pas seule ! Elle n'est pas seule ! Elle n'est pas seule ! Elle a un vaste empire derrière elle. Elle peut faire bloc avec l'Empire britannique qui tient la mer et continue la lutte. Elle peut, comme l'Angleterre, utiliser sans limites l'immense industrie des États-Unis.

Cette guerre n'est pas limitée au territoire malheureux de notre pays. Cette guerre n'est pas tranchée par la bataille de France. Cette guerre est une guerre mondiale. Toutes les fautes, tous les retards, toutes les souffrances n'empêchent pas qu'il y a, dans l'univers, tous les moyens nécessaires pour écraser un jour nos ennemis. Foudroyés aujourd'hui par la force mécanique, nous pourrons vaincre dans l'avenir par une force mécanique supérieure. Le destin du monde est là.

Moi, général de Gaulle, actuellement à Londres, j'invite les officiers et les soldats français qui se trouvent en territoire britannique ou qui viendraient à s'y trouver, avec leurs armes ou sans leurs armes, j'invite les ingénieurs et les ouvriers spécialisés des industries d'armement qui se trouvent en territoire britannique ou qui viendraient à s'y trouver, à se mettre en rapport avec moi.

Quoi qu'il arrive, la flamme de la résistance française ne doit pas s'éteindre et ne s'éteindra pas.

Demain, comme aujourd'hui, je parlerai à la radio de Londres.

Résister, en découdre aux côtés de son père... Philippe s'enflamme. Yvonne regarde ce fils qui ressemble tellement à Charles, mais qui a la douceur de ses yeux à elle. Voilà la première douleur : elle ne pourra pas l'empêcher d'aller se battre.

Quant à ce discours, que veut-il dire ? Y a-t-il entente entre le gouvernement français, qui capitule, et Charles, chargé de poursuivre le combat à l'extérieur ? Son mari est-il entré en dissidence ? Non, impossible : c'est un soldat. Bien qu'il ait toujours contesté la haute hiérarchie militaire, il n'a jamais désobéi. Même si, publiquement, il a affiché ses désaccords. Pourtant, elle imagine mal quel accord secret il pourrait y avoir entre Philippe Pétain et Charles de Gaulle. Le vieux maréchal accède au pouvoir suprême alors qu'il figure, à cause de ses jugements obtus, parmi les responsables de la défaite. L'angoisse lui coupe le souffle. La bohémienne...

Mais Philippe la détourne de ses craintes. Dans son anglais hésitant, il s'est déjà présenté dans un commissariat de police, a expliqué qu'il était le fils de ce général français qui a parlé hier soir à la BBC et qu'il veut le retrouver. Il a indiqué aux policiers que son père est probablement descendu, comme il le fait souvent, au *Hyde Park Hotel* de Londres. « On m'écoute avec patience mais d'un air sceptique, sans bien comprendre ce que j'essaie d'expliquer. On me demande, pour finir, d'exprimer par écrit, avec mon nom et mon adresse, ce que je veux dire [1]. »

Maintenant, il faut attendre. Les policiers de Falmouth sont consciencieux. Ils auront averti leurs collègues londoniens. Yvonne est un peu apaisée. Elle a envie de serrer son fils contre elle, mais la pudeur, toujours, la retient. Elle lui sourit : « Viens. Allons prévenir tes sœurs et Mlle Potel. »

Certaines journées, comme celles-ci, n'en finissent pas de s'étirer. La pluie s'est remise à tomber. Philippe et Élisabeth sont sortis faire un tour sur le port. Yvonne a rejoint Anne et Marguerite Potel. Il n'y a rien d'autre à faire qu'attendre, un ouvrage à la main, l'esprit occupé par une foule de questions. Quand Charles a-t-il pris la décision de venir à Londres ? Pourquoi ? Avec quelles assurances ? Qui a-t-il emmené avec lui ? Et la France, que va-t-elle devenir, occupée par les Allemands ? Et Philippe, qui veut aller se battre…

Anne est pelotonnée aux pieds de sa mère, qui lui caresse distraitement les cheveux.

Toute la famille s'apprête à dîner lorsqu'un policier se présente, donne l'adresse et le téléphone de Charles dans la capitale. Yvonne se précipite, demande au couple qui tient la pension de la mettre en contact avec Londres.

Et elle entend la voix de son mari, lointaine, presque glacée : « Ah ! c'est vous. Venez me rejoindre au 8, Seamore Grove. Je vous attends demain [2]. » Il a raccroché.

Elle repose lentement l'écouteur sur son support de Bakélite, prend Philippe par le bras. Ils regagnent la salle à manger. Cette conversation trop rapide, presque brutale, lui laisse une impression de gêne. Charles n'a pas pu lui parler, ni lui dire le moindre mot tendre, comme il en a l'habitude. Certes, il doit être préoccupé… Mais tout de même, ce ton si froid… Et aucune surprise de l'entendre, alors que son arrivée en Angleterre, avec les enfants, tient du miracle… Comme si, tout à coup, elle représentait un fardeau dans sa vie. Que se passe-t-il ?

Elle retrouve la viande anglaise, trop cuite, dont elle relève le goût avec du chutney. Anne grimace en goûtant la bouillie que

1. et 2. Philippe de Gaulle, *Mémoires accessoires*, *op. cit.*

Mlle Potel lui donne à la cuillère. Philippe et Élisabeth ne font aucun commentaire. Et elle se met à prier : « Merci, mon Dieu, de nous permettre, ce soir encore, de nous restaurer, et d'avoir réuni ma famille. »

Avec Philippe, elle organise le départ pour le lendemain matin. La nuit est calme : ils sont rassurés d'être au moins, tous ensemble, du même côté de la Manche. L'angoisse d'Yvonne n'a pas disparu pourtant. Mais, pour l'instant, ignorant quelle est au juste la situation de Charles, elle ne peut qu'attendre. Heureusement, elle a près d'elle ce garçon de dix-huit ans, son fils, attentif, sérieux, qui l'aide du mieux qu'il peut.

Avant de sombrer dans le sommeil, elle pense aux quelques jours insensés qu'elle vient de vivre. Le lien avec Charles, pour la première fois depuis leur mariage, a été rompu. Ils n'ont rien su l'un de l'autre pendant presque trois jours. Elle cherchait une solution pour mettre à l'abri ses enfants. Elle a plus pensé à eux qu'à la France. Elle a cette lacune, dans l'histoire du pays, qui lui rend incompréhensible la position de son mari. Elle s'est embarquée par hasard sur un cargo à destination de l'Angleterre, parce que c'était le dernier à quitter le port de Brest. Ce soir, avec ses enfants, elle pourrait être au Portugal, au Maroc, ou ailleurs… Mais elle est là. Demain, elle saura.

Le froid l'a pétrifiée auprès du corps de Charles. Elle regarde le visage aux yeux clos. Le destin, qui l'a liée à lui, l'a préservée ce jour-là, pour lui. Aurait-il eu le courage, si toute sa famille avait disparu avec le bateau parti juste avant le sien de continuer la lutte ? Sans elle, sans la petite Anne, sans ce fils avec lequel il a tant partagé, durant la guerre, sans Élisabeth, son rayon de soleil, aurait-il eu la force, comme il aimait à le dire, « d'assumer la France » ?

Le 20 juin 1940, dans le matin sale, les voici sur le quai de la gare de Falmouth. Marguerite Potel et Yvonne tiennent Anne par la main. Philippe et Élisabeth se sont chargés des maigres bagages.

Le train est presque vide. Ils peuvent s'installer confortablement dans un compartiment.

La nuit l'a calmée. Elle retrouve cette campagne anglaise qu'elle aime même sous la pluie, avec ses vastes étendues vertes où les arbres, plus que partout ailleurs, lui a-t-il toujours semblé, prennent toute leur ampleur. De temps à autre, on aperçoit un manoir biscornu, un village aux maisons de poupées. On traverse une rivière à l'eau couleur de jade. Elle goûte ces paysages sereins, cette lenteur apparente, après la tourmente de la France. Elle va retrouver son mari et, pour lors, c'est l'essentiel.

Au bout du voyage, sur le quai de Victoria Station, Charles est là. Elle ne voit que lui, penché sur la petite Anne. Il leur explique que l'appartement de Seamore Grove, qui appartient à son ami Jean Laurent, son ancien chef de cabinet, est trop petit. Il leur a retenu des chambres à l'hôtel Rubens, en face des écuries de Buckingham Palace.

C'est là, lorsqu'ils sont seuls, enfin, qu'il lui explique ce qui s'est passé, comment le gouvernement a cédé le pouvoir à Pétain, qui n'a qu'une idée : arrêter les combats, demander l'armistice, laisser la France aux mains de l'ennemi. Voilà pourquoi, après en avoir discuté avec le Premier Ministre anglais, Winston Churchill, il a lancé cet appel, le 18 juin, à la radio de Londres. Dans le même temps, il a écrit à Weygand, le nouveau chef des armées, et à Noguès, qui dirige les troupes en Afrique du Nord, pour leur proposer de se tenir à leur disposition afin de continuer le combat hors de France. Mais il ne se fait aucune illusion : Pétain ne poursuivra pas la lutte. Charles sait qu'il est entré en dissidence.

Elle l'entend dire que quelqu'un doit bien assumer l'honneur de la France. « L'honneur de la France. » Elle est muette de terreur. La défaite l'aurait-elle rendu fou ? Il est seul, seul et à l'étranger, chez ces Anglais qui, quoi qu'on en dise aujourd'hui, sont nos ennemis héréditaires. Lui, sur ce sol, dans ce pays dont il ne parle qu'à peine la langue. Elle ne comprend pas. Il entreprend alors d'analyser la situation. Il a besoin de son soutien, sans quoi où puisera-t-il la force de résister ? Car son destin tient en ces mots : sauver la France, il le sait désormais. Oui, seul, comme le furent Jeanne d'Arc, ou Jeanne Hachette, ou sainte Geneviève, ces figures emblématiques qui se sont levées, seules, elles aussi, face à l'ennemi. Et puis, il bénéficie, ici, en Angleterre, de l'appui de Churchill. L'un des rares à s'être élevé contre Munich. À eux deux, entre Alliés, ils résisteront.

Dix ans plus tard, dans ses *Mémoires de guerre*[1], il écrira : « Devant le vide effrayant du renoncement général, ma mission m'apparut, d'un seul coup, claire et terrible. En ce moment, le pire de son histoire, c'était à moi d'assumer la France. »

Yvonne le dévisage. Elle n'est pas encore tout à fait sûre d'avoir bien compris. Certes, toutes ses analyses étaient justes. Voici déjà des années qu'il est seul et résistant. Mais de là à prendre en charge, alors que la défaite est consommée, le salut de la France... Elle regarde ses mains fines qui cherchent une cigarette. Dans ces yeux qui la sollicitent, elle lit une flamme nouvelle, ardente, implacable, contre laquelle elle ne saurait lutter. Il a besoin d'elle. Peu à peu, elle se laisse gagner par cette force obstinée. Oui, il *sera* la France. Et, quoi qu'il lui en coûte, elle demeurera, auprès de lui, le havre où il pourra parfois poser les armes.

Voilà presque vingt ans qu'ils sont mariés et l'amour ne s'est pas éteint. Il se mêle aujourd'hui, chez Yvonne, d'un profond respect pour ce caractère inflexible, cette volonté, cette intelligence exceptionnelle. Elle a parfois le sentiment de ne pas le mériter, de ne pas être digne de lui. Pourtant, à son contact, elle a changé. Elle est devenue plus réfléchie, plus profonde. Elle appréhende bien la complexité du monde dans lequel il vit. Mais elle a besoin de s'épanouir dans le quotidien, aussi. Elle ne peut demeurer, comme lui, perpétuellement sur les « sommets ». Elle a les pieds sur terre. Elle sera donc là pour le ramener aux réalités. Elle sera là, oui.

Il lui prend les mains, y dépose un léger baiser. « Ma petite femme chérie... »

L'appel du 18 juin a déjà porté ses fruits. Quelques volontaires se sont présentés à Seamore Grove dès le 19 au matin.

Yvonne lira, sous la plume de Pierre Maillaud, qui deviendra

1. Charles de Gaulle, *Mémoires de guerre*, t. I, *L'Appel*, Plon, réédition 1984, p. 174.

Pierre Bourdan à la BBC, le récit de la rencontre entre Charles et ces premiers visiteurs :

Je vis un homme d'un autre temps.

De très haute stature, portant l'uniforme et des leggings, il se tenait excessivement droit. Mais cette rectitude, soulignée par le rejet de la tête en arrière et par la chute des bras, qui épousaient exactement le buste et les hanches, paraissait être, chez lui, une position commode et naturelle. Elle n'imposait au corps aucune raideur dans l'immobilité, bien qu'il en eût, au contraire, dans le mouvement et les gestes. C'est dans le port de tête, indiciblement distant, et dans l'expression du visage qu'on sentait de la raideur. Les traits évoquaient, tout d'abord, un dessin médiéval. On eût voulu les encadrer par le heaume et la mentonnière de maille[1].

Oui, c'est cela : un personnage du Moyen Âge, un chevalier tenu par la foi en cette terre de France alors martyrisée et dont il faut sauver l'honneur. Il n'imagine pas encore, en ce 20 juin 1940 où Yvonne le retrouve, quelle forme va prendre le combat. Mais il sait qu'il y aura combat, et qu'il en sera le héros.

Elle se redit les premières phrases des *Mémoires de guerre*[2], qu'elle sait par cœur :

Toute ma vie, je me suis fait une certaine idée de la France. Le sentiment me l'inspire aussi bien que la raison. Ce qu'il y a, en moi, d'affectif imagine naturellement la France, telle la princesse des contes ou la Madone aux fresques des murs, comme vouée à une destinée éminente et exceptionnelle. J'ai, d'instinct, l'impression que la Providence l'a créée pour des succès achevés ou des malheurs exemplaires. S'il advient que la médiocrité marque, pourtant, ses faits et gestes, j'en éprouve la sensation d'une absurde anomalie, imputable aux fautes des Français, non au génie de la patrie. Mais aussi, le côté positif de mon esprit me convainc que la France n'est réellement elle-même qu'au premier rang ; que, seules, de vastes entreprises sont susceptibles de compenser les ferments de dispersion que son peuple porte en lui-même ; que notre pays, tel qu'il est, parmi les autres, tels qu'ils sont, doit, sous peine de danger mortel, viser haut et se tenir droit.

1. Pierre Bourdan, *Carnets des jours d'attente*, juin 1940-juin 1944, éditions Pierre Trémois, Paris, 1945.

2. Charles de Gaulle, *Mémoires de guerre*, *op. cit.*

Bref, à mon sens, la France ne peut être la France sans la grandeur.

Cette vision de la France, qu'il exprimera des années plus tard, elle la connaît, la partage, pour avoir souffert avec lui de l'innommable qui vient de se produire : le 22 juin, le général Huntziger, représentant le gouvernement français, signe l'armistice au même endroit – Rethondes – et dans le même wagon que celui où fut signée la capitulation allemande, le 11 novembre de 1918. Ce jour-là, Charles voit sa promotion de général de brigade à titre provisoire annulée. Il est mis à la retraite d'office.

Yvonne est alors loin d'imaginer la tournure que vont prendre les événements, la solitude qui va les happer tous deux, pas plus qu'elle n'imagine comment, par la force des choses, Charles va peu à peu devenir un mythe.

Pour lors, à Londres, alors qu'il se débat encore dans les limbes de la Résistance et qu'il s'apprête à consommer sa rupture d'avec une pseudo-légalité, elle doit trouver un toit.

La capitale anglaise est égale à elle-même, vivante, bien qu'un peu guindée. À peine quelques sacs de sable sont-ils entassés pour former de frêles barrages devant les monuments publics et disent le pays en guerre. Les premiers tickets de rationnement apparaissent.

Il faut mettre Anne dans un lieu calme, un peu excentré, assez proche cependant pour que Charles puisse regagner chaque soir son domicile. Par une agence, Yvonne trouve une maison anglaise comme elle les aime, un peu extravagante, de style Tudor, avec un joli jardin : *Pettswood*, dans le Kent.

Dans la salle à manger, les murs sont couverts de tableaux bucoliques représentant l'Écosse et le pays de Galles. À proximité, une collection de marmites de cuivre dûment astiquées. Le salon, meublé à l'orientale, avec petites tables incrustées de nacre, fait sourire Yvonne : il lui rappelle le Liban. Les chambres sont confortables et il y a une machine à coudre, ce qui va lui permettre d'habiller chacun décemment.

Le 25 juin, alors que l'armistice entre en vigueur en France, Charles signe avec le propriétaire, Leonard Pummel, un bail de location : le loyer, payable au début de chaque mois, est de quatorze livres, un shilling et huit pence.

La vie reprend. Tandis que Mlle Potel la soulage de l'attention constante qu'il faut porter à Anne, Yvonne s'initie, avec Mrs. Pummel, aux astuces des premières mesures de rationnement qui touchent l'Angleterre. La propriétaire de *Pettswood*, heureuse de se rendre utile, la présente aux meilleurs commerçants du quartier, lui facilite le quotidien. Elle l'aide à trouver l'adresse d'une institution où Élisabeth pourra poursuivre ses études. Ce sera, à deux cent cinquante kilomètres de Londres, dans le Shropshire, le couvent des Dames de Sion, Acton Burnell. La jeune fille y entrera avant l'automne.

Philippe, lui, ne lâche pas son père d'une semelle, l'accompagne à la BBC pour ses messages quasi quotidiens, suit la première installation de la France libre, à la fin du mois de juin, « dans une petite pièce, au troisième étage d'un immeuble sombre, vétuste et sale : St Stephen's House, à Victoria Embankment, tandis que ses états-majors, à vrai dire fort réduits, s'entassent aux autres étages[1] ».

Presque chaque soir, Charles et son fils rejoignent *Pettswood*, soit par le métro, soit dans la Renault conduite par un chauffeur que le directeur de chez Cartier, à Londres, Alfred-Étienne Bellenger, a mise à la disposition de Charles dès qu'il a pris connaissance de l'appel du 18 juin. Bellenger est l'un de ces inconnus dont l'amitié et le soutien se manifesteront durant tout le séjour des de Gaulle en Angleterre.

Tous les matins, après un petit déjeuner qui n'a rien de britannique et qu'ils prennent en tête à tête, Charles expose l'évolution de la situation à Yvonne. Elle le voit s'installer dans la dissidence, prendre en charge cette deuxième France qui, pour lui, est la seule véritable : celle du combat. Mais il est encore si peu entouré. Et il dépend du bon vouloir des Anglais. Pour l'instant, il n'a pas le choix.

Avant de partir, il passe un long moment dans la chambre d'Anne puis, avec Philippe, il regagne Londres.

Lorsqu'elle fait la vaisselle, après le départ de ses deux hommes,

---

1. Philippe de Gaulle, *Mémoires accessoires*, *op. cit.*

puis le ménage, elle a tout le loisir de repenser à la situation. Elle s'applique à se calmer, à organiser les occupations de la journée, puis elle rejoint Anne, afin que Mlle Potel puisse avoir un peu de temps à elle. L'enfant est calme, Yvonne en profite pour jeter sur une feuille la liste des achats à faire. Elle est comme toutes les ménagères. Il faut préparer le déjeuner et le dîner. Elle s'interrompt lorsque Anne vient se coller contre elle, pose sa tête sur ses genoux. Elle caresse le visage de sa fille, dépose un baiser dans ses cheveux. Puis Marguerite Potel prend sa place.

Yvonne passe une robe simple, met un chapeau, attrape un panier et ses tickets. Souvent, Mrs. Pummel la guette et sort avec elle pour faire ses propres courses. Elles échangent des recettes, essaient de trouver des astuces pour pallier le manque de tel ou tel produit. Ce n'est pas encore trop difficile : légumes et fruits arrivent. Mais le beurre, la viande, le sucre sont rationnés. Il faut se débrouiller.

Yvonne ne peut pas souvent s'échapper pour profiter du centre de Londres. Par chance, dans son quartier, elle déniche quelques tissus de qualité chez un vieux commerçant qui se targue d'avoir reçu, durant de nombreuses années, avant guerre, des madras ou des soies de l'empire des Indes.

Après le déjeuner, elle coupe les tissus, les assemble, confectionne de petites robes d'été pour toutes les femmes de la maison. Elle coud très bien, minutieusement. Mrs. Pummel lui dit souvent qu'elle a ce bon goût et cette simplicité caractéristiques de la mode française. Plus même : de la Parisienne. Cela la fait sourire. Elle, parisienne ? Une petite-bourgeoise de province qui tient son rang, voilà tout. Et encore, quel rang peut-elle tenir, aujourd'hui qu'elle est exilée et son mari rebelle ? Enfin, chef des rebelles…

Elle lève la tête. Le soleil inonde le jardin, rend plus intenses les différents verts des arbres. Une pie sautille sur la pelouse, d'un coup d'aile chasse un merle et sa compagne. Le chat des Pummel, tapi près d'un fourré, se lève à demi et commence une lente reptation vers le mulot qu'il épie depuis un moment. Tout est calme. Anne dort. Yvonne s'installe pour écrire à la mère de Charles. Inutile de lui donner trop de détails, mais, au moins, la rassurer un peu. Puis elle envoie un mot à Cada, la femme de Jacques. Ces lettres leur parviendront-elles ? Le courrier des proches de

De Gaulle doit être surveillé. Que deviennent Suzanne, ses enfants, ses frères Jacques et Jean ? Elle ne sait rien de personne.

Ceux qui rejoignent Charles en Angleterre racontent Paris bâillonné, les Allemands s'installant jusqu'à plus de cent kilomètres au sud de la Loire, les maisons réquisitionnées. Quelqu'un croit savoir que La Boisserie est occupée, mais que Colombey, vieille terre de résistance, supporte mal la présence des « Boches ». D'autant qu'on les aurait vus tirer sur un mannequin habillé des vêtements du « colonel » de Gaulle. L'un des habitants de Colombey a entendu l'appel du 18 juin sur la BBC. Plusieurs « anti-Boches » se sont cotisés pour acheter un poste de TSF et écouter ce que dit « notre colonel ». Tous ces fidèles risquent leur vie en recevant, dans la cave de l'un d'eux, Pierre Piot, les appels de plus en plus pressants de Charles à la résistance.

Charles, un réprouvé désormais. Le 28 juin, le gouvernement de Pétain lance un mandat d'arrêt contre lui. Mais, ce même jour, alors que certains responsables britanniques voudraient poursuivre leurs relations avec le gouvernement officiel de la France, c'est-à-dire avec Pétain, Churchill oblige le cabinet anglais à reconnaître « le général de Gaulle comme chef de tous les Français libres, où qu'ils se trouvent, qui se rallient à lui pour la défense de la cause alliée ».

Ce soir du 28 juin, il a gagné la première manche : faire reconnaître la France combattante. Non qu'il ait encore beaucoup de soldats, hormis Geoffroy de Courcel, Claude Hettier de Boislambert ou la jeune femme qui a tapé l'appel du 18 juin, Élisabeth de Miribel. Mais ceux qui arrivent ce jour-là et les jours suivants sont de qualité : tous les pêcheurs de l'île de Sein, dans leurs petits chalutiers, sont venus se mettre sous ses ordres. Puis des politiques : Maurice Dejean, qui faisait partie du cabinet de Paul Reynaud, ou Gaston Palewski ou encore Georges Boris, qui appartenait au cabinet de Léon Blum. Et René Pleven.

De jeunes militaires, comme le lieutenant Christian Fouchet et six de ses camarades, ainsi que les capitaines Gaston Tessier et Dewavrin, qui rentrent de Norvège avec le corps expéditionnaire français, Dewavrin qui prendra le pseudonyme de Passy ; un officier de la Légion, Pierre-Olivier Lapie et le capitaine Pierre Kœnig. Puis l'amiral Émile Muselier et le capitaine de corvette Thierry d'Argenlieu. Maurice Schumann, et André Diethelm, ancien chef de cabinet de Georges Mandel, Mandel arrêté au Maroc par le général Noguès pour l'empêcher de prendre contact avec Londres. René Cassin, le professeur Cassin, président de l'Union internationale des anciens combattants, l'un des inventeurs de la SDN. Et l'avocat André Weil-Curiel ou Claude Bouchinet-Serreulles, qui ont quitté le Maroc pour entrer dans cette nouvelle armée, celle des Français libres.

Ils adoptent pour signe de ralliement la croix de Lorraine sur le drapeau de la France. C'est une idée de Muselier ou d'Argenlieu, Charles ne sait plus. Il se rappelle seulement qu'il avait inscrit cette croix de Lorraine sur ses blindés, à Metz. C'est un beau symbole, chargé de toute la souffrance et de toute la gloire de cette région qui donna Jeanne d'Arc à la France.

La maison des courants d'air

Parce que d'autres hommes, d'autres femmes, chaque jour plus nombreux, rejoignent Charles, Yvonne s'apaise. Personne ne connaît l'issue de ce combat, bien que son mari ne cesse de répéter que les Allemands ont perdu la guerre parce qu'elle est mondiale, maintenant. Sa contribution à elle, dans cette lutte, ainsi qu'elle l'a décidé le 20 juin, c'est de donner à Charles, chaque soir, le havre de tranquillité dont il a besoin et de lui prêter une oreille attentive lorsqu'il analyse la position de ceux qui, comme lui, ont quitté la France (Jean Monnet, qui, en définitive, ne le rallie pas, Paul Morand, l'ambassadeur de France à Londres, qui part pour les États-Unis, ce jeune anthropologue qui vit au Mexique, Jacques Soustelle, et lui écrit qu'il tente de rallier à sa cause toute la communauté française de Mexico...), ou celle de Churchill, qui doit combattre certains de ses proches pour aider celui qu'il appelle le « connétable de France » et ses « Free French ».

Dans la nuit du 3 au 4 juillet, alors qu'ils dorment profondément, on frappe à la porte de *Pettswood.* Claude Hettier de Boislambert accompagne un officier de liaison de l'amirauté anglaise : la flotte britannique a attaqué la flotte française au mouillage dans le port de Mers el-Kébir, près d'Oran. Yvonne voit Charles blêmir. La flotte française, qui aurait pu servir un jour la France libre, est détruite. Près de mille trois cents soldats français ont été tués. Par nos Alliés, les Anglais ! C'est absurde, irrationnel ! Il le dit avec rage, pendant qu'elle lui tend ses vêtements, atterrée par ce coup de théâtre qui peut anéantir leurs espoirs. Sa colère ne risque-t-elle pas de consommer la rupture avec les Britanniques ?

Il quitte la maison en compagnie des deux visiteurs.

Ceux qui voient de Gaulle à Saint Stephen's House, cette nuit-là, rapporteront tous à quel point il était furieux. Car il y a plus : les navires français au mouillage dans les ports anglais ont été arraisonnés, leurs marins faits prisonniers, l'aviation britannique a bombardé *Le Richelieu* dans le port de Dakar. Charles est découragé, il parle même de tout laisser tomber, d'émigrer au Canada. Car ce n'est pas seulement la destruction de la flotte française qui est en cause. C'est la colère du peuple de France contre les Anglais. Les Français libres, abrités par une Angleterre qui s'attaque non pas au gouvernement de collaboration, mais à l'un des fleurons du pays, la flotte, se retrouvent en porte à faux. Comment rester impassible ? D'autant que la trahison est double : Charles n'a pas été averti de la décision de Londres, lui, le chef de la France libre. Comment rester sans réaction devant ce lâchage infamant ?

Lorsqu'il rentre à *Pettswood*, le soir du 4 juillet, il avoue à Yvonne combien il a été humilié de ne pas avoir été informé. Il l'a signifié au conseiller de Churchill, pourtant son ami, le général Spears. Il lui a dit aussi que, désormais, il aurait du mal à rallier des combattants s'il restait sur ce sol anglais traître à la France résistante.

Philippe, qui va intégrer l'École navale créée sous l'égide de l'amiral Muselier, partage sa colère. Si au moins Pétain avait mis à l'abri la flotte française, au lieu de la laisser, même désarmée, à la portée des Allemands... Ces Anglais ont fait couler le sang français... Charles reprend tous les arguments développés à Saint Stephen's House... Et Churchill justifie l'opération tout en la qualifiant de « tragique et lamentable épisode... ». Quelle alternative avait-il ? Selon les termes de l'armistice, les navires français devaient regagner leurs ports d'attache dans la France occupée, où les Anglais craignaient que, malgré leurs engagements, les Allemands ne s'en saisissent. Ils ont donc adressé un ultimatum à la flotte de Mers el-Kébir, lui laissant le choix de rallier l'Angleterre, les États-Unis (pays neutre), les Antilles françaises ou de se saborder. L'amiral français a refusé. Lui, Charles de Gaulle, qu'aurait-il fait à la place du Premier Ministre britannique ?

Il se calme, s'installe dans un coin du salon oriental, réfléchit. Il faut condamner les Anglais pour s'y être pris de cette manière, mais il faut aussi comprendre leur raisonnement : s'ils sont à leur tour écrasés par les Allemands, c'en est fini de la Résistance. Or c'est elle qu'il faut sauvegarder. Il va parler sur la BBC :

En tenant le drame pour ce qu'il est, je veux dire pour déplorable et détestable [...], les Français dignes de ce nom ne peuvent méconnaître que la défaite anglaise scellerait pour toujours leur asservissement [...]. Nos deux vieux peuples, nos deux grands peuples, demeurent liés l'un à l'autre. Ils succomberont tous les deux ou bien ils gagneront ensemble[1] *!...*

Yvonne sait combien il lui a été difficile de dire cela. Mais elle le comprend. Chaque fois, elle se hausse jusqu'à lui. Elle coud, tricote, brode, ne néglige aucune tâche ménagère, et, ce faisant, sa pensée se construit. Lorsque Charles la rejoint, l'étonnante alchimie de leurs esprits a opéré. Elle est confiante, prête à avancer encore avec lui. Cela ne le surprend pas : il la connaît assez pour savoir quel est son cheminement. Il lui en a cette reconnaissance qui fortifie leurs liens. Elle est le socle de sa vie, cette autre partie de lui-même qui a pétri sa volonté de douceur et de calme. Auprès d'elle, s'il ne pose jamais son fardeau, il trouve l'apaisement. C'est ce qu'elle veut. C'est ainsi qu'elle l'aide le mieux.

Elle ne lui dit presque jamais ses hésitations, ses craintes, ses hantises. Elle chemine parfois dans une angoisse qui laisse en elle une forme de dureté, une densité qui la rend un peu rigide. Et c'est son entourage à lui qu'elle suspecte. « Je n'ai pas confiance en Untel », lui dit-elle soudain. Muselier, par exemple, ou un autre. Parce qu'il lui a raconté un incident, une broutille, prémices des dissensions entre les Français de Londres, ceux qui sont contre lui, et même ceux qui sont pour. Parfois, l'opinion d'Yvonne est injuste ou exagérée. Mais c'est sa manière à elle non pas de le préserver, mais de se préserver. Et cela deviendra, chez elle, une habitude.

Cette nuit, dans la solitude de sa conscience, en revoyant toute sa vie avec Charles, elle peut s'avouer l'entière vérité. Oui, elle est

1. Charles de Gaulle, *Discours et Messages*, t. I, Plon, 1946, p. 14-15.

devenue rigide pour échapper un peu à la peur, pour se constituer des garde-fous. Parce qu'elle se sentait tellement moins solide que lui...

La maison est toujours silencieuse. Toutes les pièces sont plongées dans le noir. Quelle heure peut-il être ? Depuis combien de temps est-elle immobile devant ce corps que la mort glace peu à peu ? Elle voudrait pleurer. Mais ses souvenirs la ramènent à *Pettswood*.

Ce même 4 juillet, les relations entre Londres et Vichy, où est installé le gouvernement de Pétain, sont officiellement rompues. Un tribunal militaire français condamne Charles à quatre ans de prison et à cent francs d'amende pour refus d'obéissance. Le 3 août, il est condamné à mort, à la dégradation, à la confiscation de tous ses biens pour trahison et désertion.

Churchill fait attribuer à la France libre un immeuble entier, dans les beaux quartiers de Londres, entre le Mall et Pall Mall. Sis au 4, Carlton Gardens, sur l'emplacement de l'ancien hôtel particulier de lord Palmerston [1], il comporte sept étages et au moins soixante-dix bureaux, que les Anglais paient huit cent cinquante livres par mois. Ainsi la France de la Résistance a-t-elle enfin pignon sur rue. Mais elle est encore trop tributaire de la Grande-Bretagne : elle n'est pas capable de payer son propre loyer... Charles enrage. Il faut en passer par là, pourtant. Que faire d'autre ? Yvonne le sent toujours plus tendu, toujours plus inquiet. Lui aussi devient plus rigide, accentue son intransigeance.

D'autant qu'il doit surmonter l'épreuve du chagrin : il l'a appris, Yvonne ne sait comment, Mme de Gaulle est morte le 16 juillet, dans sa petite maison de Paimpont.

Il n'a pu la revoir avant de quitter la France. Il n'a pu lui parler, lui dire combien elle comptait pour lui. On lui a raconté la longue procession vers le cimetière, car, sont venus grossir la foule du bourg, des anonymes sachant qu'elle était la mère du général de Gaulle, celui qui parlait de la France résistante à la radio de Londres. Yvonne tente de le consoler, une fois encore. Mais contre

1. Premier Ministre anglais au siècle dernier.

ce chagrin-là, elle ne peut pas grand-chose. C'est une douleur trop profonde, trop sourde, qui l'habite continûment des jours entiers. Une douleur augmentée de remords et de regrets, que seule l'organisation de la France libre atténue un peu.

En effet, ceux qui viennent s'engager sous la croix de Lorraine pour poursuivre le combat se font chaque jour plus nombreux. Un soir, Charles lui raconte qu'il en est un, en particulier, qui lui a fait forte impression. Un jeune capitaine de trente-sept ans. Il s'est évadé deux fois d'Allemagne, a traversé la France à bicyclette, a parcouru l'Espagne et le Portugal pour venir se mettre sous ses ordres. Il s'appelle Philippe de Hauteclocque. Charles l'a nommé commandant et lui a donné, pour sa sécurité, le nom qui convient le mieux à la luminosité qui émane de lui : Leclerc.

Un matin, elle prépare l'uniforme des grands jours : avec le roi George VI, Charles passe en revue les premières troupes de Français libres dans les camps où ils sont à l'instruction, près de Londres.

À la fin du mois d'août, elle reçoit pour lui des équipements coloniaux : casque de liège, uniforme de toile, lit de camp pliant, moustiquaire. Elle comprend. Et Philippe aussi, qui est à la maison ce soir-là : Charles veut rallier l'empire à sa cause. Mais où part-il ? Pour l'Indochine, que son ami le général Catroux vient de quitter pour rejoindre la France libre ? Pour l'Afrique noire, où les autorités locales sont hésitantes ? Seul le gouverneur général Éboué, au Tchad, a rompu avec Vichy [1]. Le colonel de Larminat, Français libre de la première heure, est en route pour Brazzaville, où il a pour mission de faire basculer le Congo dans le camp gaulliste. Charles va sans doute tenter lui-même de gagner les autres colonies à sa cause. Encore qu'en Afrique occidentale, il risque des déboires après le bombardement anglais sur le port de Dakar. Plus : cette fois, s'il tombe entre les mains des vichystes, sa vie ne vaudra pas cher. Yvonne et Philippe sont bouleversés.

Le lendemain, 31 août, Charles quitte sa famille en la prévenant : il sera peut-être absent plusieurs mois. Il n'a « aucun

1. Les 27, 28, 29 août 1940, le Tchad d'Éboué se rallie à la France libre, puis le Cameroun, après l'arrivée de Leclerc, Boislambert et Pleven, et enfin le Congo (coup de Sicé et Larminat) et l'Oubangui-Chari (actuelle République centrafricaine).

commentaire à faire à ce sujet, toutes les opérations demeurant secrètes ».

Il est parti. Une nouvelle fois, elle est seule. Philippe, heureusement, passe presque toutes les nuits à *Pettswood.* C'est la fin de l'été. Une douceur, au fond de l'air, repousse la chaleur qui a terrassé le pays durant tout le mois d'août.

Dans la nuit du 7 au 8 septembre, l'aviation allemande sème la terreur sur Londres : c'est le blitz, le début de la bataille d'Angleterre. D'abord les hurlements des sirènes, qui se succèdent de quartier en quartier. Les aboiements des chiens. Puis les bombes qui tombent sur l'aérodrome, près de *Pettswood*, dans un fracas de fin du monde. Un cottage, au bout de la rue, vole en éclats. La DCA zèbre le ciel clair de millions de traces lumineuses, dans un vacarme assourdissant. Un bombardier allemand s'abat, en flammes, au bout de la piste. On entend les murs des immeubles s'effondrer, des gens crier, des enfants pleurer. Le ciel est d'un orange brumeux. L'odeur âcre des bombes empuantit l'atmosphère. Anne hurle, les mains sur ses oreilles. Yvonne, Philippe et Mlle Potel tentent de la calmer. Elle se débat, trépigne, suffoque tandis que les avions poursuivent leur travail de mort. Cela dure, leur semble-t-il, des heures.

Chacun sort de cette nuit épuisé, le corps endolori, les oreilles pleines encore du bruit infernal. Anne ne s'est apaisée que longtemps après la fin de l'attaque. Tandis qu'elle s'enfonce dans le sommeil, son corps est agité de soubresauts. Elle gémit, transpire. Mlle Potel la veille, éponge le petit front barré d'une contraction qui ne s'efface pas. On ne pourra pas rester là, si les avions allemands reviennent...

Philippe repart pour Londres, traverse une ville dans laquelle les immeubles bombardés brûlent encore devant une foule silencieuse, stoïque, qui aide les pompiers en transportant des seaux d'eau. Il participe à cette chaîne de solidarité.

Yvonne pleure. Mrs. Pummel, qui est venue la voir dès le départ de Philippe, ne parvient pas à la calmer. Non, il faudra partir. À cause de la petite Anne. Elle a douze ans, mais c'est une toute petite fille. Tout le monde sait que, pour elle, l'âge ne se compte pas en nombre d'années. Et Mrs. Pummel l'admet, qui a réussi à apprivoiser l'enfant.

L'enfer se reproduit chaque soir. Yvonne se met en quête d'un autre logis, loin de Londres. Une quinzaine de jours plus tard, elle découvre, près du couvent des Dames de Sion où Élisabeth est en pension, dans le Shropshire, une vieille maison sans confort, entourée de plusieurs pavillons au sein d'un vaste parc. C'est *Gadlas Mall*, à deux cent cinquante kilomètres de la capitale, entre Birmingham et Liverpool. Il n'y a ni tout-à-l'égout ni électricité. Il faudra s'éclairer à la bougie, peut-être à la lampe à pétrole, si l'on en trouve. Le chauffage est fourni par une cuisinière à bois et des cheminées. C'est la maison des courants d'air. Charles, lorsqu'il rentrera de son long voyage, ne pourra plus venir chaque soir, comme il le faisait à *Pettswood*. C'est trop loin de Londres. Mais il y a ce parc, avec des arbres fruitiers, un potager. La paix, le calme, après les bombardements.

Et, à nouveau, elle assume seule. Philippe est bloqué dans la capitale anglaise : avec ses camarades de la jeune École navale, il aide les équipes d'incendie et de secours. Yvonne quitte *Pettswood* et les Pummel pour s'établir, avec Anne et Mlle Potel, au cœur de cette campagne où, enfin, elle peut respirer. Bien sûr, il faut installer des fils de fer autour du petit étang, dans le parc, pour qu'Anne ne puisse y tomber. Mais l'enfant est tranquille. S'il lui arrive encore, à la brune, de regarder le ciel en fronçant les sourcils, le pouce dans sa bouche, elle se détend dès qu'on allume les bougies. Leurs flammes vacillantes la fascinent et elle passe de longues minutes à contempler leurs ombres sur les murs. Mlle Potel ravaude quelque vêtement. Yvonne lit. Elle a trouvé dans une petite bibliothèque une quantité d'ouvrages de Dickens. Les soirées sont douces encore. La vieille maison a gardé, de sa splendeur passée, une collection de porcelaines de Chine et, le long de l'escalier qui conduit aux étages, des gravures représentant des scènes de la Révolution française.

Si elle n'était séparée de Charles, si elle savait où il était, si elle ne pensait pas constamment à Philippe, Yvonne y serait sereine, comme elle l'était à La Boisserie. Elle peut mettre son énergie dans sa passion du jardinage, elle pioche, bêche, sarcle, plante, arrose, fait pousser les premiers légumes, cueille les fruits, cuit des confitures, tandis que Marguerite Potel ramasse des pissenlits qu'elle sert en salade. Les deux femmes sont très proches l'une de l'autre, liées par le même amour pour Anne, et par l'estime qu'elles ont l'une pour l'autre.

Lorsqu'il fait beau, Yvonne fait sécher ses cheveux au soleil, prend un peu de repos dans le parc. Durant les fins de semaine, Élisabeth vient les rejoindre, les distrait avec les menues péripéties du pensionnat.

Yvonne a apprivoisé un chat des environs, qui quémande un peu de lait, quelques reliefs, puis repart comme il était venu, en esquivant les caresses. Parfois, il apporte en cadeau une taupe encore chaude, qu'il va dévorer sous un arbre lorsqu'il se fait chasser. Mais il revient chaque soir, tourne un peu autour d'Anne, qui l'attraperait bien s'il ne se sauvait vers la cuisine.

Yvonne et Marguerite n'ont d'autre moyen de suivre l'évolution de la situation qu'en lisant les journaux. Les journalistes se déchaînent contre Charles. À bord d'un navire anglais, le *Westernland*, il a tenté de prendre pied à Dakar, et *Le Richelieu*, toujours dans le port sénégalais, l'a accueilli à coups de canon. Thierry d'Argenlieu, qui était chargé de parlementer avec les vichystes, a été grièvement blessé à la jambe. Charles a fait cesser le combat : il a refusé que des Français tirent sur des Français.

Une partie de la presse britannique se montre presque ordurière envers le chef de la France libre : « Nous pouvons répudier le général de Gaulle, écrit le *New Chronicle*, avec la même rapidité et le même cynisme dont son pays a fait preuve pour nous répudier. Nous ne pouvons risquer la cause de la liberté pour une poignée d'hommes. » Et le journal ajoute : « Sur quelles bases le gouvernement a-t-il accepté les assurances d'un général de grande expérience militaire mais qui n'est pas un politique [1] ? »

Yvonne est effondrée. La prédiction de la voyante se précise. Et si c'étaient les Anglais qui pendaient Charles ?

L'affaire de Dakar s'est déroulée à partir du 23 septembre, le jour où Philippe s'embarque sur un cuirassé d'instruction dont on dit qu'il est « le plus vieux, le plus lent, le plus laid de la marine » : *Le Courbet*. Son fils n'a pas encore dix-neuf ans. La guerre le lui vole ainsi... Et elle n'a toujours pas de nouvelles directes de Charles.

---

1. Cité par Max Gallo, *De Gaulle*, *op. cit.*

Un facteur lui apporte la première lettre plusieurs jours après. Elle est datée du 28 septembre, à Freetown :

Ma chère petite femme chérie,

Comme tu l'as vu l'affaire de Dakar n'a pas été un succès. Vichy, qui s'y attendait, avait pris des mesures extraordinaires de défense [...]. Comme je ne voulais pas de bataille rangée entre Français, j'ai retiré mes forces à temps pour l'éviter. [...] Pour le moment, tous les plâtras me tombent sur la tête. Mais mes fidèles me restent fidèles et je garde bon espoir pour la suite [...]. Je ne compte pas revenir à Londres avant quelque temps. Il faut patienter et être ferme.

Combien j'ai pensé à toi et pense toujours à toi et aux babies dans tous ces bombardements ! [...] Que fait Philippe ? Cette fille Élisabeth a-t-elle gagné le Sacré Cœur ? Et ce tout-petit ?

Plus loin, il procède comme il l'a toujours fait retraçant pour elle l'évolution de sa réflexion :

Je considère que la « bataille d'Angleterre » est maintenant gagnée. Mais je m'attends à la descente en Afrique des Allemands, Italiens et Espagnols. L'intervention américaine me semble désormais certaine.

C'est le plus grand drame de l'Histoire et ton pauvre mari y est jeté au premier plan avec toutes les férocités inévitables contre ceux qui tiennent la scène. Tenons bon !

Aucune tempête ne dure indéfiniment[1].

Dans ce doux automne qui fait pousser des cyclamens sauvages au pied des arbres du parc et des champignons dans le sous-bois, elle a le sentiment de perdre toutes ses certitudes... Elle est beaucoup moins à plaindre que les Londoniens, qui subissent encore chaque nuit les attaques massives des avions allemands. Mais elle est comme ces mères britanniques dont les fils combattent l'ennemi dans les chasseurs de la Royal Air Force. Son Philippe aussi apprend à se battre, mais sur la mer, qui est aussi dangereuse que le ciel.

Et Charles... Elle essaie d'imaginer cette Afrique, qu'elle ne connaît pas. Elle en a la vision presque romantique que lui ont donnée ses lectures : l'épopée de René Caillié, qui traversa le Sahara pour gagner Tombouctou. Ou celle de Livingstone et de

1. Charles de Gaulle, *Lettres, notes et carnets*, *op. cit.*, p. 127-128.

Stanley, à la recherche des sources du fleuve Congo. Pour le reste, Dakar, Freetown, Brazzaville ou Bangui, elle n'en a aucune image. Si, peut-être a-t-elle vu une photographie de l'hôpital de brousse du docteur Schweitzer, à Lambaréné, au Gabon. Mais il y a pire que les paysages : cette difficulté de Charles à rallier à sa cause des coloniaux qui semblent accepter la défaite de la France.

Pourtant, l'épisode de Dakar n'est qu'un tragique incident dans cette bataille. À bord d'un navire français, cette fois, l'aviso *Commandant-Duboc*, Charles se présente devant le port de Douala. Puis il gagne Yaoundé. Le Cameroun a déjà basculé dans son camp avant son arrivée. Il prend un avion, se rend à Fort-Lamy, au Tchad. Le général Georges Catroux, ancien gouverneur de l'Indochine, est là, qui l'attend et se met au garde-à-vous. Émotion. Leclerc est convoqué. Avec ses deux compagnons, Charles trace des plans pour que les troupes françaises libres aillent soutenir les Anglais dans leurs combats contre les Italiens et les Allemands en Cyrénaïque, en Égypte.

Charles a repris, comme il en avait l'intention au moment où la France était à genoux, l'idée du combat à partir de l'Afrique. Et il a désormais de quoi le mener. Il gagne l'Oubangui-Chari. Puis c'est Brazzaville, le 24 octobre 1940.

Le jour même où Pétain s'abaisse à rencontrer Hitler à Montoire, dans le Loir-et-Cher, en pleine zone occupée.

Pour le moment, il faut asseoir la France libre, la constituer en une entité autonome, se détacher des Anglais qui, bien qu'Alliés, ont une autre partie à jouer. Peut-être même une partie coloniale, au détriment de la France.

Yvonne reçoit sa lettre du Cameroun, qui la rassure un peu, alors que Charles se trouve déjà au Congo :

Je t'écris d'ici [Douala] après un grand tour par avion dans tous les points importants du Cameroun et du Tchad. L'esprit est excellent. Demain j'irai à Bangui et, de là, à Brazzaville. Tout va bien. Mais la tâche est lourde matériellement et moralement. Il faut accepter – et je les accepte – toutes les conséquences de ce drame dont les événements ont fait de moi l'un des principaux auteurs. Celui qui saura vouloir le plus fermement l'emportera en définitive non seulement en fait mais encore dans l'esprit des foules moutonnières[1].

Dernière victoire : le Gabon est rallié par la force le 9 octobre.

Et Charles regagne Londres. Il a créé, le 27 octobre 1940, à Brazzaville, le Conseil de défense de l'Empire, a jeté les bases d'une organisation des pouvoirs publics selon la législation d'avant le 23 juin 1940 et pris l'engagement de rendre compte de ses actes « aux représentants du peuple français dès qu'il lui aura été possible d'en désigner librement ».

Il écrira, dans ses *Mémoires de guerre* :

Le 17 novembre, je quittai l'Afrique française libre pour l'Angleterre par Lagos, Freetown, Bathurst et Gibraltar. Tandis que, sous la pluie d'automne, l'avion rasait l'océan, j'évoquais les incroyables détours par où, dans cette guerre étrange, devaient désormais passer les Français combattants pour atteindre l'Allemand et l'Italien. Je mesurais les obstacles qui leur barraient la route et dont hélas ! d'autres Français dressaient devant eux les plus grands. Mais, en même temps, je m'encourageais à la pensée de l'ardeur que suscitait la cause nationale parmi ceux qui se trouvaient libres de la servir. Je pensais à ce qu'avait, pour eux, d'exaltant une aventure aux dimensions de la terre. Si rudes que fussent les réalités, peut-être pourrais-je les maîtriser, puisqu'il m'était possible, selon le mot de Chateaubriand, de « mener les Français par les songes[2] *»*.

Yvonne sait qu'il est rentré. Mais il ne peut venir tout de suite. Il y a trop de problèmes avec les Anglais, qui commencent à considérer d'un mauvais œil cette force que prend la France libre, et son indépendance grandissante. Alors que ce sont eux qui paient la note de la nouvelle armée.

Les tracas avec les Français ne manquent pas non plus. D'aucuns s'inquiètent même que la revue *La France Libre* ait pris pour devise « Liberté, Égalité, Fraternité ». Qu'auraient-ils préféré ? « Travail, Famille, Patrie » ? Ceux qui l'ont rejoint viennent de tous les horizons politiques. Une seule chose doit les réunir : le combat pour la France, une France républicaine, ouverte

1. Charles de Gaulle, *Lettres, notes et carnets*, *op. cit.*, p. 147.
2. Charles de Gaulle, *Mémoires de guerre*, *op. cit.*, p. 128.

et généreuse. Charles n'a que faire des étiquettes des uns et des autres. Ils seront tous, jusqu'à la délivrance, d'abord et avant tout des Français combattants.

Yvonne connaît son attachement à la république. Elle comprend son désir d'unité. Elle respire mieux. Même s'il doit encore affronter des difficultés, ils sont sur le même sol. Elle l'attend. La brume, la pluie, le froid s'abattent déjà sur la campagne anglaise. Dans la maison, les courants d'air se font si agressifs qu'elle est obligée, avec l'aide de Marguerite Potel, de tendre une couverture sur le palier du deuxième étage. Elles supportent toutes les deux l'inconfort. Elles chargent les cheminées, au rez-de-chaussée et dans les chambres, se réjouissent de ces flambées qui illuminent les pièces, leur donnent un côté douillet, « cosy », comme disent les Anglais. Anne, qui grandit un peu, semble apprécier cette atmosphère puisqu'elle a retrouvé son calme.

L'automne est plus rude. Couverte d'un manteau qu'elle a découpé dans un tissu militaire, sous un large parapluie noir, Yvonne sort parfois pour se rendre à pied au tout proche village d'Ellesmere. Elle a pris ses habitudes chez quelques commerçants, échange avec eux des propos qui se terminent toujours par « Nous gagnerons la guerre ». Elle admire ces gens qui surmontent leurs chagrins, leurs douleurs, qui bandent leur volonté contre les désastres. « Le fils de Mrs. Smith a été tué à bord de son avion. Le neveu de Mrs. Carpenter a disparu en mer. La famille de Mr. Ackroid a péri dans le bombardement de Piccadilly, la semaine dernière. » La longue litanie du malheur. Un jour prochain, peut-être, elle sera comme eux, les yeux lavés de larmes et le corps sourd, si l'on vient lui apprendre que Philippe… ou Charles…

Son panier contient un peu d'huile, de la farine, du sucre, du lait frais, des œufs, du saindoux. Elle pourrait aller jusqu'à une ferme voisine, y faire des provisions différentes. Mais elle veut partager le rationnement avec les Anglais, car elle estime que c'est la première forme de solidarité. Les villageois le savent, et la regardent maintenant avec sympathie. Certains connaissent son identité. Mais leur discrétion leur interdit d'aborder le sujet. Et elle repart vers *Gadlas*.

Le 22 novembre, le brouillard s'est encore épaissi. On y voit à peine à quelques mètres. Élisabeth est venue de son pensionnat tout proche. Puis arrive Philippe pour sa première permission. Il a enfin pu quitter son École navale de Portsmouth. Il est en tenue de matelot, fier de son engagement. Mais il savoure aussi le bonheur de retrouver sa mère, qu'il n'a pas vue depuis les bombardements sur Londres, ses sœurs, Anne surtout. Mlle Potel s'agite déjà dans la cuisine lorsqu'une grosse voiture noire entre dans le parc. C'est Charles, que Jean Laurent a conduit jusqu'à Ellesmere.

D'un coup d'œil, il embrasse les pavillons épars, le parc, le petit étang sur lequel se balance doucement une barque à fond plat. Philippe sort le premier. Yvonne regarde les deux hommes se retrouver, se donner l'accolade, comme deux soldats. Élisabeth se précipite vers son père chéri. Il voit enfin Yvonne, qui tient Anne par la main. Il ne sait laquelle des deux serrer d'abord contre son cœur et les embrasse ensemble, tant, pour lui, elles sont inséparables. Yvonne retrouve son odeur de tabac. Elle ne peut s'empêcher de remercier Dieu de les réunir tous, sains et saufs, à nouveau.

Elle a laissé le père avec ses enfants afin d'aider Marguerite Potel à préparer le dîner. Charles saisit les mains d'Anne, les caresse, les embrasse, en même temps qu'il écoute Philippe lui raconter son apprentissage, lui donner ses informations sur la bataille navale contre les Allemands. Puis, lorsque Yvonne vient lui enlever Anne pour la faire dîner, il entraîne Philippe hors de la maison pour bavarder encore avec lui. Élisabeth les suit, armée d'un appareil photo, les oblige à prendre la pose devant le jardin d'agrément bordé de courtes haies de lauriers et de buis taillés.

Le soir enfin, lorsqu'ils sont seuls, qu'ils se sont dit toutes leurs peurs, toute leur tendresse, il lui raconte où en est son combat. Il lui donne des nouvelles de la France occupée, dans laquelle il a infiltré des agents chargés à la fois du renseignement (le BCRA [1]) et du recrutement. Le 11 Novembre, des étudiants ont manifesté place de l'Étoile, à Paris. Les Allemands ont tiré sur eux. La radio de Londres est écoutée clandestinement. Les rues se vident au moment des chroniques de Robert Schuman, de Jean Marin, de Jean Oberlé. Lui-même va à nouveau s'exprimer. Non. Le pays

1. BCRA : Bureau Central de Renseignement et d'Action, dont de Gaulle a confié l'organisation à Passy dès juillet 1940. Les premiers agents secrets de la France libre commencent à faire parvenir des informations à Londres fin novembre.

n'est pas mort. D'autres font comme lui, mais à l'intérieur de la France. Ils résistent. Il faut les rencontrer, les amener à lui. Mais il faut aussi gérer le quotidien, apaiser les dissensions entre les siens, tenir bon face aux Anglais qui voudraient restreindre sa liberté d'action, son indépendance, c'est-à-dire l'indépendance de la France.

Finalement, elle ne s'insurge plus lorsqu'il parle ainsi. Elle a admis qu'il représentait la France. Si étrange que cela puisse paraître, elle est entrée dans son rêve : « Mener les Français par les songes. »

Notre-Dame des solitudes

L'hiver est là. Il n'a pas encore neigé, mais lorsqu'elle se lève, le matin, Yvonne a sous les yeux le parc recouvert d'une gelée blanche qui met parfois deux heures à disparaître. Les conifères abritent quelques passereaux transis qui ne chantent plus. Des vestiges de nids subsistent dans les grands érables nus. Les sons arrivent étouffés dans l'air saturé d'humidité. Le paysage demeure brouillé une partie de la matinée. La maison est glacée, au réveil, et les cheminées mettent un temps infini à réchauffer les pièces. Seule la cuisine garde sa tiédeur : les braises, dans la grosse cuisinière noire, ont tenu toute la nuit. Et, dans la chambre d'Anne, Marguerite Potel a réalimenté plusieurs fois la cheminée. Pourtant, *Gadlas* est un peu moins inconfortable : on y a installé l'électricité et un téléphone est accroché au mur de l'entrée. Il ne sonne pas souvent, mais il est un lien avec le monde. Si le « tout-petit » est malade, au moins peut-on appeler le médecin…

Lorsqu'elle se rend à la cuisine, Yvonne a jeté sur la robe de chambre qu'elle a taillée dans une rugueuse laine des Shetland un fichu aux bords arrondis, tricoté le mois précédent. Ses cheveux tressés sont rejetés dans son dos. Elle a quarante ans, mais son corps est resté mince et juvénile. Seules ses mains, aux ongles abîmés, trahissent ses tâches quotidiennes. Elle a même appris à se servir d'une hache pour fendre les bûches. Pour lors, elle casse la fine pellicule de glace qui s'est formée sur l'eau, dans le broc, et s'apprête à faire du thé. Marguerite Potel descendra plus tard pour préparer le petit déjeuner d'Anne. Il est à peine plus de huit heures du matin.

Charles lui manque. Il n'est pas revenu depuis la troisième semaine de novembre. Elle ne sait l'évolution de la guerre que par les journaux, les bavardages des commerçants, les bribes d'informations que son mari lui donne dans des billets rapidement écrits. Les bombardements allemands se poursuivent sur Londres. Mais ils semblent moins intenses, l'aviation anglaise et la DCA repoussant chaque attaque avec une vigueur destructrice. En Afrique, surtout en Égypte, en Érythrée et en Tripolitaine, les troupes anglaises, aidées des troupes françaises libres, donnent du fil à retordre aux Allemands et aux Italiens. Dans la France occupée, la vie a repris sous la botte teutonne, tandis que, depuis Vichy, Pétain règne en potentat. Dans la zone sud, il a établi un régime autoritaire qui, de plus ou moins bonne grâce, exécute les volontés allemandes – quand il ne les devance pas… Et les Américains ne bougent toujours pas.

Que fait-on à Carlton Gardens ? Où est Philippe ?

Ce jour-là, le 8 décembre 1940, elle reçoit une lettre de Charles, rapide et laconique, qui la rassure un peu :

Ma chère petite femme chérie,

Je suis honteux de ne t'avoir pas encore écrit. Ma semaine a été une terrible bousculade […]. Vendredi à Portsmouth, j'ai vu notre Philippe. Il était très bien. On l'avait mis comme l'homme de droite (le plus grand) de la garde d'honneur qui me présentait les armes sur le Théodore-Tissier. *J'ai pu lui parler ensuite quelques minutes. L'École m'a fait bon effet. Le milieu est bon et je vois que Philippe y réussit. C'est tout de même un choix hasardeux que d'entrer en ce moment dans la Marine française ! Mais quoi ? Que ferait-il de mieux ?*

J'espère pouvoir venir samedi en week-end[1]*…* »

Elle relève la tête, marmonne : « Et lui, n'a-t-il pas fait un choix hasardeux ? » Il y a des moments où son esprit rompt les digues, où la colère l'envahit tout entière. Lorsqu'il s'est installé à Londres, qu'il a pris la décision d'« incarner la France », comme il dit, il ne savait rien de sa famille. C'est le hasard qui les a fait se retrouver. Il dit « le destin ». Il a peut-être raison. Il semble fait pour l'exception. Mais il est seul à Londres, et elle est ici, dans cette maison glacée… Elle s'apaise. Elle l'a choisie, cette maison. Et elle aime

1. Charles de Gaulle, *Lettres, notes et carnets*, *op. cit.*, p. 186.

la vie qu'elle y mène, quelles qu'en soient les contraintes. Elle s'est aménagé une petite niche, à l'abri, avec son précieux fardeau, Anne. En épousant Charles, elle savait qu'elle se liait à un militaire. Un militaire, c'est fait pour faire la guerre. Son mari mène un combat qui n'est pas plus dangereux que celui qui le conduirait au cœur des champs de bataille. Elle se répète cela : elle est moins mal lotie que celles dont les maris, les fils, les frères sont confrontés à l'ennemi, dans le ciel, sur la mer, dans les sables du désert. Philippe…

Lorsqu'elle explore ces temps de solitude, elle ne peut s'empêcher de repenser à la colère constante de Charles, à ce moment-là. L'épouse d'Edward Spears, chez qui il se rendait souvent quand il ne pouvait pas rejoindre sa famille, a fait plus tard un portrait de lui, qu'Yvonne aurait pu signer :

… Il sentait le déshonneur de son pays comme peu d'hommes peuvent sentir quelque chose, il avait littéralement pris sur lui, endossé cette honte nationale comme le Christ les péchés du monde. Il était alors comme un écorché vif auquel le plus léger contact donne envie de mordre. […]

Littéralement, à ses propres yeux, il était son pays. Quand il parlait pour la France et au nom de la France, il exprimait un fait qu'il voulait désespérément voir tenu pour vrai, défiant le monde entier de ne pas le croire [1]*…* »

Lorsqu'il vient à *Gadlas*, à la fin de cette deuxième semaine de décembre, Charles lui raconte les actualités françaises qu'il s'est fait projeter : Pétain en visite dans plusieurs villes de France, acclamé par des foules qui paraissent innombrables. « Des foules moutonnières », commente-t-il avec découragement. Car c'est dans ces foules qu'il faut allumer la flamme de la Résistance. Ce sont ces foules qu'il faut ramener à la raison… Voilà plus de six mois que la France est occupée et que la parole lénifiante de Philippe Pétain endort le pays.

Allons ! Il ne faut pas perdre espoir. Individu après individu, le lot des Français libres grossit. Mais qu'elle est longue et difficile, la route du combat.

1. Mary Borden, *Journey Down A Blind Alley*, traduit par Jean Lacouture, in *De Gaulle*, t. I, Le Seuil, Paris, 1984.

Il repart. Yvonne, à nouveau seule, s'ampute de son besoin de tendresse, se replonge dans les garde-fous du quotidien. Élisabeth la distrait un peu d'elle-même, chaque fin de semaine, et parfois, une tendre lettre de Philippe lui parvient. Mais il lui cache les dangers qu'il affronte. Elle sait déjà qu'il ne viendra pas pour les fêtes. Il n'a pas de permission, et Charles ne lèvera pas le petit doigt pour le favoriser. Toujours sa rigueur, son honneur. Au contraire, même. Parce qu'il est son fils, et bien qu'il l'aime profondément, il ne demandera aucune faveur. Parfois, elle se dit qu'il exagère. Mais, à sa place, elle n'agirait pas autrement.

Ils passent ainsi les fêtes, sans leur fils. Avec ses petits moyens, ceux de la guerre et des restrictions, elle réussit à faire des repas succulents. Charles, qui est un fin gourmet, la remercie d'un long regard, le soir de Noël. Ils ont prié, tous ensemble, pour la sauvegarde des leurs, de leur malheureux pays, de tous ceux qui, dans cette nuit cristalline, se battent pour la liberté.

Le 1er janvier 1941, à la fin du jour, alors que Marguerite Potel a déjà couché Anne et qu'Yvonne coud devant la cheminée, Charles soliloque. Il a lancé un appel à la BBC. Il a demandé qu'aujourd'hui, 1er janvier 1941, de quatorze heures à quinze heures dans la France non-occupée, de quinze heures à seize heures dans l'autre partie du pays, les Français restent chez eux, qu'ils laissent les rues désertes. Il a appelé ce moment « l'heure de l'Espérance ». C'est un bon test pour savoir si la radio de Londres est écoutée et si, dans ce peuple écrasé, existe encore le goût de l'insolence et du refus. Le téléphone l'interrompt, fait sursauter Yvonne. C'est probablement Carlton Gardens qui leur communique les premières informations venues de France. Mais il répond en anglais.

Lorsqu'il revient, il est un peu plus pâle. C'était le Foreign Office. Le ministre britannique des Affaires étrangères, Anthony Eden, veut le voir d'urgence. Qu'est-ce que ces satanés Anglais ont encore fait ? Elle se rappelle Mers el-Kébir et sa souffrance, à lui. Tout à coup, elle se lève, tremblante : « Et s'il était arrivé quelque chose à Philippe ? » Il la prend dans ses bras, la rassure. Non. On lui aurait dépêché un officier. Il demande qu'on lui passe Carlton Gardens. N'obtient qu'un permanencier qui ne sait rien. Ah si : « l'heure de l'Espérance » a assez bien fonctionné : les rues des villes et des villages français étaient quasiment vides. Même à Paris. Il raccroche.

La nuit est longue, pénible. Il ne parvient pas à dormir. Il quitte *Gadlas* juste avant le jour. Yvonne se précipite chez le marchand de journaux, à Ellesmere, le jeudi 2 janvier. Mais elle ne lit que la confirmation des informations sur l'heure de l'Espérance. Rien d'autre. Et Charles qui ne lui téléphone pas... Les heures s'écoulent si lentement qu'elles l'épuisent. À un moment donné, elle aperçoit son visage dans le grand miroir, au-dessus de la cheminée du salon, et voit les larges cernes creusés sous ses yeux.

Marguerite Potel lui propose de se charger des courses. Elle lui répond presque brutalement qu'elle les a déjà faites. Elle était au bourg dès huit heures. Et, comme elle se trouve injuste à l'égard de cette compagne qui est aussi son amie, elle lui raconte le coup de téléphone de la veille. Ainsi, elles sont deux à s'inquiéter...

Le lendemain matin, elles ont enfin une explication : les journaux titrent sur la trahison de l'amiral français Muselier. Il aurait communiqué les plans du débarquement de Dakar au gouvernement de Vichy, auquel il fournirait en permanence des renseignements sur la marine britannique. Il est en prison. Il risque la pendaison.

Yvonne se laisse tomber sur une chaise. Elle n'aime pas beaucoup Muselier, qui fanfaronne à l'excès. Mais lui, un traître ? Elle n'y croit pas. Comment Charles a-t-il réagi ? Elle pourrait appeler Carlton Gardens, demander à lui parler. Non, c'est une chose qu'elle ne fera pas. Elle attendra une lettre de son mari, son retour.

Une semaine plus tard, les journaux annoncent brièvement que Muselier a été relâché. Elle n'en sait pas davantage.

Elle se rend à Londres, finalement. Elle loge dans le petit appartement meublé qu'il a loué au 15, Grosvenor Square, tout près de Carlton Gardens. Il l'emmène déjeuner à l'hôtel Connaught, où il a ses habitudes. Il lui raconte l'affaire Muselier. Encore un coup des Anglais. Les documents qui accusaient l'amiral étaient des faux, fabriqués par des agents de l'Intelligence Service infiltrés à

Carlton Gardens. Pour discréditer la France libre et reprendre contact, discrètement, avec Vichy, peut-être. Ou, tout simplement, pour la disqualifier et incorporer dans leurs propres troupes ceux qui viennent s'engager sous la croix de Lorraine. Churchill dit qu'il n'y est pour rien. Mais Charles n'a plus confiance. Les Britanniques jouent leur jeu, qui n'est pas nécessairement le sien. Cette fois, il s'est montré ferme, intransigeant, méprisant. On a dû lui présenter des excuses. Voilà qui renforce encore sa mauvaise image, qui accentue l'idée qu'on se fait de son orgueil, alors que ce sont les intérêts de la France qui lui imposent sa rigueur.

Yvonne rentre à *Gadlas*, épuisée par son combat, à lui, qui le rend nerveux, agressif, presque. Elle le voit peu de tout l'hiver. Il vient un week-end sur deux, trois. Elle le rejoint à Londres quand il a besoin d'elle, lorsqu'elle ne supporte plus d'être éloignée de lui. Même Élisabeth, qui s'échappe de son pensionnat aussi souvent qu'elle le peut, ne parvient plus à la distraire.

Le 7 février de cette année 1941, elle accompagne Charles chez les Churchill. La journée est glaciale, avec un ciel presque rose. Ils sont accueillis comme de vieux amis. Mais la tension entre son mari et le Premier Ministre britannique est presque palpable. Pourtant, Yvonne aime bien cet homme rond, malicieux, et sur un point semblable à Charles : il est inflexible.

À *Gadlas*, elle est seule. Des semaines. Durant lesquelles s'effrite en elle le courage – jusqu'à la colère. Le lien si fort qui l'unit à Charles est trop distendu. Elle se plonge dans la routine quotidienne. Il neige. Tout est gris et blanc. L'étang s'est effacé. Les arbres nus sont soulignés d'une ombre claire.

Elle a tricoté d'épaisses chaussettes et les enfonce dans des bottes cavalières qu'elle a achetées à prix d'or chez un commerçant d'Ellesmere. C'est ainsi qu'elle parcourt le parc, un bonnet de laine sur la tête. Marguerite Potel la soigne lorsqu'elle attrape un gros rhume qui lui met l'esprit dans le brouillard. Elle la soulage d'Anne, qu'elle éloigne d'elle. Un soir, elle la couche après lui avoir fait boire un grog à tuer un bœuf : elle a acheté du Brandy fabrication maison chez un fermier des environs.

Lorsque Charles vient enfin, elle est amaigrie mais souriante. Elle ne dit rien des jours qu'elle vient de passer.

Il lui a écrit aussi souvent que possible, lui a dit l'avancée chaotique de son combat. Elle lui répond, comme toujours, en lui racontant les menus détails du quotidien : Mr. Edwards, le taxi qu'il connaît, l'a conduite dans sa Hillemann bleu roi jusqu'à Birmingham, où elle a fait des emplettes plus substantielles qu'il n'est possible à Ellesmere. Elle a acheté un couple de poulets anglais, des volailles en miniature, pour avoir des œufs frais (minuscules !). Si elle se révèle bonne fermière, elle se procurera des gallinacés de taille plus importante. Non pour les manger (ni elle, ni Mlle Potel ne sont capables de tuer le moindre animal), mais pour les œufs, toujours. Elle est diserte, essaie d'être drôle, presque mutine. Puis elle en vient aux choses sérieuses : les nouvelles qu'il lui donne, ou qu'elle lit dans les journaux, et qu'elle commente d'un mot toujours acéré. Elle lui raconte ses échanges de lettres avec Philippe, qui a été légèrement blessé lors d'une attaque allemande nocturne, à Portsmouth. Elle ne parle ni de ses angoisses, ni de ses craintes. Elle lui dit simplement qu'il lui manque…

Le 1er mars, il lui écrit qu'il respire un peu mieux : Leclerc, le vaillant Leclerc, l'héroïque Leclerc a enlevé l'oasis de Koufra, dans le Fezzan, aux Italiens.

Et, enfin, les bonnes nouvelles s'enchaînent : le 8 mars, le Congrès américain vote la loi dite « prêt-bail ». Les États-Unis deviennent officiellement les bailleurs de fonds des Alliés, qui pourront ainsi continuer à s'armer.

Le 13 mars, avant de quitter Londres pour le Levant, Charles adresse à Yvonne une lettre qui lui met les larmes aux yeux :

Ma chère petite femme chérie,

Avant de partir (dans une heure), je t'envoie toutes mes profondes tendresses.

Je pense que, quand je reviendrai, il y aura eu beaucoup de nouveau. En tout cas, il fera beau autour de ta maison de Gadlas.

[…] Que Philippe travaille avant de retourner à l'École navale. Tout le monde me dit qu'il fera un bon officier de marine.

Je t'embrasse de tout mon cœur, ma chère petite femme chérie, et aussi mon amie, ma compagne si brave et bonne, à travers une vie qui est une tourmente.

Embrasse bien Philippe, Élisabeth et Anne. Bien des choses à Mademoiselle.

Ton mari[1].

Une bouffée de nostalgie l'envahit. Ces années 1930 à Beyrouth, les voyages en Syrie et en Palestine… L'air sec du désert, l'eau fraîche du Jourdain… Mais cette fois, pour Charles, l'enjeu est complètement différent : ces terres de l'empire, il doit les rallier à lui car c'est d'elles que doit partir à la reconquête de la France. Pour le moment, et depuis l'appel du 18 juin, ce sont des parcelles de territoires qui se sont mises sous la bannière de la France libre : les Nouvelles-Hébrides, Tahiti et toute la Polynésie française, les établissements français de l'Inde (Chandernagor, Pondichéry, Yanaon, Mahé), la Nouvelle-Calédonie.

En Afrique, le Tchad, le Cameroun, le Congo, l'Oubangui-Chari, le Gabon effacent peu à peu le tragique épisode de Dakar. Les bases sont jetées d'une administration gaulliste de l'Afrique équatoriale à partir de Brazzaville pour la partie politique, de Fort-Lamy sur le plan militaire. L'Afrique du Nord et l'Afrique occidentale, elles, restent aux mains des vichystes.

Mais au Levant, où les Anglais sont présents à la fois en Égypte, en Palestine, en Jordanie et en Irak, on peut envisager de nouvelles victoires. On doit faire basculer la Syrie et le Liban, dont les administrations sont encore fidèles à Pétain, dans le camp de la France libre. Charles y a, du reste, envoyé en éclaireur son ami le général Catroux qui, depuis Le Caire, a noué de nombreux contacts avec Damas et Beyrouth. Mais sans grand résultat.

La situation est d'autant plus confuse que les protectorats anglais tentent aussi de se libérer. Selon le vieux principe « les ennemis de nos ennemis sont nos amis », en Irak, Rashid 'Ali réalise un coup d'État contre les Britanniques avec le soutien des Allemands. Pour lors, Londres ne tient pas du tout à voir bouger les territoires français sous mandat. Les Anglais s'en occuperont plus tard, si possible à leur avantage…

Cette analyse, Charles la développera des mois après devant

1. *Lettres, notes et carnets*, *op. cit.*, p. 279.

Yvonne. Il écrira dans ses *Mémoires de guerre* : « Vers l'Orient compliqué, je volais avec des idées simples... »

Elle, pendant ce temps, replonge dans la solitude. Elle suit les déplacements de son mari de loin en loin, grâce à des missives laconiques (il est à Fort-Lamy, où il salue les troupes de Leclerc, à Khartoum, au Caire, à Brazzaville, à nouveau au Caire, à Alexandrie).

Ma chère petite femme chérie,

Je t'aime et dans la dure mission que je me suis donnée, je pense bien bien bien souvent à toi. Mais je n'ai aucune nouvelle depuis mon départ et cela m'est cruel.

Je penserai beaucoup à Yvonne le jour de sa fête. Sache-le, même si cette lettre t'arrive après.

Ici, les affaires vont bien pour notre bloc combattant d'Afrique. Mais en Orient, la partie devient très rude.

Où en sont Philippe, Élisabeth et notre tout-petit ?

Je ne crois pas pouvoir rentrer à Londres avant quelque temps[1]...

Où pourrait-elle écrire ? Il ne cesse de bouger. Elle continue de lire les journaux, se tient informée, autant que possible. Elle correspond avec Philippe, qui raconte son éreintante instruction (en dix mois, il doit apprendre ce que les aspirants officiers de marine mettaient trois ans à assimiler avant la guerre). Mais elle n'a toujours aucune nouvelle de ses frères et de sa sœur.

Pour ne pas replonger dans le désespoir qu'elle a connu durant l'hiver, elle s'attache aux petits bonheurs : la naissance du printemps, l'air un peu acide, les flaques d'eau sur le chemin, devant *Gadlas*, qui reflètent des pans de ciel bleu-vert, le soudain retour des oiseaux. Et les arbres éployant leurs jeunes feuilles fripées. Elle a aménagé un petit enclos pour ses poules, avec des corbeilles garnies de paille pour qu'elles puissent pondre, et même couver. Élisabeth, qui va sur ses quinze ans et devient une jolie jeune fille, la regarde faire avec un sourire attendri, chaque fin de semaine : Yvonne ressemble à une paysanne anglaise.

Sauf, bien sûr, lorsqu'elle se rend au bourg ou à la ville, où elle reprend alors son allure distinguée. Mais elle n'ose même plus aller à Londres : la ville a été massacrée par les bombardements

1. *Lettres, notes et carnets*, *op. cit.*, p. 321.

allemands. Le seul raid du 10 mai a fait mille quatre cent trente-six morts et mille sept cent quatre-vingt-douze blessés. « L'abbaye de Westminster, le Palais de justice, le ministère de la Guerre, la Tour furent frappés, deux cent cinquante mille livres brûlés au British Museum. [...] Un tiers des rues du grand Londres étaient un amas de décombres. Cent cinquante-cinq mille familles étaient sans gaz, sans eau et sans électricité [1]. » Onze jours plus tard, les pompiers tentaient toujours de circonscrire les deux mille incendies allumés par le bombardement. C'est une Angleterre souffrante qui l'accueille. Mais ce Shropshire si calme, lui permet de vivre loin du malheur. Elle ne l'oubliera jamais, quels que soient les ressentiments de Charles à l'égard du gouvernement britannique.

Les mois s'écoulent. Alors que la guerre embrase toute la Méditerranée, Yvonne apprend par le journal que le 25 mai 1941 Pétain, a instauré la fête des Mères. Travail, Famille, Patrie. Lénifiante trilogie d'une France qui a perdu l'esprit de courage et d'aventure. Pourtant, célébrer les mères, c'est une belle idée. Ces valeurs de la famille, que Pétain défend, elle aussi y est attachée. Mais pas de cette manière. Pas dans le silence de la défaite et de l'Occupation.

Elle suit tant bien que mal, dans la presse, les malheureuses péripéties du Levant : Anglais et Français libres contre vichystes. Elle pense à la souffrance de Charles : des Français contre des Français, les uns entonnant *Le Chant du départ*, les autres *Maréchal, nous voilà*. Elle imagine son désarroi, obligé de se battre contre une partie de son peuple, là où chacun ne devrait penser qu'à l'unité pour sauver le pays. Les morts de part et d'autre... Absurde.

Lorsque les Français libres entrent dans Damas, en juin 1941, elle sait que rien n'est gagné. Elle ignore cependant les mauvais coups que les Anglais font à Charles. Ils essaient d'éliminer, au moment où les vichystes demandent l'arrêt des combats, les Français libres du Levant. Fidèles à leur hégémonie colonisatrice... au détriment de la France. Et c'est une nouvelle bataille, politique celle-là, pour la reconnaissance de leur légitimité que les troupes de Londres livrent alors.

1. Angus Calder, *L'Angleterre en guerre*, Gallimard, 1972.

Voilà un an qu'Yvonne vit en Angleterre. Elle n'aurait jamais imaginé cette solitude en quittant La Boisserie, fin mai 1940. Ni cette séparation d'avec Charles, cette peur permanente pour Philippe. Heureusement, elle a la préoccupation constante d'Anne, l'attentive sollicitude d'Élisabeth. Et Marguerite Potel, qui trouve toujours un moyen de lui rendre moins douloureuses ces journées interminables. Dans le soleil de l'été, elle organise un pique-nique au fond du parc. Anne, assise sur une couverture, passe de longues minutes à regarder un scarabée pousser avec acharnement une petite boule beige. Yvonne, qui pensait lire un peu, ne parvient pas à la quitter des yeux.

Elle voudrait goûter ce moment de paix, écouter les oiseaux, essayer de les distinguer par leur chant. Mais elle n'arrive pas à faire le vide en elle. Les tumultes du monde, dans lesquels ses deux hommes sont plongés, la minent. Ils ne la quittent pas, même lorsqu'elle s'absorbe dans des tâches qu'elle aime. L'éclosion des fleurs, qu'elle surveille chaque matin, lui procure un court moment de répit dans son tourment. Mais elle ne retrouve plus cette joie simple qu'elle a connue à La Boisserie. Il lui semble parfois qu'elle est comme exilée d'elle-même, qu'elle ne recouvrera jamais sa sérénité.

Au matin du 23 juin, chez le marchand de journaux, un petit groupe commente l'événement qui fait la une des quotidiens : le Reich déclare la guerre à l'URSS. Ainsi Charles, une fois encore, avait vu juste. Au moment du Pacte germano-soviétique, qui était une catastrophe pour les Alliés, il avait dit d'un ton méprisant : « Ça ne tiendra pas. Et lorsque l'accord sera rompu, les Allemands auront perdu la guerre. »

Presque deux semaines plus tard, elle reçoit, du Caire, une lettre de Charles datée du 2 juillet :

Ma chère petite femme chérie,

J'espère que ce mot te parviendra sans trop de délai. Je te l'envoie au milieu de l'épreuve décisive. Si pénible qu'elle soit, elle est nécessaire et je crois que, maintenant, la fin est en vue. Mais quel drame !

J'espère que tu vas bien et nos babies aussi [...]. Quant à moi, j'ai honte de t'avoir si peu écrit depuis mon départ [...]. En tout cas, tout va aussi bien que cela peut aller. Mais il faut une âme de fer, tant les événements sont cruels et les responsabilités lourdes.

J'ai reçu une magnifique photo du défilé de Jeanne d'Arc à Londres, avec Philippe, superbe, au premier rang de l'École navale ! Je pense beaucoup à lui, comme à ma fille Élisabeth et au tout-petit.

Impossible de préciser au juste quand je pourrai rentrer à Londres. Peut-être dans quelques semaines ?

Ton mari[1].

Encore combien de temps ? Elle a le sentiment d'être au fond d'un puits, immobile et sourde. Pourtant, c'est le plein été. La nature, qui ignore la guerre, dans ce coin du Shropshire, serait apaisante pour Yvonne si elle n'était épuisée à ce point.

Philippe termine sa formation. Il commence à manœuvrer le *Tessier* ou de petits remorqueurs Abeille. Il sort dans le premier tiers du classement et demande à servir dans les sous-marins, les forces côtières aéronautiques ou les fusiliers marins. Lorsqu'elle l'apprend, Yvonne passe sa nuit éveillée. Il va partir au combat. Ce jeune homme de vingt ans est toujours son enfant fragile qui, à Beyrouth, enchaînait crises de paludisme et bronchites. Maintenant grand et maigre, avec son visage juvénile encore, il va affronter la mort.

Marguerite Potel l'observe. Yvonne sait que son front est barré d'une ride, que ses joues sont creuses, ses yeux perdus dans un cauchemar intérieur. Il n'y a rien à dire. Philippe a sa tâche d'homme à accomplir. Contre cela, qui peut lutter ?

Elle s'apaise un peu lorsqu'elle apprend que son fils est à nouveau envoyé en stage pour parfaire sa formation d'officier.

Les journaux rapportent l'armistice signé à Saint-Jean-d'Acre, le 14 juillet 1941, entre troupes britanniques et vichystes. Cela signifie-t-il que les Français libres ont été exclus de la négociation ? Quelques jours plus tard, un communiqué de Charles : « À dater du 24 juillet à midi, la France libre ne consentira plus à subordonner ses troupes du Levant au commandement britannique. » Les Anglais ont dû encore jouer leur jeu : la domination

1. *Lettres, notes et carnets, op. cit.*, p. 375.

totale de l'Orient. Et Charles leur résiste. Il n'abandonnera jamais un territoire français.

Yvonne voudrait comprendre. Pour répondre, au moins, si on la prend à partie. Les gens, autour d'elle, savent très bien qui elle est : la femme de ce général arrogant, cassant, qui mène la vie dure à Churchill. En même temps, c'est un homme courageux, qui défend les intérêts de son pays. Mais elle, si discrète et si seule, comment la voient-ils ? Que savent-ils de son attachement à l'Angleterre ?

Elle reste un certain temps sans aller à Ellesmere, s'immerge dans le quotidien, fait des bouquets de roses qui ressemblent à des tableaux du XVIe siècle, ramasse les premiers haricots du jardin. Puis ce sont les nouvelles de France, qui soufflent en elle le chaud et le froid : le 21 août, un premier attentat antiallemand a lieu à Paris. Quelques jours plus tard, Pierre Laval et Marcel Déat sont blessés par des partisans. Les Allemands répondent par l'exécution d'otages et, le 29 août, ils fusillent un Français libre, le capitaine de vaisseau Honoré d'Estienne d'Orves, envoyé en France pour monter un réseau de renseignement. Été cruel où tout bascule. Elle ne sait toujours rien des siens.

Enfin, début septembre, alors que la touffeur de l'été s'estompe, que la lumière devient plus douce, plus poignante aussi, Charles revient. Lui aussi a maigri. Son visage, hâlé, semble différent, plus sévère, plus dur. Ses yeux sont profondément cernés. Mais son regard la bouleverse toujours autant. Elle ne lui demande rien encore. Elle a besoin qu'il la prenne dans ses bras, qu'il lui redonne la sensation d'exister, d'avoir un corps, une peau, des lèvres. Ils sont ensemble, enfin. Tout recommence dans l'oubli du quotidien, de la guerre, des combats. Elle est si petite, si frêle contre lui. Il a tant besoin de la protéger, de se ressourcer en sa force silencieuse. Dans ces moments où ils sont seuls, plus rien n'existe que leur bonheur, arraché à l'adversité. Puis, elle blottie contre lui, ils commencent à parler. Ils ne voient pas filer les heures. Ils sont dans une bulle hors du temps, contre laquelle viennent buter les tempêtes du monde.

Au matin, elle quitte le lit en catimini pour le laisser dormir. Il est plongé dans un sommeil profond, le visage harassé de fatigue, les traits tirés. Elle attend de longues heures avant de l'entendre bouger et de monter avec un thé brûlant et du pain frais. Encore quelques instants volés, à Anne, à Élisabeth qui a eu dix fois envie de venir le réveiller, aux journaux que Marguerite Potel est allée chercher au bourg.

À peine a-t-il quitté la chambre, qu'il lui échappe. Il se rend auprès d'Anne, qui s'accroche à lui, le regarde éperdument de ses yeux myopes. Et lui cherche sur ce visage dont il ne remarque plus les défauts l'étincelle d'une pensée. Il déborde de tendresse, d'attention, d'une compassion infinie qui le rapproche de cette adolescente enfermée dans sa citadelle de silence. Il la prend par la main, descend lentement l'escalier, à son rythme, l'entraîne dans le parc. Yvonne les voit s'éloigner, l'oublier, la renvoyer à sa solitude. Elle a presque honte d'en vouloir à sa fille de lui prendre ainsi Charles. Il est des instants, comme celui-là, où tout lui pèse, qui la sépare de son mari. Elle sort une cocotte de fonte : il est temps de préparer le déjeuner.

Lorsqu'il revient avec Anne, il propose à Yvonne de venir habiter plus près de Londres. Il souffre d'être éloigné d'elle. Il a besoin de la retrouver, de lui parler, ou plutôt… de soliloquer devant elle. Il a besoin d'être tout à fait lui-même pour supporter la pression des événements. Et voir Anne grandir, fût-ce dans son mutisme, est pour lui une nécessité. Il a le sentiment, dit-il à Yvonne, de replonger aux racines de la volonté de Dieu, de reprendre pied sur l'étroit sentier de la grâce. Elle comprend. Elle a souvent cette même conscience de l'épreuve qui leur est imposée. En regardant le visage de sa fille, elle voit le reflet de la lumière divine et l'impérieuse obligation d'y répondre, une exigence parfois désespérante, mais si tendre.

Oui, elle se rapprochera de Londres. Elle aussi a besoin de lui. Ô combien ! Il lui parle d'une gentilhommière Tudor à un étage, à Rodinghead, dans le Hertfordshire, à une soixantaine de kilomètres de la capitale. Elle est entourée d'un grand parc vallonné dans lequel Anne sera en sécurité.

Il est reparti. Yvonne parcourt une dernière fois les pièces de *Gadlas*, sort faire le tour du jardin. L'appentis qu'elle avait transformé en poulailler est silencieux : elle a vendu les poules au fermier voisin. Elle a eu du mal à se séparer du coq anglais, familier et intrépide. Elle a laissé devant la porte deux écuelles pour le chat prodigue. Elle espère que *Gadlas* sera reloué très vite et qu'il pourra revenir voler les prochains occupants.

Il pleut lorsque, avec Anne et Marguerite Potel, elle quitte la maison des courants d'air.

Yvonne est très différente du jour où elle y est entrée. La solitude, l'angoisse et la peur l'ont fragilisée. Elle a perdu sa joie de vivre, une certaine naïveté aussi. Elle a dû s'endurcir pour conserver son apparence de courage. Mais elle est une femme minée par des interrogations sans fin, une femme écrasée par le poids du destin qu'elle doit assumer.

Des combats singuliers

La maison de Rodinghead est beaucoup plus confortable que *Gadlas*. Elle comporte même un poulailler, avec quelques-unes de ces grosses poules Sussex qui fournissent les œufs frais dont Anne a pris l'habitude. L'automne donne à Ashidge Park, tout proche, des roux somptueux qui sont une fête pour les yeux. Un poste de TSF presque neuf trône dans le salon. Yvonne peut enfin écouter les émissions en français de la BBC et suivre de plus près l'évolution de la France libre.

Elle entend Maurice Schumann, et les voix de ces hommes dont Charles lui a si souvent parlé. Elle apprend ainsi la création du Comité national français, composé de commissaires, qui constitue désormais un embryon de gouvernement de la France libre. Les journaux anglais relatent les attentats antiallemands en France ainsi que les noms des otages fusillés – cinquante au camp de Souge, quarante-sept à Châteaubriant, dont un jeune garçon de seize ans, Guy Môquet.

Le 23 octobre, elle entend Charles à la radio. Il justifie les attentats contre l'occupant ; en même temps, il en demande la suspension momentanée : *Si les Allemands ne voulaient pas recevoir la mort de nos mains*, dit-il, *ils n'avaient qu'à rester chez eux et ne pas nous faire la guerre. [...]*

Du moment qu'après deux ans et deux mois de bataille ils n'ont pas réussi à réduire l'univers, ils sont sûrs de devenir chacun, et bientôt, un cadavre ou au moins un prisonnier.

Et il ajoute :

Actuellement, la consigne que je donne pour le territoire occupé, c'est de ne pas y tuer d'Allemands. Cela, pour une seule mais très bonne raison, c'est qu'il est, en ce moment, trop facile à l'ennemi de riposter par le massacre de nos combattants momentanément désarmés [1].

Il ne peut supporter le sacrifice de ces femmes et ces hommes innocents, envoyés à la mort par le hasard. Il faut attendre d'être plus fort, et que les Allemands soient fragilisés sur le front de l'Est. Car s'ils commettent l'erreur d'avancer en Russie, il est certain qu'ils y seront arrêtés, cloués sur place. Charles le dit et le répète, à la fin de ce mois de novembre 1941, lorsqu'il vient à Rodinghead, où Élisabeth et Philippe se retrouvent aussi.

Devant Yvonne, il raconte sa première rencontre avec Jean Moulin, dont il est encore ému. C'est un petit homme au visage souriant, au regard franc et direct, à la volonté claire. L'ancien préfet, qui a tenté de se trancher la gorge pour ne pas signer un ordre contraire à son éthique, a pris contact avec les trois principaux réseaux de Résistance : Libération, d'Emmanuel d'Astier de la Vigerie, Francs-Tireurs, de Jean-Pierre Lévy, Combat, d'Henri Frenay. Il veut les fédérer sous l'aile de Londres, qui devra fournir de l'argent, des armes, des agents de liaison.

Charles dit combien il se sent proche de cet homme qui a le même objectif que lui, la même appréhension des problèmes. Jean Moulin ne se pose pas de question : il combat. Il veut former en France cette armée secrète qui minera les Allemands, tandis que celle de la France libre les talonne dans le désert égypto-libyen et en Éthiopie. Il a tracé sa voie et n'en déviera pas. Il est comme tous ces soldats de l'ombre, prêt à affronter le pire pour bouter l'ennemi hors de France.

Yvonne se demande où sont ses frères, ses neveux, sa nièce Geneviève. S'appeler de Gaulle, Vendroux, Rérolle ou Cailliau, dans la France occupée, doit accroître les risques. Le dimanche, lorsque les de Gaulle se rendent à la messe dans un domaine voisin de Rodinghead où l'on soigne de grands blessés, chacun prie pour la sauvegarde de ceux que, par son engagement, Charles a mis en danger. Mais la prière, dans laquelle elle s'engloutit, n'apaise même plus Yvonne.

1. *Discours et Messages*, *op. cit.*, p. 122-123.

L'hiver est un peu moins rude qu'à *Gadlas* ; l'humidité cependant imprègne les murs de la grande bâtisse. Il faut faire ronfler toutes les cheminées pour la combattre. Les bombardements sur Londres se sont espacés. On n'entend plus, chaque nuit, que le bruit lointain des avions britanniques partant pour leurs chasses. Anne est calme. Philippe a pris la mer à bord d'une petite vedette qui, esquivant les navires ennemis, approche, dans l'obscurité, les côtes françaises. Les dangers que court son fils ont creusé en elle une fissure qui la tient au bord de la nausée. Rien ne la calme plus, même les tâches quotidiennes.

Et lorsque Charles la rejoint, à chaque fin de semaine, il la trouve plus amaigrie, plus impatiente. Lui qui doit affronter chaque jour les obstacles que dressent devant lui les Anglais, les chicaneries des Français de Londres, l'incertitude des combats, comment tient-il toujours la tête haute ? Pourtant, elle sait qu'il garde cette sensibilité qui lui rend chaque mort insupportable. Elle voudrait être comme lui, si solide. Mais elle ne peut plus. La souffrance est trop grande et détruit en elle jusqu'au goût de vivre.

Chaque matin, elle doit faire un effort presque insurmontable pour sortir de son lit, mettre en marche ce corps qui ne la porte plus qu'à peine, prendre le relais de Marguerite Potel auprès d'Anne. Peut-être n'est-ce plus que ce souci de sa fille qui la maintient debout, l'arc-boute à son devoir de mère, de femme, d'être humain. Elle ne voit pas de fin à cette vie chaotique. Cette guerre n'en finit pas de durer, de tuer, de martyriser le monde.

Début novembre, il rentre de Londres et s'enferme dans le salon. Lorsque Yvonne tente d'y pénétrer pour lui servir un cherry, il est plongé dans la lecture d'une lettre manuscrite, les dents serrées. Il lui tend les deux feuillets. Elle regarde tout de suite la signature, ferme, vive, intelligente : Pierre Brossolette, le conseiller politique de Charles, un socialiste, avec lequel il lui arrive de ferrailler, mais qu'il tient en grande estime. Il écrit :

Mon général,

Je ne vous adresse pas cette lettre par la voie hiérarchique. C'est une lettre privée. [...] Je vous parlerai franchement. Je l'ai toujours fait avec les hommes, si grands fussent-ils, que je respecte et que j'aime bien. Je le ferai avec vous, que je respecte et aime infiniment. Car il y a des moments où il faut que quelqu'un ait le courage de vous dire tout haut ce que les autres murmurent dans votre dos avec des mines éplorées [...]. Ce quelqu'un, ce sera moi. [...]

Ce qu'il faut vous dire [...], c'est que votre manière de traiter les hommes et de ne pas leur permettre de traiter les problèmes éveille en nous une douloureuse préoccupation, je dirais volontiers une véritable anxiété.

Il y a des sujets sur lesquels vous ne tolérez aucune contradiction, aucun débat même. Ce sont ceux, d'ailleurs, sur lesquels votre position est le plus exclusivement affective [...]. Votre ton fait comprendre à vos interlocuteurs qu'à vos yeux leur dissentiment ne peut provenir que d'une infirmité de la pensée ou du patriotisme.

Dans ce quelque chose d'impérieux que distingue ainsi votre manière et qui amène trop de vos collaborateurs à n'entrer dans votre bureau qu'avec timidité, pour ne pas dire davantage, il y a probablement de la grandeur.

Vous en arrivez ainsi à la situation reposante où vous ne rencontrez plus qu'assentiment flatteur [...]. Or il s'agit de la France. La superbe et l'offense ne sont pas une recommandation. Elle aura beau vous réserver l'accueil délirant que nous évoquons parfois, vous ruinerez en un mois votre crédit auprès d'elle si vous persévérez dans votre comportement présent.

C'est pourquoi je me permets de vous supplier de faire sur vous-même l'effort nécessaire, pendant qu'il est encore temps [...]. Il faut que vous ayez avec des collaborateurs des rapports humains, que vous sollicitiez leurs conseils, que vous pesiez leur avis [...]. C'est justement dans l'adversité qu'il faut le plus se contrôler soi-même, car elle est une terrible école d'amertume, et l'amertume est la pire des politiques.

Une conscience peut toujours parler d'égale à égale à une autre conscience [...]. Je l'ai fait par sincérité, à cause de l'attachement profond que je vous porte, à cause du sacrifice que j'ai fait à la France combattante de toutes les prudences, et de toutes les pudeurs même...

Elle pose la lettre sur ses genoux, s'abîme dans la contemplation des flammes, dans la cheminée. Elle entend encore la voix de Charles au téléphone, le soir du 19 juin 1940, dans l'entrée de la pension de Falsmouth : « Ah ! c'est vous... » La sécheresse du ton, le manque de tendresse. Le manque d'humanité, dit en substance

Brossolette. Oui, il peut être ainsi, et c'est terrible à vivre pour ceux qui l'aiment. Oui, il peut être méprisant, injuste, orgueilleux, insupportable, comme une machine, comme un soc de charrue, traçant son sillon sans tenir compte de la vie qu'il coupe en deux, qu'il anéantit. Pour créer une autre vie, certes. Mais un soc de charrue, on ne lui demande rien d'autre que de creuser. Lui, c'est avec des hommes et des femmes qu'il laboure. Ceux qui sont autour de lui ont pris les mêmes risques que lui. Eux aussi ont tout quitté pour continuer le combat. Eux aussi incarnent la France qui résiste.

Charles ne dit rien. Il quitte le salon, enfile son manteau, sort dans la nuit.

Le 7 décembre 1941, il vient avec celui qu'il appelle Passy, le chef du BCRA, André Dewavrin. Elle doit faire face, sourire, accueillir, être agréable et loquace. Tandis qu'elle est à la cuisine, elle entend les voix de la radio et celles des deux hommes s'exclamer en même temps. Elle passe la tête : l'aviation japonaise a attaqué la base américaine de Pearl Harbor. Les États-Unis vont être obligés d'entrer dans la guerre. Les Allemands sont peut-être perdus, comme les Japonais.

Yvonne retourne à la cuisine et se met à prier. « Si Charles a raison, mon Dieu, faites que mon fils soit épargné, ainsi que tous les miens. » Et lui, que deviendra-t-il après cette guerre ? Il est toujours un militaire, mais il a constitué une organisation en exil, dont il est le chef. Il est devenu un politique. Un politique… tout ce qu'il a toujours détesté…

Il repart pour Londres. Fébrilement, chaque soir, elle écoute la radio. Marguerite Potel est près d'elle, Anne assise dans un fauteuil aux larges oreilles. Yvonne pose son tricot, baisse la tête. La France libre a décidé de se battre aux côtés des Américains. Charles ne lui a-t-il pas dit qu'ils avaient toujours ménagé Vichy ? Quelle attitude Roosevelt va-t-il adopter maintenant, face au Comité national ?

La réponse arrive le jour de Noël, alors que, la veille, l'amiral Muselier a rallié Saint-Pierre-et-Miquelon à la France libre. Le secrétaire d'État américain Cordell Hull condamne « l'action entreprise à Saint-Pierre-et-Miquelon par les navires soi-disant français libres ». La nouvelle tombe tandis qu'Yvonne et Élisabeth dressent la table. Charles a blêmi. Il serre les poings. Il faut convaincre Churchill de rester avec lui. Si les Anglais se rangent du côté des Américains, la situation deviendra intenable. Mais la France libre ne cédera pas.

Ce combat de chaque instant, elle le comprend, ne le supporte plus. Elle ne peut le dire à personne, et surtout pas à lui, qui a besoin de son soutien, le recherche à tout moment, s'appuie sur elle et sur le courage dont il l'a investie une fois pour toutes.

Elle doit faire face. Ce soir du 1er janvier 1942, elle l'accompagne au dîner des volontaires françaises, celles qu'à Londres on appelle les « Demoiselles de Gaulle ». Leur casernement se trouve près de Park Lane, au 42, Hill Street. Philippe est là, intimidé, silencieux et réservé. Quelques centaines de jeunes femmes en uniforme, et des dizaines de femmes plus âgées, font fête au général de Gaulle et à son épouse, qui incarnent pour elles l'esprit même du combat. Yvonne se tient très droite, se montre affable, diserte. Elle interroge ses compagnes de table sur leurs origines, leurs familles, leur travail au sein des Forces françaises. Certaines occupent des postes à l'état-major, d'autres sont dans les transmissions ou la logistique. Une toute jeune fille, à côté d'elle, est agent de liaison. Elles sont courageuses, aventureuses et libres. Charles oublie un peu les tracas du quotidien en laissant ses yeux vagabonder sur ces visages souriants. D'aucuns sont ravissants : elle a un petit pincement au cœur. Et si l'une d'elles… Où sont passées sa jeunesse, son insouciance, sa beauté ? Elle s'est desséchée. Un jour, il le sentira bien et se détournera. Non. Comment imaginer un seul instant qu'il rompe le serment du mariage ? Pas lui. Mais, après tout, pourquoi, pas lui ? Il vient d'avoir cinquante et un ans. C'est vers cet âge-là, souvent que les hommes perdent pied…

Elle chasse cette idée, reprend la conversation avec sa voisine de gauche, ne fait pas trop attention à ce qu'elle mange. Tout est un peu fade, un peu triste, malgré cette jeunesse. On est au plus noir de la guerre.

Elle a l'impression de se déliter chaque jour davantage. C'est cet hiver, peut-être, où tout est gris, qui la rend si profondément désespérée. Elle regarde le beau visage d'Élisabeth, encadré de cheveux auburn coiffés d'une raie au milieu. Pour elle, au moins, qui va vers la vie, elle doit se reprendre, corseter sa souffrance, réapprendre à sourire.

Elle est obligée de se tenir droite ; elle en veut à Charles de cet effort permanent auquel il la contraint. Mais il a trop besoin d'elle. Il mène désormais un combat de tous les instants pour préserver les intérêts de la France face aux visées hégémoniques des États-Unis et de l'Angleterre. Pour son pays, elle doit tenir. Et lui aussi.

Pendant trois mois, Charles épuise son corps. Jusqu'au moment où il s'effondre, vaincu par une attaque aiguë de paludisme. Il est comme aspiré par le fond. Il ne reconnaît rien, ni personne. Yvonne laisse complètement Anne à Mlle Potel, le veille comme un enfant, baigne son front moite. Elle prie. Si elle le perd maintenant, ils se sépareront irréconciliés. Par sa faute à elle : parce qu'elle a laissé s'ouvrir en elle ce *no man's land* brumeux. Parce qu'elle a été tentée d'abandonner sa solidarité, l'adhésion à son combat. Elle a imaginé passer avant la France. Elle n'est qu'une pauvre femme, pareille à toutes les autres. Elle a peur.

Et, tandis qu'il lutte contre la maladie, que le docteur Lishwitz, qui vient de rejoindre la France libre, le soigne énergiquement, elle se jure de ne plus faillir. Sans lui, elle a le sentiment de n'être rien. Elle redevient Yvonne de Gaulle.

Lorsqu'il sort enfin de sa crise de paludisme, il est amaigri, le teint gris. Des cernes profonds creusent ses orbites. Elle aussi a le visage décomposé, le regard éteint. Mais l'un et l'autre repartent sur l'étroit chemin qu'ils ont choisi de suivre. En puisant leurs forces dans la volonté de l'autre.

Elle lit chaque jour dans les journaux le martyre de la France, des fusillés à Lille, à Caen. Elle admire la résistance des Russes face aux Allemands. Elle lit tout ce qui paraît sur le courage des Français libres de Kœnig, encerclés dans Bir Hakeim par les troupes de Rommel. Leur résistance, du 2 au 10 juin, et leur victoire permettent aux Anglais d'organiser la défense de l'Égypte.

Ces Britanniques qui, un mois plus tôt, le 5 mai 1942, ont porté à Charles un nouveau coup bas en débarquant sans le prévenir pour occuper Madagascar, bafouant les droits de la France. Elle sait qu'il a failli tout abandonner.

Mais les résistants de l'intérieur ont retrempé sa volonté. Elle a entendu Maurice Schumann, à la BBC, annoncer d'une voix émue leur union avec la France combattante de l'extérieur. L'œuvre de Charles prend corps, malgré tous les doutes, toutes les trahisons. Une fois de plus, il a eu raison de se montrer intransigeant, pugnace, au-dessus de cette fange politique dont il a fait plier les réticences et la mauvaise foi.

Un soir, Charles arrive le visage fermé. Churchill veut que les Anglais connaissent le chef des Français libres et sa famille : il a chargé un publicitaire, Richmond Temple, d'organiser une séance de photos à Rodinghead. Yvonne le regarde, ébahie... Quoi ? Elle et lui, posant comme pour une réclame ? Elle ne saura jamais. Lui non plus, du reste. Il faut le faire, pourtant.

C'est l'été. La journée est douce et tiède. Yvonne porte une petite robe à manches courtes, bleu marine à pois blancs. Ses cheveux sont sagement tirés en bandeaux. Lui est en uniforme. Le photographe leur demande des poses ridicules : elle faisant la vaisselle, elle aux pieds de Charles, dans la salle à manger, devant la cheminée. Elle lui montrant un vase de Chine, elle caressant une céramique immonde, sur le buffet, Charles souriant à ses côtés ; elle au piano dont elle ne joue jamais plus, lui la regardant avec tendresse ; Charles devant une collection de vieux fusils, dans l'entrée ; lui proposant des petits-fours sur un plateau d'argent. Tous les deux assis dans le salon oriental, elle brodant, lui lisant, côte à côte, dans la quiétude de l'après midi. Eux deux à la fenêtre, esquissant un vague sourire. Un vrai roman-photo, dont ils ont détesté la mise en images, tant ils se sont sentis gauches et peu naturels. Comment ont-ils pu, ainsi, donner en pâture fût-ce un semblant de leur intimité ? Ils s'en veulent l'un et l'autre d'avoir accepté.

Pourtant, ce reportage va conquérir les Anglais. Ce couple souriant, de bon aloi ; ce général français avec sa si charmante épouse ; ces deux exilés qui ont choisi la Grande-Bretagne pour résister aux Allemands, qui partagent avec chaque Britannique les privations et la souffrance, il faut les aider. Et, dans son quartier général de Carlton Gardens, où certains supportent mal son autoritarisme et sa rigidité, Charles voit arriver de toute l'Angleterre des présents qui le bouleversent : des bijoux, de l'argent, des objets dont on sent que les donneurs se sont séparés avec peine, mais avec ferveur. Ce patriotisme, qui va jusqu'à soutenir ces Alliés étrangers, reflète bien l'âme d'un pays dont Yvonne a appris à connaître la solidité. Charle comprend comment un tel peuple a pu voir grandir en son sein un Churchill.

Elle lève les yeux vers lui. À nouveau, il part. Vers le Levant. C'est l'été. Côte à côte, ils marchent dans le parc. Il lui dit qu'il a scellé un pli dans lequel il demande aux membres du Conseil national et du Conseil de défense de l'empire d'élire un nouveau président si, par malheur, il venait à disparaître. Un sabotage de son avion est toujours possible, dans les circonstances actuelles. Elle serre son bras. Et elle ? A-t-il pensé à elle ? Elle va poser la question, l'âme déchirée. Mais il la devance : il sait qu'elle trouvera le moyen de survivre à tous les désastres. Elle se tait donc. Alors c'est ainsi ? L'endurance dont elle a fait preuve se retourne contre elle. Puisqu'elle est forte, il la laisse assumer seule...

Il lui montre le brouillon de la lettre qu'il vient d'écrire à Philippe, qui commande depuis peu un lance-torpilles. Les yeux d'Yvonne se brouillent. Mais elle fait siens les mots qu'il a écrits :

De tout mon cœur, je te félicite d'avoir reçu le commandement d'un navire de guerre. Si petit qu'il soit, il est important, et c'est un morceau de la terre française. Je suis sûr que tu le commanderas comme il faut, c'est-à-dire avec décision, courage et attention. Son destin et celui des braves gens de l'équipage sont sous ta responsabilité[1]...

Son fils, si fragile, dans cette tourmente... Et lui qui s'en va, peut-être vers la mort... Mais elle n'a pas le droit de baisser les bras : il y a Anne, Anne son amour, son fardeau, sa croix et sa rédemption. Et Élisabeth, une jeune fille dont il faut maintenir l'avenir clair...

Elle reprend les petits gestes du quotidien, n'a envie de rien. La chaleur de l'été lui met en permanence la sueur au front. De loin en loin, elle reçoit un mot de Charles, qui parcourt le Levant, s'accroche toujours avec les Anglais et désespère des Américains, qui ne semblent pas prêts à débarquer en France. Puis il s'enfonce dans la touffeur de l'Afrique.

Elle le perd dans ses va-et-vient incessants, décide elle-même de bouger. Elle trouve, à une trentaine de kilomètres au nord-ouest de Londres, une nouvelle maison, à Hampstead. En fait, elle se

1. *Lettres, notes et carnets*, *op. cit.*, p. 309.

rapproche d'Oxford, où Élisabeth doit commencer ses études universitaires. Surtout, elle se sent mieux dans cette grande bâtisse flanquée d'une tour d'angle et de fenêtres de style Tudor. Le jardin y est vaste, bien clos de hauts murs bordés de haies. Une petite grille de fer forgé ouvre sur la rue, au 65, Frognal. Le mobilier est agréable.

Elle dispose, dans presque chaque pièce du rez-de-chaussée, des bouquets qu'elle compose avec grâce. Elle cherche à se reprendre, trouve au tréfonds d'elle-même la ressource de faire face, de recréer l'harmonie autour d'elle.

Et, lorsque Charles arrive, après sept semaines d'absence, elle est souriante, semble à nouveau sereine. Elle lui donne l'amour et la paix dont il a besoin. Pour rebondir et se battre, encore et encore, contre les Alliés qui ne supportent plus ses exigences, cette défense des intérêts de la France qu'ils voudraient bien reprendre à leur compte, en l'éliminant. Il résiste, se raidit, devient de plus en plus intransigeant, tient tête à Churchill, à Roosevelt et à ses envoyés.

Chaque fin de semaine, lorsqu'elle l'accueille à Hampstead, il a de nouveaux griefs contre les uns et les autres. Pourtant, les ralliements à la France combattante se font plus nombreux. Enfin les yeux s'ouvrent et le caractère inacceptable du régime de Vichy apparaît dans toute son horreur : les Juifs persécutés, comme en Allemagne, le millier de fusillés en un mois, dont cent seize au mont Valérien, tous ces jeunes gens qui prennent le maquis pour échapper au STO, institué en septembre…

Elle serre les dents, fait semblant. Dieu lui accordera bien de retrouver la foi en la vie. Chaque jour est un jour de gagné. Elle y arrivera…

Parfois, Charles vient accompagné. Début octobre, c'est avec Henri Frenay, le créateur du réseau Combat. D'Astier de la Vigerie est aussi à Londres, mais il n'a pu se libérer pour le week-end. Pourtant, c'est à l'union de cette France combattante sous l'égide de Jean Moulin que pense Charles. Yvonne écoute Frenay parler de la France occupée, où tant de gens pensent qu'il existe un accord secret entre de Gaulle et Pétain : de Gaulle le glaive, Pétain le bouclier. Comment peut-on imaginer que de Gaulle accepte ce qui arrive aux Juifs, aux otages, aux résistants qui se font torturer, massacrer ? Ses frères ont été obligés de fuir en Suisse, pour échapper… à la police française. Impossible de penser qu'il puisse y avoir collusion entre la France de la collaboration et celle de la Résistance.

À défaut de retrouver la paix intérieure et toute sa lucidité, elle se tient à nouveau proche de lui, de son combat. Elle comprend son intransigeance, sa fierté, aussi, lorsque les forces de la France libre participent, aux côtés de Montgomery, à la victoire de El Alamein. Elle épouse ses vues sur le général Giraud, qui s'est évadé d'Allemagne et s'est remis sous les ordres de Vichy, avant de gagner Alger. Elle connaît l'opposition entre les deux hommes. Elle se rappelle combien l'officier a combattu les thèses de Charles sur la primauté des chars dans les combats. Elle sait l'orgueil de l'un et de l'autre, et l'hostilité profonde qui les sépare. Elle pressent les conflits à venir entre les deux hommes. Il faudra réduire Giraud. Une autre bataille en perspective…

Il fait encore nuit noire lorsque, ce 8 novembre 1942, elle est réveillée en sursaut. La cloche du petit portail a émis quelques sons grêles. Elle a eu froid, tout à coup : Charles a quitté le lit. Comme une somnambule, elle enfile sa robe de chambre, le suit dans l'escalier. Elle aperçoit le visage fermé du lieutenant-colonel Billotte dans l'entrebâillement de la porte. Elle ranime la cuisinière, met la bouilloire encore tiède sur le feu, prépare du thé. Elle tend l'oreille : les Américains vont débarquer au Maroc et en Algérie. Sans avoir prévenu de Gaulle. Sans tenir compte de la France libre. Elle sert le thé brûlant. Charles est blême. Billotte baisse la tête. Elle lui tient compagnie tandis que son mari est remonté s'habiller. Mais elle ne dit rien. Elle est lucide et claire : c'est un coup terrible pour Charles. Elle n'a pas le temps de lui parler. Les deux hommes s'en vont précipitamment dans la nuit.

Elle jette un châle sur ses épaules, allume un feu dans la cheminée du salon, s'assied. Elle pourrait à nouveau s'effondrer. Les coups sont trop rudes. Mais elle a décidé une fois pour toutes d'être forte, de tenir, d'être là pour lui, auprès de lui… Jusqu'à ce que la mort les sépare…

Le soir même, alors que toute la journée elle a imaginé sa fureur et sa blessure, elle l'entend à la BBC :

Les Alliés de la France ont entrepris d'entraîner l'Afrique du Nord française dans la guerre de libération […]. Chefs français, soldats, marins, aviateurs, fonctionnaires, colons français d'Afrique du Nord, levez-vous donc ! Aidez nos Alliés ! Joignez-vous à eux sans réserves. La France qui combat vous en adjure [...]. Une seule chose compte, le salut de la Patrie [...]. Allons ! Voici le grand moment, voici l'heure du bon sens et du courage. Partout l'ennemi chancelle et fléchit. Français de l'Afrique du Nord ! que par vous nous rentrions en ligne, d'un bout à l'autre de la Méditerranée, et voilà la guerre gagnée grâce à la France[1].

Elle comprend son raisonnement : toutes les armes sont bonnes pour faire reculer Vichy. Pour lors, les hommes de Pétain combattent les Américains. Mais Darlan et Giraud sont à Alger. Ce sont eux qui demanderont le cessez-le-feu. C'est avec eux que les Américains négocieront. Une fois encore, Charles a vu la situation dans toute son ampleur. Une fois encore, il s'est placé en héraut de la France, il s'est dressé, telle la statue du Commandeur. « Le grand Charles », comme disent aujourd'hui les Français de Londres. Avec tendresse et admiration pour les uns. Avec animosité, envie, mépris presque, pour les autres.

Le 11 novembre, les Allemands envahissent, en France, la zone libre. Le 13, le général américain Clark, à Alger, reconnaît Darlan comme haut-commissaire de l'Afrique du Nord, bien qu'il continue de se réclamer de Pétain qui, pourtant, le désavoue. Giraud prend le commandement des troupes sous l'autorité de Darlan. Les Américains ont négocié avec Vichy.

Yvonne sait quelle fureur doit habiter Charles, car la même colère l'habite. Ces Américains, que comprennent-ils à l'honneur perdu des hommes qui servent Pétain ? Comment peuvent-ils balancer entre ces suppôts des Allemands et leurs vrais Alliés, qui sont autour de Charles ? Charles qui lui tend à lire, lorsqu'il vient à Hampstead, la lettre que Leclerc lui a fait parvenir :

À l'heure où les traîtres changent de camp parce que la victoire approche, vous demeurez pour nous le champion de l'honneur et de la liberté françaises. C'est derrière vous que nous rentrerons au pays, la tête haute. Alors la nation française pourra balayer toutes les ordures.

Il a eu raison de le surnommer « le Clair ». Heureusement, il y a des hommes comme celui-là, autour de lui, des hommes droits,

---

1. *Discours et Messages*, t. I, *op. cit.*, p. 231-232.

courageux et solidaires, qui, eux aussi, ont « une certaine idée de la France ». Elle sait que ces hommes-là, il ne peut les décevoir. Pour eux, il résistera, encore et encore. Il saura dire non. Il ne pliera pas devant les Américains, comme il n'a jamais plié devant les Anglais. Même face à son « ami » Churchill.

Le 27 novembre, la flotte française se saborde dans le port de Toulon pour échapper au premier corps de blindés SS. Yvonne l'apprend par Charles lui-même, qui commente le drame à la BBC. C'est un vendredi soir glacial. Elle approche son fauteuil de la cheminée, ne parvient pas à se réchauffer. Il ne viendra pas, cette fin de semaine. Le combat est trop rude. Il doit souffrir jusque dans sa chair de ce gâchis : tant de bateaux coulés, qui auraient pu servir à contrer les Allemands sur la mer… Et à Alger, les Américains qui intronisent Darlan : le 4 décembre, il se proclame chef de l'État en Afrique du Nord…

Lorsque Charles passe en coup de vent, la semaine suivante, il lui dit son découragement, son dégoût, l'envie, une nouvelle fois, de tout laisser tomber. D'autant que, d'après ses renseignements, Churchill aussi est prêt à lâcher prise. Et c'est elle qui le remet en selle. Son indignation, elle l'a faite sienne. Sa résistance à elle, c'est d'être le hauban qui va empêcher le mât de tomber. Il s'appuie contre son épaule, ferme les yeux. Elle sait : elle est sa femme, à ses côtés. Elle a retrouvé une raison d'exister.

Elle passe Noël sans lui. Il inspecte les corvettes des forces navales de la France libre. Elle doit le partager avec ces combattants qui risquent leur vie chaque nuit, comme Philippe. Elle prie. Elle associe, dans ses exhortations à Dieu, les siens, et tous ceux qui souffrent de par le monde : ces Français condamnés aux rigueurs de l'hiver dans un pays dévasté, ces Russes gelés dans la neige à Stalingrad, ces jeunes gens qui, sur les murs d'Alger, disent leur haine de Darlan, ces soldats qui parcourent, de nuit, le désert, à la rencontre des troupes de Rommel. Elle se sent petite et impuissante. Seule la force de sa prière la sort d'elle-même. C'est tout ce qu'elle peut donner. Mais elle le fait avec une telle force, une telle ferveur, qu'il est impossible que Dieu ne l'entende pas. Elle jette un œil à Élisabeth, qui, elle aussi, les mains croisées, prie. Anne est couchée depuis longtemps. Marguerite Potel regarde Yvonne et sa fille, comprend, se tait. Peut-être se met-elle à prier, elle aussi.

Le matin du 25 décembre, le jardin de Hampstead est blanc : il a neigé toute la nuit. Les bruits sont étouffés. Un carillon égrène les heures. Yvonne allume la TSF : Darlan a été assassiné la veille, à quinze heures, par un jeune homme, Fernand Bonnier de la Chapelle. Il sera fusillé le lendemain à l'aube. Roosevelt déclare que « le lâche assassinat de Darlan est un crime impardonnable ».

Le dimanche suivant, Yvonne communie aux côtés de Charles dans la petite église de St. Mary, près de *Frognal House*. Elle reçoit le corps du Christ et s'abîme dans la prière. Elle sent son mari à ses côtés, enfoui en lui-même, lui aussi, seul face à Dieu. La veille au soir, il lui a longuement parlé des démarches qu'il a entreprises auprès de Giraud, et du refus qu'il a essuyé. Toujours la même antienne. Comment Giraud, même antiallemand comme il l'est, pourrait-il accepter une entrevue avec Charles ? Trop de choses les séparent. Pourquoi s'obstiner à vouloir convaincre un homme qui ne l'a jamais écouté ? Pourtant, il doit tenter de rallier Giraud, qui a l'oreille des Américains. Le général ignore peut-être que des hommes de plus en plus nombreux gagnent la Résistance, dans la France occupée. Que le régime de Vichy est sapé de l'intérieur. Que la vraie France est autour de De Gaulle et non plus de Pétain. Que la démocratie et l'honneur ont élu domicile à Londres dès le 17 juin 1940. La démocratie ? Mais c'est de monarchie, qu'il faut parler à Giraud. Pas de démocratie. Elle insiste : Giraud ne se ralliera pas.

Charles repart pour Londres puis, le 22 janvier, la fait prévenir qu'il se rend au Maroc. Il va encore souffrir : le protectorat français est occupé par les Américains.

Maintenant, une colère permanente habite Yvonne. Elle ne reprend un peu de douceur qu'auprès d'Anne, ou lorsque Élisabeth rentre d'Oxford, le week-end. Elle se surprend à marcher trop vite dans les rues de Hampstead, quand elle va faire ses courses. Du reste, elle fait tout trop vite, en ce moment. Elle recommence les rangs d'un pull-over qu'elle tricote pour sa fille : trop serrés, parce qu'elle a travaillé comme une machine. Marguerite Potel, qui sent sa tension, trouve des subterfuges pour la calmer.

Dans le rude hiver qui s'est abattu sur le pays, où les sorties deviennent de véritables expéditions, il faut occuper le temps. Mademoiselle Potel a inventé des recettes longues et difficiles, avec le peu de provisions auxquelles on a droit. Elle entreprend des confits avec tout ce qui lui tombe sous la main. Yvonne suit, surprise de l'ingéniosité de sa compagne de misère. Les résultats sont parfois surprenants. Les heures passent ainsi moins lentement. Et la table n'en est que meilleure. Encore que ces repas, où elle se pose enfin, Yvonne les passe à évoquer les dangers que court son fils. Et Charles, qui doit affronter en ce moment le Président des États-Unis, flanqué de Churchill, au Maroc. Peut-être même y a-t-il Giraud.

Elle ne sait rien. Lorsqu'il part, ainsi, ce sont les journaux et la radio qui lui disent la marche du monde. D'une manière tronquée. Seul Charles lui montre le dessous des cartes.

Aussi n'apprend-elle qu'à son retour l'humiliation qu'il a subie au Maroc, la façon dont Roosevelt, et même Churchill, l'ont traité. Les démarches qu'il a dû entreprendre pour que son entrevue avec Giraud se déroule dans une maison gardée, non par des soldats américains, mais par la Légion. Giraud s'est montré intransigeant, inflexible, voire méprisant. Charles a résisté au diktat de Roosevelt ; aujourd'hui les Anglais se vengent en allant jusqu'à l'empêcher de quitter le territoire britannique. Mais il ne pliera pas. Elle est de son avis : il ne faut pas plier.

Qu'importent les injures des uns et des autres ? Qu'importe qu'on le traite, lui, de dictateur, de fou d'orgueil et même, comme l'a fait Roosevelt, de « capricieuse lady de Gaulle ». Elle sait bien qu'il n'a rien d'un dictateur. Qu'il travaille avec tous ceux, communistes, socialistes ou droite modérée, qui n'ont d'autre objectif que de sauver la France. Elle sait qu'il ne s'est jamais rangé du côté des cagoulards ni des monarchistes. Que son intransigeance n'a qu'un but : sortir la France et l'empire indemnes des mains de l'occupant. Ne laisser ni les Anglais, ni les Américains, tout Alliés soient-ils, les déposséder de la moindre parcelle de souveraineté.

Elle le soutient, le réconforte lorsqu'il semble désespéré. Il est amer. Même quand il est avec Anne, il sourit à peine, ne dépose plus jamais complètement son fardeau. C'est cela qu'elle redoute le plus : que cette tension constante, en lui, n'aboutisse à un effondrement de sa volonté. Comme cela lui est arrivé, à elle, durant ces longs mois de l'année précédente, à *Gadlas*. Il ne le faut pas. Il ne le doit pas. Elle l'aidera, avec sa volonté recouvrée, sa pugnacité sous la douceur affichée.

Elle revoit sa mère, à l'hôpital de Calais, en 1917. Son fils était au front, et elle n'en arborait pas moins le visage de la tendresse devant les amputés, les gueules cassées. Elle était la paix et la compassion incarnées pour ces jeunes gens, orphelins d'une partie de leur corps, pour leur solitude encore épouvantée par l'horreur des tranchées. Oui, elle doit être, pour Charles, à l'image de Marguerite Vendroux.

Heureusement, elle n'est pas seule à le soutenir. Un soir qu'il est à Hampstead, il lui rapporte ce que le général américain MacArthur a dit au commandant Laporte, officier de liaison de la France combattante auprès de lui :

Comme Américain et comme soldat, je suis honteux de la façon dont certains dans mon pays ont traité le général de Gaulle. La vilenie qui marque la triste affaire de l'Afrique du Nord française sera longue à effacer […]. Je n'approuve pas l'attitude de Roosevelt et de Churchill envers le général de Gaulle […]. Il doit à tout prix maintenir son idéal, celui de la France républicaine, et il ne doit pas céder devant Giraud qui a d'abord signé un compromis avec Vichy puis s'est mis aux ordres des Américains […]. De toute mon âme, je prie Dieu que le général de Gaulle gagne la partie […]. Mon encouragement est celui d'un ami et d'un admirateur qui croit toujours en la chevalerie des Français de bonne race[1].

Non. Elle n'est pas seule à le maintenir dans la voie qu'il s'est tracée depuis le 17 juin 1940.

Quelques jours plus tard, il lui demande de préparer un déjeuner pour six personnes. Elle s'arrange avec monsieur Herbodeau, un ancien chef du Ritz, qui dirige à Londres un célèbre restaurant, *L'Écu de France*. Il lui envoie deux canards, du cidre et un superbe gigot. N'est-elle pas l'épouse du chef de la France combattante ? Elle revient, ravie de montrer à Charles combien ses invités seront

1. Rapporté par Jean Lacouture, *De Gaulle*, t. 1, p. 659-660.

gâtés. Il s'emporte : comment ose-t-elle se comporter ainsi, obtenir par favoritisme des denrées dont les Anglais dans la guerre n'oseraient même pas rêver ? Contrite, furieuse de sa stupidité, elle se voit interdire de remettre les pieds à *L'Écu de France*[1].

Yvonne se débrouille avec ce qu'elle a et avec les inventions de Marguerite Potel. Tout est prêt lorsque les convives arrivent. Voici enfin ce Jean Moulin, en qui Charles a placé tant de confiance. Leur poignée de main est longue, franche. Les yeux de Moulin fixent ceux de De Gaulle, dans la clarté et dans la foi. Une fois de plus, Charles a eu raison. Ce petit homme qui, chaque jour et chaque nuit, brave l'ennemi dans la France occupée est de la trempe des héros. Et il semble sur un pied d'égalité avec Charles.

Et voici le chef de l'armée secrète en France, le général Delestraint, puis Billotte, André Philip, le socialiste, et Passy, le chef du BCRA. Les six hommes s'enferment dans le salon tandis qu'Yvonne verse dans une soupière de porcelaine anglaise le consommé qu'elle a préparé : bouillon de poule confite parsemé de cerfeuil, acheté à prix d'or. Elle sait que Charles, en ce moment même, décore Moulin, qu'il le fait compagnon de l'ordre qu'il a créé durant l'été 1940 : celui de la Libération de la France. Une distinction qui n'est accordée qu'aux plus valeureux.

Lorsque les six hommes sortent du salon, Jean Moulin a les yeux brillants : ce soldat sans uniforme a pleuré. Les autres sont graves. Passy prend congé : Charles dira plus tard à Yvonne qu'il sera parachuté en Normandie dans les heures qui suivent.

Elle les écoute parler de la France occupée, des difficultés que connaissent les Français. Ils ne disent rien des dangers qu'ils courent. À peine que les Allemands sont de plus en plus exaspérés par le harcèlement des résistants, que chaque représaille apporte son lot de nouveaux ralliés à la France combattante. Mais ils manquent d'armes. C'est pour cela qu'ils sont là : pour que de Gaulle intervienne auprès de Churchill, que les Britanniques aident l'armée secrète.

Yvonne, qui connaît par le menu les problèmes que Charles rencontre avec le Premier britannique, baisse les yeux. Elle ne veut pas que ces hommes y lisent son scepticisme. Elle s'interdit même

---

1. André Gillois, *Histoire secrète des Français à Londres de 1940 à 1944*, Hachette, 1973.

de pincer les lèvres, s'applique à savourer lentement les inventions de Marguerite Potel qui, ma foi, se laissent apprivoiser…

Ils partent, non sans longuement la remercier pour ce succulent déjeuner. Yvonne monte transmettre leurs compliments à Mademoiselle, tandis que Charles s'enferme à nouveau dans le salon avec Jean Moulin. Ils ont à mettre au point le Conseil national de la Résistance, dont l'ancien préfet prendra la tête au nom du général de Gaulle.

Puis Moulin les quitte à son tour et elle retrouve son mari installé devant la cheminée, les jambes allongées, les mains contre sa bouche. Elle lui sert un verre de xérès, attend qu'il parle. Elle s'est assise face à lui, avec un ouvrage de broderie presque achevé. Il se tait. Il semble si loin. Puis il lève les yeux vers elle, lui sourit, lui tend la main : « Ma chère petite femme… »

Le printemps, enfin. Dans le jardin de *Frognal House*, les primevères ont remplacé les ellébores. Les jeunes pousses des narcisses percent la pelouse encore rase. Les érables et les bouleaux ont des bourgeons gorgés de sève. Des passereaux affairés préparent leurs nids sous l'auvent de la maison. Anne sort chaque jour avec Marguerite Potel. Yvonne a trouvé un nouveau commerçant conciliant qui lui fournit des tissus d'avant la guerre. Elle recommence à coudre devant la fenêtre ouverte. Le teckel des voisins, parvenant à passer à travers les barreaux du portail, lui rend parfois visite, la queue agitée comme une cravache. Il renifle le pied de la haie, la marque d'un maigre jet d'urine, jappe une fois ou deux, pour attirer son attention. Elle lui parle, en français. L'animal la regarde en penchant la tête, puis s'en retourne. Le chat voleur de *Gadlas* lui manque. Elle se surprend parfois à le guetter par la fenêtre de *Frognal House*, à mélanger les temps et les lieux. Pour rien au monde, cependant, elle ne voudrait revivre l'époque de la maison des courants d'air…

Ici, Charles est davantage présent. Il la rejoint dès que les tensions de Carlton Gardens lui en laissent le loisir. Elle suit de très près la marche lente et heurtée du combat de la France. Elle n'est plus seule et partage avec lui toutes ses souffrances.

Pourtant, lorsqu'il lui apprend qu'il va se rendre à Alger pour y constituer un gouvernement provisoire, son cœur s'arrête. Cette fois, la bohémienne a gagné : ils vont l'arrêter, le juger pour haute trahison, le pendre. Il la serre contre lui. Elle est si petite, si frêle.

À quarante-trois ans, elle a gardé sa silhouette de jeune fille. Mais son visage... Même si elle tente de mettre dans ses yeux toute la confiance du monde, son visage s'est amaigri, creusé. Elle est si pâle, toujours... « Ma courageuse... »

Il faut partir. Il faut le faire. C'est maintenant qu'il convient de prendre les commandes de l'avenir. Le 15 mai, Jean Moulin lui a annoncé qu'il avait réussi à créer un Conseil national de la Résistance regroupant tous les mouvements. Cette résistance unie reconnaît de Gaulle pour seul chef. Le 17, Giraud s'est déclaré prêt à former avec lui un « pouvoir central français ». Il est temps de gagner Alger. Le colonel de Marmier vient le chercher à Gibraltar.

Il ne part pas seul. Il emmène avec lui, dans le petit Lockheed à la cocarde marquée de la croix de Lorraine, Gaston Palewski, René Massigli, le commissaire national aux Affaires étrangères, André Philip, chargé de l'Intérieur, son chef d'état-major, le colonel Billotte, ses aides de camp, les capitaines Teyssot et Charles-Roux. Les pilotes aussi, le colonel de Marmier et le commandant Morlaix sont français. C'est la France libre qui se déplace. Va-t-on les fusiller, ou les pendre tous ?

Avant de partir, de Gaulle écrira à Churchill, le remerciera, malgré tout. Car c'est grâce à lui, grâce à l'Angleterre, qu'il a pu construire cette résistance à l'ennemi. C'est grâce à ce peuple qui l'a accueilli, l'a nourri, a fourni bon gré mal gré de quoi combattre aux soldats de la nuit, que la folle entreprise de juin 1940 est devenue ce qu'elle est : la porte du salut, de la délivrance toute proche.

Au matin du 30 mai 1943, il s'en va. Yvonne reste seule dans la cuisine, le regard perdu : la porte vient de se refermer sur la haute et droite silhouette. Elle se sent vide, hébétée, s'absorbe dans la contemplation d'une hirondelle qui rase le gazon cherchant de quoi nourrir les oisillons qu'elle entend pépier dans la gouttière. À nouveau, Yvonne a peur. Elle vacille. Si elle s'effondrait maintenant, tombait morte, enfin... Tout à coup, Anne pousse un cri. Elle se précipite. N'est-elle pas une mère avant tout ?

Les turbulences d'Alger

Elle a gardé deux poules couveuses. Les autres, elle les a plongées dans l'eau pour calmer leurs ardeurs et qu'elles reprennent leur ponte. L'unique coq de la petite basse-cour chante à tue-tête dès qu'il a accompli son devoir de mâle. Les couveuses détournent la tête, comme outragées. Ce manège ferait sourire Yvonne si elle n'était si terriblement lasse. Il fait beau, pourtant, et la quiétude du jardin pourrait l'apaiser mais les journaux lui apportent chaque jour leur lot de fiel : un Comité français de libération nationale a été fondé à Alger, avec deux coprésidents : Giraud et de Gaulle. À leurs côtés, des personnalités douteuses que Giraud a imposées. Elle ne comprend pas comment Charles a pu accepter cela. Elle n'a aucune nouvelle directe et pense qu'il s'est laissé piéger.

Pourquoi ? Pour partager le pouvoir avec des hommes comme Muselier, par exemple, qui a claqué la porte de la France libre, à Londres, et que Charles a remplacé par Auboyneau ? Muselier, aujourd'hui, est chargé par Giraud de la sécurité d'Alger. Voilà son mari entouré d'ennemis qui peuvent profiter de son isolement pour l'arrêter, l'emprisonner, plus, peut-être…

D'autant qu'il tient toujours tête aux Américains, ne leur laisse aucun répit puisqu'ils se sont emparés de l'Afrique du Nord en violant la souveraineté française.

Début juin, une lettre enfin, à peine rassurante :

… Ici, grande bataille comme il était à prévoir […]. Mais nous avançons. Opinion presque entièrement favorable et, pour la masse, enthousiaste. Résistance acharnée des vichystes, giraudistes et du « vieux » [probablement le général Georges].

Si cela s'arrange finalement (nous le verrons dans les huit jours), tu devras venir à Alger […]. Tu ne peux te faire une idée de l'atmosphère de mensonges, fausses nouvelles, etc. dans laquelle nos bons alliés et leurs bons amis d'ici (les mêmes qui leur tiraient naguère dessus) auront essayé de me noyer. Il faut avoir le cœur bien accroché et la France devant les yeux pour ne pas tout envoyer promener[1]…

Il signe « Ton pauvre mari », comme au moment du fiasco de Dakar.

Elle ne parvient pas à imaginer sa vie de tous les jours. Elle ne connaît pas l'Algérie. Elle sait seulement qu'il a tant de monde contre lui… Les journaux anglais relaient ceux des États-Unis, qui accusent de Gaulle d'avoir reçu cent millions de francs de Staline pour sa propagande et sa presse. Ils dénoncent la France combattante qui, selon eux, utiliserait, à Londres, les méthodes de la Gestapo « pour empêcher leurs adhérents de se rallier aux forces du général Giraud ». Plus clair encore : « Le général de Gaulle doit comprendre que c'est sa dernière chance… [accepter la suprématie de Giraud]. La patience américaine a déjà passé les bornes… »

Elle lui écrit tout de suite à cette « villa des *Glycines* » d'où il a rédigé sa lettre. Elle veut lui dire à mots couverts son inquiétude : elle suit les propos de plus en plus véhéments qui s'élèvent contre lui dans les journaux anglais. Il faut qu'il l'apprenne : tous sont contre lui. Elle sait que, au péril de sa vie, il ne pliera pas. Il n'acceptera pas la moindre autorité d'une puissance étrangère, fût-elle alliée.

Elle s'interrompt, reste un long moment immobile. Au péril de sa vie et de celle des siens, peut-être. Philippe, qui se bat avec les moyens si modestes de la marine de la France combattante, ne va-t-il pas pâtir dc l'intransigeance de son père ? Et si Charles perd la partie, qu'adviendra-t-il d'Anne, d'Élisabeth, d'elle-même ?

Elle reprend sa lettre, gomme l'inquiétude, lui parle d'Anne, d'Élisabeth, qui est venue le week-end précédent, comme d'habitude. Il faut qu'il ait au moins ce semblant de paix. Il a dû recevoir, lui aussi, un courrier de Philippe. Ils ont cette chance : des enfants courageux et aimants. Mais il est si loin…

Elle entre dans la cuisine. Augustine Bastide, une Française au

1. *Lettres, notes et carnets*, *op. cit.*, p. 28.

bel accent du Midi qu'elle a engagée quelque temps avant que Charles ne quitte l'Angleterre, prépare le déjeuner. Elle lui donne les œufs frais qu'elle vient de ramasser, monte dans la chambre d'Anne. L'adolescente est assise, immobile, tandis que Marguerite Potel lui met un nœud blanc dans les cheveux. Yvonne embrasse sa fille, qui passe les bras autour de son cou. Un bref instant, la tendresse la submerge, enfouit l'angoisse sourde qu'elle a tant de mal à faire taire. La solitude lui est de plus en plus insupportable.

Le 22 juin, branle-bas de combat : Yvonne est reçue en audience privée par la reine, à Buckingham. Elle s'habille, se chapeaute, se gante. Marguerite Potel et Augustine Bastide se récrient : elle est très élégante. La reine l'accueille comme une amie, comme une combattante, son égale presque. Elle est d'une simplicité et d'un courage qui ont conquis les Anglais. Yvonne est impressionnée par cette femme qu'elle a déjà rencontrée à plusieurs reprises, mais avec laquelle elle n'a jamais eu l'occasion de bavarder ainsi, sans protocole. Elles passent ensemble un long moment dont elles sortent l'une et l'autre rassérénées : chacune, à sa manière, aide son époux à accomplir sa tâche.

À la fin de cet interminable mois de juin, Charles lui écrit qu'il a trouvé une nouvelle maison, la villa des *Oliviers* : « Une maison comme il nous la faut. » Mais sa lettre commence par les turbulences de son quotidien.

Ici, comme prévu, je me trouve en face de l'Amérique et d'elle seule. Tout le reste ne compte pas. L'Amérique prétend imposer le maintien de Giraud dont aucun Français ne veut plus, ni ici ni ailleurs. Elle prétend m'empêcher de gouverner. L'opinion ne cesse pas de monter en notre faveur dans toute l'Afrique du Nord. Il s'agit de savoir si les faits finiront par amener le gouvernement de Washington à changer sa politique. En attendant, comme tu dois le voir, tous les reptiles à la solde du State Department et de ce pauvre Churchill hurlent et bavent à qui mieux mieux dans la presse anglo-saxonne. Tout cela est méchant, idiot, mais quoi ! c'est toute la guerre.

Le terrain que j'ai choisi pour la lutte et l'indépendance françaises à propos de la rénovation militaire, je crois ce terrain bon. En tout cas, tous les « gaullistes », innombrables à travers le monde, ont très bien compris quelle est la partie et me soutiennent avec passion[1]...

D'accord, il a raison. Mais à quel prix ? Elle pose la lettre, s'installe à la petite table qui lui sert d'écritoire, s'apprête à lui répondre. Vertement. Elle trempe sa plume dans l'encrier, mais aucun mot ne vient. Sinon des termes terribles, qu'elle ne se permettra jamais d'écrire et qu'elle ose à peine penser. « Les "gaullistes", innombrables à travers le monde... » Innombrables... Et s'il prenait ses désirs pour des réalités ? Elle connaît les qualificatifs employés par ses adversaires : « mégalomane », « dictateur », « fou d'orgueil ». Parfois, elle se demande... Oui, elle se demande si cette intransigeance terrible n'est pas maladive.

La colère, la peur, la rendent injuste. Lorsqu'ils sont seuls, en tête à tête, il est cet homme qu'elle a choisi, doux, attentif et calme. L'envers du décor...

Le 24 juillet, à la fin du jour, elle ferme Hampstead et part avec Anne et Marguerite Potel. Augustine Bastide n'a pas voulu les suivre à Alger, et elle laisse Élisabeth à Oxford, où elle doit terminer sa licence de lettres. Une voiture les accompagne jusqu'à un aérodrome, près de Londres. Elles embarquent dans un quadrimoteur Lancaster qui fait un bruit d'enfer. L'avion est glacial. Dès le décollage, Anne a mal aux oreilles. Marguerite Potel lui donne un sédatif, la serre dans ses bras. Yvonne tient la main de sa fille et prie.

L'appareil, en pleine nuit, survole la France occupée. Il peut être abattu à tout moment. Le voyage dure, lui semble-t-il, des heures. Un cauchemar. Puis le copilote l'avertit qu'ils ont atteint les côtes espagnoles. Tout danger est écarté. Elle tente de dormir, mais sa fille s'agite trop, auprès d'elle. À travers le hublot, elle voit le ciel pâlir. À l'est, le soleil se lève. La terre ibérique, ocre et dorée, sort de l'ombre. Enfin, c'est Gibraltar, où le Lancaster atterrit.

Yvonne est accueillie par le général MacFarlane, qui la conduit chez lui, dans une maison qui domine l'océan. Anne geint un peu, demeure hébétée toute la matinée auprès de Marguerite Potel, tandis qu'elle prend quelques minutes pour se rafraîchir,

1. *Lettres, notes et carnets*, *op. cit.*, p. 31.

s'allonger, se détendre. Quelques minutes à peine, car il faut aussi que Mademoiselle se repose. Le voyage n'est pas terminé.

MacFarlane les traite en hôtes de marque, leur commande un copieux petit déjeuner, se propose de leur faire visiter Gibraltar. Les deux femmes sont trop lasses, et Anne s'est endormie dans la petite chambre qu'il a mise à sa disposition.

Elles reprennent le Lancaster en début d'après-midi. Sous les ailes de l'avion, la mer, écrasée de soleil, est blanche, éblouissante. Mais elles ont toujours aussi froid. Heureusement, Anne continue de somnoler.

Vers dix-huit heures, la côte algérienne apparaît, avec ses plages de sable pâle et la plaine de la Mitidja, plantée d'orangers et de vignes.

Lorsque la porte de l'appareil s'ouvre, c'est d'abord la chaleur qui saute au visage d'Yvonne. Une chaleur comme elle n'en a jamais connu, dense, directe, qui vous assomme presque. Elle se tourne vers Anne suffoquée. Mais Marguerite Potel a déjà pris les devants : elle humecte les lèvres de l'adolescente avec un linge mouillé.

Charles est là, en uniforme, le képi sous le bras. Elle a l'impression qu'il a encore maigri. Il les serre dans ses bras, puis, prenant Anne par la main, les conduit vers une voiture. Quelques kilomètres après l'aéroport, une odeur pestilentielle assaille les passagers. C'est l'oued qui traverse Maison-Carrée, l'Harrach. Sur ses rives, une usine de pâte à papier et des tanneries, qui empestent. Puis on emprunte la route moutonnière, que l'on appelle ainsi parce qu'on y croise des troupeaux de moutons menés à l'abattoir. La voie est encombrée de carrioles, de cavaliers sur de petits chevaux arabes ou à dos de mulets, d'ânes transportant des charges trop lourdes pour eux. Il y a peu d'automobiles. Mais deux Jeep militaires américaines les doublent à toute allure.

Charles serre les lèvres, puis énumère des noms de lieux : le jardin d'Essai, le Champ de manœuvres. La ville dévale les collines, blanche, nette, avec la Casbah accrochée à ses flancs, face à la mer. Dans le port, des navires de guerre. On passe devant la gare, emprunte une rue en pente, bifurque devant la Grande Poste, remonte la rue Michelet. Les cafés débordent sur les trottoirs. Tout un peuple joyeux, civils et militaires mêlés, boit des liqueurs opalescentes, sous les arbres. Peu d'Arabes, sinon quelques cantonniers poussant nonchalamment une brouette.

Le crépuscule, bref, tombe lorsque la voiture arrive sur la colline d'El-Biar, dans le petit parc de la villa des *Oliviers*. Et c'est l'éblouissement : la terrasse de la maison mauresque découvre toute la rade d'Alger, déjà plongée dans la brume du soir. Yvonne oublie sa fatigue, se laisse gagner par la beauté de ce paysage qui, elle le sait dès ce premier instant, lui fera supporter les épreuves.

Une fois tout le monde installé, ils prennent un rapide dîner dans une petite salle à manger mal meublée – mais il sera temps d'y remédier demain –, puis gagnent leur chambre. Ils se retrouvent enfin.

Longtemps, dans la nuit, serrée contre lui, elle l'écoute raconter son bras de fer avec les Américains et Giraud, ses efforts pour ramener son camarade Juin, commandant l'armée vichyste en Tunisie, dans le giron de la France libre.

Elle somnole déjà lorsqu'il en vient, d'une voix sourde, à quelque chose de plus grave encore : Delestraint, son vieux camarade Delestraint, le premier à avoir cru en la force des blindés, arrêté à Paris le 9 juin. Mais surtout Jean Moulin. Moulin et les représentants des mouvements de Résistance pris par la Gestapo à Caluire, près de Lyon, le 24. Moulin probablement trahi par des Français… Il se tait. Yvonne frissonne. Elle revoit le petit homme, ses yeux brillants de larmes après que Charles l'avait fait compagnon de la Libération. Il aura été humilié, battu, torturé par la Gestapo.

Elle voudrait se laisser envahir tout entière par la haine pour expulser cette souffrance, en elle depuis plus de trois ans, maintenant. Mais elle sait qu'elle doit économiser ses forces. Elle est auprès de Charles, désormais, et c'est à lui qu'elle doit se consacrer. Pour qu'il retrouve chaque jour des forces nouvelles à engager dans la bataille. Il doit vaincre, pour que les souffrances de Moulin et de Delestraint n'aient pas été vaines.

Elle se réveille avant lui, quitte le lit sans le déranger, ne prend même pas le temps d'enfiler ses mules. Elle sort en chemise de nuit, sur la terrasse. Dans la jeunesse du jour, Alger est là, somptueuse. Au-delà des pins parasols du jardin, la mer, immense, courbe l'horizon. La vue qui s'offre à ses yeux est si belle qu'elle remercie Dieu de lui donner ce moment, le bonheur simple d'un paysage où, de loin, tout semble harmonie. Elle reste longtemps immobile, à contempler les maisons mauresques qui s'étagent en dessous de la sienne, les lauriers-roses de son jardin, les asphodèles dont les hampes brunes et blanches montent dans l'air déjà chaud, les cannas et leur camaïeu de rouge. Quelqu'un a arrosé les fleurs, probablement au lever du soleil. Des bougainvillées lie-de-vin et feu embrasent le mur nord de la bâtisse. Mais une fine poussière recouvre déjà le carrelage de la terrasse.

Allons, il faut se mettre en train, trouver une bonne qui l'aidera pour le ménage, une cuisinière, puisque Charles voudra recevoir chez lui, et donner des directives à l'ordonnance. Commencer à apprendre la ville et ses commerçants, trouver un médecin pour Anne, connaître la pharmacie la plus proche... Comme d'habitude, faire tourner la maison. Et cette maison, elle l'aime plus que toutes celles qu'elle a eues depuis trois ans.

Tandis que Charles continue de lutter contre Giraud et les Américains, elle redevient peu à peu elle-même. Est-ce parce qu'elle peut, à nouveau, vivre dans une certaine quiétude, faire ses courses presque normalement, malgré le rationnement instauré aussi en Algérie, aller se recueillir dans la pénombre fraîche d'une église ? Est-ce parce que Charles, même s'il reprend ses voyages (en Tunisie, libérée au mois de mai, au Maroc), est plus présent ? Est-ce parce que, depuis la fin 1942, la guerre paraît avoir pris un tournant décisif, qui laisse entrevoir la victoire ?

Arrêtés à Stalingrad, vaincus au début février, les Allemands reculent en Russie. Depuis mai et la libération de la Tunisie, ils sont chassés d'Afrique du Nord. Et les Italiens s'effondrent en Sicile dès le débarquement allié du 10 juillet. À Rome, Mussolini est renversé le 24, et les Alliés arrivent le 2 septembre dans le pays, où va bientôt s'illustrer le corps expéditionnaire français. Dans le Pacifique aussi, ils semblent reprendre l'avantage.

Certes, on est encore loin du dénouement, mais Charles n'avait-il pas raison d'annoncer, dès juin 1940, que l'Axe perdrait la guerre car le conflit allait devenir mondial ?

Cependant, il reste beaucoup à faire... En France, les résistants tombent chaque jour alors que, depuis la constitution du CNR par Jean Moulin, la Résistance est plus unie, plus cohérente. Et il reste Giraud auquel s'accrochent, avec l'aide américaine, tous ceux qui voudraient préserver Vichy. Pourtant, désormais, les forces vives du pays sont derrière de Gaulle.

Ses doutes s'effacent, un à un. D'Alger, la situation a l'air plus claire et, paradoxalement, ses enfants plus proches : Philippe ne la laisse jamais longtemps sans nouvelles. Élisabeth termine sa licence et va venir la rejoindre.

Dans cette ville, elle apprécie la spontanéité et la chaleur des gens : la fleuriste du tunnel des Facultés, chez qui elle prend parfois de grands bouquets de jacarandas bleu pâle, des arums, qu'elle mêle aux cannas du jardin ; le pharmacien de la rue d'Isly, qui lui confectionne des potions à la citronnelle, apaisantes contre les moustiques ; les marchands de tissus de la rue Bab Azoun, capables de lui trouver, en dépit de la pénurie, de fines batistes ou des étamines de laine.

Elle qui n'a rien d'une mondaine, accompagne Charles dans ces réceptions où se retrouve toute la bonne société algéroise, arrivée en Algérie en 1830. Il y a là de gros colons patriotes, des femmes du monde se piquant de politique, un couple franco-anglais – elle bibliothécaire, lui peintre, mais surtout agent de l'Intelligence Service –, des jeunes gens, beaux comme des éphèbes, épris d'aventure et de littérature.

Elle apprécie ces soirées de fin d'été où l'on boit du thé glacé en grignotant des jujubes trop sucrés, où l'anisette, dans laquelle elle trempe à peine ses lèvres, exaspère le sel des fèves de lupin, qu'on appelle ici des « tramousses ». Tout cela est si loin de son univers familier, pourtant. Mais le pays l'a conquise.

L'arrivée d'Élisabeth, son engagement dans l'administration de la France combattante, où l'on a grand besoin de personnel bilingue, lui donne un nouvel élan. Si Philippe pouvait être là, lui aussi…

Parfois, avec Anne et Mlle Potel, elle se fait conduire à la plage, au cap Matifou, à Zeralda, et même jusqu'à ces immenses étendues de sable blanc, entre L'Alma marine et Le Figuier. L'on y a pied longtemps. L'adolescente peut se baigner sans danger.

Et, lorsque Charles peut se libérer, ils s'échappent tous les deux, seuls, vers Castiglione, Bouharoun, Téféchoun ou Tipasa. Il est déjà venu visiter les ruines romaines avec Harold Macmillan, un proche de Churchill. Il venait de déjeuner avec le roi George VI, incognito à Alger pour inspecter les forces britanniques d'Afrique du Nord sous le pseudonyme de « général Lyon ». C'était au plus dur de la crise avec les Américains. Macmillan l'a entraîné jusqu'à

Tipasa. Ils ont bavardé comme de vieux amis : de politique, de religion, de philosophie, d'histoire ancienne, de littérature, dans le parfum des absinthes et des lentisques. La mer, d'un bleu profond, baignait en silence les pierres rousses des temples. Ils ont parcouru la voie romaine, dont le tracé se dessine nettement au milieu des pins, en direction de Cherchell.

Dans le petit port où sainte Salsa subit son martyre, au Ier siècle de notre ère, l'eau était verte, et si claire qu'on voyait reposer, sur le fond, les piles du bassin antique. En face, le cap du Chenoua s'affaissait dans la mer comme un animal endormi. C'était un moment étrange, entre parenthèses, loin du tumulte assourdissant du monde. Puis Macmillan s'est déshabillé et, de la pointe extrême de la cité romaine, a plongé nu dans l'eau paisible.

Ces rares escapades sont souvent suivies des tempêtes du quotidien. Tandis que, le 8 septembre, l'Italie capitule, Giraud, écarté de la coprésidence du CFLN depuis le 31 juillet, attend le 9 septembre pour prévenir Charles et le Conseil national que des troupes françaises débarqueront deux jours plus tard en Corse. Charles doit se battre pied à pied pour que l'île libérée soit dirigée par des hommes à lui : Charles Luizet, qu'il nomme préfet, et François Coulet, secrétaire général. Et il se rend dans ce bout de France reconquis.

Dès qu'il part, Yvonne ne parvient plus à étouffer ses craintes. Il a beau lui dire que, partout, il est accueilli en libérateur, elle ne peut s'empêcher d'imaginer, dans l'ombre, une silhouette prête à l'abattre. Il lui faut vivre avec cette menace, en permanence. Les multiples tâches qu'elle s'invente ne la débarrassent pas de la peur. Parfois, elle se demande comment les résistants de France trouvent la ressource de surmonter la terreur d'être arrêtés, torturés, faibles devant la douleur et la mort.

Elle sait que Suzanne, sa petite sœur Suzanne, a été arrêtée, le mari de Marie-Agnès, la sœur de Charles, et son frère Pierre, déportés, comme Geneviève de Gaulle. Et Michel Cailliau, qui vient d'arriver à Alger, dirige un réseau de prisonniers évadés. Elle voudrait lui demander comment, avec les responsabilités qu'il a, les secrets qu'il connaît, il continue à vivre sans se laisser submerger par l'angoisse. Mais elle n'ose pas. Elle se fait lisse, discrète. Elle est « tante Yvonne », comme l'a définitivement nommée Geneviève. Et tante Yvonne a décidé d'être comme oncle Charles, courageuse et combative.

Charles revient, préside, le 3 novembre, la première séance de l'Assemblée consultative provisoire, une ébauche de Parlement, dans le palais des Assemblées algériennes, boulevard Carnot, sur le front de mer.

Dans la deuxième semaine de novembre, depuis la terrasse de la villa des *Oliviers*, Yvonne regarde la mer démontée, les nuages bas qui fuient vers l'est. La pluie n'est pas loin. Mais l'horizon politique, lui, s'est éclairci. Un nouveau Conseil français de Libération nationale est formé. Les généraux Giraud et Georges en ont été éliminés. Et même si certains de leurs proches (Jean Monnet et René Mayer) font partie de ce que Charles commence à appeler un gouvernement, ce dernier compte surtout des hommes qui lui sont proches : Frenay, Emmanuel d'Astier de la Vigerie, Menthon, Capitant, Mendès France, Queille, Philip, Pleven, Catroux, Diethelm, Massigli, Bonnet. Il dit qu'il est temps de faire l'unité. Au sortir de la guerre, la France devra oublier ses querelles. Il faudra gouverner avec tous ceux, de quelque bord qu'ils soient, qui n'auront pas collaboré directement avec l'ennemi.

Parfois, elle ne le comprend plus. Le voilà politique, soudain. Il a peut-être raison : les femmes n'entendent rien à la politique…

Et il tombe à nouveau malade, cloué au lit par un accès de paludisme, lorsqu'il apprend que les Américains ont le projet de former une administration spéciale pour les territoires libérés, après le débarquement. L'Allied Military Government in Occupied Territories, l'AMGOT. Yvonne tente, avec les médecins, de le faire tenir tranquille et garder la chambre une journée, au moins. Mais rien n'y fait. Bourré de quinine, il part voir les Anglais, les Américains. Il n'y aura pas d'AMGOT. Il ne décolère pas.

Comment les Américains s'imaginent-ils imposer leurs lois à toutes ces femmes, à tous ces hommes qui, au péril de leur vie, se sont battus contre l'occupant ? Comment peuvent-ils penser qu'un Georges Bidault, qui a remplacé le martyr Jean Moulin à la tête du CNR, un Pierre Brossolette ou n'importe quel autre, ayant bravé les milices, les gestapistes et toute l'engeance de Vichy, pourraient accepter une administration qui ne serait pas purement française ? Vacillant, le front moite, il tempête, vocifère presque. Yvonne le recueille le soir, épuisé, à peine capable de marcher jusqu'à son lit. Elle le veille, l'oblige à boire au moins un bouillon de poule dans lequel elle a dilué les médicaments qu'il refuse de prendre.

Lorsqu'il sort enfin de cette crise plus éprouvante que les autres, elle prépare des vivres pour toute la fin de semaine et ils gagnent la Kabylie, où ils ont loué une petite maison rustique. L'air y est pur et, en dépit du froid qui commence à sévir sur ces contreforts du Djurdjura, ils y trouvent un peu de paix. Ils marchent lentement dans les chemins caillouteux. Il s'appuie sur elle, pourtant si frêle. La montagne vire au bleu à la tombée du jour et la mer, lointaine, semble un morceau de mica qui laisse, de temps à autre, briller un éclat. Une cruche sur la tête, des femmes les croisent. L'air porte loin les voix d'enfants qui s'interpellent. Yvonne et Charles se taisent. Ils sont ensemble, et, pour lors, rien d'autre ne compte.

Dès le retour à Alger, l'enfer recommence. Elle apprend peu à peu à s'endurcir. Beaucoup d'hommes, venus de France ou d'Angleterre, passent par la villa des *Oliviers*. Ils y occupent une chambre quelques jours, parfois quelques semaines. Elle doit être une maîtresse de maison sans faille, malgré certaines péripéties grotesques, comme le jour où Hettier de Boislambert laisse ouvert le robinet de la baignoire. La salle de bains est inondée au point que le plafond de la chambre à coucher des de Gaulle s'effondre. Il faut laisser sécher avant d'entreprendre des travaux, émigrer dans une autre chambre. Charles, qui a toujours des accès de fièvre, n'est même pas déconcerté. Alors elle prend plus légèrement les choses.

Un soir, il se montre un peu moins tendu : il a peut-être trouvé un allié en la personne du général américain Eisenhower. Ce dernier peut l'aider à convaincre Roosevelt que l'AMGOT n'est pas acceptable.

Le 24 janvier, il repart pour l'Afrique noire, en passant par le Maroc. Il visite pratiquement toutes les capitales de l'AOF et de l'AEF avant d'arriver à Brazzaville. Il y a convoqué une conférence sur la rénovation du système d'administration coloniale en présence de dix-huit gouverneurs et hauts fonctionnaires, de dix délégués de l'Assemblée consultative d'Alger, dont leur président,

Félix Gouin, et d'une vingtaine d'experts et d'observateurs. Il ouvre cette conférence le 30 janvier 1944, par un discours dont Yvonne entend en partie la retransmission à la radio :

En Afrique française [...] il n'y aurait aucun progrès qui soit un progrès si les hommes, sur leur terre natale, n'en profitaient pas, moralement et matériellement, s'ils ne pouvaient s'élever peu à peu jusqu'au niveau où ils seront capables de participer, chez eux, à la gestion de leurs propres affaires. C'est le devoir de la France de faire en sorte qu'il en soit ainsi[1].

Cela signifie-t-il qu'il veut mener, après la guerre, les peuples d'Afrique vers leur autonomie ? Yvonne lui pose la question à son retour.

Il la dévisage, l'air amusé, hésite quelques secondes. Non, pas pour le moment. Il est beaucoup trop tôt. Mais plus tard...

Sa pensée ne cesse d'avancer. Yvonne se demande si elle arrivera encore à le suivre...

Pendant ce temps, la France supporte le poids toujours plus lourd des massacres, des tortures, des morts. Brossolette est pris, torturé. Il se suicide en se jetant par la fenêtre de l'immeuble de la Gestapo, avenue Foch. Jacques Bingen, l'une des têtes politiques du BCRA, disparaît. Jean Cavaillès, le philosophe, cofondateur avec d'Astier du mouvement Libération, fusillé. Les maquisards du plateau des Glières, au-dessus d'Annecy, liquidés par les Allemands, aidés des milices de Darnand. Chaque jour, Yvonne entend la longue liste des martyrs, que Charles évoque, la voix cassée.

Un soir de mars 1944, il rentre avec une tâche plus terrible encore à accomplir. Pucheu, l'ancien ministre de l'Intérieur de Vichy, vient d'être condamné à mort par le tribunal militaire siégeant à Alger. Giraud demande sa grâce.

Yvonne laisse Charles seul dans son bureau. Elle parle tout bas avec Élisabeth, qui rentre de son travail. Elle a demandé à Marguerite Potel de coucher Anne un peu plus tôt. On n'entend que le vent qui balaie les arbres sur la colline d'El-Biar. Laisser faire le cours des choses : accepter cette exécution demandée par la justice des hommes. Elle sait ce qu'il doit endurer. Il est plus facile de tuer

1. *Discours et Messages*, t. I, *op. cit.*, p. 373.

dans la bataille, les armes à la main. Mais là, il s'agit d'un acte de chef d'État. Une décision qu'il doit prendre seul. Et il la prend. Pucheu sera fusillé à l'aube. Charles ne dort pas de la nuit. Et elle, à ses côtés, prie. Pour une âme égarée qui va perdre la vie. Pour lui, Charles, qui ne peut la retenir.

Au petit matin, ils sont tous deux devant une tasse de thé qu'ils n'arrivent pas à terminer lorsqu'un officier vient leur dire que tout est fini : Pucheu a voulu lui-même commander le feu afin qu'aucun homme n'ait son sang sur les mains. Charles baisse la tête. Il a promis que ses enfants seraient élevés dans la dignité.

Yvonne ferme les yeux. Elle aurait pu être à la place de l'épouse de Pucheu si Charles avait été pris par les vichystes, ou même par les giraudistes, moins d'un an auparavant, ici, à Alger. Le fragile fil de l'épée… Les circonstances, ou la chance, coupent l'histoire en deux, rejetant les uns dans les ténèbres et la mort, les autres dans la lumière…

La villa des *Oliviers*

En Algérie, après les derniers froids de février, le printemps éclate d'un coup. Yvonne peut faire des bouquets de mimosas qui embaument la maison, l'illuminent de leurs flocons pelucheux. Elle prépare cette fête jaune pour accueillir Charles à son retour d'Afrique. Mais il bifurque vers le front italien, où Alphonse Juin combat avec ses tabors, ses goumiers, ses tirailleurs, ses pieds-noirs, ses Arabes et ses Africains aux côtés des Alliés. Elle lit dans un journal le discours que Charles adresse à ces hommes qui se sont fait tailler en pièces à Mondovi, à Monte Cassino : « Vous avez fait crédit à la France. À la France, c'est-à-dire à l'évangile de la fraternité des races, de l'égalité des chances, du maintien vigilant de l'ordre pour assurer à tous la liberté. »

Ce sont des mots qui portent loin, qui prolongent ceux de Brazzaville. Oui, il continue de construire une nouvelle vision du monde. Quoi qu'il en dise…

Elle regarde la jeune bonne, Myriem, qui lave le carrelage avec rapidité. Elle est vive, toujours souriante, exécute ses tâches vite et bien. C'est presque une enfant encore, avec sa natte tressée serrée d'un ruban orange, jaune, indigo et rouge. Elle vient de ce village kabyle, près de la petite maison qu'ils ont louée sur les contreforts du Djurdjura. Elle est chrétienne, de ces familles berbères converties par les Pères Blancs au siècle dernier. Quand Yvonne la houspille, pour une raison ou pour une autre, la jeune fille a les larmes aux yeux, ce qui calme immédiatement sa maîtresse. Car elle l'aime bien, cette Myriem qui a trouvé la voix et les gestes qui conviennent avec Anne. L'adolescente l'a adoptée, permettant à Marguerite Potel de se reposer un peu.

Charles rentre enfin. Il fait déjà chaud, durant ce mois d'avril. Quelques jours avant son retour, Yvonne est allée faire bénir ses rameaux d'olivier à l'église Saint-Charles, près du square Bresson. Elle aime la ferveur de ces Français d'Algérie avec lesquels elle chante la messe presque tous les dimanches, maintenant. Le jour de Pâques, son mari est enfin à ses côtés, et ils communient ensemble, dans cette foule beaucoup moins discrète que celle d'Angleterre, mais plus chaleureuse.

Et la bataille recommence. Car le débarquement allié est proche, mais les Américains et les Anglais retiennent les informations. Charles sait qu'il y a près d'un million de soldats américains cantonnés en Angleterre, maintenant. Le plan « Overlord » peut être exécuté. Les bombardements anglais sur les gares de la banlieue parisienne font des centaines de morts. Le chef de la France libre est toujours tenu à l'écart. Les Alliés s'adressent directement à la résistance de l'intérieur, sans passer par Alger.

Le soir, Yvonne le recueille épuisé. Il s'est battu comme un diable pour que la 2e DB de Leclerc participe au débarquement. Londres interdit les télégrammes chiffrés entre Carlton Gardens et Alger. Il n'a plus de contact avec Kœnig, qu'il a envoyé dans la capitale britannique pour négocier. Les Alliés s'accrochent à leur AMGOT et à cette monnaie qu'ils veulent émettre pour les territoires qu'ils « occuperont ». Alors que lui, ici, avec ce gouvernement provisoire, met en place, à coups de lois et de règlements, la légalité de la France libérée. La lutte est rude. Il obtient le rétablissement des communications.

C'est dans ces moments-là, quand la nation est menacée, qu'il prend toute sa dimension. Yvonne ne commente pas, ne dit rien. Elle est aussi meurtrie que lui, aussi profondément blessée, mais elle organise avec minutie des instants de tranquillité, où il peut se détendre. Elle fait dresser une petite table sur la terrasse. Ils dînent face à cette baie d'Alger, si belle, vers laquelle s'échappent leurs regards fiévreux. Elle le laisse dans son silence, ou dans son furieux monologue. Que peut-elle lui apporter d'autre que cette harmonie fabriquée de bric et de broc ? Parfois, l'un ou l'autre de ses compagnons se joint à eux. Et elle les laisse deviser sans intervenir. Elle est là, toujours. Et il peut s'appuyer sur elle.

Churchill lui envoie enfin son avion personnel. Il part pour Londres avec le général Béthouard, Palewski, Soustelle, Alphand, Teyssot et Geoffroy de Courcel. Et pas un seul ministre du gouvernement provisoire, pour ne pas se laisser piéger.

Nous sommes le 3 juin. Dès le matin, la chaleur jette sur la baie une brume légère. Pas un souffle de vent. À nouveau, Yvonne est dans une solitude qui la mine. Car c'est, maintenant, le moment de tous les dangers. Quel sort les Alliés vont-ils réserver à Charles ? Et dans ce débarquement imminent, que va devenir Philippe ? Pendant trois jours, elle ne sort pas de la villa des *Oliviers*. Elle s'active, range, jette, commence à préparer des malles. C'est Élisabeth, cette fois, qui lui donne quelques nouvelles, le soir, quand elle rentre. Apparemment, Charles a été bien accueilli. Elle a lu ce message que Churchill lui a adressé à son arrivée en Angleterre :

Mon cher général de Gaulle,

Bienvenue sur ces rivages ! De très grands événements militaires vont avoir lieu. Je serais heureux que vous puissiez venir me voir ici, dans mon train qui est près du quartier général du général Eisenhower...

Le double jeu de Churchill. Et pourtant, il y a entre Charles et lui la connivence de la première résistance. Mais c'est un Anglais, un Anglo-Saxon, un allié de Roosevelt, d'abord...

Yvonne ne peut rien faire, sinon attendre, continuer de s'agiter... Elle descend dans le jardin, passe à côté du jardinier sans le voir, s'accroupit au pied d'un massif, arrache une mauvaise herbe. L'homme se précipite : « Madame, c'est pas ton travail. Tu vas te fatiguer... » Elle ne répond rien, rentre, va auprès de sa fille, passe un long moment avec elle. Elle pourrait prendre un ouvrage. Elle en est incapable. Marguerite Potel, qui la connaît si bien, tente de l'apaiser. Si on allait à la plage, cet après-midi ? Non, même pas la plage. Même pas la fraîcheur de l'eau. Non. Rien. Il faut attendre.

Le 6 juin au matin, alors qu'elle somnole encore, une rumeur monte de la ville. Sur le boulevard, au bas de la maison, une foule défile, drapeaux français et américains mêlés. Elle entend : « Vive la France ! Vive les Alliés ! Vive de Gaulle ! » Elle se penche à la terrasse. Mais de quoi a-t-elle l'air, en chemise de nuit, les cheveux défaits ? Elle appelle Marguerite Potel, qui descend s'informer.

Les Alliés ont débarqué en Normandie. Yvonne tombe à genoux, Mademoiselle auprès d'elle. Elles prient, pour Charles, pour Philippe, pour tous ces hommes qui vont se battre dans la France martyrisée et la délivrer enfin.

Le lendemain, elle achète tous les journaux. Elle veut savoir... La bataille est rude. Des milliers de morts, déjà. Où est Philippe ? Et le peuple de France qui se soulève contre l'occupant. Les Résistants ont fait sauter des trains, des ponts, des dépôts de carburant, de munitions, ils attaquent tous azimuts. Elle lit la déclaration que Charles a faite la veille sur la BBC :

La bataille suprême est engagée ! [...] Bien entendu, c'est la bataille de France et la bataille de la France !... Pour les fils de France, [...] le devoir simple et sacré est de combattre par tous les moyens dont ils disposent. Il s'agit de détruire l'ennemi, l'ennemi qui souille et écrase la patrie [...].

Pour la nation qui se bat, les pieds et les poings liés, contre l'oppresseur armé jusqu'aux dents, le bon ordre dans la bataille exige plusieurs conditions.

La première est que les consignes données par le gouvernement français et par les chefs français qu'il a qualifiés pour le faire soient exactement suivies.

La seconde est que l'action menée par nous sur les arrières de l'ennemi soit conjuguée avec celle que mènent de front les armées alliées et françaises. [...] L'action des armées sera dure et longue. C'est dire que l'action des forces de la Résistance doit durer [...] jusqu'au moment de la déroute allemande[1]...

A-t-il gagné ? Tout est encore flou. Des jours durant, elle attend, dévore la presse, prie, reçoit des membres du gouvernement, qui lui donnent des nouvelles. Le martyre de ces villes écrasées par les bombardements alliés, les photos des soldats américains et anglais progressant sur les côtes normandes. Et les Français, où sont-ils ? Quelques jours plus tard, on lui apporte le discours que Charles a prononcé à Bayeux le 14 juin :

Nous sommes tous émus en nous retrouvant ensemble, dans l'une des premières villes libérées de la France métropolitaine,

1. *Discours et Messages*, t. I, *op. cit.*, p. 407-408.

mais ce n'est pas le moment de parler d'émotion. Ce que le pays attend de vous, à l'arrière du front, c'est que vous continuiez le combat aujourd'hui, comme vous ne l'avez jamais cessé depuis le début de cette guerre et depuis juin 1940. Notre cri maintenant, comme toujours, est un cri de combat, parce que le chemin du combat est aussi le chemin de la liberté et le chemin de l'honneur [1].

Yvonne pleure. Elle sait quelle émotion doit le submerger. Pourtant, elle ne verra que bien plus tard la photo que Boislambert a prise de Charles sur la plage de Grave, à l'ouest d'une petite rivière, la Seulles. Elle connaît ce visage bouleversé, cette cigarette qui doit trembler au bout des doigts.

L'Allemagne n'est pas encore vaincue, qui envoie sur Londres des fusées plus meurtrières encore que les bombardiers de 1940. Et les miliciens, en France, assassinent autant que les Allemands. Les Résistants répliquent en liquidant les collaborateurs.

Charles revient. Il est là, dans la soirée du 17 juin, lui dit l'accueil des Français à Bayeux, à Isigny, et même ici, à Alger, dans les rues qu'il a empruntées pour gagner la villa des *Glycines*, puis *Les Oliviers*. Mais rien n'est encore réglé. Il doit rencontrer Roosevelt, lui faire admettre son statut de chef du gouvernement de la France [2], une France sans tuteur et, depuis quinze siècles, souveraine.

Long cheminement, qu'Yvonne accompagne de son chemin de croix personnel. Il la laisse encore, inspecte les troupes de Juin, qui ont libéré Rome, est reçu par le pape Pie XII, puis s'envole pour les États-Unis, le Canada. Bataille. Elle a épousé l'Histoire. Elle s'en serait bien passée. Elle n'a pas souhaité ces hauteurs. C'est trop, trop à assumer.

Peut-on imaginer ce qu'elle a souffert, depuis 1940 ? Elle s'est détruite et reconstruite dans l'amertume et dans la crainte. Elle observe son visage dans le miroir de sa chambre, recherche en vain sa jeunesse disparue jusque dans l'éclat de ses yeux. Ses cheveux, qu'elle a coupés un jour où Charles lui a dit qu'il fallait vivre avec son temps, ont perdu leur brillant. Elle a des cernes sous les

1. *Discours et Messages*, t. I, *op. cit.*, p. 245-246.
2. Le CFLN a pris officiellement le nom de gouvernement provisoire de la République française le 3 juin 1944.

yeux, des rides aux commissures des lèvres. Elle a quarante-quatre ans.

Charles rentre le 13 juillet plus fatigué encore, au bord de la syncope : Mandel a été assassiné par la Milice, les Allemands donnent l'assaut au maquis du Vercors. On se bat partout sur le territoire national. Et Leclerc vient de débarquer en Normandie avec sa 2e DB. Les Américains n'ont toujours pas cédé sur le gouvernement provisoire. Il est las. Il lui dit que Philippe va rejoindre l'armée de Leclerc. Elle serre ses mains l'une contre l'autre. Elle ne doit pas se plaindre. Au contraire, elle doit l'aider.

Il a vieilli, lui aussi. Il s'est empâté, son corps s'est alourdi. Il a le teint gris, mauvais. Il se plaint parfois, lui si peu douillet, de respirer mal. Elle lui baigne les tempes avec une lotion à la menthe fraîche que lui a confectionnée le pharmacien de la rue d'Isly. Elle sert un sorbet au citron qu'elle a préparé, pour le rafraîchir. Il en prend une cuillerée, repose la coupe sur la petite table de la terrasse. Il n'a envie de rien. Il fait une chaleur épuisante, qui ajoute à sa fièvre. Elle est désemparée.

Il repart pour la France, après des jours de nouvelles dissensions avec les communistes au sein de la France libre. Avec les Alliés, il faut se battre pour que Eisenhower laisse Leclerc foncer vers Paris secourir l'insurrection. Car, pour eux, la capitale n'est pas un objectif, mais un obstacle à contourner. Rien n'est jamais fini, ni avec les Alliés, ni avec les Français.

Cette fois, son fils aussi est au cœur des combats. Comme elle a épuisé toutes les prières, elle accepte les sorties à la plage, avec Myriem et Marguerite Potel. Anne s'assied des heures durant dans l'eau tiède, qui semble lui faire du bien. Le jeune chauffeur qui les conduit fait le pitre devant l'adolescente qui le regarde, un vague sourire aux lèvres. Sous le parasol, Yvonne tente de lire *L'Étranger*, le roman d'un jeune auteur pied noir, Albert Camus, qu'elle a acheté chez le libraire-éditeur Edmond Charlot. L'ouvrage est sorti il y a deux ans. Charlot lui a dit que Camus est maintenant dans la Résistance, en France. Mais elle ne parvient pas à se fixer sur cette écriture sèche, qui traduit pourtant si bien la chaleur épuisante de ce pays. Elle laisse le livre de côté, se plonge dans les journaux.

Elle se sent moins seule. L'un ou l'autre des collaborateurs de Charles lui donne des nouvelles qui datent de deux ou trois jours, mais qui la rassurent un peu. Et puis Élisabeth lui dit ce qu'elle sait. Parfois, Yvonne reçoit une invitation, qu'elle refuse. Elle n'a pas le cœur à sortir.

Puis vient le 24 août. Les chars de Leclerc sont entrés dans Paris. Le général von Choltitz, le gouverneur allemand de Paris, a capitulé. Le 25, dans les salons de l'Hôtel de Ville, tandis que les combats continuent dans la capitale, de Gaulle s'adresse aux Parisiens :

Paris ! Paris outragé ! Paris brisé ! Paris martyrisé ! mais Paris libéré ! Libéré par lui-même, libéré par son peuple avec le concours des armées de la France, avec l'appui et le concours de la France tout entière, de la France qui se bat, de la seule France, de la vraie France, de la France éternelle [1].

Le lendemain, une foule immense l'accompagne de l'Arc de triomphe à Notre-Dame, pour le Magnificat.

Quelques jours plus tard, Alphonse Juin se fait annoncer à la villa des *Oliviers* et remet à Yvonne une lettre de Charles. Le général lui raconte ce qu'elle sait déjà en partie : l'enthousiasme des Parisiens, l'accueil réservé au chef de la France libre. Pourtant, rien n'est encore fini. Elle le pressentait. Il lui confirme que les obstacles, avec les Alliés surtout, ne sont pas tous levés. Elle veut le retenir à dîner. Elle le voit hésiter. Non. Il a encore trop à faire avant de rejoindre Paris. Charles a également demandé à quelle date elle comptait rentrer en France. Il a aussi besoin de linge et de souliers. Drôle de message. Elle sourit. Juin la quitte.

Elle se laisse tomber dans un fauteuil, ouvre la lettre :

Ma chère petite femme chérie,

J'ai vu Philippe qui va parfaitement et s'est très bien battu et se bat encore.

Tout va très bien. Hier, manifestation inouïe. Cela s'est terminé à Notre-Dame par une sorte de fusillade qui n'était qu'une tartarinade. Il y a ici beaucoup de gens armés qui, échauffés par les combats précédents, tirent vers les toits à tout propos. Le premier

1. *Discours et Messages*, *op. cit.*, p. 440.

coup de feu déclenche une pétarade générale aux moineaux. Cela ne durera pas.

Je suis au ministère de la Guerre, rue Saint-Dominique. [...] Quand tu viendras, nous prendrons un hôtel avec jardin du côté du bois de Boulogne pour habiter et j'aurai mes bureaux ailleurs. [...]

Je t'embrasse de tout mon cœur [...] Mille affections à Élisabeth et Anne.

Ton pauvre mari,

Charles[1].

Elle regarde longuement ce paysage qu'elle aime tant et qu'elle va quitter. Elle se sert un peu de sirop d'orgeat, qu'elle noie dans l'eau fraîche d'une gargoulette dont Myriem lui a appris l'usage. Elle se lève. Il faut se préparer à partir.

1. *Lettres, notes et carnets*, *op. cit.*, p. 297.

La France meurtrie

Tout est prêt. Elle laissera la maison à l'officier d'ordonnance, dans quelques instants. Cette fin septembre est douce, la baie d'Alger claire, nette, avec la Ville blanche qui se découpe comme une carte postale à l'horizon de ses collines. Malgré toutes les difficultés qu'elle a dû surmonter ici, elle gardera le souvenir vivace de ce paysage qui chaque jour l'a nourrie, lui a donné la force de tenir. Il sera à jamais mêlé à ses souvenirs, ses réflexions, ses appréhensions, sa crainte pour Charles.

Elle revoit l'année qui vient de s'écouler, l'émotion qu'elle a ressentie le 15 août, à Notre-Dame d'Afrique. Dans la foule des Algérois d'origine italienne et espagnole, elle a suivi, anonyme, la statue de la Vierge noire autour de l'esplanade, devant la basilique, en chantant avec tout le monde : « Chez nous, soyez reine... » C'était simple, pur, sans affèterie. En bas, le cimetière de Saint-Eugène dévalait vers la mer.

Elle ne s'est pas fait connaître de l'archevêque, en tête de la procession. Elle avait envie de cette solitude au milieu de la multitude, pour mieux prier, demander grâce pour son fils, son mari, son beau-frère Pierre, interné en Bohême, pour sa nièce Geneviève, détenue dans un camp, quelque part en Allemagne, pour tous ceux qui se battaient encore sur les routes de Normandie.

Puis, à pied, elle était descendue dans le ravin, au bas de Notre-Dame d'Afrique, qui abritait un carmel. Seule encore, dans une petite chapelle, elle avait poursuivi ses prières, tandis que des ombres blanches passaient en silence derrière des claires-voies de bois. Elle avait envié ces recluses, retranchées des tumultes du monde...

Les quatre années de guerre l'ont transformée au point qu'elle ne reconnaît pas cette voix sèche, en elle, qui a étouffé sa joie de vivre, ses enthousiasmes, son amour des autres. Elle ne sait plus tout à fait qui elle est, ni comment elle va affronter l'avenir. Car elle n'est plus seulement la femme du général de Gaulle, héraut de la France libre. Elle est aussi l'épouse du président d'un gouvernement provisoire encore incertain.

Elle a lu les comptes rendus des journaux sur l'accueil fait à de Gaulle dans les villes et villages libérés. Les nouvelles fonctions de son mari, les responsabilités qui lui incombent désormais sur le sol national, l'enferment davantage encore dans sa fragilité, dans ce corps mince et léger qui ne lui semble plus qu'une coquille vide.

Anne vient glisser sa main dans la sienne. Marguerite Potel tient sur son bras deux manteaux pliés. Élisabeth s'appuie à la balustrade, près d'elle, regarde une dernière fois le paysage magnifique tandis que Myriem pleure derrière elles. Il est temps de partir.

Le trajet en avion jusqu'au Bourget n'est pas sans danger. Mais Yvonne n'a pas peur. Curieusement, l'idée de sa propre mort ne l'effraie pas. Sa foi, sans doute, lui donne cette confiance avec laquelle elle se remet entre les mains de Dieu.

Ce 23 septembre, le temps est doux sur Paris, la lumière un peu acide, déjà. Mais les arbres roux ont encore leurs feuilles. La périphérie de la ville a souffert des bombardements et des combats. La voiture traverse les quartiers nord et les quatre femmes voient les premières files d'attente devant les magasins d'alimentation, les bougnats, les bâtiments publics. Au moins, les drapeaux français ont remplacé les croix gammées, qu'Yvonne n'aura jamais vu flotter dans les rues de la capitale.

La maison que Charles a trouvée dépend des services de la ville de Paris. C'est une grande bâtisse prétentieuse, que les Allemands destinaient à Goering. Elle se situe en périphérie du bois de Boulogne, près de la porte de Madrid, au 4, de la route du champ d'entraînement. Yvonne aurait préféré un logis plus modeste, moins voyant. Mais elle sait qu'elle devra organiser un nouveau train de maison, recevoir – des hôtes étrangers, peut-être. Sa vie va changer. Ce qui ne l'amuse pas du tout. Il faudra faire avec. Et puis dans le parc, profond d'une bonne centaine de mètres, clos de hauts murs, Anne sera bien. Mais quelle présomption, ce gros cube de pierres de taille, flanqué d'un fronton à colonnes... À l'intérieur, presque rien : des meubles modernes, confortables, sans plus. Des tapis. Pas un tableau au mur.

Allons, il faut rendre tout cela vivable, former un personnel, organiser, prévoir. Yvonne choisit une intendante sur laquelle elle pourra se reposer, Mme Remel, un valet de chambre-maître d'hôtel, une très bonne cuisinière, deux autres petites mains. Charles lui présente son aide de camp depuis le début juin, le lieutenant Claude Guy, et une ordonnance qui ne s'occupera pas des travaux domestiques.

La vie se met peu à peu en place. Mais la pauvreté du pays, que les nazis ont laissé exsangue, ne facilite pas la tâche.

Lorsque Charles rentre de son bureau de la rue Saint-Dominique, vers vingt heures, la table est mise. Ils dînent rapidement, en évoquant les difficultés de la journée, la lente remise en marche du pays, la guerre qui se poursuit à l'est, où Philippe se bat. Philippe, que Charles a vu plusieurs fois à Paris, avant qu'il ne reparte au combat.

Il a pu, sur la route de l'Alsace, passer par La Boisserie. La maison a été occupée par les troupes allemandes. Les meubles sont détruits ou vendus, les portes, les fenêtres et leurs montants brûlés. Un incendie a en partie mangé le toit et deux murs d'angle. Le petit parc garde encore les traces profondes du passage des chenilles allemandes.

Yvonne revoit *Sept-Fontaines*, au sortir de la guerre de 1914. Par deux fois, dans sa vie, sur ces marches du Nord et de l'Est de la France, ses racines lui auront été arrachées. Mais d'autres ont souffert bien plus qu'elle, dans cette guerre. Comment se plaindre d'une maison à réinventer ? Philippe, du reste, a pris les premières dispositions pour préserver l'essentiel. Il a demandé à deux entrepreneurs ayant déjà travaillé à La Boisserie, MM. Marino et Michel Hutti [1], de restaurer le toit. Il a confié à une autre personne du village, M. Poulnot, la surveillance des travaux pour le compte du général de Gaulle.

Après la guerre, on agrandira la maison, on l'embellira. Yvonne rêve de s'y retirer, de reprendre cette vie bucolique, accordée aux saisons, qu'elle goûtait lorsque Charles commandait à Metz.

1. Philippe de Gaulle, *Mémoires accessoires*, *op. cit.*

Finalement, pour elle, ce serait cela, la vraie vie : un train de maison modeste, un mari à choyer, des enfants, des petits-enfants peut-être, à gâter.

On en est si loin encore ! La guerre n'est pas terminée. Et le pays tangue comme un bateau ivre.

Rien n'est simple dans cette France meurtrie. Les horreurs de quatre années d'Occupation, les massacres de Tulle ou d'Oradour-sur-Glane, les déportations, les otages fusillés, les spoliations, déchaînent le besoin de punir ceux qui ont collaboré. L'épuration est d'abord spontanée, pas toujours exempte de rancunes personnelles. Il convient de la canaliser, de mettre fin aux vengeances. Charles estime qu'il faut lui substituer la justice, rétablir l'ordre, la légalité républicaine, réconcilier ce peuple profondément divisé.

Et il parcourt la France, rencontre les Résistants, ceux qui se sont battus dès juin 1940, et les autres, ceux de la dernière heure. Les journaux issus de la Résistance, qui paraissent sur du papier à quatre sous, publient certains de ses discours. Il dit à Orléans : « Nous reprenons notre pays [...] mutilé, coupé dans ses communications, meurtri dans ses ports, ravagé dans beaucoup de ses régions, mais nous le retrouvons rassemblé moralement, rassemblé pour libérer ses ruines, pour remonter à sa place, la première place, celle d'une grande nation parmi les autres grandes nations [1]. » Il demande plus de justice, de cohésion, de partage dans cette terrible adversité. Il exprime ainsi les convictions qu'il s'est forgées dans la fréquentation du catholicisme social, avant guerre. C'est sa vision de la société à venir.

À Lille, il va plus loin encore, prépare l'opinion à une idée dont il s'est ouvert à Yvonne : la reprise, par l'État, des grands moyens de production.

... Nous voulons [...] la mise en valeur en commun de tout ce que nous possédons sur cette terre et, pour y réussir, il n'y a pas d'autre moyen que ce qu'on appelle l'économie dirigée.

Nous voulons que ce soit l'État qui conduise au profit de tous l'effort économique de la nation tout entière, et faire en sorte que devienne meilleure la vie de chaque Français et de chaque Française [2].

1. *Lettres, notes et carnets*, 18 septembre 1944, *op. cit.*, p. 316.
2. *Lettres, notes et carnets*, *op. cit.*, p. 323.

Il s'élève contre les trusts, parle de davantage de dignité, de responsabilités, pour les travailleurs.

Yvonne lit attentivement chacun de ses discours, reconnaît des idées chères à son mari. Mais elles s'enchaînent en une pensée politique affirmée, dont elle n'analyse pas toute la portée. Il y a eu trop de ruptures dans son tête-à-tête avec lui, au cours de ces quatre ans. Elle a manqué certaines étapes. Elle doit faire un nouvel effort pour comprendre à nouveau sa philosophie politique. Sans quoi, il s'éloignera d'elle, la laissera sur le bord de la route, cantonnée à un rôle de représentation.

Lorsqu'il revient, il est tellement accaparé par la poursuite de la guerre, les difficultés que les Alliés font toujours aux Forces françaises, par la mise en place de l'État, qu'il n'a plus le temps de partager avec elle sa réflexion, comme il le faisait auparavant. Il y a entre eux, maintenant, une rupture secrète qui donne à leurs rapports une tonalité compassée qu'il tente parfois d'effacer d'un geste tendre. Mais elle pense qu'il se contraint, elle se dégage, se replie sur elle-même, n'a pas le courage de parler. Elle sait qu'il a davantage d'échanges avec les proches de son cabinet : Claude Mauriac, le fils de l'écrivain, son ami Gaston Palewski, Claude Guy, son aide de camp.

Pourtant, il leur reste, parfois, des moments de partage intense. Un soir d'octobre de cette année 1944, il rentre, bouleversé, du ministère. Par l'entremise de la Croix-Rouge internationale, il a reçu une lettre de Himmler, qu'il lit à Yvonne. Elle dit en substance :

Je vous admire beaucoup et je constate que vous avez fait beaucoup pour votre pays, mais le sort de la France est encore extrêmement précaire, nous pouvons encore gagner la guerre [...]. Il se peut aussi que les Anglo-Saxons gagnent, c'est ce qui pourrait vous arriver de plus heureux, mais vous deviendrez alors un dominion [...], vous qui avez tellement lutté pour l'indépendance de votre pays [...]. Mais il se peut aussi que les Soviétiques gagnent la guerre, ça, c'est le pire de tout, c'est horrible. Donc, vous n'avez qu'une solution : vous faites la paix séparée avec nous, vous nous aidez à la faire avec les Anglo-Saxons, et tous ensemble nous tombons sur le dos des Russes[1].

1. In *Geneviève de Gaulle Anthonioz*, par Caroline Glorion, Plon, 1997.

En échange, Himmler proposait de libérer tous les membres de la famille de Gaulle prisonniers en Allemagne : Pierre et Marie-Agnès, le frère et la sœur de Charles, le mari de celle-ci, Alfred Cailliau, la fille de son frère Xavier, Geneviève. Bien sûr, Charles ne répondra pas à cette proposition machiavélique. Mais il sait bien que ces membres de sa famille, parce qu'ils portent son nom ou lui sont proches, risquent le pire.

Ni l'un ni l'autre n'ont encore conscience de l'horreur des camps. Ils ignorent comment on y a détruit l'humanité de chaque être, quelle que soit son appartenance religieuse, avant de l'éliminer par les coups, la faim ou les chambres à gaz. Comment on a noyé les bébés à la naissance, comment on a éclaté la tête des enfants contre les murs. S'ils savent que les Juifs ont été systématiquement pourchassés, ils ignorent encore l'Holocauste.

Mais, Charles, qui a bien présents à l'esprit le texte et l'idéologie de *Mein Kampf*, n'envisage à aucun moment une négociation possible avec les nazis. Alors, Yvonne et lui prient pour les leurs prisonniers et pour tous ces anonymes subissant la folie meurtrière d'un régime qui a corrompu la quasi-totalité d'un peuple. C'est un moment douloureux et grave, où leurs deux âmes, à nouveau profondément unies, laissent crier leur détresse. Ils sont comme des fétus de paille, fragiles et droits, dressés face au mystère de ce Dieu qui ne parvient pas à combattre le mal.

Le 23 octobre 1944 est un jour de victoire pour Charles et pour tous ceux qui se sont battus avec lui : les États-Unis, la Grande-Bretagne et l'URSS reconnaissent le gouvernement provisoire de la France. Le projet AMGOT est enfin enterré.

Yvonne organise un dîner, dans la plus pure tradition diplomatique, pour les ambassadeurs des trois pays. S'y joint François Mauriac. Car, plus qu'avec les politiques, c'est avec l'écrivain que Charles a envie de bavarder, d'échanger, de réfléchir. Mauriac, à *Malagar*, sa maison du Bordelais, a dû subir la présence d'un officier allemand et les pas de l'homme, au-dessus de sa tête, résonnaient comme ceux de la Bête.

Il faut aussi recevoir les membres du CNR, qui protestent contre la dissolution des milices patriotiques. Charles leur explique qu'il convient de rentrer dans le rang. D'aucuns s'indignent : le gouvernement mêle des politiques issus de la IIIe République, des communistes, des Résistants. L'unité, toujours l'unité, prône Charles.

Les derniers ralliés feront bientôt de l'ombre aux premiers engagés. Difficile de faire partager les valeurs chrétiennes, de désamorcer la guerre civile, dans ce pays où tout est bouleversé, où les rancœurs sont d'une rare violence, où les communistes menacent de tout faire exploser.

Lorsqu'il rentre, le soir, Charles semble déserté de toute humanité. L'espace de quelques instants, auprès d'Anne, il retrouve son âme. Puis il se mure dans le silence. Yvonne tente de le distraire en lui relatant les menus événements de la journée. Il la regarde sans la voir, s'enferme dans son bureau après le dîner, de gros dossiers sous le bras. Les grâces. Le pouvoir régalien des grâces. Il en refuse, ne dort pas de la nuit, s'épuise dans son remords. Il reste immobile, dans la pénombre, à côté d'elle qui n'ose pas s'approcher, attendant les premières lueurs de l'aube où, quelque part, on fusille.

Yvonne ne se reprend vraiment que lorsqu'il faut « paraître ». Churchill, sa femme, sa fille, Anthony Eden et son épouse, les Duff Cooper, participent aux cérémonies du 11 novembre 1944. Tandis que Charles et le Premier Ministre britannique se rendent sur la tombe du Soldat inconnu, à l'Arc de triomphe, devant la foule immense qui les acclame, elle s'occupe de ces dames qui ont été logées dans les ors et brocarts du Quai d'Orsay.

Elles longent la Seine dans une voiture, découvrent les monuments, arrivent à Notre-Dame, où l'archevêque les reçoit, tandis que résonnent les grandes orgues. Elles visitent le trésor, puis, avant de se rendre au Louvre, se promènent quelques instants dans le marché aux fleurs et aux oiseaux, se mêlent à la foule place de l'Opéra. Personne ne les reconnaît encore, bien que ces cinq femmes, chapeautées et gantées, suivies par un officier en grande tenue, intriguent.

Défilé, déjeuner, dîner fastueux pour ce héros reçu par un autre héros, deux figures de l'histoire qui, dans l'après-midi, sont allées en visiter deux autres, aux Invalides : Foch et Napoléon. Yvonne tient son rang, tout sourires, diserte, attentive à ses hôtes, échangeant propos affables et questions familières avec Churchill, dont elle connaît la jovialité. De temps à autre, le regard de Charles se pose sur elle, alors qu'il joue les jolis cœurs avec Mme Churchill ou avec sa voisine de gauche. Il semble heureux, moins tendu qu'à l'accoutumée. Pourtant, les conversations entre les deux hommes n'ont pas dû se dérouler sans accroc. Elle a surpris la sombre expression de Charles, au sortir de la salle de conférences du ministère de la Guerre, où il s'est enfermé avec Churchill, Eden, et Bidault, quelques heures auparavant.

Le 23 novembre, les troupes de Leclerc entrent dans Strasbourg, épaulées par les Américains. Philippe fait partie de ces combattants qui, une fois encore, rendent l'Alsace à la France. L'avancée foudroyante des Alliés bouscule les Allemands, qui organisent une contre-offensive sur Dannemarie. La guerre n'est pas finie.

Charles poursuit néanmoins sa reconstruction de l'État, et dans ses moindres détails, puisqu'il faut aussi bien organiser le ravitaillement que redonner à la France sa voix dans le concert des nations.

Le 24 novembre, il part pour Moscou via Tunis, Le Caire, Téhéran, Bakou et Stalingrad. Yvonne se retrouve à nouveau seule, mais c'est une solitude différente, cette fois : il y a le personnel de la grande maison, auquel il faut, chaque matin, donner des ordres précis et elle dispose d'une voiture avec chauffeur, qui lui permet de se rendre où elle veut dans Paris.

Elle a aussi retrouvé une partie des siens, à qui elle rend visite ou qui viennent la voir. On évoque ceux qui sont encore prisonniers et dont, en dépit des recherches menées par la Croix-Rouge, on est toujours sans nouvelles. Yvonne ne peut parler de la démarche tentée par Himmler, ni du silence qu'y a opposé Charles. Alors, on évoque à mi-voix ces enfants qui se battent en Alsace, et dont on craint chaque jour qu'ils ne soient blessés ou tués. Non, la guerre n'est pas finie. Les Allemands ne sont pas encore vaincus. Étrange époque, où tout semble suspendu et grouillant de vie.

Le 16 décembre, lorsque Charles rentre de Moscou, Yvonne l'accueille au pied de l'avion, avec quelques ministres. Un détachement rend les honneurs, entonne *La Marseillaise*. Le président du gouvernement provisoire ne peut retrouver son épouse que dans la voiture qui regagne Paris. Mais, déjà, il se plonge dans la lecture

Yvonne Vendroux, pendant ses fiançailles, à l'âge de vingt ans.
Lorsque ses parents lui ont demandé si elle voulait épouser Charles de Gaulle,
elle a répondu : « Ce sera lui ou personne ».

Charles de Gaulle (debout, troisième à partir de la gauche) *à seize ans, en classe de math élém, 1906-1907. Il était aussi doué pour les sciences que pour la littérature.*

Marguerite Vendroux, la mère d'Yvonne (à droite), *1915 ou 1916. Responsable de l'hôpital de Calais pendant la Grande Guerre, elle a été décorée en 1918 de la croix de guerre.*

Yvonne Vendroux à Calais, 1919.
C'était une jeune bourgeoise de bonne famille,
destinée à devenir
une maîtresse de maison accomplie.

Yvonne Vendroux, 1920.

Yvonne et Charles, alors capitaine,
se marient à Calais le 7 avril 1921.
Elle a presque vingt et un ans.
Il a dix ans de plus.

Les quatre frères de Gaulle, Charles, Xavier l'aîné, Pierre le benjamin et Jacques (de gauche à droite), *à la sortie de la guerre, en 1919, où ils se sont tous illustrés par leurs faits d'armes.*

Au château de Sept-Fontaines, propriété de la branche maternelle dans les Ardennes, où Yvonne a connu les plus belles vacances de son enfance.
Yvonne, avec son grand-oncle et son fils Philippe, vers 1930.

La famille Vendroux, vers 1932.
Yvonne est à droite de la balustrade,
Charles de Gaulle est deuxième rang à gauche.

Anne et son père sur la plage de Bénodet, été 1934. Pour cette enfant, qu'il appelait « le tout-petit », Charles de Gaulle a toujours manifesté un amour sans limites.

Philippe de Gaulle, l'aîné des enfants, à Mayence, 1922. Charles était très fier de son fils, envers lequel il a toujours montré une grande exigence.

Anne et son père à La Boisserie, 1934.

Le maréchal Pétain, chef du Conseil supérieur de défense, 1925. Derrière lui à droite, le capitaine de Gaulle, qui, distingué parmi les officiers pour son talent littéraire, était alors son « nègre ».

Charles de Gaulle, commandant du 507e régiment de chars de Metz, entre 1937 et 1939. Le char est le symbole de la stratégie militaire offensive qu'il prônait, contre l'avis de l'état-major français.

Scènes domestiques, Londres, 1942.
À la demande de Winston Churchill,
les époux de Gaulle
se prêtent à un reportage photographique
sur l'intimité du chef de la France libre.
Sa diffusion dans la grande presse
les rendra populaires auprès des Anglais.

Yvonne de Gaulle, 1940-1941

Élisabeth de Gaulle, 1942.
Pensionnaire chez les religieuses,
elle passe la plupart de ses week-ends
avec sa mère pendant leur exil en Angleterre.

L'enseigne de vaisseau, Philippe de Gaulle,
ici en Normandie sur une jeep de la 2e DB,
en août 1944, a brillamment participé
à la libération de la France
avec le général Leclerc.

Lady Churchill, Yvonne de Gaulle, Mme Anthony Eden, Mary Churchill et Mme Duff Cooper assistant au défilé du 11 Novembre 1944, dans le quartier de l'Opéra à Paris.

Yvonne de Gaulle votant pour les élections municipales dans le seizième arrondissement, le 29 avril 1945. C'est le premier vote des femmes, institué par Charles de Gaulle en 1944.

Élisabeth de Gaulle posant en robe du soir, Paris, fin 1945.

Mariage de Philippe de Gaulle et Henriette de Montalembert au château de la Cueille, à Poncin, le 30 décembre 1947.

Yvonne de Gaulle à côté du berceau de son premier petit-fils Charles, à La Boisserie, octobre 1948.

Yvonne et Charles avec leur fils Philippe (à droite), sa femme Henriette et leur fils Charles, en vacances à Morgat, 1949.

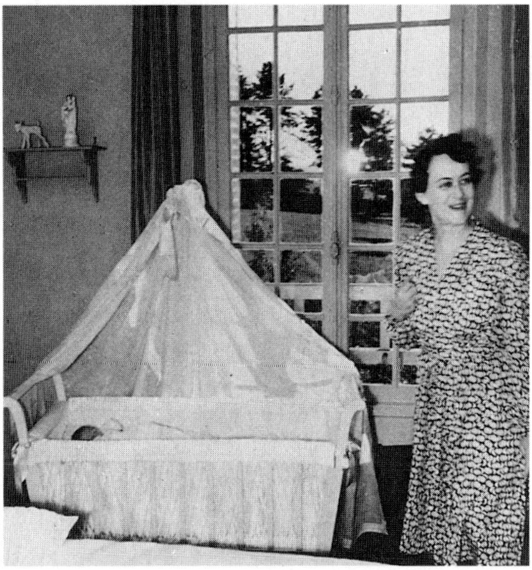

À La Boisserie, propriété de la famille de Gaulle. La vaste demeure de quatorze pièces est située à la sortie de Colombey-les-Deux-Églises, sur la route des forêts de Clairvaux et des Dhuits. Entourée de terres et d'un grand parc, cette ancienne brasserie a été achetée en viager par le jeune ménage de Gaulle pour assurer un havre de tranquillité à leur fille Anne.

Le bureau de Charles de Gaulle.

Yvonne et Charles de Gaulle entourés de leurs enfants, Élisabeth de Boissieu (à droite) *et Philippe avec son épouse et leurs fils, Charles et Yves, dans le jardin, 1952.*

Le Général, 1948.

Voyage à Papeete, août 1956. C'est leur premier tour du monde des possessions françaises à titre semi-officiel.

Visite privée au Maroc, protectorat français, 1951. Charles, qui a créé le RPF, aime aller à la rencontre des Français. Son épouse l'accompagne toujours.

Charles retrouve son ami le général Eisenhower à la Maison-Blanche, 1960.

Dans leur voiture avant la cérémonie du 14 Juillet 1958, Yvonne et le général de Gaulle. Président du Conseil, il est revenu au pouvoir au moment des événements d'Algérie en mai 1958.

Portrait officiel du président de la République, Charles de Gaulle, en uniforme à l'Élysée, 1959.

Sur le perron de l'Élysée, 1967.

Yvonne de Gaulle votant à Colombey-les-Deux-Églises, mars 1967.

Voyage officiel au Canada, en juillet 1967 : « Vive le Québec libre ».

Audience privée chez le pape Paul VI, le 31 mai 1967.

Promenade sur la lande près de Derrinane House en Irlande, 1969. Le Général a quitté le pouvoir. Avec Yvonne et son aide de camp, le commandant Flohic, il parcourt le pays de ses lointains ancêtres, les Mac Cartan.

C'est à La Boisserie,
devant la table de bridge
où le Général aimait à faire
des patiences, qu'il s'est effondré
le 9 novembre 1970,
aux alentours de 18 heures 50.

Le corps du Général
est transporté de La Boisserie
à l'église de Colombey
sur un engin blindé mobile,
le 12 novembre 1970,
un peu avant 15 heures.

Sous cette pierre tombale
du cimetière de Colombey,
Yvonne repose en compagnie de
sa fille et de Charles.

des télégrammes qu'on vient de lui remettre : les Allemands ont engagé une violente contre-offensive dans les Ardennes. La bête n'est pas encore terrassée.

Yvonne a rapidement donné des nouvelles d'Anne, d'Élisabeth, puis elle s'est calée dans le fond de la voiture. Elle attend qu'il parle, qu'il raconte. Staline, avec lequel il vient de signer un traité d'alliance et d'assistance mutuelle, sans pour autant renoncer à la protection française sur la Pologne ? C'est un dictateur de la pire espèce, un ogre rouge qui a déjà réglé, seul, le sort de l'Est, et ne s'en laissera conter par personne. Il veut la frontière germano-polonaise sur l'Oder-Neisse. La Prusse orientale sera partagée en deux : le nord, avec Königsberg, la ville natale de Kant, tombera dans ses mains ; le sud, jusqu'à Dantzig, restera polonais. Mais il n'interviendra pas, pour le moment, dans les affaires de la France, ce qui signifie que les communistes se tiendront tranquilles.

Charles dit tout cela à voix haute, devant elle, et elle est heureuse qu'il lui explique à nouveau la marche de l'histoire. Mais il le fait comme s'il résumait pour lui, ou pour le relater tout à l'heure à ses ministres, ce voyage de quelques jours durant lequel il a parcouru des milliers de kilomètres. Il pose les dépêches sur ses genoux, lui prend la main, demeure un long moment immobile, le regard fixe. Le tourbillon du monde l'a repris. Yvonne a froid, soudain.

Il repart. Les armées alliées sont en mauvaise posture, face à l'offensive allemande. Les Américains songent même à se retirer de Strasbourg. Il faut que les troupes de De Lattre refusent d'obéir aux Alliés, tiennent la ville, que celles de Leclerc poursuivent leur progression. Il revient, discute avec le général Eisenhower et avec Churchill, remporte une nouvelle bataille. À peine a-t-il le temps de dire à Yvonne qu'il a vu Philippe, un soldat magnifique.

Puis vient le coup de Yalta. Staline, Roosevelt et l'ami Churchill, en Crimée, sur les bords de la mer Noire, se partagent l'Europe, sans la participation de la France. Charles ne décolère pas. Yvonne regarde la photo des trois chefs d'État publiée par les journaux, avec ce Roosevelt recroquevillé sur lui-même, dans son fauteuil roulant, un plaid sur les genoux. Et ce Staline au regard dur… Ils ont tout de même concédé quelque chose à la France :

elle est « invitée à participer à l'occupation de l'Allemagne et au comité de contrôle interallié[1] ». Et elle pourrait être une puissance invitante à la conférence de San Francisco qui jettera les bases d'une future organisation des Nations unies.

Roosevelt propose de rencontrer de Gaulle à Alger, en terre française, comme s'il y était chez lui. Ces Américains n'ont aucune pudeur, aucun respect. Leur arrogance est sans limites. Debout, dans le salon, Charles monologue. Il refuse tout de ces trois hommes qui ne prennent pas en considération l'immense travail accompli par les armées de la France et par ce gouvernement provisoire qui tente de remettre sur pied un pays où tout manque. C'est Roosevelt, ce Roosevelt qui a pensé à administrer le pays comme une colonie américaine, c'est lui l'instigateur de tout cela. Se battre, se battre encore. Mais il est las. Elle ne sait plus comment l'aider.

Alors, avec Élisabeth, dès qu'il intervient à l'Assemblée ou au Sénat, elles sont dans la tribune, attentives, souriantes, aussi proches de lui que possible. Car, même si Yvonne ne pénètre plus vraiment les arcanes de sa pensée politique, le grand dessein reste identique : préserver la grandeur de la France des diktats de l'étranger, y compris de ceux des Alliés. Elle est d'accord. Oui, il a raison, toujours. Contre vents et marées, malgré les hésitations de ses ministres, et notamment de son ministre des Affaires étrangères, Georges Bidault, qui le trouve trop intransigeant, parfois. Comment peut-il s'opposer au chef de la plus grande puissance mondiale ?

Comment a-t-il pu, le 17 juin 1940, après le désastreux discours de Pétain, se lever seul pour le salut de la France ?

Durant cet hiver 1944-1945 où les combats se poursuivent, où les Français manquent de tout, Charles doit aussi essuyer les critiques qu'exprime dans son journal, *Combat*, cet écrivain qu'elle a tenté de lire à Alger : Albert Camus. « Le mutisme de De Gaulle, la carence de ses ministres, creusent toujours davantage le fossé qui nous sépare du gouvernement provisoire… »

Le pays est exsangue. La ration quotidienne de ceux qui trouvent à manger s'élève à neuf cents calories par jour. Il en faut trois

1. *Le Figaro* du 13 février 1945.

fois plus pour arriver à fournir un quelconque travail. Le rationnement est draconien : moins de cent grammes de pain ; quatre-vingt-dix, puis soixante grammes de viande, quand on peut en acheter. Le marché noir même finit par se tarir : les campagnes ne font plus parvenir aux villes que de maigres surplus.

Lorsqu'elle sort de chez elle, Yvonne voit ces vieillards squelettiques qui attendent devant les magasins d'alimentation, flanqués d'enfants aux visages blêmes. Dans le froid glacial, ils ne sont souvent vêtus que de hardes. C'est un peuple affamé qui gronde, tandis que les Forces françaises pénètrent en Allemagne et remportent peu à peu, aux côtés des Alliés, des victoires qui ne remplissent pas les ventres creux.

Elle a lu, dans un journal que Charles a laissé sur son bureau, au retour de son voyage en URSS, un pamphlet qui illustre bien l'esprit du pays :

Lorsque le général, lassé d'un long voyage
Dans son avion spécial reviendra parmi nous
Les petits affamés à son atterrissage
Viendront lui demander : Que nous rapportez-vous ?
Le peuple est très sensible à toute cette gloire
Mais il voudrait sentir, et ce serait si bon
L'ivresse du triomphe... et d'un vin de la Loire
La chaleur d'un accueil... et d'un feu de charbon[1]...

Pourtant, les mesures que prend Charles, à la tête du gouvernement provisoire, visent d'abord les charbonnages. Le 13 décembre 1944 sont créées, par ordonnance, les houillères du Nord et du Pas-de-Calais. Puis, sanctionnées pour collaboration, les usines Renault sont nationalisées, ainsi que les usines Gnome-et-Rhône, qui deviennent la SNECMA (Société Nationale d'Études et de Construction de Moteurs d'Avions). Cette politique de nationalisation se poursuivra tout au long de 1945, avec la mise sous tutelle de l'État des transports aériens, du crédit. La situation, pourtant, se dégrade.

Les charges de l'État, les querelles intestines au sein du gouvernement, la grogne de plus en plus forte dans le pays, l'inflation qui dérape (elle demanderait une politique économique plus drastique,

1. Cité par Jean Lacouture, *De Gaulle*, t. II, *op. cit.*

que de Gaulle refuse pour ne pas accentuer la misère) rendent chaque soir à Yvonne un homme de plus en plus las.

D'autant qu'il tient toujours la France à bout de bras, dans une politique internationale qui se met peu à peu en place. À la conférence de San Francisco, où se crée l'Organisation des Nations unies, il obtient que le pays figure parmi les cinq membres permanents du Conseil de sécurité disposant du droit de veto.

Yvonne redit à haute voix l'ode à la France que Paul Claudel a envoyée à Charles au début de septembre 1944 :

Je suis vieille, on m'en a fait de toutes sortes, mais je n'étais pas habituée à la honte...

Tout de même, dit la France, je suis sortie...

Il y a tout de même une chose qu'ils ne savent pas et que je sais, c'est cette compagnie que je tiens, depuis quatre ans, avec la mort !

Elle s'assied. C'est comme si la phrase de Claudel résonnait en elle pour la première fois. Lorsque Charles lui a lu, à son arrivée d'Alger, le texte du poète réfugié dans son village de Brangues, en Isère, elle n'a pensé qu'à la souffrance des autres : « Ces morts, ces humbles morts, [...] ces martyrs, ces soldats, la terre maternelle enveloppe désormais leur repos [1]. » Elle a pensé aux Juifs massacrés dans toute l'Europe, à la tragédie du ghetto de Varsovie, à ces prisonniers qui ne reviendront peut-être pas d'Allemagne. Aux siens disparus.

Pas une seconde elle n'a songé à elle, à ces heures d'angoisse qui l'ont transformée en une forteresse désertée. C'est la mort de Charles qui l'a hantée au cours de ces quatre années, la menace de la bohémienne qu'elle a ruminée. Elles ont occupé son esprit, chaque minute de sa conscience. C'est la mort de Philippe qu'elle a redoutée à chaque coup de sonnette. Oui, cette phrase de Claudel est faite pour elle : « Il y a tout de même une chose qu'ils ne savent pas et que je sais, c'est cette compagnie que je tiens, depuis quatre ans, avec la mort ! »

Il a fallu tellement s'endurcir pour faire face, ne pas montrer qu'en elle tout s'était effondré, juguler la colère, paraître toujours telle qu'en elle-même : la brave, la courageuse, la bonne Yvonne.

1. Charles de Gaulle, *Discours et Messages*, allocution prononcée à Vincennes devant les tombes des Français fusillés par les Allemands, 1er novembre 1944, *op. cit.*, p. 470.

Alors qu'elle est devenue, lui semble-t-il, pareille au bois dévoré par les termites : fragile, poreuse, friable – et coupée de l'esprit de Charles, au moment où il mène un rude combat : ramener la France dans le concert des nations.

Le mois d'avril est encore traversé de brises glacées qui chassent les nuages, rendent le ciel pur et profond. Elle jette un châle sur ses épaules, gagne le petit parc où les arbres affichent de jeunes feuilles. Les narcisses ondulent faiblement dans les massifs. Sur cette terre épuisée, la vie reprend ses droits. Elle doit se ressaisir.

Il a encore tellement besoin d'elle. Pétain, qui s'était réfugié en Suisse après avoir passé quelque temps en Allemagne, se présente à la frontière française le 26 avril. Que faire de lui, qui a jeté la France dans la collaboration, s'est appuyé sur Darlan, sur Darnand et sa milice, qui a fait condamner Charles à mort ? La longue marche de ces deux hommes se termine ainsi : le vieux maréchal se livre à l'officier dont, depuis 1925, il contestait les théories et la hauteur de vue. Naufrage de la vieillesse... Charles prend des dispositions pour qu'il ne lui arrive rien. Mais il faudra le juger et là...

Elle l'observe : il a ce regard calme et vide qui montre le fond de sa lassitude. Aussi, il l'a voulue, cette responsabilité... Elle se radoucit, lui verse un verre de cherry, comme elle le faisait en Angleterre, s'assied à ses côtés, laisse les minutes filer. Jusqu'à ce que le maître d'hôtel vienne rompre le silence : le dîner est servi.

Le 29 avril 1945, pour la première fois de sa vie, Yvonne, comme toutes les Françaises, va voter. Voilà l'une des réalisations de Charles dont elle est la plus fière. Ce sont des élections municipales. Les femmes contribuent à choisir, pour leur ville ou leur village, leur premier magistrat. Quelques jours auparavant, Mme de Gaulle a demandé à son mari pour qui elle devait voter. Il a éclaté de rire. « Mais Yvonne, vous êtes libre... » Voilà. Elle est libre. Elle secoue la tête. Combien de femmes auront posé la même question et obtenu, en réponse, une consigne de vote ?

Elle lit le programme de chacun des candidats, choisit celui qui semble le plus opportun, s'habille, pose sur ses cheveux une petite toque qui lui donne l'air coquin. La main gantée glisse l'enveloppe dans l'urne. Un photographe a immortalisé l'instant. Les joues sont moins creuses. Elle est mince, ravissante. Rien ne paraît de son trouble intérieur.

Les Françaises ont voté pour la première fois une semaine après que les troupes de De Lattre sont entrées dans Stuttgart, contre la volonté des Américains. Dans le même temps, les Russes arrivent à Berlin. Hitler se suicide le 30 avril. Deux jours plus tôt, Mussolini a été exécuté et pendu à un crochet de boucher par des militants communistes. L'Europe est enfin débarrassée de ses deux monstres.

Ce n'est que huit jours plus tard, à Reims, que l'Allemagne capitule. Pendant tout l'après-midi et une partie de la nuit, le général Sevez, adjoint au chef d'état-major de la Défense nationale (le général Juin étant encore à San Francisco), le général Bedell Smith pour Eisenhower, le général russe Ivan Susloparov et les généraux anglais Robb et Stoug ont élaboré, avec trois généraux allemands, dans une petite école de la ville, l'acte de reddition sans condition. À deux heures vingt du matin, l'Allemagne nazie avait vécu. Dans la salle, conformément au vœu du général de Gaulle, à égalité avec les drapeaux anglais, américain et soviétique, le drapeau français.

Charles ne rentre qu'aux petites heures du jour. Yvonne l'a attendu toute la nuit. Elle se jette dans ses bras. Il la serre contre lui. Lorsqu'elle lève son visage vers le sien, il a les yeux remplis de larmes.

La vie retrouvée

Personne ne pouvait se représenter l'horreur des camps. Les premières photos qui paraissent dans la presse montrent des squelettes entassés sur des grabats de bois, des fantômes aux yeux immenses et vides debout derrière des barbelés, des bâtiments lugubres, noircis par une suie indélébile : celle des fours crématoires. La France a compté plus d'un million de prisonniers et déportés en Allemagne[1]. Dès le mois de mars 1945, les rescapés de la déportation raciale et les prisonniers politiques rentrent. On ne s'attendait pas à cette cohorte du malheur, à cette souffrance muette, à ces rescapés qu'il faut soigner, nourrir, loger, remettre dans la vie. Personne ne parle, encore. Personne ne trouve les mots pour témoigner de l'ignominie du quotidien. Ils portent tous un numéro tatoué sur le bras. On leur a enlevé jusqu'à leur identité. Ils sont hâves, hagards, à côté d'eux-mêmes.

Yvonne se tient sur le quai de cette gare où elle attend Geneviève de Gaulle. Elle a honte d'être bien nourrie, bien vêtue, au milieu de ce peuple d'ombres. Geneviève descend lentement le marchepied. Elle est semblable aux autres, le regard comme tourné vers l'intérieur. Son père, Xavier de Gaulle, l'a recueillie quelques jours plus tôt à la frontière germano-suisse, si faible, si épuisée qu'elle aurait dû prendre un long repos. Mais elle pense à ses camarades de déportation qui vont rentrer et n'auront pas, comme

1. 1,5 million en 1940 (956 000 en 1944) de prisonniers de guerre détenus en stalag et oflag, 120 000 déportés raciaux, 110 000 déportés politiques, auxquels s'ajoutent les travailleurs du STO, qui sont 723 000 en juillet 1944.

elle, la chance de retrouver une famille. C'est pour elles qu'elle a voulu regagner Paris. Elle se tait.

Yvonne donne le maigre bagage de la jeune fille (qui aura bientôt vingt-six ans) au chauffeur, lui prend le bras, l'aide à marcher. Comment a-t-elle pu se laisser aller au désespoir alors que des millions d'êtres ont vécu ce que sa nièce a subi ? Quelle souffrance peut égaler celle-là, qui s'attaque à la racine même de l'humain ? Elle va la choyer, l'aider, retrouver pour elle ses gestes de femme attentive, redevenir « tante Yvonne ».

Lorsque Charles rentre, elles sont toutes deux dans le parc, déambulant lentement bras dessus bras dessous, Élisabeth à leur côté. Geneviève regarde cet homme qui a été son idéal, son soutien, sa fierté pendant ces quatre années de cauchemar. Oncle Charles aussi a changé. Il s'est un peu empâté, a de larges cernes sous les yeux. Le cheveu s'est clairsemé. Mais il a toujours ce bon regard dans lequel elle lit tant de compassion. Yvonne va les laisser lorsqu'on sonne à la grille. C'est le capitaine de Boissieu, qui épousera Élisabeth le 3 janvier prochain. Il a convoyé depuis Berchtesgaden, sur ordre de Leclerc, un trophée : la voiture d'Hitler. « De Gaulle ouvre la portière. Il invite Geneviève de Gaulle à prendre place là où s'asseyait le Führer [1]. »

Cette voiture, Yvonne aurait préféré ne pas la voir de si près. Elle s'éclipse, demande en cuisine qu'on rajoute un couvert pour Alain de Boissieu, monte voir Anne. Lorsque Charles la rejoint, la jeune fille se précipite vers son père, prend son visage dans ses mains en poussant de petits cris. Charles la serre contre lui, lui murmure des mots tendres à l'oreille.

La vie a presque repris un cours normal. Yvonne a maintenant ses enfants autour d'elle. Philippe est en permission pour de longs mois. Élisabeth est fiancée à Alain de Boissieu, dont chacun, chez les de Gaulle, apprécie les qualités : belle guerre aux côtés des Forces françaises libres, beau soldat, très bonne famille… Geneviève s'installe porte de Madrid. La famille a retrouvé son harmonie, en dépit des difficultés que rencontre toujours le pays et la lutte permanente que Charles livre tous azimuts.

1. Max Gallo, *De Gaulle*, t. II, *La Solitude du combattant*, Robert Laffont, 1998.

Un soir, Philippe se rend à une « party » d'anciens de Stanislas où il doit rencontrer les sœurs, cousines et amies de ses camarades. Il passe une nuit dehors. Le sang d'Yvonne ne fait qu'un tour : s'il allait s'enticher de n'importe qui… Et ce garçon de vingt-quatre ans reçoit, le lendemain, au déjeuner, une volée de bois vert de la part de son père « sur le ton : voilà des jours que tu ne fais rien. Il ne s'agirait pas de traîner le soir à droite et à gauche, etc. [1] ». Le lendemain, Philippe demande au ministère de la Marine une corvée hors de Paris.

Yvonne regrette le départ de ce fils qu'elle aime tendrement. Mais elle craint tant un coup de tête, une mésalliance, qu'elle préfère le savoir dans le cadre vigoureux de l'armée, avant son départ aux États-Unis où il doit suivre un stage de pilote. Elle retrouve un peu de paix.

Pourtant, les premières séquelles politiques de la guerre apparaissent. Les soldats arabes, qui se sont battus pour la France, sont morts pour elle dans les sables du désert ou sur les ponts d'Italie demandent, au jour de la victoire, à être reconnus comme Français. Personne ne veut les entendre. Alors, ils défilent dans toutes les grandes villes d'Algérie, revendiquent leur indépendance, sont réprimés, se révoltent, assassinent cent trois personnalités, petits fonctionnaires, colons dans les régions de Sétif, Guelma et Bougie, et en blessent cent dix autres. La riposte est terrible. L'artillerie et l'aviation interviennent, rasent des villages entiers. Il y aurait des milliers de morts. Yvonne se rappelle ce discours de Charles aux soldats de l'empire qui ont vaincu, en Italie. C'est maintenant qu'elle comprend. C'est cela qu'il voulait éviter.

Mais il est trop tard. Le mal est fait. La répression a déjà eu lieu. Comme lui, elle sait aujourd'hui qu'on a éteint le feu, mais la braise va subsister sous la cendre.

Jour après jour, le lien profond qui l'unit à Charles se retisse. Sa pensée, qu'elle croyait si complexe, s'éclaire pour elle. Il crée les instruments de la justice sociale : la Sécurité sociale pour tous, des écoles pour former les cadres de la nation, l'École nationale d'administration et l'École nationale des sciences politiques. Elle se montre plus attentive à ce qu'il dit. Et elle reprend soin d'elle. Au point qu'en apercevant, en passant, son image dans un miroir,

1. Philippe de Gaulle, *Mémoires accessoires*, *op. cit.*

elle s'arrête, s'observe, se dit qu'après tout, à quarante-cinq ans, elle est encore une jolie femme. Les cernes qui lui mangeaient les yeux ont disparu. Elle a toujours la même silhouette svelte. Elle repart à la conquête d'elle-même pour mieux accompagner Charles.

Un dimanche après-midi, ils s'échappent, tous les deux, vers la vallée de Chevreuse. Elle a envie de voir le site des Vaux-de-Cernay, de marcher dans Port-Royal des Champs, de l'entendre lui raconter Pascal, la mère Angélique. Ils arrivent à Milon-la-Chapelle, près de Saint-Rémy-lès-Chevreuse. Là, le château de Vertcœur est à vendre. Tous les deux pensent à Anne. Ils en ont souvent parlé. S'ils venaient à disparaître, qu'adviendrait-il de l'adolescente ? L'idée d'une fondation, consacrée à des jeunes semblables à Anne, les préoccupe depuis des mois.

Ils visitent Vertcœur. C'est une immense bâtisse entourée d'un grand parc, qui peut accueillir une quarantaine de pensionnaires. Ils ont de quoi l'acheter. Les héritages successifs les ont mis à l'abri du besoin. Et puis Charles peut y consacrer chaque mois sa solde d'officier. Ils prennent rendez-vous chez le notaire. C'est ainsi que naît la fondation Anne de Gaulle.

Une fois encore, leur fille les a rapprochés. Peut-être plus que toute autre chose, elle constitue le point d'ancrage de leur couple. Quoi qu'il arrive, Anne les tient liés l'un à l'autre par l'immense amour qu'ils lui portent.

Durant cet été 1945, où le soleil gomme un peu la misère, elle se tient au plus près de Charles. Le procès de Pétain a débuté devant la Haute Cour le 23 juillet. Chaque jour, il y envoie quelqu'un de son cabinet, écoute son compte rendu, en relate le contenu, le soir, à Yvonne. Il supporte difficilement ceux qui, pour se disculper, accablent le vieil homme, qui se tient digne, en uniforme, sa seule médaille militaire épinglée sur la poitrine. Il sait qu'il faudra le condamner à mort. Mais il sait aussi qu'il le graciera. Il l'enverra finir sa vie dans un cachot point trop inconfortable. Il ne peut oublier l'homme d'avant 1925, le vainqueur de Verdun.

Pour Laval, que les Américains ont arrêté à Innsbruck et livré à la France, pour Darnand, le bourreau milicien, il n'hésite pas une seconde. La mort. Malgré tout, lorsqu'il sort de son bureau après avoir refusé leurs grâces, Yvonne le recueille sombre, abattu, comme s'il avait tiré seul sur les condamnés. C'est une décision trop lourde, l'une des plus difficiles qu'il ait eues à assumer.

Début août, les Américains utilisent l'arme atomique contre le Japon. Le 6, le feu nucléaire embrase Hiroshima, le 9 Nagasaki. Des dizaines de milliers de victimes. Le dernier dragon de l'Axe est à genoux. Les Japonais capitulent le 2 septembre 1945. Cette fois, la guerre est vraiment terminée.

Le 10 août, Yvonne lit ces phrases terribles sous la plume de François Mauriac, dans *Le Figaro* : « La désagrégation de la matière... Les plus obtus comprendront enfin ce que cela signifie : c'était donc vers cet anéantissement que les peuples marchaient ; vers ce suicide planétaire... » Charles pense que Mauriac a raison. Il se réjouit néanmoins que ce soient les Américains qui, grâce aux travaux de Joliot-Curie et d'un certain nombre de savants juifs exilés d'Allemagne, aient mis la bombe au point et non l'Allemagne. Si Hitler l'avait eue avant eux (et il cherchait, depuis des années, à maîtriser l'énergie nucléaire), c'en était fini des pays libres et de l'URSS.

Mais il déplore qu'une seule puissance, surtout une puissance à vocation hégémonique comme les États-Unis, soit seule à la détenir.

Il repart, seul. Vers les États-Unis, cette fois, à l'invitation du nouveau Président, Harry Truman. Roosevelt a disparu. Il a succombé à une crise cardiaque le 12 avril 1945.

L'accueil que lui réservent les Américains est délirant. « Hello, Charlie », titrent les journaux. Serpentins et confettis tombent sur la voiture découverte qui parcourt Broadway. Comme pour Lindbergh, pense Yvonne. Elle espère que Charles aura le temps de voir Philippe, qui accomplit son stage de pilote à Memphis.

Charles rentre de ce voyage un peu rasséréné, puis il repart inspecter les troupes françaises en Allemagne, découvre les villes détruites, un peuple humilié, désorienté, perdu.

Il recommence à parler à Yvonne. Des difficultés qu'il rencontre avec certains de ses ministres, avec les partis qui n'ont même pas attendu la paix pour reprendre leurs chicaneries. Tout cela aussi contribue à sa lassitude. Il voudrait en finir avec ce régime issu de la IIIe République, ériger une Constitution qui préserve le pays de l'instabilité et de l'irrésolution d'avant-guerre. Aller vers un régime présidentiel plus équilibré, installé dans la durée, afin que l'exécutif soit véritablement le fait d'un président actif, pour que chaque législature puisse travailler au fond. Mais personne ne l'écoute. Chacun, à nouveau, défend son pré carré. L'intérêt de la France passe au second plan. De Gaulle sent qu'il perd pied. Que, déjà, à peine la paix revenue, les partis voudraient le voir rentrer dans ses terres. Les Anglais n'ont-ils pas renvoyé Churchill aux législatives de l'été dernier ? Il était encore en train de discuter avec Staline et Roosevelt à Potsdam que déjà, il n'avait plus aucun pouvoir.

Pourquoi ne pas démissionner ? Il a cinquante-cinq ans. Il a rendu la France à elle-même au prix d'un combat de chaque seconde. Il est peut-être temps qu'il se repose, enfin. Comme elle y va !... Il se sent jeune, et fort encore, capable d'accomplir de grandes choses, de redresser ce pays, de lui redonner toute sa puissance, de faire briller son histoire à la face du monde. Qu'est-ce qu'elle espère ? Qu'il va rester enfermé quelque part ? Où ? Dans quelle thébaïde ? La Boisserie ? La restauration n'en n'est même pas achevée. Il faudra des mois pour que la maison soit habitable. Et puis il a pris le goût de régler les affaires de la France au jour le jour, de construire un nouvel ordre, plus juste, plus équitable pour tous. Oui, avec les partis qui pourrissent tout, à nouveau...

Il se lève, arpente le salon à grandes enjambées. Elle a toujours la petite phrase qui fait mouche. Voilà qui l'agace au plus haut point. « Taisez-vous, Yvonne. Je vous l'ai déjà dit : vous ne comprenez rien à la politique. » Elle le regarde, sourit. Elle l'aime. Oui, elle l'aime, surtout lorsqu'il est ainsi, d'une mauvaise foi insolente. Elle s'avance vers lui...

Il n'a pas encore quitté les affaires : le 21 octobre, par référendum, le peuple lui a donné raison contre les politiques qui souhaitaient simplement revenir à la IIIe République. L'Assemblée qui sort des urnes ce jour-là est constituante, comme Charles le désirait. Le 13 novembre, elle l'élit avec cinq cent cinquante-cinq voix, c'est-à-dire à l'unanimité, chef du gouvernement provisoire. Cette unanimité le rassure. Mais, trois jours plus tard, il se heurte au parti communiste, renonce à former le gouvernement, s'en explique aux Français à la radio. Le 19 novembre, l'Assemblée le réélit. Il a sept mois pour donner au pays une nouvelle Constitution.

Les noces d'argent

Élisabeth s'avance au bras de son père dans la petite chapelle du couvent des Dames de Sion, rue Notre-Dame-des-Champs. Alain de Boissieu l'attend au pied de l'autel. En ce 3 janvier 1946, il fait un froid vif, mais le ciel est clair, sans un nuage. Yvonne se revoit dans Notre-Dame-de-Calais, marchant vers cet homme en grande tenue pour lequel, dès la première rencontre, elle a conçu un amour entier et profond. Il est aujourd'hui près d'elle, en uniforme, et tous deux regardent avec émotion leur fille se marier. C'est un beau mariage, simple, de bon ton, qui leur convient parfaitement. Les familles se retrouvent porte de Madrid, puis le jeune couple s'éclipse en voyage de noces au Maroc.

Le lendemain, Yvonne, Charles, Jacques Vendroux et son épouse Cada, accompagnés de l'aide de camp de Charles, Claude Guy, gagnent la villa *Sous le Vent*, au cap d'Antibes. Charles n'en peut plus des obstacles que les partis dressent devant lui. Il prétend avoir pris ces quelques jours de vacances pour réfléchir. Mais Yvonne sait que sa décision est déjà arrêtée : il va quitter le pouvoir. Enfin.

Elle est d'autant plus proche de lui, au cours de cette semaine, que la famille doit se protéger des journalistes et photographes embusqués autour de la villa, déguisés en pêcheurs, en promeneurs, pour surprendre l'intimité du grand homme en pleine tempête politique. Une photo de lui paraît dans la presse. Il est de dos, vêtu d'un long manteau sombre, un feutre sur la tête, une canne à la main, face à la mer. C'est une très belle photo, poignante de rigueur et de solitude.

Pourtant, il n'est pas seul, échange volontiers avec Jacques, qui lui est fidèle depuis si longtemps, avec Claude Guy, avec Cada et Yvonne, qui ajoute toujours une pointe d'humour, de drôlerie, dans la conversation. Ils organisent des excusions : Charles veut voir le Trophée des Alpes, érigé par l'empereur Auguste au flanc du village de La Turbie, au-dessus de Nice. L'histoire, toujours, et la grandeur des hommes, face à l'immensité de la mer.

Ils font une promenade en bateau. Il parle, analyse la situation préoccupante du pays, avec son inflation galopante, la production qui se remet en marche trop lentement, les problèmes de l'empire au Levant, en Indochine, sûrement à nouveau en Algérie et dans les deux protectorats, au Maroc et en Tunisie. Au lieu de s'attaquer aux vraies questions, les partis se battent pour leur propre pouvoir. Et le projet de Constitution en cours ôte toute autorité au futur président de la République. Non, sa décision est prise : il part.

Yvonne se demande s'il n'espère pas que, une fois retiré sur sa montagne, la gabegie politique sera telle qu'on reviendra le chercher. Il l'a dit sous forme de boutade à un proche, elle le sait. Elle voudrait se méfier, être prudente, mais elle ne le peut pas. Il est tellement malheureux, désabusé, blessé par cette France politique si vite oublieuse de ses mérites, qu'elle se fait douce et prévenante, l'humeur toujours gaie. Il la retrouve telle qu'était avant la guerre, sa « petite femme chérie ». Il frôle sa main lorsqu'elle lui sert une tasse de thé, plonge son regard dans les yeux clairs de cette femme redevenue elle-même.

Jacques et Cada, couple pourtant profondément uni, envient presque ces deux êtres qui semblent traverser les tempêtes avec tant de sérénité. Ils ignorent tout de la longue descente d'Yvonne dans l'abîme de la solitude et de l'effroi. De l'effort immense qu'elle a dû accomplir pour afficher à nouveau ce visage rayonnant. Il est vrai qu'elle est presque en paix : la découverte, à travers Geneviève de Gaulle, du martyre physique et moral enduré par les prisonniers des camps nazis a remis sa souffrance à sa juste place. Elle est Mme de Gaulle, l'épouse du héros humilié par l'inconstance des hommes.

Lorsqu'ils rentrent porte de Madrid, Charles s'occupe d'activer les travaux de La Boisserie, tandis qu'elle s'attelle aux comptes. Elle a reçu de l'État quarante mille francs pour faire fonctionner la maison du chef du gouvernement provisoire, payer le personnel, organiser les repas officiels, pourvoir au nécessaire. Elle a gardé ou fait garder toutes les factures. Elle a géré cet argent en bonne maîtresse de maison au plus près. Et si les comptes ne tombent pas juste, elle complète en y mettant de sa poche. Elle et Charles sont d'accord sur ce point : il n'est pas question de faire subir à la république, c'est-à-dire au peuple, des dépenses inconsidérées, ou destinées à leur propre entretien.

Le 19 janvier au soir, Charles lit à Yvonne la lettre qu'il adressera, le lendemain, à Félix Gouin, le président de l'Assemblée : « Je vous serai reconnaissant de bien vouloir faire connaître à l'Assemblée nationale constituante que je me démets de mes fonctions de président du gouvernement provisoire de la république. »

Le dimanche 20 janvier, il réunit le Conseil des ministres pour lui faire part de sa décision. Yvonne est en pensée avec lui. Il s'est habillé d'un costume sombre aux fines rayures grises, porte un chapeau mou. Il passe à son bureau, au ministère de la Guerre, s'entretient avec André Malraux, qui a conduit la brigade Alsace-Lorraine à la conquête de Strasbourg, et dont il a fait son ministre de l'Information en novembre 1945. Il aime la fougue de cet homme, ses sorties fulgurantes, son exaltation !

Puis il discute avec Gaston de Bonneval, Claude Guy, ses aides de camp, range quelques maigres dossiers dans sa serviette, s'en va.

Porte de Madrid, Yvonne est prête, heureuse enfin de quitter le devant de la scène, préparée à panser les blessures de son grand homme. Heureuse surtout de l'avoir, pour la première fois, tout à elle.

La maison est rangée. Anne, bien couverte, attend auprès de sa gouvernante. Charles a loué, pour quinze mille francs, une partie des communs de l'ancienne chasse royale, à Marly. L'endroit est humide, balayé par les courants d'air, mal agencé, incommode. Il y a peu de vaisselle. Mais le pavillon est situé en plein bois, et les gardes-chasse des Eaux et Forêts y tiennent à distance les curieux, photographes ou journalistes, qui tenteraient de s'y aventurer. Et puis ils ne vont pas l'habiter longtemps : à La Boisserie, les travaux prennent tournure.

Charles est détendu, comme soulagé d'être déchargé du fardeau énorme qu'il portait depuis juin1940. Tandis qu'Yvonne tente, tant bien que mal, de rendre le logis vivable, il part pour de longues promenades avec Claude Guy dans la forêt glacée. Elle voit les deux hommes s'éloigner à grandes enjambées, prépare le repas du soir.

Après le dîner, ce premier jour de liberté, Charles s'installe dans un petit salon avec son aide de camp. Il lit la biographie de Disraeli par André Maurois. Vers dix heures et demie, Yvonne monte se coucher, puis redescend quelques instants plus tard, se saisit de tous les journaux relatant le départ de De Gaulle et lance en riant : « Ils serviront demain pour allumer notre feu. » Qu'espère-t-elle, ainsi ? Mettre un terme symbolique à une aventure politique qui s'est délitée au fil des mois ?

Quelques jours plus tard, Vincent Auriol, le nouveau président de l'Assemblée, et sa femme, sont reçus à Marly. Certes, il s'agit encore de politique, mais, pour Charles, c'est d'abord une rencontre avec un personnage qu'il apprécie. Auriol est un honnête homme, qui lui a d'ailleurs écrit une fort belle lettre, le jour de sa démission.

Puis ce sont André Malraux, Jacques Vendroux, René Capitant, Claude Hettier de Boislambert, tous les proches qui défilent, qui écoutent les analyses de De Gaulle. Non, il n'a pas lâché prise. Et chacun semble avoir besoin de l'entendre.

Le reste du temps, Yvonne dorlote son mari, lui prépare des petits plats. Et, tandis qu'il jette sur le papier les prémices de ses *Mémoires* ou se promène, elle écrit de son côté, s'occupe d'Anne, toujours, se remet à ses ouvrages de tricot ou de broderie. Elle s'est rendue chez Bedel et Cie, le garde-meubles où, avant de partir pour Metz, en 1938, elle a laissé tout le mobilier de leur appartement du boulevard Raspail. L'homme, amical et courageux, a caché les biens du Général durant toute la guerre. Elle a tout retrouvé intact. Il y aura de quoi arranger convenablement La Boisserie.

L'hiver, puis le printemps, s'écoulent lentement à Marly. Charles lit les journaux, voit les partis politiques élaborer une Constitution qui leur fait la part belle. Il commente, pour Yvonne, pour Claude Guy, pour les hôtes de passage, et critique vivement Georges Bidault, qui fut pourtant son ministre des Affaires étrangères. « Très bien, dit Yvonne. Alors pourquoi l'avoir choisi ? » Il répond, sans colère : « Depuis juin 1940, bien des hommes sont venus à moi. Je n'en connais guère que trois qui aient eu ou qui aient acquis depuis la tête d'un ministre [1]. » Et de citer, outre Bidault, René Pleven et René Mayer.

C'est au moment où il pourrait enfin trouver un peu d'apaisement qu'il lui faut affronter un nouveau chagrin. Le 17 février, Jacques, son frère, paralysé depuis vingt ans à la suite d'une encéphalite léthargique contractée lors de son service d'ingénieur des Mines, décède, à Grenoble. Charles écrit sa peine, profonde, à son neveu François, à Jeanne, sa belle-sœur. Mais c'est Yvonne qui se rend aux obsèques. Lui reste à Marly « afin d'éviter en ce moment toute manifestation publique concernant ma personne », écrit-il à Philippe, toujours aux États-Unis.

Durant le long trajet du retour, dans le train glacial qui traverse la France, Yvonne, emmitouflée dans un épais manteau de laine, se laisse aller à la rêverie. La tristesse des circonstances ne parvient pas à étouffer tout à fait la joie calme qui monte en elle. Le paysage défile lentement, passant du tendre printemps qui pointe son nez au-dessous de Lyon, aux terres gelées, parfois encore couvertes de neige, de la Bourgogne. Là, tout est noir et blanc, et les fumées légères des cheminées montent droit dans le ciel bleu acier. Par la vitre, elle aperçoit un groupe d'enfants vêtus de capes noires, le béret enfoncé jusqu'aux oreilles, le cartable sur le dos. Un homme à cheval, immobile, les regarde s'engager dans un chemin creux qui doit conduire au hameau que l'on devine à flanc de coteau. Autant d'images qui s'accordent à cette sérénité nouvelle qui est en elle.

Elle va retrouver Charles, et Anne. Elle aura des nouvelles d'Élisabeth et d'Alain, qui se sont installés à Toulon. Elle écrira à ses frères et à sa sœur. Puis elle aménagera La Boisserie, et la vie s'écoulera sans heurts. Il écrira ses *Mémoires*. Ils recevront quelques visiteurs triés sur le volet. Et, naturellement, les enfants, bientôt les petits-enfants. Oui, c'est cela qu'elle désire.

Sans savoir pourquoi, elle pense que c'est là que Charles prendra toute sa dimension, sur ces marches de Lorraine.

1. Claude Guy, *En écoutant de Gaulle*, Grasset, 1996.

Le 7 avril, toute la famille est réunie à Marly. La maison est pleine de fleurs. Yvonne et Charles fêtent leurs noces d'argent. Elle rayonne. Il est plus attentif que jamais. Il lui baise longuement la main. C'est sa solidité à elle, pensent leurs proches, qui donne à Charles cette liberté de ton, cette quiétude, ce bonheur de vivre. Mais Jacques Vendroux, avec qui il discute au cours de leur traditionnelle promenade dans les bois, comprend vite que les apparences sont trompeuses. S'il pouvait s'engager sans se dédire, de Gaulle s'en irait par les chemins lutter contre le projet de Constitution qui sera proposé au peuple le 5 mai prochain.

Yvonne pince les lèvres en le voyant réjoui, le lendemain, 6 mai : les résultats du référendum sont tombés. C'est non. La France renvoie les partis à leurs chères études. Les Français sont moins bêtes qu'on ne l'imagine... Le 12, Charles se rend sur la tombe de Clemenceau, à Mouilleron-en-Pareds, et ne peut s'empêcher d'y faire un discours qui ressemble à un début programme : « Au moment où, tout meurtris et cependant victorieux [...], nous voyons mieux que jamais, qu'il ne peut être pour nous demain pas plus qu'il n'était hier, de sécurité, de liberté, d'efficience, sans les grandes disciplines acceptées, sous la conduite d'un État fort, dans l'ardeur d'un peuple rassemblé [1]. »

Quelques jours plus tard, Yvonne prend en charge la fondation Anne de Gaulle. Elle a décidé, seule, de s'en attribuer la responsabilité, que les femmes de la famille devaient s'en occuper. Le château de Vertcœur est prêt. Elle en a confié l'administration aux sœurs de l'ordre de Saint-Jacut-les-Pins. Une demi-douzaine de religieuses, sous la houlette de sœur Marie-Renée, leur supérieure, accueille les premières pensionnaires. Yvonne se dépense pour trouver l'argent nécessaire au fonctionnement de l'institution. Les dons affluent. Pour un temps, au moins, l'œuvre peut vivre. Puis des laïques rejoignent les religieuses, qui ont une charge énorme avec ces adolescentes ou adultes trisomiques qu'on ne peut jamais laisser seules. La mission qu'elle s'est assignée, Yvonne l'accomplira jusqu'au moment où, bien longtemps après, pour des raisons de fatigue et de santé, elle l'abandonnera à Élisabeth.

1. *Discours et Messages*, t. II, *op. cit.*, p. 3-4.

C'est à cette époque qu'enfin ils retrouvent La Boisserie. La maison s'est agrandie d'une tour d'angle octogonale qui lui donne un petit air de gentilhommière. Le toit a été refait et le balcon du premier étage, sur la façade, consolidé. Les meubles sont arrivés de chez Bedel. Mais il faut faire fabriquer des bibliothèques et aménager le bureau de Charles au rez-de-chaussée, dans la tour. La maison empeste la peinture fraîche. Du reste, les peintres n'en ont pas encore terminé. La chambre d'Anne est prête, cependant, peinte en rose pâle. Elle y emménage sans Marguerite Potel, qui prend sa retraite. Yvonne est bouleversée par le départ de la vieille dame avec qui elle a partagé quinze ans de sa vie, les années terribles de *Gadlas*, l'apaisement d'Alger, le retour tumultueux à Paris. Et Mlle Potel part le cœur déchiré de quitter Anne, et « Madame », pour laquelle elle éprouve tant d'amitié. Mais elle est devenue trop faible pour soulever la jeune fille. Elle doit renoncer.

Yvonne a engagé deux domestiques, une Alsacienne, Philomène Zieger, et une Lorraine, Louise Camaille. Elles sont logées au premier, dans les chambres d'angle, à l'opposé de la tour. Et les sœurs de Chaumont lui ont adressé une jeune veuve, Mme Michignau, pour s'occuper d'Anne. Charles, qui a acheté sur ses deniers une traction avant Citroën, se fait conduire par un chauffeur, Émile Deforges, qui lui a été attribué en tant qu'ancien chef d'État. Ses aides de camp, Claude Guy, qui loge au village, et Gaston de Bonneval, qui vient de temps à autre de Paris complètent la maisonnée.

Le premier déjeuner à La Boisserie, fenêtres ouvertes sur le parc, se déroule dans la bonne humeur. Claude Mauriac, qui s'occupe du secrétariat privé du Général, est arrivé à Bar-sur-Aube par le train de 8 h 15. Il écoute Charles discourir sur ce que le peuple souhaite ou ne souhaite pas. Voilà qui fatigue Yvonne. D'autant qu'elle doit partir tôt le lendemain pour voter à Paris. Ces législatives passionnent manifestement Charles.

Lorsqu'elle rentre, elle le trouve dans la chambre d'Anne avec Claude Guy. Ils ont transféré la jeune fille dans une pièce voisine pour pouvoir écouter la radio qui, dans le salon, émettait trop de parasites. Charles, muni de son gros stylo Parker, note fébrilement les résultats. Les socialistes et les communistes perdent des voix, reculent. Elle trouve les deux hommes très agités, secoue la tête, vérifie qu'Anne est bien installée, s'éclipse. Le virus. Oui, décidément, il a ce virus de la politique.

Elle s'occupe du jardin, commence à préparer les parterres, fait livrer de la terre de bruyère. Une vigne vierge et du lierre agrémenteront les façades. Elle choisit, avec un jardinier du village, les arbres fruitiers qu'il faudra planter à l'automne, tandis que Charles sort faire le tour du parc avec Claude Guy. Elle pense à leurs promenades d'autrefois, dans les forêts voisines. Il est encore trop tôt. Ils n'ont pas repris toutes leurs habitudes.

Son bureau est installé maintenant. Le meuble Empire, en acajou, est tourné vers la fenêtre, d'où il voit cette « vieille terre rongée par les âges ». Il travaille au discours qu'il prononcera à Bayeux pour le deuxième anniversaire de la libération de la ville. Il recommence à lire ses textes à Yvonne. Parfois en présence de Claude Guy. D'autres fois en tête à tête.

Et le 16 juin, à Bayeux, devant les représentants de la classe politique, les ambassadeurs étrangers, le peuple venu acclamer le Résistant de 1940, le chef de la France libre, le libérateur, il dit quelle Constitution il faut mettre en place pour faire cesser les divisions. Non pas une dictature. Qui en voudrait ? Mais deux Assemblées et un chef de l'État au-dessus des partis, un chef de l'État garant de l'indépendance nationale, élu par un collège élargi. C'est lui qui nommera les ministres, y compris le premier d'entre eux, sans demander l'aval des partis. Cela va à l'encontre du projet constitutionnel en cours, qui doit être proposé aux élections le 13 octobre.

Voilà. Il l'a dit. Et il le redit à tous ceux qui viennent déjeuner ou dîner à La Boisserie, les Soustelle, Pleven et les autres. Et chaque fois qu'il se déplace pour rendre hommage à la France résistante : sur l'île de Sein, à Bar-le-Duc, à Brest, Épinal. Yvonne pince les lèvres : il l'exaspère, parfois. Et elle s'éloigne.

Elle conduit désormais. Il lui arrive de laisser le chauffeur à la cuisine et de prendre la traction pour faire ses courses elle-même à Chaumont ou à Bar-sur-Aube. Elle se rend à Paris presque toutes les semaines, laissant Charles avec son aide de camp, sa radio et ses patiences, qu'il fait toujours sur la petite table de bridge, dans le salon, près du secrétaire. Lorsqu'elle y rédige la nombreuse correspondance qu'elle échange avec sa famille, ses amis, elle l'entend retourner lentement les cartes, un doigt posé sur les lèvres, concentré. Est-ce que ce ne serait pas ça, la tranquillité, à défaut du bonheur ?

Elle ne conteste pas ses analyses politiques. Mais il en parle sans cesse, se contrarie de la mauvaise marche du pays, ne peut supporter ce qu'il appelle cette gabegie. Et Claude Guy, qui n'hésite pas à lui suggérer, tel le serpent tentateur, de revenir sur la scène... Son tricot à la main, elle manque s'étrangler, marmonne. Charles tonne : « Il faut refaire un 18 juin ! C'est le seul moyen. » Elle étouffe de colère : « Peuh ! le 18 juin ! Mon pauvre ami, personne ne vous suivra... » Il hurle presque : « Mais fichez-moi la paix, Yvonne ! Je suis assez grand pour savoir ce que j'ai à faire [1]. » Elle ne le détournera pas de son obsession.

Elle se calme, tente de comprendre. Lorsqu'on a eu, comme lui, la possibilité d'accorder son action à sa pensée, l'incapacité de cette classe politique doit certes être un crève-cœur. Mais que peut-il faire sans salir son image ? S'il s'en mêle, c'est dans la boue qu'il plongera, comme les autres. Le fait même d'avoir prononcé tous ces discours contre le projet de Constitution risque de se retourner contre lui, si le peuple l'adopte. Comment l'aider ? Elle propose de faire appel à l'Église. Il faudrait que l'Église se prononce pour le non. Il la moque un peu. L'Église doit rester à sa place !

Deux jours avant le référendum, elle est en train de planter des oignons d'Angleterre lorsqu'elle l'entend dire à Michel Debré, par la fenêtre grande ouverte de son bureau : « J'aurai peut-être été, en définitive, la dernière carte de la France, la dernière carte de l'honneur, la dernière carte de la grandeur... »

Le 13 octobre, la Constitution bancale qui donne naissance à la IVe République est adoptée : 36,1 % de oui contre 31,3 % de non et 32,6 % d'abstentions. Quoi qu'il dise, c'est une défaite pour Charles, dont la voix isolée ne porte plus auprès du peuple.

Le surlendemain, Philippe rentre enfin des États-Unis. C'est un homme, maintenant, solidement engagé dans sa carrière. Aux regards qu'elle surprend parfois, Yvonne comprend combien

1. Claude Guy, *En écoutant de Gaulle*, *op. cit.*

Charles est fier de leur fils qui désormais prend part sans timidité à la conversation politique. Elle l'entend dire à son père : « Pourquoi attendre ? Vous feriez mieux de commencer par leur "serrer le kiki". » Charles rit de tant de fougue. Les voilà tous ligués contre elle pour encourager Charles à se fourvoyer une fois encore dans ce bourbier.

Elle attrape un manteau râpé acheté à son arrivée en Grande-Bretagne, en juin 1940, et part faire des courses. À Claude Guy, qui la regarde bizarrement, elle lance : « Vous voyez, lorsque je me sens envahie par des idées de grandeur, eh bien, je me rappelle à l'humilité chrétienne en le mettant. » Elle rit, de ce petit rire cristallin, si jeune encore...

Philippe ne cesse d'inciter son père à créer un parti politique. Il l'asticote, le tente, revient à la charge. Ils sont tous les trois dans le salon, en présence de Claude Guy, qui compte les points. Elle suspend l'écriture de la lettre qu'elle adresse à Geneviève de Gaulle, s'énerve :

« Mais non ! Pourquoi vous en mêler ? Ils seront peut-être forcés, demain, de capituler devant les événements : alors ils vous céderont en apparence, parce que l'opinion les y forcera. Vous remettrez un peu d'ordre dans la boutique. Et puis, mon pauvre ami, au premier tournant, ils vous trahiront. Non, non, vous n'arriverez jamais à bout des partis. Quant à en former un vous-même, mais non, car votre parti lui-même vous trahirait au bout de quinze jours [1]. »

Ce genre de sortie, elle le sait, agace prodigieusement Charles, qui rétorque, la voix forte : « Mais vous raisonnez comme une enfant, Yvonne ! » Et, s'adressant aussi bien à elle qu'à Philippe : « Vous me faites rigoler, tous les deux, avec vos conseils. Vous savez bien que vous n'y entendez rien... » Philippe s'insurge, dit qu'ils ont bien le droit, sa mère et lui, « d'exprimer librement leurs opinions ». Elle s'accroche, se bat encore, puis lâche prise, reprend sa correspondance.

Par bonheur, elle a de multiples dérivatifs. Dans cet automne qui apporte une petite bise vicieuse et des brouillards qui mettent des heures à se lever, elle donne sa forme au jardin, installe la vigne

1. Claude Guy, *En écoutant de Gaulle*, *op. cit.*

vierge et le lierre, plante les rosiers. Le dimanche, après la messe de onze heures trente, dans la petite église de Colombey où, par discrétion, personne ne se retourne sur le Général, il lui arrive de reprendre seule la voiture, et de laisser Charles et son aide de camp rentrer à pied et parler sans fin de politique...

L'après-midi, lorsqu'ils ne reçoivent pas, ils partent à la découverte de cette région dont il a envie de connaître chaque pierre, chaque vestige de l'histoire. Yvonne conduit. Il a une carte Michelin sur les genoux. Parfois, sa mauvaise vue, un instant de distraction, son agacement pour un détail, l'empêchent de trouver la bonne route. Il n'a de patience pour rien. Et lorsqu'elle lui propose de s'arrêter auprès d'une fermière pour demander leur chemin, il rétorque : « Gardez-vous-en bien. Les femmes sont incapables de donner un renseignement précis : elles commencent par se signer, pour distinguer leur gauche de leur droite [1]. » Elle ne sait pas si elle doit rire ou les laisser là, lui sa voiture et sa carte.

Durant cette année 1946, où l'on a vu les premières grandes grèves dans la fonction publique, où Marthe Richard ferme les maisons closes, et où, pratiquement dans le même temps, le premier maillot de bain Bikini est présenté à la piscine Molitor, à Paris, où la première bouteille de Coca-Cola fait son apparition, où la guerre contre le Viêt-minh commence en Indochine, la France se remet au travail.

Malgré les journaux, que Charles dévore et analyse méticuleusement, les événements arrivent comme filtrés à Colombey. Bien que nombre d'amis politiques passent déjeuner, prendre le thé ou dîner. Ne plus être « aux affaires », n'avoir qu'une vue incomplète des questions, voilà ce qui l'exaspère. Mais il résiste à la tentation, agitée par d'aucuns, de se présenter à l'élection à la présidence de la République, en janvier prochain. Non, il n'ira pas, mais il dira pourquoi dans une déclaration qu'il lit à Yvonne devant Claude Guy. Elle trouve certains passages trop abscons. Il corrige, revient, ne cesse de peaufiner son texte. Il ne se détend vraiment que lorsque des compagnons comme Leclerc, accompagné pour la première fois de son épouse, viennent passer un long moment à La Boisserie.

Quelquefois, elle se dit aussi que la présence des aides de camp

1. Claude Guy, *En écoutant de Gaulle*, *op. cit.*

est un bon exutoire. Il peut déverser avec eux toute sa bile, discuter à perte de vue. Ce Claude Guy, par exemple, qui fait partie de son quotidien maintenant, c'est un garçon charmant, attentif, poli, qui se ferait couper en dix pour Charles. Mais il est un peu godiche, tout de même. Il lui avoue, alors qu'elle tente vainement de faire partir un feu dans la cheminée du salon, qu'il n'a jamais su en allumer aucun. « Ne dites jamais cela au Général, lui rétorque-t-elle, il vous ferait une observation peu convenable. » Et comme elle le voit interloqué : « Eh bien, il vous dirait qu'il n'est pas d'amoureux qui ne sache faire un bon feu [1]... » Elle éclate de rire. Qu'est-ce qui lui a pris de dire ça ? C'est trop intime... Elle fourgonne sous le bois pour se donner une contenance...

C'est Noël. Elle a mis la maison en fête. Charles a envie de cette joie claire avec ses enfants et les domestiques. Il a neigé, abondamment. La campagne alentour ressemble à ces cartes de vœux agrémentées de paillettes d'argent. Yvonne, aidée de Louise et de Philomène, a décoré le sapin avec des oranges et des boules de papier. Elle a sorti la crèche, qu'elle a dressée au pied de l'arbre. Le dîner sera le premier vrai repas de Noël depuis la guerre.

Mais Philippe ne peut se libérer. Et Élisabeth est malade. Ils seront seuls. Louise les précède dans la neige, une lampe tempête à la main, sur la route de l'église où un photographe les mitraille soudain. Ils se serrent l'un contre l'autre, prient, essaient de surmonter la tristesse qui les accable. Ce soir ils sont perdus sur ce petit bout de terre oublié de l'histoire.

Philippe arrive deux jours plus tard, en même temps qu'une Poussy angora de six semaines, qui met la maison sens dessus dessous. Charles lui-même se laisse gagner par la bonne humeur du chaton qui joue avec ses lacets, attrape sa main qui pend sur l'accoudoir du voltaire dans lequel il est assis. Parfois, dans le cou d'Yvonne qui brode une immense nappe, il s'endort comme un bienheureux. Ce petit animal occupe une bonne partie de ses journées. Elle joue avec lui comme une enfant, rit, l'emporte dans ses bras en l'étouffant de baisers. Charles et Philippe la regardent s'éloigner avec tendresse. Elle se désintéresse presque de leurs conversations politiques.

---

1. Claude Guy, *En écoutant de Gaulle*, *op. cit.*

Le 16 janvier, Louis Joxe et sa femme, invités à déjeuner, viennent de partir. Il est dix-huit heures lorsque la radio annonce que Vincent Auriol est élu à la présidence de la République. « Le seul avantage que j'y vois, dit Yvonne, c'est que celui-ci ne pleurera que d'un œil. » Elle pouffe. Charles la fusille du regard.

Avec Claude Guy, ils sont penchés sur la radio qui diffuse à présent un discours de Jacques Duclos. Poussy émet un minuscule miaulement. Yvonne s'enfuit avec elle dans la cuisine.

La vie se poursuit dans une solitude égayée par les visites et la présence de Claude Mauriac, Claude Guy ou Gaston de Bonneval. Yvonne assiste à tout ou presque : elle préfère, par exemple, laisser Charles seul avec ses « demoiselles de Gaulle » de Londres, Élisabeth de Miribel et Ève Curie, lorsqu'elles viennent le voir. Les autres, elle les surveille, afin qu'ils ne lui remettent pas dans l'idée de se lancer à nouveau dans la bataille.

La politique et la douleur

Puis, un jour de février, juste avant une réunion à l'hôtel La Pérouse, à Paris, avec certains de ses fidèles, le cauchemar recommence : il veut former un « rassemblement ». Non pas une structure politique, mais une organisation informelle, qui lui permettrait d'intervenir directement dans la vie publique. Voilà qui est beaucoup plus sérieux. Beaucoup plus dangereux, aussi. Cette fois, on ne lui pardonnera rien.

« Nous sommes trop vieux, dit-elle à Claude Guy tandis que Charles s'enferme dans son bureau. À notre âge, il faut rester chez soi… Et puis… qu'est-ce qu'il leur donnera de plus ? Que demandent-ils, en effet ? À manger ! Eh bien ça, il est aussi incapable que les autres de le leur apporter… Non, tout cela finira mal [1]. » Mais elle sait qu'en dépit de toutes ses objections il n'en fera qu'à sa tête. Alors elle fait contre mauvaise fortune bon cœur et prend toutes les dispositions pour se libérer de ses obligations. Elle a trop de craintes : elle ne le quittera plus d'une semelle. S'il doit mourir, tué par une bombe, lynché par la foule, ou pendu, elle mourra avec lui.

Elle regarde la neige tomber à gros flocons sur le jardin, effacer l'horizon. Étrange : maintenant qu'elle a pris sa décision, elle est calme. Elle observe les hôtes de passage, qui font partie du carré des fidèles. Ils devront compter avec elle. Oui, elle sera là.

Lorsque Suzanne Rérolle arrive à La Boisserie avec ses deux enfants, âgés maintenant de onze et douze ans, elle lui fait part de sa décision. Et l'applique à la lettre. Lors de la réunion suivante,

1. Claude Guy, *En écoutant de Gaulle*, *op. cit.*

elle accompagne Charles à Paris. Elle le laisse dans le petit appartement nº 23 de l'hôtel La Pérouse où il a établi son QG, et sort faire quelques courses.

Déjà, on sait. La classe politique s'agite. Ce sera pire encore le 31 mars de cette année 1947, après le discours de Bruneval, sur la côte normande, où l'on commémore l'exploit d'un commando de parachutistes canadiens, anglais et français, aidé par la Résistance : ils avaient fait sauter le premier radar allemand, le 27 février 1942.

Quelques jours plus tard, il est presque dix heures du soir lorsque l'on sonne à la grille de La Boisserie. Yvonne s'apprête à se coucher. Elle attend, inquiète. Qui peut arriver à cette heure, par ces routes verglacées ? Paul Ramadier. Le président du Conseil lui-même, venu prévenir Charles, avec beaucoup de gêne, qu'il n'aura plus droit aux honneurs militaires, pas plus qu'à la radiodiffusion de ses discours politiques. Ils en sont là. Yvonne se tient très droite, devant la cheminée. Elle écoute Charles ironiser, servir un cognac à ce pauvre homme qui a erré dans la nuit pour trouver le logis du trublion. Le président du Conseil…

Et il recommence à Strasbourg, le 7 avril, donne une conférence de presse le 24 à Paris. Les mots de « dictature », de « pouvoir personnel » volent çà et là. Yvonne avait raison : la boue…

Le Rassemblement du peuple français est créé. Il s'installe au 5 de la rue de Solferino. Yvonne est auprès de Charles lorsqu'il rencontre ces compagnons qui se déclarent « gaullistes » depuis si longtemps et que viennent de rejoindre deux personnalités du MRP : Louis Terrenoire et Edmond Michelet. Deux magnifiques Résistants, Terrenoire ayant subi la torture et la déportation à Dachau. Geneviève de Gaulle a parlé à Yvonne d'Élisabeth Terrenoire, l'épouse de Louis (elle est la fille du directeur de *L'Aube*, Francisque Gay) : elle aussi a été Résistante et internée. Oui, ces gens-là, des chrétiens libéraux, Charles peut compter sur eux. Mais les autres…

Beaucoup sont déjà corrompus par la politique. Elle le dit et le répète dès qu'elle est à La Boisserie, en confiance, avec son beau-frère Pierre de Gaulle, par exemple : « Il va se faire entortiller par un tas de “grenouilleurs” qui n’ont qu’une idée en tête : se servir de son nom. On les voit déjà qui accourent [1]. »

Elle sait qu’elle n’est qu’une Cassandre, que ses paroles n’atteignent que les murs de La Boisserie. Alors il faut se résigner, faire avec, l’accompagner. Car, après une élaboration difficile, le Rassemblement existe et décide de présenter des candidats aux élections municipales d’octobre 1947.

Alors Charles commence un tour de France. Yvonne est bouleversée : le peuple est toujours là, dense, multiple, acclamant le héros de 1940, voyant encore en lui son sauveur. Parfois, ils dorment chez l’habitant, de braves gens qui mettent leur chambre à leur disposition, les reçoivent à dîner dans leur petite salle à manger. Pour rien au monde ils ne céderaient l’honneur de recevoir le Général et Mme de Gaulle. D’autres fois, ce sont les châtelains du coin qui les accueillent, petits plats dans les grands.

Les délégués régionaux du RPF, comme le jeune Pierre Lefranc, en Corrèze, ont préparé le voyage avec minutie. Et chaque déplacement est une nouvelle aventure au cours de laquelle ils prennent, tous deux, le pouls de cette France fraternelle qui donne à croire que rien n’est perdu, que si on la sort de l’ornière d’une mauvaise Constitution et de la zizanie des partis, elle pourra redevenir un grand pays…

Mais il faut tout de même faire tourner la maison et préparer le mariage de Philippe, qui a choisi une demoiselle de Montalembert (grande famille, grand nom, jeune fille charmante, avec du caractère), pour le 30 décembre prochain. Yvonne s’occupe de tout, a presque retrouvé sa joie de vivre. Elle observe Poussy, qui est déjà une jolie chatte, guetter les oisillons dans le mirabellier, devant la salle à manger.

Le 19 octobre, le RPF triomphe au premier tour des municipales, avec des élus qui emportent largement les suffrages comme le jeune Jacques Chaban-Delmas, à Bordeaux. Celui-là a fait une si belle guerre avec Leclerc et Malraux… Charles est serein : « Je vous l’avais bien dit. La preuve est faite. C’est la mort du régime. » Comme il y va…

Il ferait mieux de se préoccuper de sa santé : son genou, blessé

1. Claude Guy, *En écoutant de Gaulle*, *op. cit.*

pendant la guerre de 1914 et sur lequel il est tombé le matin même, le fait souffrir. Et cette campagne électorale le laisse épuisé. Il serre les dents, observe le chiot qu'un compagnon FFL vient de lui offrir. Un jeune chien-loup dont le père était à Berchtesgaden, dans le nid d'aigle de Hitler. Il répond au nom de Vincam. Poussy crache et gronde un moment avant de filer au premier étage. Le chiot finit par s'endormir dans un coin du salon.

Le raz de marée RPF suscite bien des troubles. On craint que les partisans du Général ne soient attaqués, par les « communistes », dit-on. Malraux ne dort plus chez lui. La Boisserie même serait menacée. Claude Guy, au grand affolement des domestiques, demande à une dizaine de gendarmes de protéger les lieux. Puis il cherche, avec Yvonne, le meilleur endroit pour installer une mitraillette dans l'entrée. Elle hésite entre le bahut et la cabine du téléphone, où sont empilées les bûches.

Mais à quoi pense-t-elle ? Charles ne s'en servirait pas. S'il était attaqué, il ne se défendrait pas. « Vous ne le connaissez pas si vous croyez qu'il se servirait de votre machin », dit-elle à Claude Guy. Et elle ajoute, hors d'elle, en montrant la fenêtre, mais sans élever la voix : « Ce n'est pas tous vos gens, là, qui empêcheraient... qui empêcheraient ça d'arriver, si ça devait arriver... Allez, allez ! Ce n'est pas sérieux. Si les communistes veulent le descendre, eh bien, moi je dis : ils le descendront ! À plus forte raison, ce n'est pas cet engin[1]... »

Elle pense toujours à la bohémienne. Charles aussi, du reste, qui lui en reparle alors que son Rassemblement semble au beau fixe. Car les autres, les « petits partis qui font leur petite soupe sur leur petit feu », comme il l'a dit, n'acceptent pas de le voir ainsi lever contre eux un peuple épuisé qui ne supporte plus la valse des ministères. De là à leur tirer dessus à la mitraillette... Il n'a jamais supporté qu'on s'occupe de sa « sécurité ». Il a fait du peuple son rempart et de La Boisserie une fragile thébaïde. Pour le reste, elle le sait : comme elle, il s'en remet à Dieu.

Il n'y aura pas d'attentat, pas cette fois. Les partis sont trop occupés à s'étriper à l'Assemblée et le gouvernement à mater les grèves qui paralysent le pays. Elles atteignent aussi La Boisserie, dont l'électricité est coupée de longues heures durant, comme dans

1. Claude Guy, *En écoutant de Gaulle*, *op. cit.*

toute la région. Les jours qui suivent, Diomède Catroux et Jacques Soustelle envoient à Colombey des messages dans lesquels ils qualifient la situation d'insurrectionnelle. Yvonne n'a qu'une crainte : que ces alarmistes ne poussent Charles à un coup de tête quelconque. Mais non. Elle sait qu'il ne retournera au pouvoir que si on vient le chercher, et dans la légalité.

Le 28 novembre, quelques jours après l'anniversaire de Charles, les premières neiges tombent. Yvonne et lui observent les traces des domestiques sur le chemin lorsque Claude Guy arrive de Paris. Philomène lui demande de rappeler tout de suite Bonneval. Yvonne tend l'oreille. Pourquoi Bonneval n'a-t-il pas demandé Charles ? Elle pense immédiatement à Philippe. Mais non. Ce doit encore être pour le RPF. Elle monte dans la chambre d'Anne. Charles la suit.

Quelques minutes plus tard, elle entend Claude Guy raccrocher le téléphone et dire au Général, qui redescend : « Le commandant de Bonneval me prie de vous dire, mon général, qu'il se peut que le général Leclerc ait péri cet après-midi dans un accident d'avion. » Elle tombe dans un fauteuil, près d'Anne. Leclerc... Si droit, si pur, si courageux. C'est un coup dur pour Charles. « C'est une catastrophe nationale », s'exclame-t-il. Elle se rappelle l'unique fois où il est venu déjeuner à La Boisserie, avec son épouse, un an auparavant, presque jour pour jour. Elle avait pensé alors que, si elle n'avait résisté de toutes ses forces, elle aurait pu ressembler à cette femme timide, effacée, résignée dans l'attente. La voilà seule, à présent.

Le 1er décembre, Charles est plus pâle que d'habitude. Il prétexte une rage de dents, avale coup sur coup deux cachets d'aspirine et déclare qu'il ne touchera plus une cigarette « jusqu'à la prochaine guerre ». Yvonne fronce les sourcils. Le gros fumeur qu'il est s'arrêterait sans raison ? L'année précédente, alors qu'ils étaient encore à Marly, un spécialiste de la gorge, le docteur Richier, était venu l'examiner. Il lui avait dit que, s'il n'arrêtait pas la cigarette, dans les cinq ans à venir, l'induration qu'il avait à la base de la langue pourrait dégénérer en cancer. Ce n'est donc pas une dent qui le fait souffrir. Il pense qu'il a développé ce cancer. La fatigue de ces dernières semaines, son regard absent, parfois... Il faudrait qu'il consulte à nouveau. Mais comment l'y inciter ?

Durant les jours qui suivent, Yvonne le surveille. Il a l'air las de tout, ne sort même plus pour sa promenade quotidienne dans le parc. Il est vrai qu'il fait un froid terrible. Il passe son temps entre son bureau, la bibliothèque et le salon.

Puis ils vont à Paris rendre visite à la veuve du général Leclerc. Avec des mots d'une grande simplicité, Mme de Hautecloque dit combien son mari concevait d'admiration, de fidélité, d'amour, pour le Général. Charles lui raconte pourquoi il l'a appelé Leclerc. Il est si ému qu'il semble qu'une digue s'est rompue en lui, et il éclate en sanglots. Les deux femmes ne savent comment se comporter devant ce chagrin. Personne, pas même Yvonne, ne l'a jamais vu ainsi, accablé, perdu. Mme de Hautecloque a le visage baigné de larmes.

Charles prend congé en s'excusant et, dès qu'ils ont passé la porte, demande son bras à Yvonne : « J'ai besoin de m'y appuyer », lui dit-il. Elle le soutient tant bien que mal. Cette émotion, si forte à propos de Leclerc, est par trop inusitée. Et si c'était sur lui qu'il pleurait, sur cette solitude de Londres qui, peu à peu, se peuplait d'hommes comme Leclerc, Moulin, Brossolette… Sur ce temps de la naissance des héros, de la jeunesse de l'action, de la pureté du combat…

Les mois d'hiver sont rudes cette année-là. Il se maîtrise pour ne pas recommencer à fumer, suce des pastilles, mâche du chewing-gum. Il oscille entre jovialité et tristesse. Elle s'échappe en s'occupant de Poussy, de Vincam, qui font maintenant bon ménage. Elle prend Anne en charge quand Mme Michignau a besoin de repos et houspille un peu Philomène et Louise, juste pour mettre un peu d'entrain dans la maison. Charles a toujours ses sautes d'humeur. Il faut dire qu'au RPF, qui n'est pourtant pas un parti, chacun joue des coudes, ce qui agace de Gaulle et amuse Yvonne. Et Soustelle, et Palewski, et celui-ci, et celui-là. Elle regarde avec ironie une photo, dans *Samedi soir*, qui montre le comité exécutif du Rassemblement. Quelle brochette… Charles s'énerve :

« Oui, ça va bien comme ça, hein ! Vous n'avez pas le droit de parler du Rassemblement, pour cette excellente raison que vous n'y êtes même pas inscrite[1]. »

1. Claude Guy, *En écoutant de Gaulle*, *op. cit.*

Elle sourit, pense en elle-même : « Il ne manquerait plus que ça !... »

Charles ne retrouve son allant que pour recevoir le secrétaire d'État américain Foster Dulles, avec qui il évoque les problèmes internationaux du moment, et notamment ceux de l'Allemagne.

Le 29 décembre, Yvonne et lui gagnent l'hôtel de France, à Bourg-en-Bresse. Le lendemain, ils sont au château d'Épierre, à Poncin. Dans la minuscule chapelle éclairée aux chandelles, Philippe s'unit à Henriette de Montalembert. C'est l'amiral Thierry d'Argenlieu qui les marie : il vient de quitter ses fonctions de haut-commissaire en Indochine, a réintégré son ordre, les carmes, qu'il avait quitté en 1940 pour rejoindre Charles à Londres. Il ne manque, à la joie et à la fierté d'Yvonne, qu'Élisabeth et son mari, Alain de Boissieu, retenus à Brazzaville. De loin, Philippe, dans sa tenue d'enseigne de vaisseau, ressemble tellement à Charles qu'elle en reste confondue. Quant à Henriette, toute blonde dans sa robe de satin blanc, elle rendra son fils heureux, elle en est sûre. Elle remercie Dieu de lui avoir permis de mener ses enfants sur ce droit chemin qui a toujours été le sien.

Mais c'est comme si chaque joie devait se payer d'un nouveau malheur. Le 6 février 1948, Anne, qui a de la fièvre depuis le début de la semaine, suffoque. Elle n'arrive plus à respirer. Yvonne s'affole, la prend dans ses bras. Mme Michignau court à la cuisine chercher une serviette sur laquelle elle verse du vinaigre. On appelle le docteur Colomb, au village. Charles prend les mains de la jeune fille, retrouve pour elle les comptines qu'il inventait lorsqu'elle était enfant. Colomb, sentant qu'il ne peut pas grand-chose, contacte le docteur Hurez, à Troyes. Celui-ci n'arrive que vers quinze heures. Anne étouffe.

Hurez diagnostique une double pneumonie. Il a besoin de pénicilline et d'oxygène, qu'il faut aller chercher à Troyes. Anne ne pourra recevoir une première injection d'antibiotiques que vers dix-huit heures. Quelques heures plus tard, son état empire. Yvonne redescend chercher les médecins, qui sont au salon avec Charles. Hurez fait une seconde piqûre, tandis que Charles tient sa fille dans ses bras. Mais le cœur de la petite Anne, qui ne s'est jamais développé normalement, lâche. C'est fini. Voûté, les traits défaits, Charles quitte la chambre en compagnie des médecins.

Yvonne sanglote tandis qu'elle fait la toilette de sa fille avec Mme Michignau, lui passe une jolie robe, la coiffe. Le visage d'Anne est détendu, lisse, presque beau. Elles l'étendent sur le lit, allument des cierges. Les domestiques ont fermé les volets de la maison. Philomène a appelé les religieuses de Chaumont qui envoient l'une des leurs veiller la petite Anne. Elle a aussi prévenu la vieille Marguerite Potel qui a tellement aimé cette enfant. C'est Charles qui a appelé Philippe et Henriette.

Yvonne est assise dans la pénombre, les mains jointes, mais elle n'arrive pas à prier. Elle regarde fixement sa fille et il lui semble, peut-être à cause des flammes vacillantes des cierges, voir sa poitrine se soulever. La souffrance l'envahit, détruisant en elle tant de courages accumulés au cours des années. Anne a été sa patience et sa foi, sa croix et sa résurrection, son lien le plus solide, le plus profond avec Charles, avec la vie même. Presque avec honte, elle s'avoue qu'elle l'a aimée plus que ses autres enfants. Elle avait pour elle un amour fusionnel, qui passait par sa peau, par ses baisers mouillés, par ses regards sans fond. Sa fille morte la laisse morte, elle aussi, d'une partie d'elle-même.

Elle la revoit dans le parc, l'été dernier, penchée sur les premières roses, ou face à Vincam, qui tentait de jouer avec elle. Elle la revoit sur le bateau qui les menait en Angleterre, sous les bombardements, près de Londres, à *Gadlas*, où elle fut si malheureuse et où l'enfant lui a donné la force d'affronter la solitude et les désillusions. La peur aussi. Elle revoit Charles rentrant comme un fou de ses manœuvres autour de Metz et se précipiter dans la chambre de sa fille. Il doit être détruit, lui aussi.

La porte s'ouvre. Il entre avec Claude Guy. Ils s'assoient tous deux. Yvonne se tourne vers lui : il prie en regardant Anne, éperdument.

Le lendemain, appuyés l'un à l'autre, ils vont écouter la messe à Maranville, dans une chapelle proche de La Boisserie. Ils s'abîment dans la prière, épaule contre épaule. Lorsqu'ils reviennent, le menuisier et le chauffeur du Général transportent le cercueil vers la petite chambre. Tout le monde est là. Henriette entraîne Yvonne dans la bibliothèque, tandis que Marguerite Potel, Charles et Philippe montent chez Anne. Quelques instants plus tard, Yvonne entend le bruit des vis s'enfonçant dans le bois et c'est comme si elles pénétraient sa chair.

Le commandant de Bonneval et le capitaine Guy ont aligné deux tabourets de cuisine, dans le salon, pour y déposer le cercueil revêtu d'un poêle. Sur un petit guéridon, une assiette d'eau bénite, un rameau de buis, deux cierges. À quinze heures, les habitants de Colombey viennent se recueillir devant la petite Anne ; les enfants du village, accompagnés du curé, disent des chapelets. Charles ne quitte pas le cercueil. Yvonne, pâle, droite, vide, reçoit la famille qui arrive. Puis c'est la messe des anges et les premières pelletées de terre qui résonnent comme un glas sur le bois lisse. Yvonne et Charles se soutiennent l'un l'autre et assistent, impuissants, à l'enfouissement de leur fille dans le sol glacé.

Le lendemain, il lui tend la lettre qu'il vient d'écrire à Élisabeth :

Ma chère petite fille Élisabeth,

Je vous écris à vous – naturellement la première –, après le grand chagrin qui est venu sur nous. Votre pauvre petite sœur est morte vendredi à dix heures et demie du soir [...].

Elle est morte dans mes bras avec sa maman et Mme Michignau à côté d'elle, pendant que le médecin lui faisait une piqûre in extremis. *[...] C'est une âme libérée. Mais la disparition de notre pauvre enfant souffrante, de notre petite fille sans espérance, nous a fait une immense peine. Je sais qu'elle vous en fait aussi. Puisse la petite Anne nous protéger du haut du ciel et protéger, d'abord, vous-même, ma bien chère fille Élisabeth ! [...]*

Votre papa[1].

Yvonne lui rend la lettre, tourne ses yeux pleins de larmes vers le jardin noyé de pluie. Ils restent ainsi immobiles, un long moment, côte à côte, dans le silence.

Tout est gelé. Le feu dans la cheminée ne parvient pas à la réchauffer. Elle a empilé les châles sur ses épaules, avant de se mettre à son secrétaire pour écrire à Marguerite Potel, la remercier d'avoir été là, près d'elle, pendant ces heures noires où elle a porté sa fille en terre. Elle lui écrit une longue lettre où elle évoque leur parcours commun, et elle pleure. Elle a entendu Charles ouvrir la porte, la refermer. Elle n'a pas tourné les yeux vers lui. Elle n'a pas

1. *Lettres, notes et carnets*, *op. cit.*, p. 247.

voulu lire le chagrin dans son regard. Ses pas crissent sur la neige qui tapisse le chemin du parc. Les domestiques se déplacent en silence dans la maison. Il lui faut trouver, elle ne sait où, au fond du vide immense qui est en elle, la force de vivre, de se remettre droite aux côtés de son mari, pour l'aider, l'accompagner, le soutenir.

Bien qu'elle rechigne à donner son plein accord à l'action politique de Charles, la situation du pays est trop grave, presque insurrectionnelle, les communistes provoquant grèves et troubles. Dans les houillères, le gouvernement a envoyé l'armée contre les mineurs.

Charles a fini par la convaincre qu'il peut être le recours dont la France a besoin, qu'il est capable de remettre de l'ordre, que son temps viendra. Elle connaît tous les dangers de l'action. Mais elle s'est juré d'être auprès de lui, quoi qu'il en coûte.

Elle cachette la lettre destinée à Mlle Potel. Elle la postera tout à l'heure, lorsqu'elle ira discuter avec le marbrier de Bar-sur-Aube, pour la tombe d'Anne. Elle fera construire – elle en a parlé avec ses enfants – un caveau assez vaste pour que Charles et elle puissent y reposer aux côtés de leur fille.

Elle se lève lentement, gagne la cuisine pour voir où en est le déjeuner. Il faut que la vie continue…

Durant toute cette année 1948, où les communistes prennent le pouvoir à Prague, où le plan de reconstruction de l'Europe est mis en place par l'Américain Marshall, où la guerre se poursuit en Indochine, elle parcourt la France avec Charles sous les couleurs du Rassemblement. Il discourt, tente de rendre sa combativité à un peuple épuisé par les privations et les luttes intestines. Mais les journaux ne reflètent pas la teneur de ses propos. Cette idée de l'association du capital et du travail, qu'il a affinée avec René Capitant et Louis Vallon, n'est jamais reprise. Pourtant, il est sûr qu'elle changerait la condition ouvrière, saperait l'assise des communistes.

Yvonne retrouve Calais pour quelques jours de repos après une longue série de meetings. La ville a subi d'intenses bombardements. La maison de son enfance a été détruite. Le quartier est en ruine. Ses seuls repères sont maintenant ses souvenirs.

Avec Jacques son frère et sa femme, Cada, ils marchent sur cette plage de Sangatte, qui, à marée basse, s'étend à perte de vue. Les enjambées de Charles se font moins longues, pour que chacun puisse suivre. Une brise printanière fait fuir les nuages à grande vitesse. Les falaises de Douvres apparaissent de temps à autre, barrant l'horizon de leur blancheur. Elle s'interdit de penser aux vacances d'avant la guerre, à Charles tenant par la main la petite Anne. Yvonne chasse ces images, s'astreint à rechercher les belles coquilles vides rejetées par la mer.

Lorsqu'ils rentrent à La Boisserie, les premiers oignons qu'elle a plantés à l'automne commencent à fleurir. La vigne vierge et le lierre, lentement, montent à l'assaut des fenêtres. Charles, qui s'est levé à sept heures et demie et a partagé avec elle, dans leur chambre, un thé accompagné de biscottes, lit d'abord soigneusement tous les journaux. Puis il part pour sa promenade dans le parc. L'après-midi, ils se retrouvent autour d'un thé. Elle l'écoute analyser la situation avec Claude Guy, avec les visiteurs, quand il ne s'enferme pas dans son bureau pour peaufiner un discours, rédiger son courrier. La maison, dans laquelle ils ont enfin fait installer le chauffage central, est un peu moins froide. Mais les flambées dans les cheminées ne sont jamais inutiles.

Le dimanche, ils vont à la messe, le plus souvent à Colombey, au milieu des gens du village qui respectent leur intimité. Et, chaque fois qu'ils se rendent sur la tombe de leur fille, on s'éclipse pour les laisser seuls avec leur chagrin.

Poussy déambule dans la maison comme une âme en peine : après avoir fauté avec un chat des environs, elle a eu des petits mort-nés. Yvonne caresse tendrement sa tête aux yeux mordorés. Vincam, le chien-loup, devient de plus en plus insupportable, court après tout ce qui traverse le parc, déterre les plantes, se précipite comme un fauve sur les visiteurs, pose sur eux ses pattes sales. Personne n'arrive à le dresser, pas même le commandant de Bonneval, qui dit pourtant s'y connaître. À regret, il faut s'en défaire. Le donner à quelqu'un qui saura s'en occuper. Ni Charles ni elle n'ont la patience de dresser un chien de cette espèce.

À La Boisserie, les rumeurs du monde viennent s'écraser sur le calme de la campagne, les journées réglées par la marche du quotidien. Pendant des mois, Charles renonce aux grandes promenades dans les forêts voisines. Il n'en a plus le goût, pour le moment.

Yvonne le sent fatigué, préoccupé par sa propre santé, qu'il refuse de confier à un médecin. Il s'est un peu voûté, parcourt les allées du petit parc appuyé sur une canne. Il n'a pas encore cinquante-huit ans et sent déjà son corps le trahir. Mais l'esprit va bien, toujours acide, agile, acerbe. Elle a le sentiment, parfois, que les petites compromissions de l'un ou de l'autre de ses proches l'exaspèrent au point de lui faire baisser les bras, s'éloigner du politique.

Il se reprend vite, et la force de son humour, sa combativité, sa certitude d'être dans le vrai le remettent au cœur des choses. Le Rassemblement est un atout politique. Mais les hommes qui en font partie commencent, pour la plupart, à « grenouiller », comme il dit. Il s'en ouvre parfois au jeune chef de son cabinet privé, Georges Pompidou, un normalien prudent, solide comme la terre d'Auvergne dont il est issu.

Le résultat des cantonales de mars 1949 n'est pas si mauvais : cinq cent quarante-six sièges remportés par le Rassemblement, soit 32 % des voix. Moins qu'aux municipales, c'est vrai. Mais le peuple est toujours derrière Charles, où qu'il aille. Lors du mariage de Martine, la fille de Jacques et de Cada, à Calais, les gens qui ont appris leur présence crient « Vive de Gaulle ! » au sortir de l'église. Elle pressent cependant que les incidents qui ont émaillé la campagne électorale, notamment entre communistes et militants du RPF, fourniront au gouvernement un excellent prétexte pour fustiger le rôle de « trublion » de Charles. Elle le lui dit. Il ne répond pas. Il sait qu'elle a raison.

Heureusement, la joie succède aux tracas politiques : Henriette, la femme de Philippe, met au monde un beau garçon prénommé Charles. Charles de Gaulle, qui prolonge la vieille lignée, la trace que les de Gaulle, les Vendroux, les Montalembert ont creusée dans l'histoire de la France. Et de l'Europe.

L'Europe, dont Charles, dans sa pensée de visionnaire, parle comme d'une nouvelle force à mettre en œuvre pour faire pièce à la rapacité de l'URSS, à l'arrogance des États-Unis. Il prêche pour une réconciliation franco-allemande, avec cette République fédérale qui vient de naître, tandis que les Soviétiques créent la République démocratique allemande. Le nouveau chancelier de l'Ouest, Konrad Adenauer, lance, de son côté, un appel à l'union entre la

France et la nouvelle Allemagne. Mais qui serait prêt à l'entendre ? Yvonne elle-même est réticente, presque opposée à cette idée.

Elle a cessé d'accompagner son mari dans son tour de France électoral : elle a d'autres problèmes. Les religieuses qui s'occupent de la fondation Anne de Gaulle retournent dans leur couvent. Elles ne sont même plus assez nombreuses pour assurer la continuité de leur ordre. Et puis les attaques que son mari subit de la part des partis et des journaux, elle les ressent comme des blessures personnelles. On le traite de Bonaparte, de Boulanger. On le soupçonne toujours de vouloir tenter un coup de force. Elle aimerait qu'il se retire une fois pour toutes de ce fatras politique. Elle ne cesse de lui répéter qu'il ne peut rien dans le pays tel qu'il est. Même les siens, mus par le désir de conserver leur petit pouvoir, acceptent les compromissions. Et les dettes du Rassemblement augmentent dangereusement.

Peu à peu, les choses se dégradent. Les partis, incapables d'assurer au pays un minimum de stabilité politique, s'entendent pour adopter une nouvelle loi électorale dirigée directement contre le RPF : la loi des apparentements. Et ce sont d'anciens compagnons ou ministres de Charles, comme Pleven ou Bidault, qui sont au cœur de la manœuvre. Résultat : les législatives du 17 juin 1951, tout en envoyant cent six députés « gaullistes » (sur six cents présentés) dans une Assemblée ingouvernable parce que dépourvue de majorité, montrent une érosion de la base du mouvement : 21,7 % des suffrages. Charles accuse de manigances le MRP de son ancien ministre, Georges Bidault.

Mais il y a pire : en juillet, vingt-six députés RPF vont « à la soupe » et, par leurs votes, permettent à Antoine Pinay de devenir président du Conseil. Charles ne décolère pas. Yvonne se tait. Que pourrait-elle dire qu'il ne sache déjà ? Que les hommes politiques, même ceux auxquels il a essayé d'insuffler une autre idée du service de la nation, défendent d'abord leur place au soleil ? L'abnégation, c'est bon pour les idéalistes comme lui... Elle l'avait prévenu...

Il s'énerve, règle ses comptes avec Jacques Soustelle, le secrétaire général du Rassemblement, avec qui il s'accroche depuis le début de l'année. Il le remplace par Louis Terrenoire. Et Pompidou qui veut quitter son secrétariat privé pour entrer à la banque Rothschild ! Qu'il parte. Olivier Guichard le remplacera.

Yvonne le sent las de toutes ces contrariétés, ces trahisons, ces difficultés. D'autant que les comptes du Rassemblement sont inquiétants : quatre-vingts millions de dettes... S'il pouvait arrêter, vraiment...

Il est à Paris, ce 24 juillet 1951, lorsque la radio annonce la mort de Pétain, la veille, à l'île-d'Yeu. Yvonne s'assied. Les fenêtres de La Boisserie sont ouvertes sur le jardin écrasé de chaleur. Les roses, éclatantes, embaument à la tombée du jour. Elle attendait la fin du dîner pour arroser. Quatre-vingt-quinze ans. Pétain meurt à quatre-vingt-quinze ans. Elle pense à la tristesse et à l'amertume de Charles, en ce moment même, face à la disparition de celui qui aura été à la fois son mentor et son ennemi. Et l'ennemi de cette France pour la résurrection de laquelle, dès le 17 juin 1940, son mari entrait en résistance. Elle ne ressent rien. Elle n'a jamais aimé Pétain.

L'année lui semble interminable. Entre ses réunions du mercredi à Paris et la préparation de quelques discours à La Boisserie, Charles s'épuise. Yvonne souhaiterait qu'il s'attelle sérieusement à ses *Mémoires*, mais il ne se sent pas prêt. Il accumule des documents, les classe, se décourage. À quoi bon...

Elle ne sait plus comment l'arracher à ce dégoût des choses. Elle préférerait encore qu'il s'emporte contre tous ces « politiciens »... Il ne croit même plus au RPF...

Le 11 janvier 1952, un nouveau chagrin vient ajouter à sa tristesse : de Lattre disparaît, terrassé par un cancer. Charles est persuadé que son compagnon s'est laissé mourir après que son fils a été tué en Indochine. Aux Invalides, alors qu'il s'inclinait devant la dépouille de celui qui fut l'élève d'Henri de Gaulle, il a observé, dit-il à Yvonne en rentrant, qu'on se dispute le corps du héros, que sa mort est « récupérée » par l'un ou l'autre. Yvonne a raison : il doit prendre des précautions pour que cela ne lui arrive pas, à lui. Il s'enferme dans son bureau. Elle le voit écrire à toute vitesse, presque sans ratures. Il ressort une demi-heure plus tard, lui lit son testament :

Je veux que mes obsèques aient lieu à Colombey-les-Deux-Églises. Si je meurs ailleurs, il faudra transporter mon corps chez moi, sans la moindre cérémonie publique.

Ma tombe sera celle où repose déjà ma fille Anne et où, un jour, reposera ma femme. Inscription : Charles de Gaulle (1890-...). Rien d'autre.

La cérémonie sera réglée par mon fils, ma fille, mon gendre, ma belle-fille, aidés par mon cabinet, de telle sorte qu'elle soit extrêmement simple. Je ne veux pas d'obsèques nationales. Ni président, ni ministres, ni bureaux d'assemblées, ni corps constitués. Seules, les armées françaises pourront participer officiellement, en tant que telles, mais leur participation devra être de dimension très modeste, sans musiques, ni fanfares, ni sonneries.

Aucun discours ne devra être prononcé, ni à l'église ni ailleurs. Pas d'oraison funèbre au Parlement. Aucun emplacement réservé durant la cérémonie, sinon à ma famille, à mes compagnons membres de l'ordre de la Libération, au conseil municipal de Colombey. Les hommes et femmes de France et d'autres pays du monde pourront, s'ils le désirent, faire à ma mémoire l'honneur d'accompagner mon corps jusqu'à sa dernière demeure. Mais c'est dans le silence que je souhaite qu'il y soit conduit.

Je déclare refuser d'avance toute distinction, promotion, dignité, citation, décoration, qu'elle soit française ou étrangère. Si l'une quelconque m'était décernée, ce serait en violation de mes dernières volontés[1].

Il date ce texte : 16 janvier 1952. Oui, c'est bien. C'est ainsi qu'elle désire que cela se passe. Il n'appartient à personne qu'à cette terre des marches de Lorraine dans laquelle repose la petite Anne. Il lui montre les trois enveloppes qu'il a préparées, pour lesquelles il va faire des copies : Georges Pompidou, Philippe, Élisabeth. Elle est plus tranquille, maintenant. Débarrassée de ce souci : la crainte qu'on ne le trahisse encore, même mort.

Le 6 février, la radio annonce la disparition du roi d'Angleterre, George VI. Charles évoque ce souverain aux côtés duquel il s'est retrouvé plusieurs fois, durant la guerre, à Londres, puis à Alger. Il parle à Yvonne de cette jeune femme, Élisabeth, qui apprend la disparition de son père alors qu'elle est en voyage au Kenya, avec son mari, le duc d'Édimbourg. Les Anglais l'appelaient Queeny lorsqu'elle conduisait les ambulances. Elle est maintenant reine d'Angleterre, au même âge que son aïeule, Élisabeth Ire : vingt-cinq ans.

1. *Lettres, notes et carnets*, *op. cit.*, p. 58-59.

Le lendemain, dans les journaux, Yvonne observe le portrait de la jeune souveraine, ravissante sous son diadème. Une reine si jeune, voilà qui va faire les beaux jours de la presse populaire française. Elle se rappelle le feuilleton Windsor, qu'elle a suivi comme tout le monde avec passion, juste avant la guerre.

L'année qui commence s'annonce difficile. Aux soucis que lui donne Charles s'ajoutent maintenant les difficultés domestiques. Malgré sa gestion rigoureuse de la maison, elle a déjà été obligée de restreindre leur train de vie. Lorsque Louise a quitté La Boisserie, elle ne l'a pas remplacée : Charlotte accomplit désormais les tâches de bonne à tout faire et de cuisinière. Elle continue de préparer les plats roboratifs qu'affectionne le Général : bœuf bourguignon, lapin aux pruneaux, blanquette.

Parfois, en cachette, Yvonne se défait de telle ou telle pièce d'argenterie. Et Charles refuse toujours toute promotion militaire. Il faut dire qu'ils lui ont fait l'injure – peut-être en croyant bien faire – de le réintégrer dans les cadres de l'armée. Pour lui donner quoi ? Une étoile supplémentaire, à lui, Charles de Gaulle ? Il ne perçoit donc que sa solde de colonel en retraite, ce qui ne pèse pas lourd. Dans son ignorance de la situation réelle du ménage, il accuse même Yvonne d'« amasser ». Amasser quoi, elle se le demande. Il n'y a plus rien à amasser. Lui, avec ses idées de grandeur, garde encore un secrétariat privé parce que, continue-t-il à dire : « Je suis le général de Gaulle. » Lorsqu'il aide ses enfants, qui sont parfois dans le besoin avec leurs maigres soldes, elle est d'accord. Mais pour le reste…

Par bonheur, il parle de se remettre sérieusement à ses *Mémoires de guerre*, d'une importance capitale pour lui : ils sont l'explication de son action et un acte de résistance, l'affirmation de sa philosophie et sa contribution aux pages glorieuses de la nation. L'aventure du RPF l'en a momentanément détourné. Il serait temps qu'il s'y replonge. Mais il prévient Yvonne : les droits d'auteur iront directement à la fondation Anne de Gaulle. « On ne fait pas d'argent avec l'Histoire de la France », lui dit-il. Soit. Pour l'heure, il ne fait qu'accumuler les documents, trier, ordonner, rédiger des bouts de texte. Il n'y est pas encore immergé comme en 1946, où il a même adressé à Churchill certains passages le concernant. Churchill qui a publié ses *Mémoires* bien avant Charles…

Heureusement, les enfants la distraient de tout cela. Henriette, l'épouse de Philippe, met au monde un autre garçon, prénommé Yves. Mais Élisabeth, toujours en Afrique, leur manque beaucoup. Elle vient pourtant avec son mari voir Charles lorsqu'il se fait opérer de la cataracte, fin 1952. Yvonne, qui connaît l'impatience de son mari lorsque son corps le trahit, *a fortiori* ses yeux (il doit rester plusieurs jours dans le noir), l'aide comme elle peut, lui fait la lecture des journaux, le laisse s'emporter contre l'impéritie des gouvernants. Il fulmine contre le projet de Communauté européenne de défense, dont il dit qu'elle est la tête de pont des Américains en Europe. Elle ne l'interrompt pas, ne le contredit pas. Elle s'empare de son tricot, aligne maille sur maille auprès de lui, n'ose pas le laisser seul trop longtemps.

Est-ce pour s'arracher à la solitude de La Boisserie qu'il décide ces voyages outre-mer, en 1953 ? Pour retrouver les dangereux périples du combattant de 1940 ? Pour sentir encore vibrer le cœur palpitant de l'empire ? Alors que, cette fois, il est en pleine rédaction de ses *Mémoires*, les voilà partis, Yvonne et lui, dans le DC4 que Truman lui offrit en 1945. Il emmène quelques fidèles : Olivier Guichard, Jacques Foccart, jeune chargé de mission très au fait des affaires africaines, et son aide de camp, Bonneval. À chaque escale, ils auront droit aux honneurs officiels. René Mayer, alors président du Conseil, n'a pas lésiné sur l'accueil au chef de la France libre.

Yvonne retrouve la joie : elle a toujours adoré les voyages. Et puis, enfin elle connaît ces terres sur lesquelles elle a imaginé Charles pendant la guerre, alors qu'elle était tellement seule et désespérée, à *Gadlas*. Elle découvre la moiteur de Dakar et cette communauté coloniale dont elle n'apprécie pas beaucoup l'arrogance. À Niamey, Charles retrouve un compagnon, Massu, avec lequel il s'éloigne un peu pour discuter.

À Abéché, au nord du Tchad, où une chaleur sèche la gifle presque à sa descente d'avion, elle aime les bâtiments de terre qui jouxtent les grandes maisons blanches. Cette Afrique-là, moins colorée que l'autre, elle l'a découverte dans sa jeunesse, en lisant les récits de René Caillié, et elle en retrouve les images telles qu'elle les a rêvées. Mais ceux qui les accueillent ne savent pas comment se comporter face à cet homme. Un homme en lutte contre le gouvernement qu'ils représentent mais qui, tout de même, fait partie de l'histoire. Elle les regarde avec ironie prendre leurs marques, ménager l'avenir, tandis que Charles feint de ne pas voir leur manège. Elle le sait, et il le lui confirme lorsqu'ils gagnent leur chambre : il n'en pense pas moins…

Au cours de ce voyage, qu'il a voulu purement français, il accepte cependant une invitation du gouvernement belge à Léopoldville. La colonie dans toute sa présomption. Encore pire qu'en AOF. Il n'apprécie pas, Yvonne non plus.

Ils rentrent de ces vingt cinq jours de voyage comme lavés des turpitudes du politique. Mais hélas ils y replongent vite. Au cours de ce mois d'avril 1953, le RPF ne recueille que 10,6 % des voix aux élections municipales. Charles devrait dissoudre le mouvement. Il se contente d'annoncer que le RPF ne participera plus aux activités de l'Assemblée, ni aux élections. Il le met en sommeil, rend leur liberté aux députés élus en 1951. Puisqu'il n'a pu changer le système, il ne veut plus être mêlé à son fonctionnement. Il se remet à ses *Mémoires*.

Staline est mort le 5 mars 1953, Eisenhower dirige les États-Unis depuis l'année précédente. Churchill, qui est revenu au pouvoir, s'apprête à passer la main à une vieille connaissance, Anthony Eden. Charles, lui, écrit.

Lorsqu'elle lit les journaux qu'il a épluchés le matin, avant de gagner son bureau, Yvonne imagine l'état d'esprit de son mari : ceux avec qui il a partagé le combat dirigent aujourd'hui le monde. Lui, de ce coin perdu des confins de la Lorraine, regarde la France et son empire céder de toutes parts : en Indochine, le Viêt-minh exerce une pression toujours plus forte sur les troupes françaises ; en Tunisie, Paris refuse toute discussion avec le leader autonomiste Habib Bourguiba, pourtant modéré ; au Maroc enfin, le parti colonial réprime férocement la moindre manifestation et met le gouvernement Laniel devant le fait accompli : la déposition du sultan Mohammed V et son exil à Madagascar.

Charles n'a qu'une seule ressource pour contenir cette sourde colère en lui : il écrit. Yvonne préserve autant qu'elle le peut ces moments de création, desquels il sort comme transfiguré. Cet été-là, par la fenêtre de son bureau ouverte sur le jardin en fleurs, elle l'observe, parfois en se cachant un peu, pour ne pas le déranger. Il porte ses grosses lunettes d'écaille, qu'il dissimule aux autres la plupart du temps. Sa plume court sur les feuilles, qu'il rature jusqu'à ce qu'il ait trouvé le mot juste, la phrase exacte traduisant sa pensée. À l'heure du thé, il lui lit les pages dont il est satisfait. Elle trouve que, de temps en temps, il arrange un peu la réalité. Mais c'est si beau, quand il parle de la France, cette veuve conduite au maquignonnage, de sa solitude, de celle de ses compagnons. Dans ce texte où il témoigne pour l'histoire, elle entend sa voix :

Au reste, si l'écroulement de la France avait plongé le monde dans la stupeur, si les foules, par toute la terre, voyaient avec angoisse s'abîmer cette grande lumière [...] Ainsi, parmi les Français comme dans les autres nations, l'immense concours de la peur, de l'intérêt, du désespoir, provoquait autour de la France un universel abandon [...]

Les feuilles s'accumulent à droite, sur son bureau. Yvonne sent renaître en elle cette pure admiration qu'elle nourrissait pour lui au début de leur mariage. Et avec elle l'amour juvénile. Comme si, à nouveau, ils marchaient côte à côte sur les bords du lac de Constance. Comme si elle redécouvrait la force immense de son esprit et les mots qu'il choisit pour l'exprimer.

Ils reprennent leurs promenades dans les épaisses forêts des environs, repartent à l'assaut des chemins creux. Elle sait qu'il la regarde l'aimer à nouveau. Et, si les péripéties du politique les atteignent encore, elles ne les affectent plus. Ils décident, une nouvelle fois, de partir en voyage.

C'est l'océan Indien et la mer Rouge qu'ils découvrent ensemble, alors que l'automne commence à dorer les bouleaux du jardin de La Boisserie. C'est la douceur de Madagascar, la splendeur de La Réunion et des Comores, la rudesse de Djibouti. Il déroge au devoir de réserve auquel il s'astreint en acceptant l'invitation du Négus, Hailé Sélassié. Dans la fraîcheur d'Addis-Abbeba, ils ont la surprise de voir la foule se prosterner devant leur voiture.

Lorsqu'ils remontent dans l'avion, Charles se replonge dans *Lord Jim* de Conrad. Yvonne, qui tricote à ses côtés, se penche vers le hublot tandis que le pilote frôle un troupeau d'éléphants. Elle lui saisit le bras : « Regardez, Charles. » Un coup d'œil en contrebas, et le revoilà dans son livre. « Laissez, Yvonne, laissez[1]. » Elle se retourne vers le hublot. Il y a des moments, tout de même, où il l'exaspère.

Au retour, elle sent qu'il a repris sa stature d'homme d'État. L'animateur du Rassemblement a vécu, enfin. Du reste, il a remplacé les assises, qui devaient se tenir en novembre, par des tournées. Ses proches n'en sont pas enchantés. Mais il sait désormais qu'il ne peut plus se poser que comme un recours, pour le moment où le pays sera vraiment en danger. Très bien, songe Yvonne. On a le temps. Il peut toujours rêver. Elle est enfin ce qu'elle a toujours voulu être : une maîtresse de maison qui sait recevoir, une femme au foyer épanouie quand ses enfants et petits-enfants sont là, une épouse prévenante, qui rend la vie paisible à son mari, afin qu'il travaille en toute quiétude.

À la fin de cette année 1953, juste avant Noël, alors qu'elle met la dernière main au sapin qu'admireront bientôt ses petit-enfants, la radio annonce qu'au treizième tour de scrutin le Parlement a réussi à élire René Coty président de la République. Au treizième tour ! Elle entend Charles commenter, avec ironie : « Le régime a fini par élire pour son président celui qui le représente le mieux : un inconnu sans relief et rassurant pour les bourgeois qui veulent dormir[2]. » Elle hausse les épaules : qu'est-ce que ça peut lui faire ?

Il se lève, tisonne les braises dans la cheminée, ajoute une bûche. Avant de dîner, il s'installe dans un fauteuil, prend le livre dont il est en train de terminer la lecture. La première partie de ses *Mémoires de guerre*, qu'il a intitulée *L'Appel*, est achevée. Élisabeth, qui a tapé le texte, déchiffrant patiemment son écriture, doit lui apporter la dernière frappe, qu'Alain de Boissieu aura relue. Le manuscrit sera porté chez l'éditeur Plon, parce que Berger-Levrault, toujours dirigé par son ami Répessé, n'est pas une maison assez importante pour l'événement. Yvonne le regrette, mais elle se range aux arguments de Charles.

Terrible hiver, cette année-là. Dans les bidonvilles qui prolongent Paris, recueillant tous ces gens qui ont quitté une terre qui ne les nourrit plus, ces immigrés que les usines, qui tournent désormais à plein rendement, ont fait venir de leurs douars, de

1. Rapporté par Olivier Guichard, repris par Jean Lacouture et Max Gallo.
2. Max Gallo, *op. cit.*

leurs montagnes, pour servir de chair à machines, les conditions de vie sont indignes. Pas d'eau, pas d'électricité, pas de quoi, même, acheter du charbon pour se chauffer. La France est un pays où l'on meurt de froid.

Yvonne et Charles sont penchés sur la radio lorsqu'ils entendent une voix révoltée en appeler à la dignité, à la solidarité, au partage. Un homme crie sa honte parce que tout un peuple, les pauvres, les exclus de cette société française qui se remet en marche, manquent du minimum. Il s'appelle l'abbé Pierre. Charles le connaît. C'est un capucin qui a fait une belle Résistance avant d'entrer en politique dans les rangs du MRP. Mais il a tout quitté pour rejoindre les plus démunis et créer, en 1949, les chiffonniers d'Emmaüs.

On ne saurait rester indifférent à cet appel. Yvonne file vers l'étage, regarde dans la penderie, dans les malles du grenier. Elle sort des vêtements chauds, bien qu'élimés, et entreprend tout de suite de retourner des cols, des revers de manches. Elle travaille une partie de la nuit. Charles est à ses côtés : il n'a pu rédiger qu'un petit chèque. Il essaie de lire, mais n'y parvient pas. Elle sent son regard posé sur elle. Il maintient dans la cheminée la flamme claire du fcu. Ils sont ensemble, ils ont chaud : le froid ne les atteint pas. Il est bien tard, cette nuit, pour protéger ceux qui grelottent.

Lorsqu'ils se couchent, le paquet de vêtements est prêt. Charles le portera lui-même à Paris, où il doit présider le conseil du Rassemblement le mercredi, rue de Solférino.

Les malheurs du monde n'en finissent pas de rompre avec fracas le silence de La Boisserie. En Indochine, c'est le drame de Diên Biên Phu. Yvonne voit Charles dévorer les journaux, écouter les émissions spéciales à la radio. Le 7 mai, le camp retranché français, installé dans une cuvette, est tombé. L'armée française est vaincue par ces fourmis rouges qui ont commencé la guerre sans autre arme que leur idéologie.

Cette défaite est terrible, mais la crainte d'Yvonne est ailleurs : Charles a annoncé que, le 9 mai, au lendemain de l'anniversaire de la Victoire de 1945 à laquelle, dit-il dans son communiqué, « j'eus l'honneur de conduire la France, l'État et les Armées », il se rendrait seul à l'Arc de triomphe, sur la tombe du Soldat inconnu. Il a demandé au peuple de Paris de se trouver en silence sur son passage, pour commémorer l'événement. Voilà l'occasion. Dans cette foule, il y aura bien un Ravaillac, une Charlotte Corday, un fou qui accomplira la prophétie de la bohémienne. L'inquiétude l'envahit. Elle sait bien qu'elle ne peut rien empêcher. Il n'en fera jamais qu'à sa tête. Il croit aux symboles. Il espère qu'on va l'appeler pour sauver une nouvelle fois le pays. Il rêve… Elle se renfrogne, va cultiver son jardin.

Il ne s'est rien passé. La foule n'était pas au rendez-vous.

La tyrannie de la politique

Un mois plus tard, le 14 mai, René Coty confie la présidence du Conseil à Pierre Mendès France. Mendès qui engage des pourparlers, à Genève, avec le Viêt-minh. Charles soliloque : ils ont fait un bout de chemin ensemble, à Londres, Mendès et lui. Il aurait pu être gaulliste. Du reste, il prend des hommes de Charles dans son gouvernement. Ils ont tous les deux des visions assez proches de l'avenir de l'empire. Encore que Mendès soit en train de brader l'Indochine. Il s'énerve. Qu'aurait-il fait, à sa place ? Les choses étaient mal engagées depuis le début.

Yvonne poursuit sa broderie en le regardant s'agiter. A-t-il au moins fini de corriger les épreuves du premier volume des *Mémoires de guerre* ? Oui, il a terminé. Il a même bien avancé la suite de la rédaction.

Il se rend dans son bureau, revient avec des feuillets couverts de sa haute écriture penchée, commence à lui lire des passages. Pourquoi la vie ne s'écoule-t-elle pas toujours ainsi ?

Mais non. Il ne tient pas en place. Il critique le discours de Mendès à Carthage, un discours d'apaisement qui ouvre enfin la voie à l'évolution du protectorat en Tunisie. Et puis il dit que ce n'est pas si mal. Le 13 octobre, il rencontre même le président du Conseil en tête à tête. Le 4 décembre, dans une allocution publique, il souligne « l'ardeur, la valeur et la vigueur [1] » de cet homme que, quelques mois plus tôt, il était prêt à vouer aux gémonies !

1. *Discours et Messages*, t. II, *op. cit.*, p. 627.

Sait-il seulement ce qu'il veut ? Une France plus forte, avec des institutions solides. Oui, cela fait des années qu'il répète la même chose. Mais personne ne l'écoute. Voilà huit ans qu'il est éloigné du pouvoir. Qui pense encore à lui comme à un chef d'État possible ? Le comte de Paris, qu'il rencontre en catimini ? Il ne représente que lui-même. Allons, il a mieux à faire…

Durant la deuxième quinzaine d'octobre paraît enfin le premier volume des *Mémoires de guerre* : *L'Appel.* Yvonne le prend, l'ouvre, sent l'odeur de l'encre. Elle lit la dédicace : « À ma femme, sans qui rien de tout cela n'aurait été possible. » Elle le savait, mais cela lui fait venir des larmes qu'elle refoule bravement. La maison Plon a bien fait les choses : ce qu'on appelle les « bonnes feuilles » sont sorties dans *Paris-Match.* Il a envoyé les quatre premiers exemplaires de son service de presse au pape Pie XII, au comte de Paris, au président de la République, René Coty, à Élisabeth II d'Angleterre. Les articles commencent à sortir alors que le livre est à peine en place en librairie. Ils sont pour la plupart excellents. Les lettres de félicitations, de témoignages d'amitié, arrivent de tous côtés, aussi bien rue de Solférino qu'à La Boisserie. Charles passe de longues heures dans son bureau à remercier d'un mot les inconnus, d'une missive plus longue ses anciens compagnons. Fin octobre, il donne une longue « interview » à Georges Duhamel, dont Yvonne a dévoré la *Chronique des Pasquier.*

En moins d'un mois, quatre-vingt-quinze mille exemplaires de *L'Appel* sont vendus. C'est la gloire de l'écrivain.

Mais la joie est entachée de tristesse : le 1er novembre, des attentats éclatent dans toute l'Algérie. Yvonne se rappelle les routes tortueuses de Kabylie qui menaient à la petite maison à flanc de montagne. Elle revoit la baie d'Alger, lumineuse et belle, pense à son bonheur lorsque Anne glissait sa main dans la sienne, face au paysage toujours changeant qui s'étendait sous la terrasse des *Oliviers.* L'Algérie si riche, si contrastée, et sa population arabe si misérable… Charles a raison. C'est le début de la fin, même si l'armée ratisse les Aurès, commençant son long travail de répression. L'engrenage est fatal.

À la toute fin de l'année, Yvonne sort sa plus belle tenue : le comte de Paris vient rendre visite à Charles. Elle se dit que La Boisserie est une maison bien bourgeoise pour recevoir un tel personnage... Mais elle reste elle-même, accueillante et droite, tandis que Charles se montre un peu compassé. Le temps de prendre le thé, d'échanger quelques commentaires sur la situation du pays, le chef de la maison de France est parti.

Charles s'enferme dans son bureau, reprend l'écriture du deuxième volume des *Mémoires*. Elle s'installe à son secrétaire, entreprend une longue lettre à Henriette, dont les trois enfants, maintenant, font la joie de leurs grands-parents.

Comment repenser à ce long désert que fut l'année 1955 ? Charles a laissé ses compagnons, qui se sentent abandonnés. Il suit les événements d'Algérie avec déchirement. Il regarde Soustelle, qui y a été nommé gouverneur général, s'enliser. Mais surtout, il n'a plus goût à rien : son frère Xavier disparaît. Après celle de Jacques, la mort de Xavier est une nouvelle amputation, dans cette famille où chacun est tellement lié à l'autre. Yvonne connaît cette souffrance, contre laquelle elle ne peut rien. Sinon être là, silencieuse, attentive, aussi douce qu'elle le peut. Il lui reste Pierre, si proche de lui, politiquement, et sa sœur Marie-Agnès. Et ses frères à elle, Jacques, surtout. Ses neveux, ses nièces, ses enfants, ses petits-enfants. Les aînés s'en vont, c'est dans l'ordre des choses...

C'est une année de misère : Charles se sent vieillir, il va avoir soixante-cinq ans, on opère son autre œil de la cataracte.

Il s'absorbe dans l'écriture. Il résiste à l'appel de ses compagnons qui l'incitent à faire entendre sa voix lorsque la situation du pays se dégrade : les « rappelés » manifestent leur désaccord lorsqu'ils sont envoyés en Algérie, les Marocains réclament le retour de leur sultan, qui leur sera finalement rendu en novembre, la Tunisie parle d'indépendance. En métropole, il faudrait calmer les petits commerçants échauffés par un tribun, Pierre Poujade, qui les engage à ne pas payer l'impôt. Le pays prend l'eau de toutes parts.

Yvonne sent le danger. Une nouvelle fois, il pourrait se laisser séduire par le chant des sirènes. Elle multiplie les mises en garde, lui rappelle la foule si maigre, en mai dernier, lorsqu'il s'est rendu à l'Arc de triomphe. Il sait tout cela. Il donne tout de même une conférence de presse, le 30 juin, au cours de laquelle il redit qu'il n'a pas l'intention d'intervenir dans les affaires publiques. Si bien qu'aux législatives de début 1956, ceux qui se disent « gaullistes », les républicains sociaux, ne recueillent que 4,4 % des voix. Jacques Vendroux, le frère d'Yvonne, qu'il apprécie tellement, en perd son siège de député.

Elle respire. Cette lamentable aventure du RPF, contre laquelle elle a tant lutté, est enfin presque terminée. Charles propose à Yvonne d'aller passer quelques jours de vacances (comme si on n'était pas toujours en vacances, à La Boisserie) avec Jacques et Cada. Ils choisissent l'hôtel de l'Abbaye-de-la-Celle, près de Brignoles.

Ils y descendent en voiture, dans la 15 CV Citroën conduite par Fontenil, le nouveau chauffeur. Ils quittent une Boisserie gelée, traversent des terres enfouies sous la neige et parviennent dans la clarté des Maures. Le ciel est sans nuages, la mer étale se confond avec l'horizon. Yvonne entraîne Cada dans de longues marches. Charles et Jacques les suivent, parlant sans fin de politique. Tant pis. Elle invente des sorties. Ils explorent cette côte que l'hiver semble épargner.

Lorsqu'ils regagnent La Boisserie, il fait si froid qu'il faut nourrir les rares passereaux qui n'ont pas déserté le parc. Comme à *Gadlas*, aidée par Charlotte et Philomène, qu'elle a finalement engagée à la place de Louise, le travail de la maison étant trop lourd pour une seule personne, elle dépose des graines, du saindoux. Elle surveille l'eau, qui gèle en quelques minutes.

Charles s'est remis à ses *Mémoires*. Il écrit, emmitouflé sous un amoncellement de pull-overs : le chauffage central est capricieux, et il faudrait laisser les volets du bureau fermés pour que le froid ne pénètre pas dans la pièce. Elle lui prépare des bouillottes, sur lesquelles il pose les pieds, lui sert, heure après heure, du thé brûlant, dans lequel elle ajoute du miel. Il est comme un coq en pâte, mais se bat contre les mots.

Le livre paraît au printemps. Le succès est encore plus grand que pour le premier volume.

C'est l'année où, en février, Guy Mollet reçoit des tomates, à Alger. Les pieds-noirs refusent que le général Catroux prenne les fonctions de ministre de l'Algérie. Ils connaissent sa carrière. Ils savent qu'il est l'artisan de l'indépendance de la Syrie et du Liban. Ils craignent une négociation avec le FLN qu'ils voudraient voir éradiquer. Guy Mollet cède : il nomme Robert Lacoste, qui conduira, jusqu'en 1958, la politique réclamée par les pieds-noirs : refus de toute négociation avec le FLN, renforcement constant des effectifs militaires et pleins pouvoirs accordés à l'armée, avec leur cortège d'exactions (déportation, torture, guerre psychologique...). Malheureux pays, qui s'enfonce dans la honte.

Cette année-là, le premier secrétaire du Parti communiste d'URSS, Khrouchtchev, publie un rapport dénonçant les crimes de Staline. Les communistes français en restent muets. On sollicite Charles. Même son ami Juin : il doit parler. Yvonne n'a besoin de rien dire : pour lui, il n'est pas encore temps. Elle espère qu'il ne sera plus jamais temps.

C'est aussi l'année où le petit Charles de Gaulle fait sa communion privée. Ils descendent à Toulon. Philippe est en mer, à bord du *La Fayette*, qu'il commande. Avec Henriette et ses deux autres enfants, Yvonne et Charles assistent à l'entrée dans l'Église de ce petit garçon blond qui prend très au sérieux son rôle de chrétien.

C'est l'année, surtout, où ils font le tour du monde. Ils sont invités par les assemblées territoriales et les associations de Français libres. Charles prévient le président du Conseil, Guy Mollet, et emmène dans ses bagages Olivier Guichard, Jacques Foccart (Roger Frey les rejoindra dans le Pacifique) et le deuxième fils de François Mauriac, Jean, qui est la grande plume de l'Agence France Presse.

Ils quittent la France le 8 août, visitent la Guyane, puis la Guadeloupe, où ils arrivent en plein cyclone. Le vent, inouï, arrache les arbres, les toitures des maisons. Des trombes d'eau s'abattent sur les rues jonchées de débris. Hommes et femmes luttent contre les éléments, tandis que les palmiers se brisent dans un fracas de fin du monde. Puis tout se calme. Le ciel se dégage. Et, dès que Charles apparaît, la foule est là, qui l'acclame, comme en Martinique quelques jours plus tard...

Pour se rendre dans le Pacifique, ils prennent un bateau des Messageries Maritimes, le *Calédonien*. Longue, longue traversée, où ils empruntent le canal de Panama. Yvonne tricote, lit après lui les livres que Charles dévore (Flaubert, Bernanos, Lenôtre), suit avec lui la séance de cinéma quotidienne. Il est heureux, loquace, presque gai, entretient ses compagnons de voyage d'analyses toutes plus éblouissantes les unes que les autres. Il charme. Elle le connaît. Il n'a encore rien dit, au cours des trois premières escales. Mais il va commencer à délivrer ses messages.

Elle aime cette douce halte de Tahiti, où les femmes couvrent les voyageurs de colliers de fleurs, où elle reçoit en cadeau des babioles qu'elle offrira à ses petits-enfants. Elle regarde avidement le bleu-vert du lagon refléter les cocotiers. Elle a cinquante-six ans. Il va en avoir soixante-six. Peut-être a-t-il enfin appris la sagesse. Mais non. Il se comporte déjà en chef d'État. Jean Mauriac prend des notes, l'écoute discourir, tandis qu'elle se renfrogne. Il ne peut s'empêcher de parler pour la France. Il le fait à Tahiti, en Nouvelle-Calédonie, évoque le « grand ensemble français ». Il dessine une option politique pour l'avenir. Que ne se contente-t-il de jouir de la beauté de cette baie de Nouméa, de la diversité des paysages de l'île ?

Ils reviennent par Djibouti, Fort-Lamy, Ajaccio, et retrouvent la petite France, mesquine, toujours aux prises avec les mêmes problèmes. Pis : le 22 octobre, un avion marocain transportant les chefs du FLN, parmi lesquels Ahmed Ben Bella, est arraisonné sans que le président du Conseil en soit averti. On envoie des parachutistes sur le canal de Suez aux côtés des Anglais, parce que Nasser, nouveau leader du monde arabe, l'a nationalisé. Et on rebrousse chemin lorsque les Américains et les Russes nous l'ordonnent.

Yvonne regarde Charles fulminer, pester, reprendre ses accents de Cassandre. Il fait pire : il part au Sahara sans elle. Il veut visiter les installations pétrolières d'Hassi-Messaoud, rencontrer les chercheurs qui travaillent sur la bombe atomique à Hassi-r'mel, voir où en sont les quatre cent mille hommes engagés en Algérie. Cette fois, c'en est trop. Sait-il dans quelle angoisse il la plonge ? Elle est suspendue à la radio. Et s'il était l'objet d'un attentat, comme le général Salan, en janvier ? Elle se précipite chaque matin pour acheter les journaux, guette le facteur. Enfin, une lettre, datée du 11 mars 1957 :

Ma chère petite femme chérie,

Ce mot t'est écrit de Colomb-Béchar. Impression assez lourde et tendue par rapport à la rébellion algérienne et par rapport au Maroc tout voisin. Mais impression qui, localement, n'est pas mauvaise. Beaucoup de troupes (relativement). Les troupes ont bon aspect.

J'ai du chagrin d'être loin de toi pour la première fois depuis pas mal d'années. Mais l'ambiance d'ici, et celle qu'on me fait prévoir à Tindouf et à Atar, me confirment dans la certitude qu'il n'y avait pas d'autre possibilité[1].

Elle repose la lettre. Elle imagine qu'il va voir Élisabeth et son mari à Lartigue, près d'Oran, où Alain de Boissieu a obtenu un commandement militaire. Mais, dans cette Algérie où la situation ne cesse de se dégrader, alors que Massu livre, dans la Casbah, la « bataille d'Alger », où les intellectuels français commencent à accuser les « paras » de torture, où le FLN massacre un douar entier soupçonné d'être profrançais, elle redoute qu'on ne le tue.

Elle ne parvient pas à dormir. Elle devrait être habituée, pourtant : il a toujours été en danger. Mais, chaque fois qu'il s'éloigne, elle ne peut s'empêcher d'entrevoir le pire. Durant ces huit jours, pendant lesquels il se rend aux confins du Mzab et rencontre le ministre de l'Algérie, socialiste et, dit-on, « gaulliste », Robert Lacoste, elle s'astreint à des tâches précises, qui balisent ses journées : tailler les fruitiers, semer des vivaces, s'occuper du potager, écouter la radio à heures fixes, tricoter ou coudre tout en priant.

Elle ne respire que lorsqu'il est rentré, même s'il reprend alors le chemin de Paris pour ses audiences du mercredi et parfois du jeudi, rue de Solférino. Qui reçoit-il, maintenant que les « barons du gaullisme[2] » se retrouvent, eux, tous les mercredis, à déjeuner, à la maison de l'Amérique latine, place de l'Étoile ?

De temps à autre, il lui parle du jeune prince héritier du Maroc, Moulay Hassan, ou d'Albert Camus, qui a écrit de si belles pages sur Tipasa, de Félix Houphouët-Boigny, un avocat, député de Côte-d'Ivoire. De journalistes, aussi, comme Jean-Raymond Tournoux, qu'elle connaît bien, Roger Stéphane, Georgette Elgey, ou Jacques Fauvet, du *Monde*.

---

1. *Lettres, notes et carnets, op. cit.*
2. Michelet, Malraux, Palewski, Pompidou, Soustelle, Chaban-Delmas, Michel Debré, Terrenoire, Émilien Amaury, Claude Guy, Roger Frey, Jacques Foccart et Olivier Guichard.

Non. Tout cela n'a pas de sens. Il est temps qu'il reprenne sérieusement la suite de ses *Mémoires*. Yvonne l'y incite, l'y encourage. Mais il s'interrompt, imagine, parce qu'il reçoit des lettres lui demandant d'intervenir contre la torture en Algérie (de sa nièce Geneviève Anthonioz et de l'une de ses amies, ancienne déportée, comme elle, et remarquable ethnologue, Germaine Tillon), qu'il peut quelque chose. Or il ne peut rien.

L'année passe ainsi : sautes d'humeur, envies, dégoûts, mettent Yvonne au supplice. À l'automne, il lit un livre dont on parle pour le Goncourt : *La Loi*, de Roger Vailland. En le refermant, il dit tout haut : « Je suis comme don Cesare, le héros de ce livre : désintéressé. » Elle ne le croit pas. Mais elle voit sa bouche qui se pince. Et si c'était vrai, après tout ? De toutes parts, ses fidèles le supplient de rencontrer le président de la République, de lui dire que le carnage en Algérie a assez duré.

Quelques mois plus tard, il recommence à pester : le 8 février 1958, faisant valoir un « droit de suite », l'armée française bombarde un village tunisien frontalier de l'Algérie, Sakhiet Sidi Youssef, où les fellaghas du FLN ont leur base de repli. On dénombre soixante-quinze morts, quatre-vingts blessés. Comment un gouvernement peut-il accepter que son armée attaque ainsi, sans sommation, un pays ami, la Tunisie, indépendante depuis deux ans ?

Yvonne sent que, cette fois, Charles est prêt à jouer son va-tout. C'est Olivier Guichard qui va lui en donner l'occasion : le 8 au soir, le secrétaire particulier de De Gaulle dîne avec l'ambassadeur Masmoudi chez Roger Stéphane. Masmoudi est rappelé en urgence à Tunis par Habib Bourguiba. Aussitôt, Guichard arrange, pour le lendemain, une rencontre à La Boisserie entre le Général et l'ambassadeur tunisien.

Dans la bibliothèque où Yvonne fait servir le thé, elle entend Charles dire avec chaleur et amitié à Mohammed Masmoudi que le président Bourguiba, qui vient d'en appeler aux Nations unies, doit garder son calme, qu'il ne faut pas « insulter » l'avenir. L'entretien dure deux heures.

Après avoir raccompagné l'ambassadeur, Charles s'enferme dans son bureau. Il n'a pratiquement pas raturé un seul mot du communiqué qu'il lit à Yvonne quelques instants plus tard :

Le général de Gaulle a donné audience le 9 février à M. Masmoudi, ambassadeur de Tunisie, qui avait exprimé le désir de le saluer avant de se rendre à Tunis.

Le Général a écouté ce que l'ambassadeur a cru devoir lui dire au sujet, tant des récents incidents à la frontière franco-tunisienne que des vues de son gouvernement quant au règlement des problèmes de l'Afrique du Nord, pour autant que ceux-ci concernent la République tunisienne.

Le Général a répondu à M. Masmoudi qu'il souhaitait que, du côté tunisien, on ne laisse pas les présentes difficultés compromettre l'avenir en ce qui concerne l'association de la France et de la Tunisie. Cette association est, en effet, de l'avis du général de Gaulle, plus désirable que jamais pour l'Occident et pour le monde[1].

Par bonheur, Yvonne est assise. Qu'est-ce que ça veut dire ? Qu'il entre dans le jeu, maintenant. Les journaux qu'il dévore le lendemain ne s'y trompent pas : tous reprennent le communiqué que Guichard a diffusé, et le commentent à l'infini. Oui, il est rentré dans le jeu.

Pourtant, après ce coup d'éclat où il a ridiculisé le gouvernement, il se tient coi. Elle le sent fatigué, usé, désenchanté. Il a vieilli, se courbe davantage sur sa canne, prétend souffrir de douleurs lombaires, qu'elle soulage avec des baumes dont elle lui frictionne les reins.

Mais elle le connaît. Il attend, tout en écrivant, revit les difficultés de la Libération. Il lit *La Métamorphose des dieux*, de Malraux, *Les Rois maudits*, de Druon, tandis que la situation se dégrade : le 15 avril, le gouvernement de Félix Gaillard tombe. Coty consulte pour désigner un nouveau président du Conseil : pendant près d'un mois, aucun des candidats pressentis ne parvient à former un cabinet.

Ce printemps si fragile tisse pour Yvonne des jours d'une solitude presque noire. Charles ne lui dit rien de ses ambitions, mais elle n'est pas aveugle. Elle voit bien que le pouvoir est à nouveau à sa portée. Les murs des villes, elle le sait, se couvrent d'affiches qui demandent son retour. Ce sont des jeunes qui se réclament de

1. *Lettres, notes et carnets*, *op. cit.*, p. 348-349.

lui. Ils espèrent qu'il va faire cesser le massacre en Algérie. Elle les comprend, mais résiste : il n'a que des coups à prendre, va ternir son image. Il a soixante-sept ans. Ne pourrait-il pas se contenter de ces forêts qui recommencent à verdir ? Du calme de cette province où la vie s'écoule en douceur ?

Puis, tout se précipite. Trois soldats français, détenus par le FLN, sont exécutés le 12 mai. Pierre Pflimlin, qui a enfin réussi à réunir un cabinet, doit recevoir l'investiture le lendemain. Mais, en avril, il a évoqué des négociations avec les rebelles et fait donc figure de « bradeur » de l'Algérie. Aussi, le 13 mai, la manifestation à la mémoire des trois jeunes gens qui se déroule sur le plateau des Glières, à Alger, face au siège du gouvernement général, dégénère-t-elle en émeute. Le gouvernement général est pris d'assaut, pillé par la foule.

Yvonne et Charles écoutent à la radio la retransmission des événements. Tout à coup, ils entendent la voix de Massu : « Moi, général Massu, je viens de former un Comité de salut public pour qu'en France soit formé un gouvernement de salut public présidé par le général de Gaulle. » Yvonne retient un cri. Charles éteint la radio. Elle le regarde. Sa détresse se lit dans ses yeux. Il baisse la tête.

Elle n'apprendra que plus tard la vérité : le 27 avril, il a rencontré dans son bureau, rue de Solférino, des anciens du RPF, Léon Delbecque et Lucien Neuwirth, qui travaillent pour lui à Alger, en rapport constant avec Olivier Guichard et Jacques Foccart. Le 13 mai, ils font partie du Comité de salut public et soufflent à Massu d'en appeler à de Gaulle qui est déjà la bête noire de nombreux activistes de l'Algérie française ayant organisé le 13 mai…

Le lendemain, comme tous les mercredis, Charles se rend à Paris. Dans la nuit, Pflimlin a été investi président du Conseil. La France a enfin un gouvernement. Mais pour combien de temps ?

Yvonne lit les journaux de la première à la dernière ligne. Alger est en état d'insurrection. Charles est traîné dans la boue par certains éditorialistes qui le traitent à nouveau de fasciste, de dictateur. Et si ses fidèles ont bien travaillé, si son nom est pour beaucoup celui d'un sauveur, il en est des millions d'autres pour le honnir. Cette fois, toutes les conditions sont réunies pour que la prophétie de la bohémienne s'accomplisse, après de si longues années.

Le 15 mai, le général Salan, à qui Pflimlin vient d'accorder les pleins pouvoirs pour reprendre en main la situation en Algérie, est au balcon du gouvernement général. À la foule, qui n'a pas quitté le Forum depuis le 13, il lance : « Vive l'Algérie française ! » Il va s'en aller. Delbecque lui souffle : « Criez : Vive de Gaulle ! » Salan se retourne vers l'esplanade noire de monde : « Vive de Gaulle ! »

Charles lit à Yvonne le communiqué qui engage leur avenir :

La dégradation de l'État entraîne infailliblement l'éloignement des peuples associés, le trouble de l'armée au combat, la dislocation nationale, la perte de l'indépendance. Depuis douze ans, la France, aux prises avec des problèmes trop rudes pour le régime des partis, est engagée dans ce processus désastreux.

Naguère, le pays, dans ses profondeurs, m'a fait confiance pour le conduire tout entier jusqu'à son salut.

Aujourd'hui, devant les épreuves qui montent de nouveau vers lui, qu'il sache que je me tiens prêt à assumer les pouvoirs de la République [1].

C'est fini. Elle a perdu la partie.

1. *Discours et Messages*, t. III, *Avec le renouveau* (1958-1962), *op. cit.*, p. 3.

Les murs étroits de Matignon

Pendant ces quinze derniers jours de mai, alors que la France est en état insurrectionnel, que les militaires menacent de prendre le pouvoir et de faire tomber la république, Yvonne de Gaulle est comme un arbre mort. À chaque action politique de Charles, même si elle sait que c'est pour éviter le pire, elle voit se profiler l'ombre du gibet. Lui se tient droit, calcule, avance avec méthode et fait à Paris des allers-retours qui la laissent sans force.

Le carré des fidèles ne cesse de téléphoner : Olivier Guichard, Jacques Foccart, Michel Debré, Pierre Lefranc qui donne maintenant toute sa mesure. Un garçon qu'elle aime bien, du reste, l'un de ceux qui, au péril de leur vie, ont organisé le défilé des étudiants dans Paris occupé, le 11 novembre 1940 et qui a rejoint de Gaulle à Londres. Elle l'a connu du temps du RPF, au cours de ces incessants voyages en province. C'était en Corrèze... Elle en vient presque à regretter ce temps-là...

Les journaux se déchaînent contre « l'ermite de Colombey », *Le Monde*, en particulier, que Charles a porté sur les fonts baptismaux à la Libération. Pourtant, le 19 mai, lors d'une conférence de presse, il a précisé sur un ton gouailleur qu'il n'avait pas l'intention, à soixante-sept ans, de commencer une carrière de dictateur.

Yvonne, terrorisée, ne parvient même pas à discuter avec lui.

Pourtant, il faut faire bonne figure lorsque Philippe, sa femme et leurs enfants viennent passer quelques jours à La Boisserie. Elle s'occupe alors en gâtant ses petits-enfants, en discutant avec Henriette. Charles s'isole avec son fils. Ils sont comme deux conspirateurs.

Lorsque les enfants partent, Yvonne est prise d'une frénésie de rangement. Elle trie, jette, donne, comme si la maison devait être en ordre dans l'attente d'une catastrophe.

Et La Boisserie devient le centre de la France : Yvonne voit arriver Antoine Pinay, l'un des leaders de la droite, les socialistes Georges Boris et Guy Mollet. Charles part à Paris et rencontre de nuit, à Saint-Cloud, Pierre Pflimlin. Le lendemain, grande manifestation antigaulliste de la Nation à la République. Mais il est trop tard : le processus de retour au pouvoir de Charles est en marche. Il s'entretient avec le président de l'Assemblée, André Le Troquer, puis avec celui du Conseil de la République, Gaston Monnerville. Enfin, le 29 mai à dix-neuf heures trente, il est reçu par René Coty.

Puis vient le dimanche 1er juin. Il est quinze heures. Charles est entré dans l'hémicycle. Seul. Yvonne attend le verdict : il est investi président du Conseil par trois cent vingt-neuf voix contre deux cent vingt-quatre. Il obtient les pleins pouvoirs. Les communistes ont crié : « À bas la dictature ! Le fascisme ne passera pas ! » Qu'est-ce qu'il s'imagine ? Que ça va être facile ?

Il forme son gouvernement. Sans les communistes, qu'il a néanmoins consultés mais qui ont refusé d'y participer. Il l'a ouvert à toutes les formations politiques, comme en 1945. Et s'il recommençait toutes ces bêtises avec les partis ? Elle relit la liste des ministres : Malraux à l'Information. Debré est à la Justice. Pinay... il a pris Pinay aux Finances. Pourtant, il a toujours été bien sévère avec lui. Il a nommé quatre ministres d'État : Pflimlin (MRP), Mollet (SFIO), Houphouët-Boigny, l'avocat ivoirien, qui représente l'outre-mer, et Jacquinot (modéré). Il est allé chercher de hauts fonctionnaires pour les Affaires étrangères et les Armées : Couve de Murville et Guillaumat. Il y a aussi Max Lejeune, un socialiste, le démocrate-chrétien et gaulliste Edmond Michelet, et, pour l'Intérieur, il a choisi le plus ancien fonctionnaire du ministère : Émile Pelletier. Jacques Soustelle n'en est pas. Quel imbroglio... Même pour son cabinet, où il a nommé Pompidou, Lefranc et Guichard, il a fait des combinaisons.

Pour le moment, il essaie de calmer le jeu, de canaliser les oppositions. Il a besoin de tout le monde pour affronter une situation désastreuse. Elle le connaît : il est d'abord pragmatique. Ne perd jamais de vue le but à atteindre : la restauration d'un État fort avec, autour de lui, un empire où chacun des peuples exprimera son génie. Une France indépendante et souveraine dans ce monde bipolaire qui s'est mis en place depuis la guerre, mais une France généreuse, renouant avec les idées des Lumières.

Alors que l'Algérie s'enfonce dans le chaos, elle pense aux pieds-noirs, à ce peuple industrieux qui ne saurait envisager de perdre une terre qu'il croit sienne, sans partage. La plupart d'entre eux sont issus des régions les plus pauvres de la Méditerranée. Ils sont espagnols, italiens du sud, maltais, français impécunieux venus tenter là leur chance, Alsaciens et Lorrains ayant fui la botte allemande en 1870, déportés de la Commune. Des malheureux qui avaient trouvé à dominer plus malheureux qu'eux : ces Arabes dont ils ignorent qu'ils appartiennent à un grand peuple, dont ils ont nié jusqu'à l'identité. Ces Arabes qui, aujourd'hui, tentent de reconquérir dans le sang leur dignité.

Les maîtres du jeu, ce sont les gros colons et leurs acolytes de la métropole qui ont exploité à leur seul profit les richesses de l'Algérie. Charles a suivi de près les événements qui ont précédé l'indépendance de la Tunisie et du Maroc, tous les crimes commis de part et d'autre, les mouvements de libération et les organisations secrètes des pieds-noirs : la « main rouge » qui a assassiné en toute impunité dans les deux protectorats, avec des complicités au plus haut niveau de la police et de l'État.

Il risque de se passer la même chose en Algérie : le soulèvement du 13 mai a été fomenté par les pieds-noirs ultras. Le danger sera là.

Et il y a cette armée à qui l'on a donné mandat de « pacifier » un territoire français et qui risque de ne pas comprendre les intentions de Charles : se désengager peu à peu pour laisser les Algériens choisir leur avenir. Il ne peut être question de cette « intégration » dont parlent certains caciques, comme Soustelle. Impossible d'intégrer ces millions de musulmans dans une France encore profondément chrétienne. Ce serait un suicide collectif. Yvonne sait tout cela depuis le discours que Charles a prononcé en Italie en 1944, après les victoires de Monte Cassino et du Garigliano. Voilà le fond de sa pensée.

Mais certains de ceux qui l'ont aidé à s'installer à la tête de l'État ont une tout autre vision de l'avenir.

Le 3 juin, il part pour Alger. Que faire durant ces heures où l'avion traverse la mer, se pose à Maison-Blanche ? Qu'espérer tandis que le cortège officiel suit la route moutonnière, emprunte la rue Michelet, pénètre dans le palais d'Été ? Comment ne pas imaginer, dans cette foule massée le long du cortège, un bras qui se tend, un revolver, un fusil, une bombe qui explose ?

Elle parcourt les minuscules appartements privés de l'hôtel Matignon, dans lesquels elle va devoir installer le peu qu'elle a apporté de La Boisserie. Il faut reconstituer le nid, tout de suite, afin qu'il puisse trouver un peu de repos dès qu'il en éprouve le besoin. Car à toutes ses craintes s'ajoute celle de son âge. Il y a un mois encore, il était si fatigué. Et maintenant, le voilà qui saisit à bras-le-corps un pays laminé par la guerre et des institutions moribondes. En contemplant le paisible parc qui isole l'appartement des rumeurs de la ville, elle recouvre ses forces : elle sera là, comme toujours, aux côtés de cet homme insensé dont le démon et l'honneur s'appellent la France.

Il est dix-neuf heures. La radio diffuse la rumeur de la houle humaine, sur le Forum, à Alger. Yvonne entend confusément : « Vive de Gaulle ! », « Vive Massu ! Vive Soustelle ! Vive l'armée ! »

Et puis la voix de Charles, déformée, rocailleuse : « Je vous ai... compris. » Il a prononcé quelques mots qu'elle n'a pas saisis, avant le « compris ». Le délire de la foule répond à la première apostrophe. Elle écoute attentivement le reste :

Je sais ce qui s'est passé ici. Je vois ce que vous avez voulu faire. Je vois que la route que vous avez ouverte en Algérie est celle de la rénovation et de la fraternité.

Eh bien ! de tout cela, je prends acte au nom de la France et je déclare qu'à partir d'aujourd'hui, la France considère que, dans toute l'Algérie, il n'y a qu'une seule catégorie d'habitants : il n'y a que des Français à part entière – des Français à part entière, avec les mêmes droits et les mêmes devoirs. [...]

L'armée française a été sur cette terre le ferment, le témoin, et elle est le garant, du mouvement qui s'y est développé.

Elle a su endiguer le torrent pour en capter l'énergie. Je lui exprime ma confiance. Je compte sur elle pour aujourd'hui et pour demain.

Français à part entière, dans un seul et même collège ! Nous allons le montrer, pas plus tard que dans trois mois, dans l'occasion solennelle où tous les Français, y compris les dix millions de Français d'Algérie, auront à décider de leur propre destin. [...]

Ah ! puissent-ils participer en masse à cette immense démonstration, tous ceux de vos villes, de vos douars, de vos plaines, de vos djebels ! Puissent-ils même y participer ceux qui, par désespoir, ont cru devoir mener sur ce sol un combat dont je reconnais, moi, qu'il est courageux – car le courage ne manque pas sur cette terre d'Algérie –, qu'il est courageux mais qu'il n'en est pas moins cruel et fratricide !

Oui, moi, de Gaulle, à ceux-là, j'ouvre les portes de la réconciliation.

Jamais plus qu'ici et jamais plus que ce soir, je n'ai compris combien c'est beau, combien c'est grand, combien c'est généreux, la France !

Vive la République !

Vive la France[1] *!*

Les acclamations explosent. La plupart des gens n'ont rien compris. Et pourtant, Charles a tout dit. Il a lancé un appel direct au FLN, à ces rebelles qui sont cachés dans les montagnes, qui harcèlent l'armée française, qui massacrent. C'est là, maintenant, que tout se joue. Les ultras peuvent l'abattre…

Elle dispose sur les meubles du mobilier national, dans ces petits appartements de l'hôtel Matignon, les photos des enfants et des petits-enfants. Elle aide le personnel à ranger les placards. Il faut s'occuper les mains, et la tête, pour ne pas imaginer le retour au palais d'Été et le danger, en embuscade à chaque fenêtre, à chaque coin de rue. Elle sent presque la chaleur qui ne tombe pas, en cette saison, à Alger, et qui doit l'accabler. C'est un vieil homme, il a déjà usé sa vie et il est si loin d'elle, ce soir…

Durant les deux jours suivants, qu'il passe à Constantine, à Bône, à Oran, elle vit dans la crainte. Elle entend la fin du discours de Mostaganem : « Vive l'Algérie… française ! » Elle ne comprend plus. S'est-il laissé gagner par l'émotion de la foule ? Il ne peut pas avoir changé d'avis. C'est impossible. Sa vision de l'avenir est trop structurée, trop solide. Alors, qu'est-ce qu'il lui a pris ?

Lorsqu'il rentre enfin, et qu'elle lui pose la question, il se fâche presque. C'est la radio. Quelqu'un a rapproché les deux termes.

1. *Discours et Messages*, t. III, *op. cit.*, p. 115.

Enfin, pas tout à fait. Il a voulu dire... Il s'empêtre. Bon. Il a autre chose à faire.

Comment le retenir ? Son bureau est à côté, ses collaborateurs taillables et corvéables à merci. S'il le pouvait, il les engagerait à travailler nuit et jour, comme lui. Il faut reconstruire l'État, et vite.

Pendant les quelques mois où sont jetés les fondements de la Vᵉ République, où il retourne en Algérie inspecter l'armée qui se bat pied à pied contre le FLN – lequel n'a pas répondu à son appel de juin –, où il prépare un plan de modernisation des départements nord-africains, Yvonne fait de la figuration, prend ses marques, ne sort de sa solitude que quand Jacques, son frère et sa femme viennent passer le week-end à Paris. Ou lorsque Jacques Foccart accueille le couple de Gaulle chez lui, à Luzarches, pour respirer un peu l'air de la campagne. Elle qui déteste aller chez « les autres » est heureuse de cet intermède où, pourtant, la marche du pays n'est pas absente. Elle entend Foccart demander à Charles de réintégrer Soustelle dans le gouvernement. Avec agacement, de Gaulle finit par acquiescer. Il lui donne l'Information, jusque-là dévolue à Malraux. Et il ajoute, avec cette voix de stentor qu'il a parfois : « Mais écoutez-moi bien : vous verrez qu'il me trahira. »

À Matignon, elle a organisé la vie de telle sorte que Charles peut venir déjeuner tous les jours, parfois avec un ou deux collaborateurs. Le soir, ils dînent en tête à tête, et il recommence à lui parler de l'évolution du pays. De toute manière, elle est souvent présente aux entrevues politiques. Sauf lorsqu'il reçoit certaines personnalités.

Cet Algérien, par exemple, Abderrahman Farès, ancien président de l'Assemblée algérienne, non-affilié au FLN, plutôt partisan d'une émancipation du peuple algérien dans la « communauté française » à laquelle Charles pense de plus en plus. Il lui a même proposé d'entrer dans le gouvernement. Mais, après quelques consultations en Suisse, Farès décline l'offre. Charles le dit à Yvonne, le soir, au dîner : il regrette cette décision. Elle ne commente pas : elle n'est pas assez aguerrie en politique. Elle connaît ses limites. Pour le moment, et puisque l'engagement de Charles, désormais irréversible, ira jusqu'à son terme, la présidence d'une nouvelle République, elle se tient à ses côtés, quoi qu'il lui en coûte.

Ils n'ont plus le temps de se rendre à Colombey. Pourtant, un week-end de juillet, ils s'éclipsent et partent pour Calais rendre visite à Jacques et à Cada Vendroux, puis à Wissant, où Philippe, Henriette et les enfants sont en vacances. Ils retrouvent leurs plages du nord, sur lesquelles le soleil rend le sable presque blanc. Le vent léger a le goût du sel. Quelques heures de détente dans l'effort quotidien.

Charles est en pleine forme, comme rajeuni par l'action et le pouvoir. Yvonne retrouve les gestes de son enfance : elle ramasse des coquillages pour les donner aux enfants, cueille des brassées de coquelicots et de bleuets de l'autre côté de la route qui longe la station balnéaire. Elle a cinquante-huit ans. Mais elle semble inaccessible à la fatigue. Elle affiche toujours cette vivacité, cette gaieté qui laisseraient penser qu'elle n'a subi aucune épreuve, que la vie passe sur elle sans l'atteindre. S'ils se doutaient…

Ils rentrent à Paris dans cette nouvelle Citroën, une DS, qu'on a mise à la disposition de Charles et que conduisent tour à tour Fontenil et Marroux, ses deux chauffeurs attitrés. Charles cède toujours à Yvonne la place d'honneur, à l'arrière, celle de droite ; il s'assied à gauche. Le temps d'un trajet, ils pourraient se croire des retraités aisés, dans cette voiture dont il apprécie le confort et les performances.

Mais dès qu'ils arrivent à Matignon, il disparaît dans son bureau, écrit ses discours, qu'il apprend pratiquement par cœur pour ne pas avoir à utiliser ses lunettes, et ne revient que peu avant le journal télévisé. Ils s'installent tous deux pour suivre les nouvelles, qui ne seront commentées qu'après, au cours du dîner. Parfois, il retourne dans son bureau chercher un texte, le répète devant elle, qui, comme à l'ordinaire, acquiesce ou conteste d'un mot, reçoit en retour un lourd regard de reproche, ou d'ironie. Elle rirait, si l'exercice n'était aussi sérieux. Elle sait bien qu'il ira peaufiner son argumentation en bougonnant.

En elle, la peur s'est transformée en fatalisme. Ils peuvent mourir ensemble. Ils seront accueillis au ciel, où Anne les attend, par tous leurs proches disparus. Ses convictions religieuses, qui l'ont aidée à tenir, à rester en vie, se sont renforcées. Elle se sent en paix avec elle-même, prête à sa propre fin – et peut-être à celle de son époux – du moment que l'indignité leur est épargnée. Advienne que pourra. Ce qui lui donne une nouvelle liberté de ton, dont elle use même avec Charles, mais uniquement lorsqu'ils sont seuls. Parfois moqueuse, parfois péremptoire. Pas question d'avoir Untel à table : il est divorcé. Et celui-là, n'est-il pas inverti ? Et cet autre, un homme à femmes ? Ou alors sans moi.

Ce sont de petites vengeances, des mesquineries, sans doute. Parfois, elle se surprend en flagrant délit de mauvaise foi, mais, au moins, cela fait enrager Charles. Après tout, c'est son droit que de ne pas subir des hôtes dont la présence l'obligerait à feindre, à dissimuler. Elle y est déjà contrainte dans les réceptions… Enfin, elle a choisi d'y figurer avec lui. Elle ne recherchera pas la lumière des projecteurs. Mais, au nom des droits qu'elle s'est acquis par sa constance, de ce mariage qu'elle a peut-être déjà vécu « pour le pire », au nom de toutes les femmes qui connaissent l'ombre, elle décide d'être là simplement. Et, si les devoirs auxquels elle consent occupent déjà son temps, si l'homme qu'elle accompagne lui échappe désormais de plus en plus, qu'elle profite au moins un peu de ces prérogatives qui lui coûtent tant… Ce n'est qu'une revanche sur le sort, qu'elle ne s'avoue pas…

Ce soir, comme presque tous les soirs, il regagne, excédé, son bureau. Il veut terminer ses *Mémoires*, malgré le travail qui l'attend. Élisabeth lui sert toujours de dactylo. Il revient avec les paquets de feuilles, les lui lit. Elle l'écoute attentivement, comme d'habitude. Mais peut-être toutes les femmes n'ont-elles pas ce don, cette disponibilité toujours renouvelée ? Elle, dans ces moments-là aussi, fait son devoir. Au moins en tire-t-elle la satisfaction d'être auprès de lui. Et de suivre avec lui l'histoire du monde.

Il poursuit sa rénovation de l'empire. En plein mois d'août, c'est un long voyage en Afrique et à Madagascar, où il propose aux Africains une sorte de Commonwealth : la Communauté. En Guinée, un jeune et brillant président, Sékou Touré, encourage son peuple à réclamer l'indépendance. Qu'il la prenne. Mais sans un sou de la France.

Charles a emmené Jacques Foccart avec lui, et toujours Jean Mauriac, qui devient le meilleur observateur de sa politique. Yvonne est sûre que celui-là, au moins, ne trahira pas.

Il retourne à Alger, tente de remettre au pas ces généraux qui commencent à comprendre qu'il est loin de penser à l'« intégration » qu'ils réclament. Il demande à Salan et à Massu de faire cesser le scandale de la torture et des exécutions sommaires. L'armée a pris de redoutables habitudes et Yvonne, en écoutant Charles, ne voit pas très bien comment il pourra mettre un terme à ces exactions. D'autant que, de son côté, le FLN multiplie les attentats aveugles, n'entend rien des appels que lui lance le président du Conseil.

S'il n'y avait que l'Algérie... Mais il faut encore réaffirmer la grandeur de la France. Yvonne voit Charles enfourcher à nouveau son cheval de bataille : l'indépendance nationale face aux Américains qui veulent la haute main sur l'OTAN. Ils ne changent pas. Lui non plus. Ce petit pays, le « Finistère de l'Eurasie », la France, que douze années d'errances politiques et de guerres fratricides ont quasiment fait disparaître du concert des nations a retrouvé une voix, qui parle haut et fort. Les Français, qui s'étaient résignés à n'être plus que des pions entre les Grands, se sentent revivre.

Au cours d'une réception, Yvonne rencontre une jeune femme, ingénieur de la Marine, qui lui dit que, l'année précédente encore, les Anglais, dans les discussions internationales, tenaient les Français pour quantité négligeable. Depuis que de Gaulle a repris le pouvoir, elle décèle chez ses interlocuteurs une nouvelle considération. N'est-ce pas un indice du changement qui se profile ?

D'autant que Charles met tous ses fers au feu. Cette Europe, qui doit faire pièce au dangereux tête-à-tête des deux grandes puissances, doit être solide. Sa pierre angulaire sera la coopération franco-allemande. Charles souhaite en discuter avec le chancelier Adenauer. Il est encore trop tôt pour l'inviter officiellement au nom de la France. Si on l'accueillait à La Boisserie ? Yvonne reste sans voix. Elle a reçu, chez elle, bien des personnalités, mais le chancelier d'Allemagne... Pourtant, après un instant de réflexion, elle acquiesce.

Elle part pour Colombey. Lorsqu'elle annonce la nouvelle à Charlotte, celle-ci manque d'avoir une attaque : « Servir un Allemand ? Jamais ! » Yvonne argumente, évoque la réconciliation entre les deux pays, indispensable si l'on veut empêcher une nouvelle guerre. Et puis, si Charlotte préfère bouder dans son coin, ce n'est pas trop grave : Jacques Vendroux envoie sa propre cuisinière, Marie Wierez-Nagot. Elle aussi rechigne, mais voilà vingt-cinq ans qu'elle est dans la famille. Elle servira donc. Charlotte est piquée au vif. D'accord, on fera ce qu'on pourra pour l'Allemand. Mais qu'on ne leur en demande pas trop.

Le 14 septembre, il fait très doux. Quelques arbres, déjà, affichent les prémices de l'automne. Le déjeuner est prévu pour quatorze couverts. Jusqu'à treize heures, ministres et ambassadeurs sont confinés à Chaumont. Toute la maisonnée attend la venue de l'hôte illustre... qui n'arrive pas. Charles demande à ses aides de camp de s'informer. Adenauer a disparu dans la nature. Il se présente seul, après une longue errance : il cherchait la maison du général à... Colombey-les-Belles, de l'autre côté de Chaumont. La gendarmerie l'a remis sur la bonne route.

Konrad Adenauer est un grand vieillard, à la santé fragile, sur laquelle, d'ordinaire, veillent ses trois filles. Il descend de voiture avec difficulté. Mais Charles est là, qui l'attend, l'accueille, présente Yvonne. Le chancelier est reçu comme un ami dans une famille française.

Avant de s'éclipser, Yvonne aperçoit les têtes des domestiques, derrière une vitre, leur lance un regard courroucé. Puis Charles entraîne Adenauer dans la bibliothèque. Seuls, ils ont pour discuter un long moment. Elle ne les interrompt que pour servir elle-même le thé, rapidement, en parfaite maîtresse de maison.

Avant le dîner, Adenauer se retire quelques instants dans la chambre d'amis, au premier étage. Yvonne observe Charles : il a l'air très satisfait.

Le repas, quels que soient ses enjeux diplomatiques et le rang des convives, est servi avec simplicité. Aucune affectation chez Yvonne et Charles. La gentillesse souriante de Mme de Gaulle est communicative. Le chancelier semble ravi des attentions qu'on lui porte et d'être reçu, à cette table, en ami. Les autres convives se détendent. Jusqu'au jeune ministre des Affaires étrangères de Charles, Maurice Couve de Murville, pourtant bien compassé d'habitude, qui se laisse prendre par la douce gaieté qu'Yvonne imprime à la soirée, en accord avec Charles, qui lui laisse les rênes.

Lorsque Konrad Adenauer quitte La Boisserie, il a les larmes aux yeux, tant il a été touché par l'accueil qui lui a été réservé. Même les domestiques admettent que « bon, ce n'est pas un Allemand comme les autres ».

Quand il revient de la grille, où il a tenu à raccompagner son hôte, Charles passe par les cuisines pour remercier le personnel.

Marie Nagot est prête à repartir pour Calais, plus émue par les compliments du Général que par tout ce qui vient de se passer dans cette maison.

Puis il prend dans les siennes les mains d'Yvonne, les baise tendrement. Elle le laisse faire avec cet éclatant sourire qu'elle affiche lorsqu'elle sait s'être comportée comme il l'attendait. Elle voudrait rester dans leur maison quelques jours, l'entraîner dans les bois des Dhuits, marcher longuement à ses côtés, ramasser des champignons, profiter avec lui de la douceur d'un automne dont ils aiment tous deux les couleurs, les odeurs. Mais il faut rentrer à Paris.

Le lendemain, les journaux allemands, repris par la presse française, relatent la visite du chancelier avec les mots qu'Adenauer emploiera dans ses *Mémoires* :

De Gaulle ne correspondait nullement à l'idée qu'avait pu en donner la presse ces derniers mois : son allure était jeune et son nationalisme bien moins virulent que celui qu'on lui prêtait habituellement. Il était bien informé de l'ensemble des affaires mondiales et particulièrement conscient de la grande importance des relations franco-allemandes, tant pour les deux pays considérés que pour toute l'Europe et, partant, pour le reste du monde... Je m'étais représenté de Gaulle tout autre que je le découvris... J'étais surpris le plus agréablement du monde par sa simplicité et son naturel[1].

Voilà une belle opération. En profondeur, elle aplanit les relations entre la France et l'Allemagne. Dans l'immédiat, à l'étranger, on donne une nouvelle image de Charles, différente de celle relayée par une partie de la presse française. Yvonne se sent confirmée dans le rôle qu'elle y a joué. Si elle peut ainsi aider à la « grande » politique, elle tient son rang.

Mais l'affaire de cet automne 1958, c'est le référendum sur le nouveau projet de Constitution, dont Charles avait tracé les grandes lignes dès 1946 dans son discours de Bayeux. La gauche se déchaîne contre lui : de François Mitterrand à Jean-Paul Sartre, on l'accuse de vouloir un plébiscite ; on engage le peuple à voter

1. Konrad Adenauer, *Mémoires*, t. III, Hachette, 1969. Repris par Jean Lacouture, *op. cit.*

non. Les résultats sont inespérés : sur 84,9 % de votants, le oui recueille 79,25 % en métropole, 96 % en Algérie, où le FLN avait incité la population arabe à voter non, entre 78 et 99 % dans l'outre-mer, sauf en Guinée, où le non l'a largement emporté.

L'Algérie. C'est l'obsession permanente. Le FLN vient de créer le Gouvernement Provisoire de la République Algérienne, le GPRA, que la Tunisie et le Maroc reconnaissent aussitôt. Il faut trouver une issue à cette guerre qui ne dit pas son nom. Charles retourne à Alger, à Oran, à Constantine, où il annonce ce plan de développement déjà évoqué le mois précédent. Et Yvonne reprend son épuisante attente. Le danger peut venir de toutes parts, désormais : de l'armée, des pieds-noirs, du FLN, et de ses adversaires en France.

Il revient, reçoit la presse, lance ouvertement un appel au FLN et aux pieds-noirs afin qu'une véritable évolution du statut de l'Algérie voie le jour. Peine perdue. Personne ne l'écoute. Personne ne l'entend.

Dans l'allée du parc de La Boisserie, où ils se promènent enfin au cours de ce week-end, Yvonne se tient à ses côtés, marche à son pas, n'interrompt pas sa réflexion. Elle observe les dernières roses chargées de pluie, dans le massif à droite de la maison. Elle n'a plus le temps de s'occuper du jardin, n'a plus de moment pour elle-même. Il faut qu'elle s'organise autrement. Elle passe trop d'heures à tricoter ou à broder pour occuper ses mains, tandis que son esprit échafaude les pires hypothèses. Et lui bute contre les faits qui refusent de se plier à sa volonté… Elle le regarde à la dérobée. Il n'est plus jamais tranquille. Elle non plus.

Puis le chagrin, encore. La fille de Jacques disparaît, emportée par la maladie. Pourquoi ce destin, jalonné de tristesse ? Pourquoi la souffrance des autres, et la sienne ? Ils se soutiennent tous, dans l'adversité, les Vendroux et les de Gaulle. Mais la vie d'Yvonne est austère, baignée d'inquiétude, solitaire, le plus souvent… Les fastes et les honneurs le célèbrent, lui, et à elle ils pèsent tant…

Quelques jours plus tard, Charles remet à Winston Churchill la Croix de l'ordre de la Libération, dans le parc de l'hôtel Matignon. Son compagnon de Résistance, son adversaire, son ami, est devenu un vieillard sénile, bouffi, le regard perdu. « Quel naufrage, la vieillesse ! » Ces mots qu'il a jadis prononcés pour Pétain s'appliquent aujourd'hui à Churchill.

Yvonne sent son désarroi, sa tristesse. Tandis que la fanfare interprète les hymnes nationaux des deux pays, par la fenêtre du petit salon, elle observe son mari dont les yeux évitent ceux, dans le vague, de son hôte. Voilà une cérémonie de trop. Pourquoi vouloir rendre hommage, encore et encore ? Churchill-de Gaulle, c'est une image du passé, un panthéon déjà figé, ou presque, dans les livres d'histoire. Ce n'est plus ce qu'on attend de lui, maintenant. À la première occasion, elle le lui dira. Mais peut-être l'a-t-il compris...

Cependant, durant cet automne et ce début d'hiver où elle se prépare au nouveau rôle qu'elle endossera bientôt, celui de « première dame de France », elle essaie de se faire aussi légère que possible, d'aplanir les difficultés à l'heure où Charles doit se garder de tous côtés, même de ses amis, qui, pour mieux le servir, viennent de créer un nouveau parti politique : l'UNR, Union pour la Nouvelle République. Il ne donne son aval à personne. Il le lui dit, à elle, le lui répète : s'il veut mener à bien l'immense tâche qu'il a entreprise, il doit rester libre. Il a raison. Mais, même avec cette nouvelle Constitution, va-t-il pouvoir faire rentrer les partis dans le rang ?

Aux élections législatives des 23 et 30 novembre, l'UNR triomphe : cent quatre-vingt-quatorze sièges sur cinq cent trente-sept. Elle forme le groupe le plus important. Dans moins d'un mois, le collège électoral élargi (soixante-seize mille grands électeurs) élira le premier président de la Ve République. Il n'y a que deux candidats, face à Charles : un communiste, Georges Marrane, et un représentant des forces socialistes, le doyen de la faculté des sciences, Albert Châtelet. Elle sait bien que ces deux-là n'ont que très peu de chance de l'emporter.

Entre-temps, il l'emmène avec lui à Bad Kreuznach, en Allemagne. Ils rendent visite à Konrad Adenauer, qui les reçoit en amis.

Puis Charles repart en Algérie, où le pétrole vient de jaillir dans les sables du désert. Voilà qui va encore exciter les convoitises, faire rêver les deux partis : les pieds-noirs espéreront qu'on ne lâchera jamais un territoire qui apporte l'or noir à la France. Quant au FLN, il doit déjà s'imaginer à la tête d'un pays aussi riche que l'Arabie Saoudite ou l'Iran…

Enfin, quelque jours avant Noël, le 21 décembre 1958, il est élu chef de l'État avec 78,5 % des suffrages.

Yvonne lit les commentaires des journaux. Certains sont plus que mitigés. Ils parlent à nouveau de Bonaparte, de Boulanger… Et les premières mesures économiques de Charles ne sont pas populaires : la dévaluation de 17,5 % et la création du nouveau franc proposées par Pinay font rechigner une partie de la classe politique et du peuple. Quant au budget, il est refusé par Guy Mollet, pourtant ministre d'État, qui présente sa démission. Et voilà : dès que l'on demande de la rigueur, dans ce pays, les protestations fusent.

C'est drôle, comme elle est devenue… Toute personne attaquant Charles est un ennemi en puissance. Non qu'elle pense qu'il ait toujours raison, loin de là. Mais elle ne supporte pas que l'on crie haut et fort son opposition, surtout si l'on fait partie de son équipe… Alors elle n'en finit pas de s'énerver. Il faut qu'elle trouve sa place, la bonne place, qu'elle calme ses colères. Un rôle terrible va lui échoir, et elle doit mesurer son influence. Il n'est pas question qu'elle interprète mal ce qui se dit devant elle. Elle a encore à apprendre, pour pouvoir juger correctement. Il faut qu'elle écoute, qu'elle ne se laisse pas aveugler par ses propres convictions, par ses craintes, ses ressentiments. Son honnêteté l'y engage, et la confiance que Charles met en elle.

Le 8 janvier, il est investi président de la République. Voilà, elle se tient aux côtés de Mme Coty dans l'immense salle des fêtes de l'Élysée. Il y a tellement de monde qu'elle ne reconnaît personne. On la salue, après lui. On se présente avec déférence. Elle se sent de trop. Comme absente d'elle-même. Elle met toute sa volonté à sourire, remercier, tendre sa main, encore sourire…

La cérémonie de passation des pouvoirs n'en finit pas. Il fait trop chaud. Elle regarde les ors et les fastes du palais que Louis XV offrit à Mme de Pompadour. Elle n'a pas encore visité les appartements où Charles et elle doivent s'installer, mais en a lu l'histoire, pour « savoir où elle met les pieds ». Ici, Murat et sa femme, Caroline Bonaparte, donnèrent des fêtes friponnes, Napoléon signa son abdication, son neveu Louis-Napoléon prépara son coup d'État.

Un lieu chargé d'une histoire où les catins ne comptaient pas pour rien. N'est-ce pas par l'une des portes dérobées de ces appartements privés que Félix Faure « perdit sa connaissance » ?

L'après-midi, après que Charles et René Coty ont remonté ensemble les Champs-Élysées dans une voiture découverte, elle visite son nouveau logis : cinq pièces principales, dont il faut presque garder les volets clos pour éviter que les voisins de la rue de l'Élysée ne plongent leurs regards dans l'intimité du couple présidentiel. Des meubles lourds. Les pièces qui donnent sur le jardin sont mal commodes et le parc, pourtant bien entretenu, ne permettra que de brèves promenades. Il y circule trop de monde : gardes républicains, service d'ordre et tous ces collaborateurs que Charles casera, elle ne sait comment, dans ce palais si peu pratique.

Mais elle ne changera rien. Elle demandera simplement qu'on retourne les rideaux, dont les couleurs sont passées. Et, dans la chambre à coucher, elle fait installer deux lits jumeaux de deux mètres dix chacun. Bien qu'il faille vivre « en meublé », il n'est pas question que Charles n'ait pas ses aises pour se reposer des turbulences du pouvoir. Il faut aussi voir avec l'intendance comment s'acquitter des factures d'eau et d'électricité. On ne vit pas aux frais de la république pour ses besoins personnels, fût-on le chef de l'État, surtout lorsque ses défraiements atteignent soixante-quinze mille nouveaux francs par an. Elle veillera également, lorsque ses petits-enfants viendront lui rendre visite, à acheter friandises et gâteaux. Les cuisiniers ne sont pas là pour nourrir toute la famille. Elle rencontre d'ailleurs leur chef, avec qui, chaque jour, elle décidera des menus.

Elle doit aussi engager une femme de chambre, une « soubrette », comme disait sa mère. Cada lui en recommande une, parfaite en apparence : aucun maquillage, talons plats, la mine avenante et sage. Mais voilà : elle est divorcée. Peut-on mettre sa confiance en quelqu'un qui a rompu les liens du mariage ? L'histoire tragique de la jeune femme l'emporte sur les préjugés. Elle la prend à son service.

Tout est en place ou presque. Elle a fait disposer, dans le salon jaune, une table de bridge, sur laquelle Charles pourra faire ses réussites, après le dîner. Elle s'est installée face à la télévision. Ils vont regarder le journal de vingt heures. Elle pense aux joies calmes de La Boisserie. Pourra-t-elle les retrouver ici ?

La première dame de France

Elle s'y perd, avec ces nouveaux francs. Pourtant, ce n'est pas très difficile : il suffit de diviser par cent. Elle regarde les prix chez Fauchon, calcule, recompte ce qu'elle a dans son porte-monnaie. Elle ne devrait pas faire cette tête. On la connaît, ici. Et si la « première dame de France » ne s'y retrouve pas avec cette nouvelle monnaie, que dire des autres, et notamment des vieilles personnes, dont le moindre changement bouleverse la vie ? Elle doit donner l'exemple. Elle apprendra.

Elle s'est échappée de l'Élysée presque en secret. Marroux ou Fontenil, les deux chauffeurs, sont ses complices. Elle s'installe au fond de la DS noire, file à la *Maison de la Truffe*, où elle achète quelques produits du Périgord que Charles affectionne, passe chez Creplet, le fromager, pour prendre de la mimolette puis, après Fauchon, s'attarde longuement au Bon-Marché. On ne la reconnaît pas encore. Elle essaie de s'habiller le plus simplement possible pour passer inaperçue. Et comme elle paie rarement par chèque, elle garde son incognito.

Puis elle regagne le palais, où Charles a instauré une sévère étiquette. Ses malheureux collaborateurs sont installés les uns sur les autres. Ils sont quarante-trois, qui travaillent dans ces appartements peu faits pour servir de bureaux.

Elle se trouve dans une étrange situation : jamais elle n'a été si peu libre de ses mouvements. Seules ses escapades dans Paris la laissent au contact de la réalité. Elle peut, lorsqu'il lui arrive de parcourir un marché, se rendre compte du coût de la vie, et parler à Charles lorsque les prix s'envolent.

Mais elle a très peu de temps à elle, désormais. L'Élysée est une lourde machine à faire tourner. Le personnel compte quatre cents personnes, pas moins. Elle s'applique à les connaître toutes, depuis les huissiers jusqu'aux hommes de ménage, qui actionnent chaque matin leurs balais de soie sur les richissimes tapis. Elle a, à sa disposition, dix maîtres d'hôtel et autant de cuisiniers. Quand elle apprend le chiffre du budget qui lui est alloué pour le seul entretien du palais, elle est saisie de vertige : trois cent soixante-quinze mille nouveaux francs par an. Auxquels s'ajoutent quatre cent soixante-quatorze mille nouveaux francs pour les frais de réception. Elle met un point d'honneur à tout vérifier : l'argent public mérite cette attention.

La journée a été réglée par le Général avec une rigueur toute militaire. Lever vers sept heures dix, sept heures quinze. Un maître d'hôtel leur apporte un petit déjeuner qu'ils prennent rarement chaud, comme les repas : les cuisines sont à l'autre extrémité du palais. Le trajet est si long qu'il faut presque courir si l'on ne veut pas que les plats arrivent froids. Yvonne s'est acheté une bouilloire électrique pour avoir au moins un peu de thé brûlant.

Charles épluche les journaux en grignotant ses biscottes. Elle aussi jette un coup d'œil à la presse, attend qu'il soit passé par la salle de bains attenante à leur chambre pour faire sa toilette. Une fois par mois, elle supporte l'agacement de son mari parce que le coiffeur est en retard, ou que le tailleur l'oblige à rester quelques minutes immobile pour prendre ses mesures. Ça se termine toujours par : « Yvonne, donnez-lui mon costume gris. Qu'il copie. Ce sera aussi bien. » Il n'a aucune patience pour ces choses…

Tandis qu'à neuf heures trente sonnantes, il pénètre dans le salon doré dont il a fait son bureau, elle se rend aux cuisines, où elle décide, avec le chef, des menus du jour, y compris de ceux des réceptions. Dans ces occasions, elle choisit avec le chef du protocole la musique d'ambiance, le plus souvent du Haendel ou du Vivaldi, qu'elle affectionne particulièrement.

Elle rejoint ensuite son secrétariat, composé de deux secrétaires et d'une ou plusieurs dactylos, selon le travail en cours. Elle reçoit un abondant courrier, dans lequel beaucoup de sollicitations.

Après avoir pris connaissance de ses obligations de la journée (visite d'une crèche, d'un hôpital, d'une œuvre), elle examine chaque lettre, tente de résoudre au mieux les cas difficiles qui lui sont soumis. Elle réclame souvent l'aide discrète des préfets lorsqu'il s'agit de vérifier la situation de telle famille dans le besoin. Elle dispense secours et subventions avec équité, répond aux demandes de parrainage. Bref, elle s'acquitte des tâches qui incombent à toute « première dame de France » avec la conscience d'une bonne chrétienne.

Un peu avant treize heures, elle rejoint Charles pour déjeuner dans une petite salle à manger gris-bleu, au premier étage. Qu'il soit seul, accompagné de quelques collaborateurs ou de rares invités, elle est toujours présente, attentive, écoute les propos de chacun. Elle s'immisce peu dans la conversation, mais n'en pense pas moins. Et le soir, en tête à tête avec Charles, elle y revient, insiste sur tel ou tel aspect d'une question posée. Lorsqu'ils sont ainsi, seuls, il l'entend mieux, tient compte de ce qu'elle dit.

Après le café, elle l'entraîne parfois jusqu'au bassin où les deux cygnes offerts au Général par la ville de Fontenay-le-Comte glissent à leur rencontre. Elle leur donne du pain, des graines, et il l'observe d'un œil amusé : « Ma femme a des manies... » souffle-t-il à ceux qui les escortent. Elle sourit, rétorque du tac au tac : « C'est lui qui me demande de soigner ces petites bêtes... » Il lui arrive d'avoir envie de dire à tout le monde : « Il joue les fier-à-bras, mais il est comme moi. Il aime les animaux autant qu'il aime les gens. Il est incapable de tuer une poule, allez ! Moi non plus, du reste... »

Après quinze heures, alors qu'il s'enferme dans son bureau pour lire *Le Monde* de la première à la dernière ligne, elle a quelques moments de liberté, qu'elle met à profit pour faire ses courses, recevoir sa coiffeuse, Mlle Maupoux, sa modiste, avec laquelle elle décide du choix de ses chapeaux, le fils du couturier Jacques Heim, qui lui propose des modèles de robes. Elle préfère les tons pastel, un peu éteints, gris ou parme. Jamais de vert. Charles déteste.

Il quitte son bureau juste avant le journal télévisé, qu'ils regardent ensemble après qu'elle lui a servi un apéritif : un porto, un jus de tomate. Ils dînent rapidement, puis s'installent à nouveau devant la télévision. Elle déteste les matchs de football ou de rugby : Charles se met dans tous ses états lorsque la France perd.

Mais ils goûtent tous deux la retransmission d'une pièce de théâtre, un spectacle de variétés (il adore Bourvil qui représente bien, dit-il, l'humour bonhomme des Français).

Le dimanche après-midi, quand ils reçoivent enfants et petits-enfants, ils leur offrent une séance de cinéma et se font projeter par de jeunes militaires du service cinématographique des armées les films qui viennent de sortir. Des films convenables, précise chaque fois Yvonne. Charles hausse les épaules. Il aimerait bien, lui, des images un peu plus affriolantes. Impossible avec les petits-enfants. De temps à autre, elle lui concède un *James Bond.* C'est bien suffisant : à soixante-dix ans, ces filles déshabillées, est-ce bien raisonnable ?...

Yvonne fréquente peu cette ruche qu'est l'Élysée : le lieu même du pouvoir. Elle est entrée dans le bureau de Charles, certes, mais juste pour voir s'il était bien installé. Les angelots et les femmes dévêtues qui ornent le plafond l'ont un peu agacée. Mais on ne va pas refaire le décor... Il a placé son bureau en bois de violette, attribué à Cressent, perpendiculairement aux fenêtres, pour avoir une bonne lumière. C'est un bureau surchargé de bronzes représentant des guerriers de l'Antiquité. À sa droite, une lampe de vermeil à abat-jour de cuivre. Elle fut exécutée par Biennais pour Napoléon. Au centre, une garniture de maroquin rouge doré au fer. Il lui a montré la pendulette dissimulée dans le porte-papier. Elle est invisible aux visiteurs, mais il peut ainsi surveiller l'heure : il ne reçoit personne plus d'une demi-heure. Même son Premier ministre. Et il a deux téléphones, une sonnette, sur laquelle il appuie brièvement pour appeler ses collaborateurs.

Il est assis dans un grand fauteuil Empire, rehaussé à son intention.

À proximité du bureau, un globe terrestre à l'ancienne, que les « barons » lui ont offert lorsqu'il est entré à l'Élysée. Il lui permet de poser des « colles » à certains de ses visiteurs.

Face à lui, enfin, une grande tapisserie de Natoire : *Don Quichotte soigné de sa folie par la sagesse.* « Elle était là pour lui », se dit ironiquement Yvonne.

Sur le sol, un tapis de La Savonnerie représentant les quatre parties du monde. Les murs du bureau sont recouverts de lambris de bois peint de style Louis XV et Napoléon III, ainsi que d'immenses miroirs.

Tout cela est rigide et pompeux à la fois. Charles n'y a rien ajouté de personnel, n'a fait venir aucun meuble, ni aucun tableau d'un musée. En revanche, Yvonne, elle, a usé de ce privilège : elle s'est fait prêter une pietà par le Louvre : elle veille sur eux, entre leurs lits jumeaux, dans la chambre. Ils en ont bien besoin, dans cette nouvelle aventure...

Au palais de l'Élysée, tout est faussé par l'obligation de se montrer discret. Ils ont renoncé à aller au Français, par exemple, parce qu'on les y reconnaît et qu'il est gênant d'être observé du parterre. Les seuls moments où ils se sentent à peu près tranquilles sont leurs visites chez les Ditte, 14, square Desaix. Leurs vieux amis les accueillent en toute simplicité, et c'est pour Yvonne un véritable moment de détente.

Tous deux rêvent de fuir à Colombey le plus souvent possible. Mais ils sont retenus à Paris un dimanche sur deux. Alors, ils assistent à la messe dans la petite chapelle de l'Élysée, et la journée s'étire, ensuite, lorsque les enfants et les petits-enfants ne viennent pas, entre les soliloques de Charles et le silence. Souvent, pris de cette frénésie de travail qui ne le quitte guère, il gagne son bureau et y demeure jusqu'au journal télévisé.

Cette vie de représentation déplaît à Yvonne, mais elle s'y conforme en se montrant toujours d'humeur égale et assume bravement son rôle d'épouse du président de la République.

Les réceptions officielles, dîners de gala, voyages à l'étranger la mettent en présence de tous les grands de ce monde. Elle s'informe chaque fois minutieusement sur chacun de ceux qu'elle va rencontrer. L'aide de camp du moment lui communique des fiches, ou lui dit ce qu'il sait. Si bien qu'elle peut s'entretenir sans fausse note avec toutes les premières dames, reines, femmes d'ambassadeurs ou de ministres.

Lorsqu'ils reçoivent des cadeaux officiels, c'est elle qui, avec les conseillers de Charles, envoie les plus précieux aux musées et distribue les autres, ceux qui n'ont qu'une valeur symbolique, à l'entourage. Il lui arrive de garder pour ses petits-enfants tel ou tel objet, souvent de pacotille, qui leur montrera ce qu'est l'artisanat des Esquimaux du Canada ou des Touaregs du Niger.

Pour les réceptions à l'Élysée, elle se fait communiquer la liste des invités, vérifie qu'elle ne comporte pas d'individus qu'elle n'accueillerait pas chez elle. Un jour qu'il a décidé de recevoir des gens de lettres et des artistes, Yvonne lit, sur la liste, le nom de Brigitte Bardot. Cette fille, dont elle a vu les photos dans un magazine, provoque une émeute dès qu'elle sort dans la rue. Quant à sa moralité, elle est des plus libres. Est-il bien opportun de la recevoir ici, à l'Élysée ?

Mais elle ne trouve personne pour la rayer de la liste et elle ne peut le faire elle-même. Cela provoquerait un scandale. *Le Canard enchaîné* la qualifie déjà assez de « mère la pudeur » quand elle refuse de recevoir à sa table tel ou tel dont la moralité laisse à désirer. À sa table, elle fait encore ce qu'elle veut. À peine... Et que voit-elle arriver ? « Veine, dit Charles, un soldat... » Brigitte Bardot, vêtue d'un costume noir dont la veste est un dolman à brandebourgs... Ravissante. C'est vrai qu'elle est ravissante. Et Charles lui prend la main, la baise... « Quelle chance, madame ! Vous êtes en uniforme et je suis en civil[1] ! »

Un autre jour, Charles invite le président congolais Fulbert Youlou. C'est un défroqué qui porte, sous sa soutane blanche dessinée par Dior, un revolver. Yvonne est révulsée. Elle n'acceptera jamais de poser pour la photo auprès de ce mécréant.

Mais au-delà des réceptions officielles, la tâche de Charles est de rendre à la France sa grandeur et, avant tout, de mettre un terme à ce conflit algérien qui n'en finit pas d'empoisonner le quotidien. C'est pour cela qu'ils sont là, tous deux, dans ce palais qu'elle déteste.

Il a lâché le mot « autodétermination », l'a prononcé devant ses ministres. Il rapporte à Yvonne qu'il a vu le visage de Michel Debré, son Premier ministre, se fermer. Debré suivra, affirme-t-il. Il a le sens de l'État. Le 16 septembre 1959, il annonce aux Français que cette autodétermination sera désormais l'objectif de sa politique en Algérie. Elle aboutira à une consultation de part et d'autre de la Méditerranée, une consultation qui devra trancher entre « la sécession, ou certains croient trouver l'indépendance [...] la francisation complète [...] ou bien le gouvernement des

1. André Malraux, *Les chênes qu'on abat*, Gallimard, 1971, p. 97.

Algériens par les Algériens, appuyé sur l'aide de la France et en union étroite avec elle [1] ».

Voilà qui ne va pas être du goût de ceux qui, en Algérie, viennent de créer un « Rassemblement pour l'Algérie française », les Delbecque, les Bidault, les Lagaillarde.

Et l'armée, cette armée de quatre cent mille hommes qui, renonçant au quadrillage, pourchasse maintenant les rebelles jusque dans leurs caches secrètes les plus reculés ? Elle remporte des succès, c'est indéniable. Alors comment va-t-elle accepter cette idée ? L'autodétermination...

Chaque fois qu'il se rend en Algérie et la laisse, là, dans ce palais où le travail ne cesse jamais, même lorsqu'il s'absente, elle vit comme en apnée. Elle écouterait la radio toute la journée, pour avoir des nouvelles, hantée par l'idée qu'il pourrait mourir loin d'elle.

Et, chaque fois, il revient plus furieux : il ne parvient pas à se faire obéir. Des exactions sont toujours commises, des Arabes abattus sans sommation, d'autres détenus alors qu'il a prononcé des mesures d'amnistie. Il a créé une commission de sauvegarde des libertés individuelles avec à sa tête un magistrat, Maurice Patin, chargé de lui signaler tous les dérapages. Systématiquement, il demande des comptes au Premier ministre, au ministre des Armées, exige des sanctions. Avec quelle difficulté...

De son côté, en dépit de lourdes pertes, le FLN rend coup pour coup. Tous ces morts pour rien...

Un week-end sur deux, sur trois, ils s'échappent à La Boisserie. Durant cette année 1959 où des rumeurs d'attentat contre Charles commencent à circuler, leur DS est suivie par celle de la sécurité. Ils roulent vite, mais il faut tout de même deux bonnes heures et demie pour parvenir à Colombey, que l'on passe par Provins et Pont-sur-Seine ou par Fontainebleau et Sens. Charles, qui ne supporte pas l'idée d'être protégé, accepte néanmoins que l'itinéraire soit choisi à la dernière minute et qu'un autre convoi, identique, emprunte la deuxième route. Il est vrai qu'entre Paris et Colombey, on peut les attendre n'importe où. Curieusement,

1. *Discours et Messages*, t. III, *op. cit.*, p. 121.

Yvonne ne craint rien. Elle est avec lui. S'ils sont attaqués, ils mourront ensemble. Alors quelle importance ?

Ils retrouvent la maison, leur maison. Mais, là encore, ils se sentent comme en visite. Ils ne sont bien nulle part. Charles suggère d'installer un minigolf et un court de tennis, pour les petits-enfants. Oui, il y a assez de place.

Ces deux jours passent trop vite : ils ont à peine le temps de remettre leurs pas dans ceux de leur vie d'avant. Dès leur retour, ils sont repris par l'État, sa représentation et par l'Algérie, toujours. Le 15 octobre, l'Assemblée approuve la politique d'autodétermination. Mais comment la mettre en œuvre ? Le FLN, qui en accepte le principe, veut en négocier les modalités. Il rejette « l'armée d'occupation » et demande à être reconnu comme seul représentant du peuple algérien. Charles ne peut encore s'y résoudre.

Yvonne est dans le salon jaune. Elle est en train de répondre à une lettre de Geneviève Anthonioz qui lui parle d'un admirable prêtre, le père Wrēsinski. Il s'occupe des plus pauvres parmi les pauvres. Charles lui tend le dernier volume de ses *Mémoires*, dont il lui a lu chaque page. Elle en redit, à haute voix, la fin : « Vieil homme, recru d'épreuves, détaché des entreprises... » C'est ainsi qu'il se décrit... Elle le regarde. Pourtant, elle le trouve rajeuni. Imprimer sa marque au pays, à jamais, a fait reculer l'âge, fait se redresser cette haute stature qu'elle avait pensé, à peine un an et demi auparavant, définitivement courbée. Elle ne lui tient plus rigueur d'avoir désiré ce fardeau. Il a toujours été fait pour le porter. Il prouve maintenant toute sa force. Il se déploie.

Elle l'aide comme elle peut. Elle sort la liste des prochains invités à une réception semi-officielle, étudie chaque nom, se venge sur deux ou trois d'entre eux. Oui, elle est devenue rigide et tatillonne. Elle surveille même la moralité de ses collaborateurs. Elle s'est tissé un petit réseau bien efficace, dans le personnel. Pour s'imposer auprès de Charles si raide et sûr de lui, ne faut-il pas se montrer plus obstinée encore ? Au risque de paraître insupportable. Elle est sincère et entière. À sa façon, elle n'admet aucune hypocrisie. Elle aussi a une très haute idée de l'État, de l'honnêteté et de la rigueur dont il faut faire preuve à son service. Comment se fier à ceux qui manquent aux principes essentiels dans leur vie privée ? Peut-être, au fond, cette rigidité est-elle devenue une seconde nature…

Pour Noël, en cette fin d'année 1959, c'est elle qui a organisé le goûter des enfants du personnel de l'Élysée. Elle a choisi les cadeaux, comme elle l'a fait pour ses petits-enfants, en étudiant les goûts de chacun. C'était gai, convivial. Tout le monde semblait content. Elle a entendu un aide de camp dire à un autre : « Tante Yvonne a bien fait les choses. » Elle en a souri. Elle sait qu'on l'appelle ainsi. Va pour Tante Yvonne. C'est tout de même mieux que « Madame de Maintenant », comme l'a surnommée *Le Canard enchaîné*. Il lui est indifférent d'être comparée à la rigide épouse morganatique de Louis XIV. Ces journalistes ont ainsi à moudre un grain autre que l'attaque systématique contre Charles. Et pourtant, Dieu sait qu'il s'efforce de leur faire comprendre ses intentions. Mais eux lui prêtent toujours des arrière-pensées de dictateur…

Le lendemain de Noël, nouveau malheur. Pierre de Gaulle est pris d'un malaise dans le bureau de Jacques Foccart. Il y meurt dans les bras de Charles. Ainsi, tous ses frères sont partis. De ces quatre garçons, dont leurs parents étaient si fiers, de ces quatre garçons préservés par la Grande Guerre, il ne reste plus que lui. Seul avec Marie Agnès, la courageuse, qui a souffert en perdant un fils, en entrant en Résistance et dans l'horreur des camps.

Dès que le chagrin l'atteint, Charles se voûte. Yvonne voit une veine palpiter sur sa tempe gauche. Et s'il s'effondrait, lui aussi, comme Pierre ? Mais il se ressaisit : ce 1er janvier 1960 est celui de la liberté des peuples d'Afrique, dans la grande communauté française. Le Cameroun est le premier à accéder à l'indépendance. Voilà le début de son œuvre à lui, Charles de Gaulle. Il l'a dit à Brazzaville, en 1944. Il y parlait de dignité égale des hommes, de suppression du travail forcé, d'amélioration de la vie des colonisés, de leur évolution. Aujourd'hui, seize ans plus tard, il a poursuivi jusqu'au bout son raisonnement. Yvonne se souvient qu'elle s'était interrogée alors, en écoutant la radio. L'idée avait cheminé en elle. Oui, l'indépendance des peuples. C'est un projet auquel elle adhère.

Ils partent ensemble à l'Abbaye-de-la-Celle, près de Brignoles, et reprennent leurs promenades. La mer est calme, à l'horizon. Jacques et Cada les accompagnent, comme toujours. Et il enfouit sa douleur.

À leur retour, pieds-noirs et militaires s'agitent en Algérie. Le 18 janvier, un journal allemand rapporte des propos attribués à Massu : « de Gaulle est devenu un homme de gauche » et il faut peut-être lui trouver un successeur... Massu a beau démentir, le mal est fait alors que se nouent des tractations secrètes avec le FLN. Charles ne décolère pas. L'Algérie, toujours comme une plaie quand il tente de redonner sa dignité à la France ! Il limoge Massu. Mais il sait que cela ne suffira pas. La gangrène est là. Il faudrait opérer très vite. Que peut-il ? Sur quels chefs s'appuyer ? Yvonne l'écoute monologuer. Dans son gouvernement même, ils sont nombreux à rechigner.

Elle pense à ce pays, l'Algérie, à ces Arabes qu'elle a croisés sans vraiment les rencontrer, à la petite Myriem qui pleurait tellement, le jour de son départ, à Anne, qui venait glisser sa main dans la sienne lorsqu'elle regardait, depuis le balcon du premier étage, l'admirable baie d'Alger. Anne...

Elle revoit ces pieds-noirs rieurs et chahuteurs, sur les plages, l'été ; ces feux de sarments, sur le sable blanc, où grillaient des sardines toutes fraîches ; ce ciel pur, indifférent aux drames des hommes. Oui, ce sera difficile pour tout le monde. Et elle sait que Charles ne pardonnera à personne de se mettre en travers de la route qu'il s'est tracée...

Le courage dans la tourmente

Mais le chemin est rude… Ils sont à La Boisserie, le 24 janvier, lorsque la sonnerie du téléphone retentit dans l'entrée. C'est l'insurrection, à Alger. Furieux du départ de Massu, des ultras de l'Algérie française, Lagaillarde et Ortiz, ont érigé des barricades entre le tunnel des Facultés et la Grande Poste. Ils appellent la population à se rassembler sur le plateau des Glières, au pied du gouvernement général. Les gendarmes ont tenté de les déloger : ils ont été mitraillés. Quatorze morts dans les forces de l'ordre, huit du côté des émeutiers et plus de cent quarante blessés.

Yvonne rassemble en hâte quelques affaires, monte dans la voiture à côté de Charles. Les domestiques, inquiètes, se tiennent sur le pas de la porte. Il fait nuit. Ils rentrent à Paris à tombeau ouvert sur des routes que le froid rend glissantes. La situation est grave : les militaires pactisent avec les insurgés.

Durant ce trajet interminable, où Charles n'ouvre quasiment pas la bouche, Yvonne craint qu'il ne se rende à Alger. Il s'y ferait lyncher. Beaucoup, là-bas, le haïssent depuis 1943. À l'époque, l'Algérie était plus vichyste et giraudiste que gaulliste. Charles apparaissait aux « pieds-noirs » trop libéral : ils ne l'ont pas oublié. Les activistes qui ont organisé le 13 mai ne l'aiment pas non plus. C'est Massu et Salan qui ont crié « Vive de Gaulle ! » Pas eux. Quant au petit peuple, celui qui a exulté au « Je vous ai compris », il n'a entendu ni la suite du discours, ni ce qu'elle impliquait : l'égalité des droits. Lui, dans sa majorité, a le sentiment d'avoir été trahi. Ceux qui savent que de Gaulle a raison, que l'évolution est inéluctable, ceux-là, on ne les entend plus….

« Il faut tenir face à la populace. » Il le dit, le redit, mais qui le suit ? Voilà à peine un an qu'il est à la tête de l'État et, déjà, la révolte gronde...

Il arpente à longues enjambées le salon jaune. Il ne doit pas céder. Mais que faire ? Il faut éviter un bain de sang. Si l'armée intervient contre les insurgés... Mais obéira-t-elle aux ordres ? Yvonne se fait toute petite. Elle ne peut rien pour lui. Il doit trouver seul une solution.

Le lendemain, il parle à la radio et à la télévision, appelle les mutins à détruire leurs barricades, convoque le remplaçant de Massu, le général Crépin. Charles est pour la manière forte : il faut faire cesser cette « mascarade ». La situation est sans issue, pour le moment. Philippe, avec qui il évoque la crise, est d'accord avec lui : il ne faut pas céder. Et son analyse du drame algérien est la même que celle de son père.

Charles enrage. La télévision montre un face-à-face bruyant, une connivence folklorique entre insurgés et militaires, devant la Grande Poste. Il fait très beau, à Alger. Des chars patrouillent dans la rue Michelet presque déserte. On dirait un simulacre d'insurrection.

Debré intervient, veut aller négocier sur place avec les mutins. Charles s'y oppose puis, finalement, se laisse fléchir. Et l'on assiste à cette humiliation : Lagaillarde défile en plastronnant devant les paras. Beau résultat !

Alors, le 29 janvier, Charles revêt son uniforme et s'adresse une nouvelle fois au pays. Yvonne le regarde marteler qu'il ne cédera pas, que l'ordre doit être rétabli. Et il réaffirme le principe d'autodétermination pour les Algériens.

Il prononce ces mots qu'il lui a lus quelques heures plus tôt, et qui ressemblent à ceux de ses *Mémoires*, ces mots qui viennent du fond de lui-même, de sa conviction qu'il est là pour accomplir le destin de la France :

Eh bien ! Mon cher et vieux pays, nous voici donc ensemble, encore une fois, face à une lourde épreuve. En vertu du mandat que le peuple m'a donné et de la légitimité nationale que j'incarne depuis vingt ans, je demande à tous et à toutes de me soutenir, quoi qu'il arrive [1].

À l'écran, il paraît plus résolu que jamais. Elle essaie de se

1. *Discours et Messages*, t. III, *op. cit.*, p. 166.

mettre à la place du Français de Brignoles ou de Calais, dont le fils est embourbé dans cette guerre d'Algérie. Le refus de l'autodétermination, c'est la poursuite des combats, avec la mort au bout, peut-être. Oui, Charles, à force d'expliquer, va finir par les convaincre. Quant aux mutins, ils doivent avoir compris cette fois qu'il ne cédera pas...

Le 1er février, les barricades sont démantelées. Il a gagné, pour un temps, et peut se remettre à travailler aux autres dossiers urgents. Quelques jours plus tard, Yvonne est en train d'écrire à Joséphine Baker pour lui annoncer l'arrivée d'une subvention qui lui permettra de faire tourner sa fondation, lorsqu'il pénètre dans le salon jaune. Il a la mine réjouie : la première bombe atomique française vient d'exploser dans le Sahara algérien, à Reggane. La France est une puissance nucléaire. Elle peut parler aussi fort que les autres. « Oui, avec une arme de mort. » Elle a dit cela à voix presque basse, comme pour elle-même. Mais il ne s'énerve pas, explique : c'est une arme de dissuasion, pas d'attaque. Elle ne réplique pas, se remémore l'article de François Mauriac sur Hiroshima et Nagasaki. La bombe atomique est une bête de l'Apocalypse. Mais il a probablement raison : l'avoir peut empêcher une guerre nucléaire.

Il se sert un verre de xérès, lui en propose un. Elle terminera sa lettre plus tard.

Il l'entraîne avec lui à la rencontre des Français, dans le sud de la France. Il rejette la sécurité, s'avance au milieu de la foule. Elle le regarde saisir des mains, embrasser des enfants. Il parle avec les gens, écoute leurs doléances. C'est comme s'il se ressourçait au milieu de ce peuple qui ne cache pas son soutien. Elle suit, comme au temps du RPF. Ils sont ensemble. Elle n'a peur de rien.

Mais il repart en Algérie. Cette fois pour rencontrer l'armée qui continue de se battre contre un FLN de plus en plus agressif. C'est une situation difficile, qu'il doit manier avec diplomatie. Car c'est par la force des armes qu'il faut amener les rebelles à négocier. Les journaux parlent de « tournée des popotes ». Elle les lit avec avidité, ne comprend pas comment certains éditorialistes s'y prennent pour analyser à l'envers la situation. Soit ils sont malhonnêtes, soit ils sont idiots. Si elle les tenait devant elle… Et pendant ce temps, lui, là-bas, dans les djebels…

Il revient. Et sa vie de chef d'État reprend, avec les visites officielles, les voyages à l'étranger… La politique à l'échelle mondiale, et cette guerre qui ternit toujours l'image de la France…

Qui sait qu'il négocie en secret avec les rebelles ? Non pas le GPRA, mais la Willaya IV, la principale composante de l'Armée de libération nationale, le bras armé du FLN. Non pas des politiques jusqu'au-boutistes, mais des combattants. Bernard Tricot est son négociateur. Ce soir, 10 juin 1960, le colonel Mathon, qui représente Matignon, est avec Charles et Bernard Tricot pour recevoir trois fellaghas. À l'Élysée. À vingt-deux heures. Yvonne n'arrive ni à lire, ni à écrire. Il n'est pas question de regarder la télévision. Elle est assise, immobile, et ses mains tricotent machinalement. Elle ne compte pas les mailles. Comme si elle fabriquait un vêtement difforme et inutile. Il est fou : des fellaghas à l'Élysée…

Le 14 juin, il parle, dans une allocution, d'Algérie algérienne, d'autodétermination. C'est un appel clair « aux dirigeants de l'insurrection » qu'il invite à venir négocier.

Les pieds-noirs savent maintenant à quoi s'en tenir. Et si le vrai danger venait d'eux, à présent ? Car ce que Charles propose, c'est le pouvoir à partager avec les Arabes sous l'égide de la France, le temps nécessaire à la mise en place de structures neuves. L'Algérie algérienne est pour les deux communautés.

Cette fois, le FLN envoie des délégués. Les premières négociations directes entre les chefs de l'insurrection et les autorités françaises s'ouvrent à Melun. Mais on ne trouve pas de terrain d'entente.

Et les choses s'aggravent. Les exactions, des deux côtés, se font de plus en plus nombreuses : les uns égorgent, posent des bombes. Les autres « ratonnent », massacrent. Il est temps d'en appeler au peuple pour savoir s'il faut laisser les Algériens décider de leur sort.

Il a raison. Il est temps. Yvonne ne supporte plus de l'entendre se retourner dans son lit, soupirer, marmonner. Même lorsqu'ils sont à La Boisserie, en famille, l'Algérie ne le quitte pas. Il en discute avec Philippe, qui poursuit sa brillante carrière dans la marine, analyse la situation avec Jacques Vendroux, Alain de

Boissieu. Il ne parle pratiquement que de cela. Mais la solution, pour le moment, reste introuvable.

Et ce qui s'est passé avec la « main rouge » en Tunisie et au Maroc se produit en Algérie. Les pieds-noirs ultranationalistes avec, à leur tête, Lagaillarde, créent, en janvier 1961, l'Organisation de l'Armée Secrète, l'OAS. Elle répond aux attentats du FLN par d'autres attentats, vient déposer des bombes en France, menace tous ceux qui, de près ou de loin, sont proches du FLN ou de De Gaulle.

Chaque fois qu'ils se rendent à La Boisserie, Yvonne et Charles voient se déployer les forces de la gendarmerie dans le champ voisin et autour de la maison. Ils ne supportent pas de ne pouvoir, le week-end au moins, respirer, se décharger du poids de cette guerre qui n'en finit pas. L'OAS ne laisse aucun répit aux services de protection.

Dès février 1961, secrètement (mais les secrets sont si mal gardés...), Georges Pompidou a renoué, en Suisse, la négociation avec le FLN. Le 30 mars, on annonce que des pourparlers officiels vont se tenir à Évian.

Le pire est encore à venir. Le 22 avril, il est un peu plus de deux heures du matin lorsque Yvonne et Charles sont réveillés par le ministre de l'Intérieur : une partie de l'armée s'est emparée du pouvoir à Alger. Des généraux : Challe, Zeller, Jouhaud. Salan est en route pour les rejoindre. Des colonels les appuient : Argoud, Godard, Lacheroy. Le reste de l'armée hésite.

Yvonne sait que, cette fois, la situation est extrêmement grave. Que des manifestants aient crié, à Alger, ces deux dernières années, « de Gaulle au poteau » est une chose. Que les militaires eux-mêmes se mettent en travers de la route du chef de l'État et, qui plus est, du général de Gaulle, voilà qui risque de faire basculer tout le pays dans la révolte et la sédition. Elle n'a qu'une ressource : prier pour que Dieu aide Charles à surmonter cette nouvelle crise, meurtrière, aventureuse, désespérante. Elle pense à Philippe, lui-même officier supérieur, que les mutins peuvent prendre en otage, malmener, tuer peut-être. Elle s'abîme dans la prière.

Une fois encore, il revêt l'habit militaire, subit le supplice du maquillage. Yvonne est près de lui et, dès qu'il est prêt, elle se glisse derrière la caméra. La grosse lampe rouge que l'on dispose maintenant au-dessus de l'engin s'allume. Il n'y voit pas grand-chose, mais il parle. Une heure plus tard, ils regardent ensemble son allocution télévisée :

Un pouvoir insurrectionnel s'est établi en Algérie par un pronunciamiento militaire. [...]

Ce pouvoir a une apparence : un quarteron de généraux en retraite. Il a une réalité : un groupe d'officiers, partisans, ambitieux et fanatiques. Ce groupe et ce quarteron possèdent un savoir-faire expéditif et limité. Mais ils ne voient et ne comprennent la nation et le monde que déformés à travers leur frénésie. Leur entreprise conduit tout droit à un désastre national. [...]

Au nom de la France, j'ordonne que tous les moyens, je dis tous les moyens, soient employés pour barrer la route à ces hommes-là, en attendant de les réduire. J'interdis à tout Français, et, d'abord, à tout soldat, d'exécuter aucun de leurs ordres [...]. L'avenir des usurpateurs ne doit être que celui que leur destine la rigueur des lois[1].

Et il annonce qu'il applique l'article 16 de la Constitution, c'est-à-dire non seulement les pleins pouvoirs, mais l'état d'exception. Il a la possibilité d'assurer le salut public par tous les moyens possibles. Cet article 16 qui a fait couler tant d'encre, qui a fait qualifier le régime de « dictatorial », il est obligé d'y recourir à présent. Elle le comprend : il n'y a pas d'autre solution. Mais que faire si le contingent se solidarise avec les putschistes et s'ils décident un débarquement en France ?

Durant cette nuit du 23 au 24 avril 1961, personne ne dort, à l'Élysée. Le Premier ministre, Michel Debré, a lancé un appel à la radio, demandant à la population de gagner les aéroports pour empêcher l'armée putschiste de prendre pied sur le sol de la métropole. Et les gens viennent jusqu'au palais demander des casques et de quoi se défendre. C'est une étrange nuit, où tout semble irréel. Yvonne a préparé du thé, dont elle boit tasse sur tasse. Charles fait de brèves apparitions, lui suggère d'aller se coucher. Il sait bien qu'elle n'en fera rien. Pour le moment, lui dit-il, aucun groupe d'avions n'est signalé dans la vallée du Rhône. Le jour se lève. Ils peuvent enfin gagner leur chambre.

---

1. *Discours et Messages*, t. III, *op. cit.*, p. 306-308.

En quelques jours, le « quarteron » de généraux est démantelé.

Reste à négocier avec le FLN, dont les dissensions internes entraînent des règlements de comptes sanguinaires. Et il faut poursuivre la reconquête de la scène internationale.

Yvonne se prête à tout : aux déplacements à l'étranger, aux réceptions en France (ces jeunes Kennedy, dont Charles dit que, lui, n'a pas l'envergure qui convient pour les États-Unis, mais qu'elle est à son goût...), aux voyages en province, où il galvanise les foules, avec lesquelles il entretient un lien étrange, presque mystique.

Mais il est vieux, fatigué. La négociation avec le FLN s'éternise. Il ne veut lâcher ni le Sahara ni le pétrole. Il souhaite en faire une zone internationale dont le revenu servirait au développement de tous les pays de la région et à la France, qui y a tant investi. Les Algériens refusent. Il voudrait également obtenir le maximum de garanties pour ces pieds-noirs qui l'apprécient si peu. Le FLN renâcle. En juillet 1961, on se sépare sur un nouvel échec.

Le soir, lorsqu'ils se retrouvent dans leur chambre, Charles s'abat sur son lit. Il peine à respirer. Yvonne n'ose ni lui prendre la main, ni parler. Elle le laisse récupérer, s'endormir d'un mauvais sommeil. Pourquoi a-t-il choisi tant de souffrances ?

Au matin, tandis qu'ils prennent ensemble leur petit déjeuner, il lui dit qu'il songe à modifier la Constitution, à y inscrire l'élection du président de la République au suffrage universel. Il faut préparer correctement l'avenir de ce pays. Elle l'observe. Il a maintenant de larges poches sous les yeux. Il est encore plus fatigué qu'il n'en a l'air. Pourquoi a-t-il voulu ce pouvoir ?

Le vendredi 8 septembre 1961, Charles décide soudain de prendre du champ. Il prévient son aide de camp, le colonel Gaston de Bonneval, qu'il souhaite se rendre à La Boisserie. Il est un peu moins de dix-sept heures. Yvonne est prête. Ce n'est pas elle qui le fera attendre. Mais il faut organiser la protection de la DS présidentielle : deux cortèges l'accompagnent. Marroux reçoit l'itinéraire au moment où le cortège sort de l'Élysée par l'avenue Gabriel. Il est vingt heures quinze.

À vingt heures quarante-cinq, nationale 19, la voiture roule à 120 km/h. Trop vite. Yvonne est obligée de s'arc-bouter pour ne pas tomber sur Charles. Pendant une heure, le voyage s'effectue quasiment en silence. Puis, dans la ligne droite menant à Pont-sur-Seine, un tas de sable explose dans la nuit. Une énorme boule de feu barre la route. Marroux accélère, traverse le rideau de flammes, suivi par les quatre voitures du cortège, qui ne s'arrêtent qu'un kilomètre plus loin. La voiture présidentielle a seulement un phare endommagé. Marroux a fait preuve d'un sang-froid qui lui vaut les compliments de Charles. Yvonne n'a pas dit un mot. A-t-elle eu peur, lorsque la voiture a bondi dans les flammes ? Personne ne le saura jamais. Elle a vu la mort et l'a acceptée. Elle repasse la scène au ralenti. N'est-elle pas, comme Charles, un soldat qui a mis sa vie au service du pays ?

La police découvrira qu'il s'agissait bien d'un attentat de l'OAS, dont le dispositif a mal fonctionné. Les terroristes devaient être là depuis longtemps, à guetter le probable passage des voitures présidentielles, un vendredi soir, par cette route de Pont-sur-Seine. Peut-être avaient-ils prévu le même mécanisme sur celle de Sens.

Charles ne commente pas. Il fallait s'attendre au pire. Il est plus décidé que jamais à modifier la Constitution. Il doit pouvoir disparaître sans que le pays s'en trouve handicapé.

Dans la bibliothèque de La Boisserie, où le feu flambe joyeusement, Yvonne sent le regard de son mari sur elle. Un regard tendre et doux. Ils ont failli la tuer, elle aussi. Mais il sait qu'elle consent à son sort. Elle est prête à affronter tous les dangers, à assumer tous les risques. A-t-elle les moyens de faire autrement ? Avec un sourire, un geste de la main, elle le rassure, puis sort dans le jardin où elle a encore des parterres à ensemencer.

L'Algérie ne laisse personne en paix. L'OAS porte maintenant ses coups en France. Une petite fille, Delphine Renaud, est défigurée par une bombe destinée à Malraux. Yvonne et Charles vont la voir à l'hôpital. Mais qu'est-ce que cela change ? Ils ne supportent pas que, à cause d'eux, des innocents soient ainsi mis en danger.

Elle revoit ce Soustelle, ce Bidault, qui soutiennent l'OAS. Comment ne comprennent-ils pas qu'ils sont en train de dresser un mur entre les deux communautés algériennes, comme celui qui, à Berlin, coupe désormais l'Allemagne en deux ? Il ne sera plus possible à ces deux peuples de vivre ensemble.

Il l'entraîne à la rencontre des Français, à nouveau dans le sud de la France. Il y a là des pieds-noirs qui ont fui les combats et qui hurlent leur colère. La lune de miel avec le pays est bien finie. Comment ne pas se rendre compte que l'OAS encourage le FLN à se radicaliser ? Et comment le FLN ne comprend-il pas que cette radicalisation fait monter, dans certaines couches de la population française, la haine des « Arabes » ?

Le 17 octobre de cette année 1961, à Paris, une manifestation pro-FLN est si durement réprimée par les forces de l'ordre que personne ne peut en dénombrer les morts. Certains manifestants sont jetés dans la Seine. Le préfet de police, Maurice Papon, mis en place par le dernier gouvernement de la IVe République, ne tient plus ses troupes. On dit même que, dans son entourage, le bruit a couru pour exciter les CRS que les « Arabes » avaient tué certains des leurs. Les forces de police sont donc arrivées sur la manifestation avec la ferme intention de se livrer à une ratonnade.

Charles est furieux de ces exactions. Mais il ne peut rien. Quelques mois plus tard, le 8 février 1962, c'est une démonstration des partis de gauche qui est attaquée. Des hommes de l'OAS se sont glissés aux côtés des forces de police et la bousculade qui s'ensuit au métro Charonne fait plusieurs morts. Les activistes d'Alger sèment la terreur en Algérie comme en métropole. Ils disposent de complicités en haut lieu et les sévères consignes de Charles n'y changent rien. Pas plus que sa réprobation des groupes anti-OAS qui opèrent désormais presque à visage découvert.

Pendant cette période terrible, Yvonne est soumise à des consignes de sécurité qui entravent ses escapades dans Paris. Elle est quasiment enfermée à l'Élysée et mesure la gravité de la situation à travers ce que lui en dit Charles, plus déterminé que jamais à se défaire de l'Algérie.

Les négociations ont repris avec le FLN, secrètement, aux Rousses, tandis qu'une foule silencieuse se recueille devant les corps des morts de Charonne. Yvonne suit les images de cette douloureuse cérémonie à la télévision. Charles enfouit sa tête dans ses mains.

En mars 1962, enfin, à Évian, les discussions avec le FLN sont officiellement menées par Louis Joxe, assisté de deux ministres, Robert Buron et Jean de Broglie, et de nombreux collaborateurs.

Yvonne reçoit des lettres de mères de soldats engagés dans les batailles des djebels, de fiancées sans nouvelles de leurs promis, de jeunes Algériennes qui racontent les lynchages dans les rues de Bab el-Oued, à Alger, dans celles d'Oran ou de Constantine. Chacune de ces lettres demande l'arrêt de la guerre, de ces crimes. Les deux communautés sont maintenant dressées à jamais l'une contre l'autre. Quelle que soit l'issue des tractations (et elles sont d'autant plus difficiles que les négociateurs algériens doivent en permanence en rendre compte aux instances supérieures du FLN, toujours plus exigeantes), il ne sera plus possible aux Algériens et aux pieds-noirs de vivre ensemble.

Elle lit avec émotion la lettre d'une jeune pied-noire de l'École normale de Ben Aknoun, sur les hauteurs d'Alger. En pleine récréation, des rafales de mitraillette éclatent de l'autre côté du parc de l'école : les centres sociaux sont attaqués par l'OAS. L'écrivain algérien Mouloud Feraoun y est assassiné. L'école est fermée. La jeune étudiante lui écrit pour qu'elle demande à Charles de faire cesser cette folie qui s'est emparée des hommes de son pays.

Mais que peut-il, Charles, aujourd'hui, sinon se désengager au plus vite, avant que la France ne bascule, elle aussi, dans l'anarchie ? Il vient parfois se reposer un peu dans le salon jaune avec son Premier ministre. Michel Debré a les traits tirés, le visage défait par ces négociations qu'il mène et qui lui déchirent le cœur. Charles lui répète que le temps de la décolonisation est venu, que la France a d'autres priorités, maintenant. La première étant de construire l'Europe. Debré baisse la tête. Yvonne voudrait aider cet homme intègre d'un mot, d'un geste. Mais elle ne dit rien, sert une tasse de thé, se rassied en silence.

Enfin, les accords de cessez-le-feu entre la France et le FLN sont signés à Évian le 18 mars 1962. L'indépendance de l'Algérie est au bout de ce drame qui a duré sept ans et demi. Charles demande que le projet de statut de l'ancienne colonie soit soumis à référendum. L'OAS se déchaîne, tire au mortier sur la foule arabe rassemblée au pied du gouvernement général, à Alger, abat de jeunes soldats du contingent. Une partie de l'armée a-t-elle ouvert le feu sur les pieds-noirs massés rue d'Isly ? Personne n'est capable de le dire. On relève des morts. Il faut apaiser les esprits jusqu'au référendum prévu le 8 avril.

Yvonne voit Charles épuisé, découragé. Dans ces moments où la tension le mine, elle trouve en elle la ressource de lui donner le calme dont il a besoin. Le jeudi, les petits-enfants sont là, qui peuvent bavarder un moment avec leur grand-père de leurs études. Philippe, dont Charles apprécie de plus en plus le jugement et le soutien, a toujours sa chambre prête. Chaque matin, Yvonne demande au cuisinier de préparer un plat que Charles apprécie particulièrement : qu'il ait au moins, le temps d'un repas rapidement pris, un peu de satisfaction. Elle multiplie les attentions, pour que leurs rares moments d'intimité soient les plus doux possibles.

Le 8 avril, les Français approuvent massivement la politique d'autodétermination de l'Algérie : 91 % de oui. La veille, quelques jours après Jouhaud, on a arrêté Degueldre, le chef des commandos « Delta », de véritables brigades de tueurs. Mais la base de l'OAS ne désarme pas pour autant : la politique de la terre brûlée se poursuit, poussant les pieds-noirs à l'exil. On martèle que, pour eux, il n'est d'autre choix qu'entre la valise et le cercueil.

Et Charles décide de changer de gouvernement ! Il remplace Debré, le fidèle Debré, pour qui l'indépendance de l'Algérie est un déchirement, par Georges Pompidou. Il dit à Yvonne qu'il faut maintenant s'occuper de construire l'Europe des États, et non pas l'Europe supranationale que veulent certains partis.

Comme si la guerre d'Algérie était totalement terminée... Il s'en faut de beaucoup, pourtant. Il reste encore un référendum à organiser, seulement de l'autre côté de la Méditerranée : pour ou contre l'indépendance.

Puis Charles doit décider du sort de Jouhaud, condamné à mort par un tribunal militaire, alors que Salan, finalement arrêté, écope de la prison à perpétuité. Les deux séditieux sauvent leur tête.

Et tous ces pieds-noirs qui rentrent nombreux, maintenant : sept mille par jour, que l'on voit, à la télévision, arriver dans les ports de Marseille ou de Port-Vendres, hagards mais dignes. Ce n'est rien encore à côté de l'exode massif qui suit le vote en faveur de l'indépendance. Un million de personnes attendent sur les quais du port d'Alger ou à l'aéroport de Maison-Blanche. Yvonne les regarde, allongés par terre au milieu de misérables valises, de balluchons, de cartons attachés avec des ficelles. C'est un exode comme celui de 1940, celui de malheureux qui ne comprennent rien au destin qui les arrache à leur terre. La plupart d'entre eux ignorent tout de la France. Beaucoup n'y ont jamais mis les pieds.

Lorsqu'elle demande à Charles ce qui est prévu pour les accueillir, il l'enjoint de s'occuper de ce qui la regarde : n'ont-ils pas écouté les sirènes criminelles de l'OAS ? Mais il a tort : elle lit les journaux, comme lui. Le FLN ne tient pas ses hommes, qui poursuivent leurs exactions. Des dizaines de colons ont disparu. Tout est organisé pour que les pieds-noirs s'en aillent. Il le sait. Il s'énerve, repart dans son bureau, demande au ministre de l'Intérieur comment sont accueillis ces malheureux. Et puis il y a les harkis, ces Algériens qui ont choisi la France. Ceux-là aussi, il faut s'en occuper. Pour eux, on construira des camps de regroupement. On verra après… Il faut d'abord prendre en charge les pieds-noirs.

Le 2 juillet, l'Algérie est indépendante.

En cet été 1962, ils peuvent enfin se retrouver à La Boisserie. Les enfants et les petits-enfants sont là. Yvonne a repris la maison en main ; elle organise des pique-niques, des promenades, s'essaie même aux jeux pratiqués par les plus jeunes : le minigolf, par exemple, qui ne demande qu'un peu d'adresse. Il fait beau. Le paysage paisible lui donne la tranquille assurance que le pire est peut-être passé, que Charles va enfin pouvoir conduire la politique de la France telle qu'il l'envisage. Jusqu'au terme de son mandat. Pas davantage. Pas davantage, lui répète-t-elle lorsqu'ils sont seuls. Il ne répond pas.

Le mercredi 22 août, il doit se rendre à Paris pour présider le Conseil des ministres. Elle l'accompagne. Il n'est pas question qu'elle le laisse seul une seconde : elle a entendu l'un des aides de camp lui dire que, selon les Renseignements Généraux, l'OAS serait toujours active. Du reste, si la sécurité lui conseille d'utiliser l'avion pour faire le voyage, il doit y avoir une raison. Il hausse les épaules. Elle laisse la maison à Élisabeth, dont le mari les accompagne à Paris. La DS noire les conduit jusqu'à Saint-Dizier, où les attend l'appareil. Elle adore cela, regarder la France défiler sous elle. Elle reconnaît des villages, des routes, que Charles et elle ont parcourues. Elle se laisse aller à cette joie presque enfantine qu'elle ne peut faire partager à personne : il y a trop de bruit dans cet hélicoptère qui file droit, dans le ciel calme.

Tandis que Charles est au Conseil, elle se rend chez Fauchon, achète des poulets pour le dîner, des confitures et des gâteaux pour les enfants.

À dix-neuf heures quarante, elle s'installe à la droite de Charles, à l'arrière de la DS. Alain de Boissieu est devant, à côté de Marroux. Une deuxième DS de la sécurité les suit. Direction : Villacoublay, par le même chemin que le matin.

Arrivée au Petit-Clamart, la DS fait une embardée, accélère. Un crépitement contre la tôle de la voiture. Yvonne voit le regard affolé qu'Alain de Boissieu lance à Charles : « Père, baissez-vous. ». Puis, une fraction de seconde avant que la vitre arrière gauche n'explose, elle sent quelque chose frôler sa nuque. Charles lui hurle de se baisser. Marroux fonce comme un fou, courbé sur son volant. Cette fois, c'en est fait. Elle a presque froid.

Une petite pluie fine a commencé de tomber juste avant leur départ de l'Élysée. La voiture zigzague à toute vitesse sur la chaussée glissante. Marroux ne s'arrête que sur le tarmac de Villacoublay. La DS s'affaisse d'un seul coup. Le système hydraulique a rendu l'âme dans une odeur de caoutchouc brûlé.

Comme si rien ne s'était produit, Charles, après avoir serré la main de son chauffeur, qui est blanc comme un linge, passe en revue le piquet d'honneur, qui présente les armes. Yvonne secoue les débris de verre, sur elle, ajuste son chapeau et descend de voiture, aidée par Alain de Boissieu. La DS est criblée de balles. Et Mme de Gaulle s'entend dire, à haute voix : « N'oubliez pas les poulets. J'espère qu'ils n'ont rien [1]. » Elle parle des volailles soigneusement emballées, dans le coffre. Elle voit le regard surpris des policiers de la seconde voiture. L'un d'eux réplique même : « Non, non, tout va bien. » Elle rougit.

Comment a-t-elle pu se laisser aller à une telle préoccupation, alors que chacun a risqué sa vie pour les protéger, Charles et elle ? C'est si typique des grands moments, elle l'a déjà vécu. L'attention qui s'égare vers des trivialités, des détails. Comme si on les choisissait pour leur insignifiance.

Elle ne relève pas. Les policiers penseront qu'elle aussi les désigne par ce surnom vulgaire : les poulets... Elle en est désolée...

1. Alain de Boissieu, *Pour servir le Général*, Plon, 1982, p. 165.

Elle monte dans l'hélicoptère. Charles est tout rouge, maintenant. Le contrecoup. Il dit très fort qu'il faut impérativement retrouver les coupables, non seulement parce qu'ils ont failli la tuer, elle, sa petite femme chérie et si courageuse, mais aussi parce qu'en tirant ainsi, en pleine rue, ils auraient pu toucher des passants, des innocents. Ça, il ne peut le tolérer.

Lorsqu'ils arrivent à La Boisserie, Élisabeth, qui a entendu la radio, est folle d'inquiétude. Tandis que Charles téléphone, Yvonne rassure tout le monde : c'est allé si vite… Elle n'a pas eu vraiment le temps d'avoir peur. Et puis s'ils étaient morts, quelle importance ?

Ils étaient ensemble.

Les atteintes de l'âge

Très vite, la police démantèle le commando responsable de l'attentat du Petit-Clamart. Son instigateur, le lieutenant-colonel Jean-Marie Bastien-Thiry, est un soldat perdu, qui se prend pour le bras de Dieu. Il sera condamné à mort par un tribunal d'exception dont le Conseil d'État avait pourtant annulé la validité. Charles, malgré toutes les objurgations, malgré l'intervention Yvonne, refuse la grâce. Il n'a pas toléré que cet homme ait mis en danger et la vie de son épouse et celle des passants, des enfants en particulier. Bastien-Thiry est fusillé à l'aube du 11 mars 1963, au fort d'Ivry. D'aucuns parlent d'assassinat et ne le pardonneront jamais à de Gaulle. Certains prendront ensuite part à tous les mauvais coups.

À peine l'affaire algérienne terminée, les partis se réveillent. D'autant qu'il veut modifier la Constitution pour instituer l'élection du chef de l'État au suffrage universel. Mais le peuple l'approuve, malgré l'opposition de tous les partis, excepté l'Union pour la Nouvelle République (les gaullistes) et les républicains indépendants. Cette réforme capitale est adoptée le 28 octobre 1962 par 62,5 % des suffrages exprimés. L'Assemblée est immédiatement dissoute et les élections législatives des 18 et 25 novembre donnent deux cent vingt-neuf sièges sur quatre cent soixante-cinq à l'UNR.

Charles peut continuer de restaurer la grandeur de la France. Il s'oppose à l'entrée de la Grande-Bretagne, sous-marin des Américains, dans l'Europe en pleine gestation. Son obsession de l'association capital-travail le reprend : pour lui, la meilleure manière de modifier les rapports sociaux dans le pays est de faire participer les ouvriers aux bénéfices des entreprises. Une idée sacrilège pour le patronat, et même pour nombre de ses partisans.

En outre, ayant contre lui une bonne partie de la presse écrite, il tient d'une poigne de fer ce qu'il peut contrôler : la radio et la télévision d'État.

Yvonne est lasse de toutes ces histoires. Il a plus de soixante-dix ans, maintenant. Elle voudrait qu'il s'arrête, qu'ils repartent tous deux à Colombey, qu'il se repose et qu'avec lui elle mène une petite vie tranquille, loin de cette grande politique qui se réduit souvent à une médiocre lutte pour de petits intérêts.

Sauf en ce qui concerne la politique étrangère, où elle doit reconnaître qu'il fait convenablement entendre la voix de la France. Pour le reste, elle le voit bien : l'inflation rogne le pouvoir d'achat, même le sien. Et pourtant, le traitement de Charles est confortable, par rapport à celle des ouvriers. Elle comprend les mouvements de grève, comme celui de ces mineurs qui demandent une augmentation de 11 %. 11 %, c'est peut-être beaucoup. Mais on pourrait faire quelque chose. Elle ose le dire à Charles en lui parlant des difficultés qu'elle-même rencontre : lorsqu'elle entame un billet de cent francs, elle ne le voit pas partir. Il sourit.

Voilà qu'elle s'intéresse à l'économie, maintenant, et qu'elle donne raison aux grévistes. Mais oui, eux ont de la chance, ils vivent à l'Élysée. Ils ne dépensent presque rien, mais les autres... Il hausse les épaules, s'enferme dans son bureau, revient juste avant le journal télévisé. Il a étudié un dossier préparé par un jeune conseiller du ministre des Finances : Jacques Delors. La croissance a été de 7 %. On peut augmenter les salaires de 4 à 8 %. Yvonne, qui a préparé un plateau avec deux verres pour l'apéritif, le trouve bien guilleret. Il lui baise la main. Elle a raison : on peut faire quelque chose pour les mineurs de Carmaux (et d'ailleurs) dont, bêtement, il a demandé la réquisition quelques jours plus tôt. C'est son bon sens qui la met au niveau des braves gens. Et le voilà reparti dans sa grande idée d'association capital-travail, d'intéressement, Dieu sait quoi encore... Elle n'y comprend rien. Et il voudrait que ses ministres s'y attellent, alors qu'il y a tant de choses à régler avant cela...

Peu à peu, elle se désintéresse de ces choses. Même si elle assume, comme d'habitude, son rôle officiel. Elle ne réagit plus qu'à certains événements, quand ils touchent des individus, des hommes et femmes qu'elle a connus : la mort de Jean XXIII le 3 juin 1963, bien que, à son sens, il ait peut-être un peu trop révolutionné l'Église. Enfin ! Lorsqu'il les a bénis, au Vatican, en juin 1959, il semblait bien proche de Dieu, ce Saint-Père...

Et puis, le jour des soixante-treize ans de Charles, le 22 novembre 1963, l'assassinat de John Kennedy. Elle en éprouve un vrai chagrin, comme si c'était un parent qu'on lui arrachait. Peut-être parce qu'ils sont passés si près, Charles et elle, d'un destin semblable, elle comprend la douleur de cette jeune veuve. On ne connaît qu'*a posteriori* le véritable poids des événements... Charles aurait pu être arraché à la direction du pays avec la même violence. Décidément, le fardeau est trop lourd. Il faut se préparer à passer le relais.

D'autant que les soucis de santé se font jour. Elle voit Charles grimacer, porter la main à son bas-ventre, gagner en hâte les toilettes. La prostate. Elle le supplie de consulter. Il se rebiffe. Il a mieux à faire dans l'immédiat : des voyages en province, au Mexique, en Guyane, aux Antilles. Tout est prévu. On ne peut rien annuler sans donner de faux espoirs à cette opposition politique qui se fait de plus en plus hardie, de plus en plus virulente. Ainsi ce François Mitterrand, qui était venu, à Alger, en novembre 1943, lui demander de le nommer à la tête des réseaux d'anciens prisonniers. Charles, déjà, l'avait peu supporté et lui avait préféré son neveu, Michel Cailliau. Non par népotisme. Mais parce qu'il jugeait le travail du fils de Marie-Agnès déjà bien avancé. Mitterrand ne le lui pardonnera jamais.

Yvonne l'accompagne en voyage, voit ses traits se creuser sous la souffrance, ne sait quoi faire pour le soulager, en dehors de l'aspirine, devenue inefficace. Finalement, il se fait opérer le 17 avril 1964. Avant de gagner l'hôpital, il lui montre la lettre qu'il adresse à Philippe. Elle est datée du 12 avril :

Mon cher Philippe,

S'il devait arriver que je disparaisse prochainement, sans avoir directement fait connaître qui, dans les circonstances présentes, je souhaite que le peuple français élise pour mon successeur immédiat comme président de la République, je te confie le soin de publier aussitôt la déclaration ci-jointe :

Je dis : mon successeur immédiat, parce que j'espère qu'ensuite c'est toi-même qui voudras et pourras assumer à ton tour la charge de conduire la France.

Ton père très affectionné [1].

Yvonne a un haut-le-corps. Il ne sait plus ce qu'il dit... Qu'est-ce que cela signifie, désigner son fils... Charles rétorque que Philippe est un homme désintéressé, comme lui, qui a le sens de la France et de l'État. Il l'a montré avec courage et abnégation pendant la guerre. Elle hausse les épaules. Qu'il pense d'abord à se rétablir, après son opération. Et surtout à s'en aller au terme de son mandat. Elle le dit même autour d'elle, à ceux en qui elle a le plus confiance, à Pierre Lefranc, en particulier, avec lequel elle aime bavarder parce qu'elle le sait fidèle et droit. Elle essaie d'influencer Charles « par la bande ». Mais elle se doute qu'il n'en fera qu'à sa tête.

Les voyages reprennent. En Amérique latine, cette fois, du 20 septembre au 16 octobre 1964. Un périple épuisant pour tout le monde. Yvonne respire mal à Quito, à 2 800 mètres d'altitude. Lui est comme un papillon, galvanisé par ces foules auxquelles il s'adresse avec quelques mots d'espagnol et de portugais. Il vient porter le salut des Latins d'Europe à ceux d'Amérique. Il rentre avec des idées plein la tête alors que les grèves recommencent, qu'il faut expliquer aux agriculteurs comment la politique agricole commune va préserver leurs intérêts.

Lorsqu'ils reviennent à La Boisserie, ils traversent désormais des villages où ont presque disparu les chevaux, l'odeur du crottin, de la corne brûlée par la pose des fers, le tintement du marteau sur l'enclume du maréchal-ferrant. Il n'y a pratiquement plus de jeunes gens, non plus. Ils ont fui la campagne pour la ville. Lorsque Charles et elle se rendent à la messe, le dimanche matin à Colombey, l'église ne rassemble plus que les plus âgés, restés sur leurs terres, et ils sont de moins en moins nombreux.

La France a changé. Elle s'est reconstruite, travaille à plein régime, tourne le dos aux douleurs et aux contraintes. Et trépigne. Yvonne a vu avec stupeur à la télévision ces jeunes venus en foule écouter leurs idoles, place de la Nation, il y a quelques mois :

---

1. *Lettres, notes et carnets*, *op. cit.*, p. 52. Une note de l'éditeur précise qu'il a probablement détruit, à son retour de l'hôpital, le document portant le nom de celui qu'il souhaitait voir élu après lui.

Sylvie Vartan, Johnny Hallyday, des « yé-yé » que ses petits-enfants adorent.

Il faut que Charles le sache : la France a changé. Si par malheur il se représentait, ce sont d'autres idées qu'il aurait à affronter. Celles des jeunes, qui n'ont vécu ni la guerre, ni la Résistance, cette histoire de bruit et de fureur qu'il a dominée de toute sa stature. Elle le lui dit. Il hausse les épaules. Il le sait bien. Il a déjà demandé une réforme de l'Université, mais elle n'avance pas... Il ne voit pas encore où le bât blesse.

Le 19 décembre, il communie à nouveau avec la nation. Il fait gris et froid. L'urne anonyme, n° 10137 au cimetière du Père-Lachaise, renferme les cendres de celui qu'il a toujours considéré comme son égal, celui à qui il avait confié la responsabilité de toute la Résistance intérieure : Jean Moulin. La foule est immense autour des mille cinquante-trois compagnons de la Libération et des Résistants : tous les corps constitués, et ce peuple de Paris venu comme une mer au pied du Panthéon.

Yvonne revoit cet homme au visage avenant, qu'elle a reçu chez elle, en Angleterre, et que Charles, très ému, a fait Compagnon dans le petit salon d'Hampstead. Elle se rappelle l'héroïsme inouï de ce jeune préfet de Chartres qui, refusant de signer un ordre odieux des Allemands, le 16 juin 1940, se laissa rouer de coups, puis, pour échapper au déshonneur, se trancha la gorge avec un tesson de verre. À Hampstead, un foulard dissimulant encore sa cicatrice.

Ce soir, on porte ses cendres au Panthéon. De loin, Yvonne distingue la silhouette noire de Malraux qui monte à la tribune, et la voix du « colonel Berger », du ministre de Charles, s'enfle dans la nuit, faisant frissonner chacun :

Chef de la Résistance, martyrisé dans des caves hideuses, regarde de tes yeux disparus toutes ces femmes noires qui veillent nos compagnons : elles portent le deuil de la France, et le tien... [...]

Comme Leclerc entra aux Invalides, avec son cortège d'exaltation dans le soleil d'Afrique et les combats d'Alsace, entre ici, Jean Moulin, avec ton terrible cortège. Avec ceux qui sont morts dans les caves sans avoir parlé, comme toi ; et même, ce qui est peut-être plus atroce, en ayant parlé ; avec tous les rayés et tous les tondus des camps de concentration, avec le dernier corps trébuchant des affreuses files de Nuit et Brouillard *enfin tombé sous les crosses ; avec les huit mille Françaises qui ne sont pas revenues des bagnes, avec la dernière femme morte à Ravensbrück, pour avoir donné asile à l'un des nôtres. Entre, avec le peuple né de l'ombre et disparu avec elle – nos frères dans l'ordre de la Nuit*[1]...

Elle voit le dos de Charles, raide, au garde-à-vous. Elle reçoit les paroles de Malraux comme il doit les recevoir, lui aussi : des échardes en plein cœur. Et la foule, pétrifiée dans le froid, écoute en silence cette voix qui vêt de mots la grandeur du peuple de l'ombre. Jean Moulin est où il doit être, à présent. Tout est en ordre, ou presque. Il faut s'arrêter, maintenant, gagner la terre lourde et dure de Colombey, oublier le pesant fardeau de cette France qui peut continuer sans le général de Gaulle.

Ils gardent le silence, l'un et l'autre, dans la voiture qui les reconduit à l'Élysée. Elle a le cœur serré par sa douleur à lui, les souvenirs qu'elle lit dans ses yeux. Elle pense à Malraux, qui sait trouver les mots pour dire la souffrance du peuple martyr. Il est seul, lui aussi, en ce moment. S'ils avaient pu, tous, rentrer à La Boisserie, comme de vieux amis, et se taire ensemble...

Ce soir-là, ils se sont couchés sans parler.

Un peu plus d'un mois après, la mort de Churchill les atteint tous les deux. Cet étrange personnage, qui a donné à Charles tant de fil à retordre, l'a toujours amusée. Il était rond, un brin vulgaire, parfois, avec les violences d'un sanguin. Mais tellement intelligent et drôle. Elle se rappelle le désastre de son dernier séjour à Paris et de leur visite à Londres, ensuite. Le vieil homme presque hagard, ne sachant plus très bien distinguer le réel d'un rêve vide. Il n'empêche : sans lui, sans l'aide qu'il apporta à la France libre, qu'aurait pu faire Charles ?

Pourtant, en l'évoquant avec tristesse, ils parviennent à rire au souvenir des week-ends passés chez lui, en 1941 et 1943. Dès que sa femme avait tourné les talons, Churchill se servait un cognac bien tassé, qu'il avalait d'un trait. Il était guilleret, en fin d'après-midi. Mais la tête toujours politique. Oui, c'était un homme qu'elle aimait bien, prévenant, gentleman, malgré son français abominable. Enfin, l'anglais de Charles n'était pas meilleur...

---

1. Institut Charles de Gaulle, *Espoir*, n° 2, janvier 1973, p. 73.

Elle voit passer une nostalgie dans les yeux de son mari. Londres… C'est si loin maintenant… Ils ont l'âge de côtoyer la mort, de compter les disparus. Il a soixante-quatorze ans…

Ce qui la soucie le plus, c'est ce que va décider Charles quant à la prochaine élection présidentielle. Elle sait qu'il hésite, qu'il se sent fatigué, fourbu. S'il commence un nouveau mandat, il aura soixante-quinze ans révolus. Est-ce un âge pour mener un pays comme la France, avec, issue du baby-boom, une jeunesse nombreuse, vive, délurée ? On ne séduit pas des enfants de vingt ans avec des rêves de grandeur. Du travail, il y en a, mais à quel prix ? La croissance est forte et les salaires trop bas dans certains métiers. Il faudra affronter des grèves, peut-être très dures. Et puis il n'y a pas assez de logements, pas assez d'universités, pas assez d'équipements culturels… Encore que Malraux, avec ses maisons de la culture, ait eu une excellente idée. L'effort à fournir est énorme. Charles aura-t-il la force ? Trouvera-t-il autour de lui l'aide nécessaire à la mise en œuvre des réformes ? Elle sait que toutes ces questions, il se les pose, qu'il jauge avant tout ses capacités physiques.

Quant à la puissance intellectuelle, tout va bien, merci : il la stupéfie, chaque fois qu'il répète ses discours. Elle tient les feuilles entre ses mains et, fascinée, l'écoute prononcer d'une voix rocailleuse des textes limpides, dans lesquels les idées s'enchaînent à la perfection. Elle se tait, souvent. Pourtant, elle pourrait en remontrer à certains, notamment à quelques ministres, quant à la pensée de Charles. Car, à force de l'écouter, elle a saisi tous les aspects de son grand dessein. La plus gaullienne de tous, c'est elle, la gentille « tante Yvonne ».

En juillet, à La Boisserie, il est dix-huit heures ; il sort de son bureau pour accomplir sa traditionnelle promenade dans le parc : elle comprend qu'il a pris sa décision, il a le visage comme lissé par une paix nouvelle. Il lui saisit le bras, l'entraîne dans l'allée de gravier. Les ombres sont longues, la chaleur est un peu tombée. Dans le petit poulailler qu'elle a fait aménager depuis des années, les poules caquettent : le coq doit encore faire des siennes… Elle n'a pas envie de sourire. Oui, il se représentera. Mais c'est un secret qu'il faudra bien garder. Il ne le dévoilera qu'un mois avant l'élection.

Cette fois, il aura en face de lui des politiques purs et durs, tels qu'il n'en n'a jamais affronté : ce François Mitterrand, qu'il appelle « le Rastignac des Charentes », Jean Lecanuet, avec son physique de jeune premier, toutes dents dehors, Jean-Louis Tixier Vignancour, qui s'est adjoint un homme plus extrémiste que lui, Jean-Marie Le Pen. Et même un sénateur présidant une « convention libérale », Pierre Marcilhacy. La gauche, l'extrême droite, le centre, les proaméricains, les proches de l'OAS... Et lui, là-dedans, comment va-t-il s'engager ? Mais il est vrai qu'il est au-dessus des partis. Il est le rassembleur, il le répète assez. Seulement que va-t-il rassembler, dans ce pays agité qui adore la politique du café du commerce dès lors qu'il est en paix...

Il a lâché son bras. Ils marchent maintenant côte à côte, et elle est triste. Mais elle assumera une nouvelle fois. Il est trop tard pour reculer, maintenant. Elle ira jusqu'au bout, à ses côtés. Enfin... Il en est un qui va être déçu : son Premier ministre, Georges Pompidou... Il se serait bien vu à la place de Charles. Elle en est sûre. Elle a vu l'homme grandir, prendre de l'assurance, de la rondeur. Et il a de l'étoffe, du savoir-faire. Sa femme a les qualités qu'il faut pour l'assister convenablement. Il leur faudra attendre encore un peu...

Le 4 novembre, à dix-huit heures, il enregistre une déclaration au pays : il annonce sa candidature. Puis il fait fermer les portes de l'Élysée jusqu'à vingt heures, l'heure du journal télévisé, afin qu'il n'y ait aucune fuite. Yvonne a fait préparer un cocktail. Elle paraît sereine, toujours. Mais certains savent combien la décision de Charles lui pèse.

C'est qu'il doit faire campagne. Et il refuse tout : aucune apparition, aucun discours, aucun rassemblement, aucune tournée. Ses conseillers sont désemparés. Les autres vont occuper les médias, organiser des meetings. Lui ne veut rien entreprendre : une seule intervention télévisée, le 3 décembre, l'avant-veille du scrutin. C'est tout à fait déraisonnable. À force de batailler, son entourage en obtient deux.

Mais il y a soudain beaucoup plus grave que la campagne électorale, beaucoup plus préoccupant. Le ministre de l'Intérieur, Roger Frey, lui apprend que le général Oufkir, son homologue chérifien, a fait enlever, avec l'aide de policiers français associés à des truands, un opposant marocain, Mehdi Ben Barka. Cela s'est passé le 29 septembre, devant la brasserie Lipp, boulevard Saint-Germain, à Paris. Ben Barka était le secrétaire général de la Tricontinentale, l'organisation des mouvements de libération du tiers-monde. Il aurait été torturé par Oufkir dans une maison de Fontenay-le-Comte. Il serait mort.

Charles entre dans le salon jaune. Yvonne est plongée dans la biographie inspirée que François Mauriac lui a consacrée l'année précédente [1]. Il est très pâle, les mâchoires serrées. Des policiers français ont participé à cet assassinat. Sur le sol français. C'est intolérable. Il fera poursuivre Oufkir jusqu'au Maroc, quelles qu'en soient les conséquences. Il se laisse tomber dans un fauteuil, prend sa tête dans ses mains. Il est découragé. Ce sont des méthodes de voyous, auxquelles le roi Hassan II lui-même n'est pas étranger.

Et nous, nous qui avons prêté main-forte à cette ignominie... Il vient d'écrire à la mère de Mehdi Ben Barka, pour l'assurer que justice sera faite avec la plus grande rigueur et la plus grande diligence. La lettre paraîtra demain dans la presse. Tout le monde doit savoir que de tels actes ne peuvent se produire impunément dans ce pays.

La meute va encore l'attaquer. Ces journalistes, pour qui tout est bon. Elle lit les journaux, elle aussi. Elle sait que l'on parle des « barbouzes » de De Gaulle, qu'on le soupçonne de se servir du Service d'Action Civique auquel on attribue nombre d'exactions. L'enlèvement de Ben Barka va remuer toute cette boue... Et lui qui veut en reprendre pour sept ans... Mais peut-être cette affaire va-t-elle lui faire perdre l'élection ! Non. Elle a presque honte d'avoir eu cet espoir : il serait trop malheureux. Et ce serait injuste.

Le scandale est énorme, mais les interventions télévisées de chaque candidat se poursuivent. À la brochette déjà déclarée est venu s'ajouter un farfelu, père de douze enfants. Yvonne et Charles sont face à leur téléviseur lorsqu'ils voient apparaître l'énergumène :

« Français, Françaises, mes frères et mes copains », dit-il. Voilà au moins un peu d'eau fraîche dans cette campagne où chacun promet toutes les ivresses.

---

1. François Mauriac, *De Gaulle*, Grasset, 1964.

Lorsque Charles parle, le 30 novembre, Yvonne perd son sourire : il est triste, pâle, crispé, peu convaincant. C'est une mauvaise prestation. Elle ne sait pas le cacher. Il baisse la tête. Il doit se reprendre, même si l'affaire Ben Barka le ronge. Le 3 décembre, il est meilleur. N'est-il pas trop tard ?

Le dimanche 5 décembre 1965, dans la matinée, ils votent tous deux à Colombey. Il pleut, il vente sur le petit village. Charles sait depuis peu qu'il sera mis en ballottage. Il en est mortifié. Il a longtemps espéré l'emporter au premier tour. Yvonne l'a entendu dire à Jacques Foccart que, si ce ballottage n'était pas favorable, il ne reviendrait peut-être pas le lendemain.

C'est une longue journée, qu'il comble en lisant, en faisant un peu de courrier, puis en partant marcher seul dans le parc, en dépit d'une pluie glacée. Elle regarde par la fenêtre du salon la longue silhouette noire s'éloigner, les épaules rentrées. Elle est peinée pour lui, mais il l'a bien cherché... Elle attend vingt heures en tricotant. La télévision donne les premières estimations : ballottage. Étienne Burin des Roziers, le secrétaire général de l'Élysée, lui téléphone les premiers résultats affinés, puis Georges Pompidou lui communique, dès vingt et une heures trente, des chiffres plus précis.

Son adversaire de dimanche prochain sera le « Rastignac des Charentes ». Il semble soulagé : il le battra. Il aurait été moins sûr du résultat s'il avait eu Lecanuet en face de lui. Curieux : Mitterrand est pourtant son véritable adversaire politique. Lecanuet s'est cru en Amérique, avec son grand spectacle au palais des Sports. Il n'était pas bien dangereux. Ou alors elle ne comprend plus rien à toutes ces choses. Elle vieillit, elle aussi. Elle a soixante-cinq ans...

Avant le deuxième tour, Roger Stéphane, Alain Peyrefitte, Burin des Roziers, Foccart, tout son entourage le convainc de se laisser interviewer par le directeur du *Figaro Littéraire*, Michel Droit. Trois « causeries » au coin du feu, qui lui permettraient d'utiliser tout son temps de parole à la télévision sans avoir à faire de discours. Yvonne elle-même l'encourage à tenter l'aventure. Et le résultat est surprenant de naturel : il se comporte comme s'il était dans la bibliothèque de La Boisserie, en train d'exposer ses idées à Jacques Vendroux ou à Philippe. Les questions de Michel Droit (que Charles n'a pas voulu connaître à l'avance) sont simples, et les réponses claires, intelligentes, d'une belle hauteur de vue.

Le 19 décembre au soir, il est réélu avec 55,1 % des suffrages. Mais il estime que ce n'est pas un bon score. Il le savait. Elle s'en doutait aussi. Plus dure sera la tâche.

Les scandales du monde

Durant cette première année du second septennat, 1966, c'est encore la politique étrangère qui domine l'action de Charles. Tout simplement parce que son Premier ministre, Georges Pompidou, freine les réformes nécessaires à l'intérieur. Elle le sait maintenant : l'homme est davantage voué aux compromis qu'aux décisions qui tranchent. Quant à l'idée d'une participation des travailleurs aux bénéfices de l'entreprise, qui incommode tant les patrons, il feint de ne pas l'entendre. À le garder, Charles met en péril sa volonté de transformer le pays. Le sait-il vraiment, alors que la gauche, profitant de l'immobilisme du gouvernement, attise les mécontentements des ouvriers, des paysans, des jeunes ? Et que l'affaire Ben Barka, dont les instigateurs français ont été arrêtés, remplit encore les colonnes des journaux ?

Charles est attaqué de toutes parts. Personne n'envisage que ce drame, sur le sol français, a peut-être été aidé, préparé même, avec l'aide de la CIA, dont Oufkir est très proche, juste quelques mois avant que ne s'ouvre à La Havane la Tricontinentale que Ben Barka devait présider. Voilà une manière de faire payer à Charles sa réprobation de l'engagement américain au Viêt-nam, son intention de retirer la France de l'OTAN et de reprendre une défense autonome.

Au mois de juin, il entraîne Yvonne en URSS. Ces voyages, qu'elle apprécie malgré la pompe officielle à laquelle ils sont contraints, l'inquiètent, malgré tout : Charles est fatigué. Sa vieille blessure de 1914 se réveille dès qu'il sollicite trop son corps. Mais il ne plie pas. Il est venu dire aux Russes que, dans la situation actuelle, il est impératif qu'ils contiennent la surpuissance américaine. La Russie est une vieille nation, avec une grande histoire. Peu importe son régime. Elle restera toujours la Russie, accrochée à l'Europe, l'Europe de l'Atlantique à l'Oural... Voilà qui va encore faire plaisir aux atlantistes, déjà déchaînés par le désengagement français de l'Alliance.

Elle le laisse s'occuper de politique mondiale et se délecte, quant à elle, des larges avenues de Moscou, des monastères qu'ils visitent, du charme de Leningrad. Mais elle subit, comme lui, les repas officiels, les longues séances au théâtre, à l'Opéra, où, malgré les interprètes, elle comprend à peine les arguments des œuvres qu'elle ne connaît pas.

Le 26 juin, dans l'ancienne église de l'ambassade de France, Notre-Dame-de-Lourdes, à Leningrad, elle communie. Charles, qui, en tant que chef d'un État laïc, ne s'est jamais approché de l'autel en public, comprend tout à coup que le protocole a prévu qu'il suivrait son épouse. Lorsqu'elle relève la tête, elle surprend sur elle son regard furieux. Il est sûr que c'est elle qui lui force la main. Et c'est vrai, elle a dit à son aide de camp, le commandant François Flohic, qu'il communierait. Il est chrétien. Pourquoi le cacherait-il, lui, si indépendant, dans un pays où la religion est bafouée ? Est-ce qu'elle lui fait faire une bêtise ? Non, lui dit-il, finalement. Ils ont eu raison d'être eux-mêmes.

Deux mois plus tard, après un peu de repos à La Boisserie, il l'emmène à nouveau dans un grand périple. Autour du monde, cette fois. Mais l'accueil à la première escale, Djibouti, est plutôt mouvementé. Des manifestants réclament l'indépendance. Yvonne entend ce qu'il pense avant qu'il ne prononce le moindre mot : « Mais qu'ils la prennent. » Et il en ira de même pour toutes les possessions françaises. Ce monde en pleine mutation s'achemine vers le droit des peuples à disposer d'eux-mêmes. Il faut simplement que la chose se fasse dans la concertation et la dignité.

Après Addis-Abeba, où il a retrouvé le Négus, immuable, sec, comme momifié dans sa stature de roi des rois, il apprend par cœur le discours qu'il doit prononcer à Phnom Penh. Assise près d'un hublot, comme à son habitude, Yvonne tricote en regardant défiler sous elle le vaste monde. Elle n'aime rien tant que ce ciel immense, dont le bleu est plus cru qu'à terre, ces paysages qu'elle voit de si haut et qui forment, dirait-on, des cartes de géographie en relief. Elle somnole lorsqu'ils survolent l'Océan, se rajuste lorsque le repas est servi, discute un peu avec l'un ou l'autre personnage de la suite présidentielle.

L'accueil à Phnom Penh est chaleureux et coloré. Le roi Sihanouk et la reine Monique ont préparé des festivités raffinées, dont certaines – des joutes navales – se déroulent sur ce Mékong auquel elle a rêvé dans sa jeunesse en lisant des romans d'aventures. Le fleuve est large, bordé de rives plates. Les maisons sur pilotis regorgent d'enfants rieurs. Les femmes et les hommes sont beaux, malgré la pauvreté du pays.

Dans le stade de la capitale khmer, Charles prononce un discours qui va encore lui attirer les foudres des Américains et, en France, des atlantistes :

La France considère que les combats qui ravagent l'Indochine n'apportent, par eux-mêmes et eux non plus, aucune issue. Suivant elle, s'il est invraisemblable que l'appareil guerrier américain vienne à être anéanti sur place, il n'y a, d'autre part, aucune chance pour que les peuples de l'Asie se soumettent à la loi de l'étranger venu de l'autre rive du Pacifique, quelles que puissent être ses intentions et si puissantes que soient ses armes. Bref, pour longue et dure que doive être l'épreuve, la France tient pour certain qu'elle n'aura pas de solution militaire.

À moins que l'univers ne roule vers la catastrophe, seul un accord politique pourrait donc rétablir la paix[1].

En d'autres termes, il enjoint les Américains de retirer leurs troupes.

Ils visitent les temples d'Angkor. Elle est infiniment séduite par le Bayon, dont les visages immenses sont d'énigmatiques sentinelles en plein cœur de la jungle. Le Taprom, rongé de toutes parts par les racines gigantesques des fromagers, lui laisse une impression inquiète : ici, la nature transforme le labeur et la ferveur des hommes en une alliance fascinante et mortelle entre le minéral et le vivant.

À Banteaï-Sreï, où Malraux a subtilisé, dans les années 1920, quelques trésors qui lui valurent la prison, elle admire longuement le minutieux travail d'artistes disparus depuis six siècles. Elle aime

1. *Discours et Messages*, t. V, *Vers le terme* (1966-1969), *op. cit.*, p. 76-77.

les bassins d'Angkor Vat, les fresques du grand temple qui racontent les textes sacrés de l'hindouisme et du bouddhisme. Elle rêve un moment dans le bateau qui les promène sur le Tonle-sap. Oui, ces lieux sont comme elle les avait imaginés : grandioses, si beaux qu'il faudrait y revenir, se laisser pénétrer davantage par cette mystérieuse spiritualité dont elle ressent la force.

Ce n'est qu'en quittant la Nouvelle-Calédonie qu'Yvonne peut lire les journaux que Charles s'est fait remettre à Nouméa. L'éditorial du *Monde*, soutenant la thèse selon laquelle les Américains défendent le monde libre face au communisme, se montre très critique envers de Gaulle :

Ce qui frappe d'abord, c'est le ton pris par l'homme d'Évian pour parler à la puissance qui avait plaidé auprès de lui pour qu'il reconnaisse à l'Algérie le droit à l'autodétermination. C'est un rappel véhément des traditions libérales américaines pour inciter Washington à retrouver son audience internationale en renonçant à une expédition lointaine. Jamais encore le général de Gaulle n'avait osé donner ainsi sa politique algérienne en exemple. [...]

Dans la conception qui prévaut outre-Atlantique, nos troupes, en Afrique du Nord, se battaient pour le maintien d'un ordre suranné. Celles du général Westmoreland s'opposent, de la manière la plus désintéressée (sic) *à la propagation du communisme par la violence. On trouve là toute la différence d'approche des dirigeants américains, obsédés par le péril communiste, et du général de Gaulle, pour qui les idéologies ne sont que le masque des ambitions et des rivalités nationales. Jamais peut-être le divorce entre ces deux philosophies n'a été plus flagrant*[1].

Yvonne comprend pourquoi Charles a froissé le journal, avant de le jeter sur l'un des fauteuils. Par le hublot, elle distingue maintenant les îles et leurs atolls, à l'approche de Papeete. Ce Pacifique, dont ils ont aimé l'accueil et les couleurs, lors de leur précédent voyage, va les apaiser un peu, avant l'épreuve qu'elle redoute : une explosion nucléaire au large de Mururoa. Pierre Messmer, Alain Peyrefitte, Pierre Billotte sont là qui les attendent. Charles est fatigué. Il boite à nouveau, mais se redresse, se reprend, mène sa suite à un train de loup. Comment fait-il ? Elle est cassée par ces déplacements incessants.

1. « Faites comme nous... », éditorial du *Monde*, 2 septembre 1966.

Ils reviennent à Paris le 13 septembre 1966 et retrouvent les grenouillages français : on prépare déjà les législatives de mars prochain. Elle n'est pas surprise d'entendre l'ancien jeune ministre des Finances de Charles, Valéry Giscard d'Estaing, parler haut et fort. En juin, il a créé les Républicains Indépendants, avec lesquels Charles va devoir compter. Celui-là aussi veut le pouvoir. Il en a les capacités. La bataille sera rude. Les « gaullistes » doivent présenter des candidats partout. On demande à Malraux, à Lefranc d'« y aller ». Ils se récusent. Ils sont comme Charles : incapables de se commettre. Leur courage est dans un service plus haut, plus désintéressé : celui de l'État conduit par le général de Gaulle.

Le 12 mars, les élections sont gagnées, à un siège près, par l'UNR, auquel sont venus s'adjoindre les quarante-trois députés républicains indépendants de Giscard.

À La Boisserie, où il vient de suivre les résultats à la télévision, Charles est triste et abattu. Il sait qu'il devra désormais accélérer ces réformes qui traînent tant. Avec Pompidou comme Premier ministre ? Oui, il ne peut se passer de lui : ce serait sanctionner davantage encore les « gaullistes » qui viennent d'essuyer un échec ; près de quarante sièges perdus, c'est considérable. Elle baisse la tête sur son tricot. Pompidou ne fera rien : il n'approuve pas les réformes, y compris celle de l'université. Charles se prépare des jours bien sombres. Elle le sent.

Pourquoi ne partirait-il pas ? N'est-on pas bien, ici, dans cette maison chaude, face à ce paysage qui recommence à verdir ? Il pourrait reprendre ses *Mémoires* où il les a laissés. On aurait un autre chien, un chaton. Les petits-enfants viendraient souvent. Elle s'occuperait du jardin. Ils cueilleraient à nouveau des champignons dans les forêts voisines... Ils marcheraient ensemble, sous le soleil grêle de ce printemps renaissant, à la recherche des biches et de leurs faons.

Cette description bucolique le fait sourire. Il lui prend la main, l'embrasse. Il a encore du travail à accomplir pour la France. Ou pour les Français. Ce jeune homme, par exemple, Régis Debray, qui vient d'être fait prisonnier en Bolivie aux côtés de Che Guevara. Il est allé chercher bien loin l'exaltation auprès de ce héros romantique qu'est le Che. Mais où s'engager, dans cette France aux médiocres querelles ? Non. Il faut défendre ce jeune homme, comme Mauriac l'a fait dans son « Bloc-Notes » de

L'Express. Il vient d'écrire au président bolivien, le général Barrientos, pour lui demander d'épargner cette vie pleine de promesses. Oui, il a raison. Dans ce monde qui craque de toutes parts, les hommes qui suivent des lignes franches sont respectables. Encore que... Cela peut entraîner bien des excès. Non. C'est trop compliqué. Elle s'arrête. Il le répète assez : la politique n'est pas son domaine.

Au printemps, c'est le Proche-Orient qui occupe le devant de la scène. Des obus de mortier sont tirés, depuis le Golan syrien, sur un kibboutz israélien, en contrebas. L'armée de Tel-Aviv riposte très violemment : vingt-quatre avions de Damas sont abattus. Nasser s'énerve, ferme le golfe d'Akaba le 22 mai. Si les Israéliens répliquent d'une manière trop agressive, toute la région s'embrase.

Charles avertit les parties en présence : le premier qui tire sera condamné par la France. À travers les journaux et la télévision, Yvonne se rend vite compte que les Israéliens bénéficient d'un immense soutien dans le pays. Enfin un État s'attaque à ces Arabes honnis, qui ont bouté la France hors d'Algérie. Et c'est un petit territoire, où se sont réfugiés les rescapés du génocide nazi. Charles s'emporte : Israël est un État comme les autres, bien plus fort que ses voisins sur le plan de l'armement. Bien plus organisé aussi. Il argue de sa fragilité, mais il est puissant. Il doit se plier aux règles internationales et « s'orientaliser », faire la paix avec ses voisins, régler le sort de ces déplacés palestiniens qui, après tout, ont été chassés de chez eux.

Qui écoute ? Personne. On n'attend qu'une chose : que ces Arabes vindicatifs prennent une bonne « raclée ».

L'espace de deux jours, ils échappent un peu à la pression des événements. Il emmène Yvonne à Rome, où sont réunis les chefs d'État qui ont mis en place le marché commun, puis ils sont reçus par le pape Paul VI. Yvonne est vêtue de noir. Une mantille couvre ses cheveux. Elle est impressionnée par ce souverain pontife maigre, ascétique, au regard vigilant et grave. Il est si différent de Jean XXIII... Paul VI les bénit tous les deux.

Puis ils font une escapade à Venise avec une joie renouvelée. Ils ont visité la ville il y a plus de quarante-cinq ans, lors de leur voyage de noces. Ils se découvraient alors, apprenaient leurs différences. Aujourd'hui, bien qu'elle ait conservé son caractère têtu, il l'a remodelée, façonnée à sa pensée, à sa vision du monde. Ils ne peuvent remettre leurs pas dans les traces de jadis... Ils n'ont qu'une poignée d'heures pour parcourir, dans une lumière éblouissante, le Grand Canal et la place Saint-Marc.

Quelques jours plus tard, le 5 juin, à l'aube, les Israéliens clouent l'aviation égyptienne au sol. C'est ce que vient dire à Charles Walter Eytan, ambassadeur d'Israël en France. La presse, *France-Soir* en particulier, travestit la réalité. Un seul titre barre la une : « L'Égypte attaque. » Avec la rapidité de l'éclair, en moins de six jours, l'armée de Tel-Aviv s'empare du Sinaï, du Golan, de la Cisjordanie, de Jérusalem Est, de Charm el- Cheikh. Charles condamne l'agression israélienne, décrète l'embargo sur les livraisons d'armes. La presse, une fois de plus, se déchaîne contre lui.

Cinq mois plus tard, lors d'une conférence de presse, il provoque un scandale plus important encore. Pourtant, Yvonne, qui l'entend sur la question depuis avril, n'est pas surprise par ses propos :

Certains [...] redoutaient que les Juifs, jusqu'alors dispersés, mais qui étaient restés ce qu'ils avaient été de tout temps, c'est-à-dire un peuple d'élite, sûr de lui-même et dominateur, n'en viennent, une fois rassemblés dans le site de leur ancienne grandeur, à changer en ambition ardente et conquérante les souhaits très émouvants qu'ils formaient depuis dix-neuf siècles[1].

Il souligne qu'il a prévenu que la France condamnerait cette action. Il n'a pas été entendu. Il ajoute que, depuis la guerre des Six Jours, Israël organise, sur les territoires qu'il a conquis, « l'occupation qui ne peut aller sans oppression, répression, expulsions, et il s'y manifeste contre lui une résistance, qu'à son tour il qualifie de terrorisme »... Il faut donc évacuer les territoires occupés contre la reconnaissance officielle de l'État d'Israël par ses voisins arabes.

La presse et l'opinion s'enflamment, le traitent d'antisémite, de proarabe, de « marchand de tapis ». Yvonne hausse les épaules. Ils ne le connaissent pas, s'ils le traitent d'antisémite. Mais il est vrai que, depuis cette guerre des Six Jours, s'élever contre les exactions

1. *Discours et Messages*, t. V, *op. cit.*, p. 232.

de l'État sioniste, c'est courir le risque de cette injure. On mélange tout. On n'entend plus rien, dans ce pays.

Tout comme on n'a pas compris le « Vive le Québec libre ! » de Charles, en juillet dernier. On a cru qu'il était devenu sénile, alors qu'il est allé, une fois encore, dire leur fait aux Anglo-Saxons : il y a, au Québec, une parcelle du génie de la France, un peuple qui sauvegarde sa langue, ses racines, son histoire, et dont il faut préserver l'identité.

Cette vision politique est claire, pour elle qui est nourrie en permanence de la réflexion de Charles. Les autres sont toujours à la traîne, doivent faire l'effort de comprendre pour se hisser jusqu'à cette conception d'une France qui peut parler haut parce qu'elle ne dépend de personne.

Quel repos, La Boisserie, loin du tumulte de l'Élysée dont elle ne supporte plus ni les ors, ni le jardin étroit, ni les longs couloirs sonores ! On pourrait rester là, vivre au ralenti, comme durant cet été.

Mais dès qu'ils regagnent Paris, en septembre, il l'emmène en voyage officiel en Pologne. Il y a été ce jeune officier fringant qui faisait tourner les têtes des jolies comtesses. Oh ! elle sait bien tout cela, elle sait quel séducteur il a pu être. N'a-t-elle pas elle-même été victime de son charme ? Le regrette-t-elle ? Jamais. Maintenant qu'ils sont âgés, tous deux, qu'ils ont parcouru ensemble tant de chemins difficiles, elle sait qu'elle a bien fait de succomber à cet amour.

Il lui montre, sur un pont, l'endroit où il a croisé la bohémienne, il y a presque cinquante ans. Cette romanichelle qui a hanté la vie d'Yvonne, lui a fiché la peur dans l'âme, et qu'enfin elle commençait à oublier.

Mais, en Pologne, il leur reste à affronter l'horreur : Auschwitz. Tout y est silence. On n'entend pas même un chant d'oiseau. Dans ces bâtiments immondes, on a humilié, torturé, tué une humanité sans défense. Elle regarde ces monceaux de cheveux, de dents, de lunettes, de chaussures. Ils ont appartenu à des humains sans voix qu'on persécutait, alors qu'en Angleterre elle se laissait aller à la déréliction, pour des broutilles. Elle se met à prier. Elle voudrait être seule, se coucher face contre le sol, demander pardon à Dieu d'appartenir à cette humanité qui a laissé commettre pareille abomination.

Charles est aussi bouleversé qu'elle. Il écrit, difficilement, dans le cahier ouvert sur une petite table : « Quel dégoût ! quelle tristesse ! quelle pitié ! quelle expérience humaine [1] »... Il n'arrive pas, non plus, à trouver les mots. Ils sortent, silencieux, épaule contre épaule.

1. Max Gallo, *De Gaulle*, t. IV, *La Statue du Commandeur*, *op. cit.*

La femme de « Charlot »

Il a beau dire, rien ne va plus entre la France et lui. Les journaux ne lui laissent aucun répit et une partie de la classe politique, y compris dans son camp, le conteste ouvertement... Ses adversaires le traitent comme un vieillard sénile, usé, voire un peu fou. On l'accuse de pratiquer un « pouvoir personnel », un « exercice solitaire du pouvoir », dit Giscard. Quant à son Premier ministre, Georges Pompidou, il n'entreprend les réformes qu'à reculons, en même temps qu'il parle plus haut et plus fort. La guerre de succession est ouverte, quoi qu'en dise Charles. En fin de compte, pense-t-elle, c'est un grand naïf.

Mais s'il n'y avait que ça... Les incidents se multiplient dans toutes les universités, tandis que Georges Pompidou pinaille sur la réforme engagée par le ministre de l'Éducation, Alain Peyrefitte. La jeunesse donne de la voix partout : à Tokyo, Los Angeles, Mexico, Rome, Genève. Elle demande un monde plus libre, une morale plus ouverte, des professeurs moins sûrs de leur savoir figé, plus accessibles, plus proches. Elle appelle au dialogue, aux idées neuves, à la fête de la pensée.

À Nanterre, un étudiant allemand, Daniel Cohn-Bendit, interpelle avec insolence le ministre de la Jeunesse et des Sports, François Missoffe, venu faire une conférence. Jacques Baumel, député des Hauts-de-Seine, prévient Matignon, puis l'Élysée, que plus personne ne tient cette université où le mouvement du 22 mars, dirigé par Cohn-Bendit, précisément, fomente la contestation. Yvonne et Charles regardent, atterrés, aux informations télévisées, le communiste Pierre Juquin se faire chasser de Nanterre par les étudiants.

Des groupuscules prochinois, trotskistes, anarchistes se battent contre des groupes d'extrême droite. « Mais qu'est-ce que c'est que cette chienlit ? » dit Charles. Viansson-Ponté, dans *Le Monde*, écrivait, quelques semaines plus tôt : « Les Français s'ennuient… La jeunesse s'ennuie… Le général de Gaulle s'ennuie… » Eh bien, voilà qui va réveiller les foules. Mais il ne faut pas laisser faire.

Charles le dit au ministre de l'Intérieur, Christian Fouchet. Réponse désolante : les universités ne dépendent pas de lui, mais des autorités universitaires. Et Pompidou qui, le 2 mai, part en voyage officiel en Iran et en Afghanistan ! Au moment où tout bouge !

Yvonne a les yeux rivés sur l'écran de la télévision : dans la nuit du 7 mai, le Quartier latin est le théâtre d'une véritable bataille rangée entre étudiants et forces de l'ordre. Les jeunes « enragés », comme les qualifient certains journaux, demandent la réouverture de la Sorbonne, fermée trois jours auparavant après des incidents. Ils exigent la libération de treize de leurs camarades arrêtés ce jour-là, s'insurgent contre le passage de Cohn-Bendit devant une commission de discipline. Et les riverains du Quartier latin se sont solidarisés avec eux. Yvonne n'y comprend plus rien. Charles non plus, du reste, qui demande plus de fermeté à ses ministres.

Chacun est démuni face à cette jeunesse qui se nourrit de slogans et de violence. Dans les manifestations qui se succèdent, désormais, c'est Charles qu'on attaque directement : « Dix ans, ça suffit », « De Gaulle au musée », « De Gaulle, tu es vieux ». Elle souffre : voilà ce qu'il lui en coûte d'avoir accepté l'immobilisme, de ne pas avoir imposé les réformes. Peut-être ont-ils raison, ces jeunes. Peut-être est-il trop âgé, trop fatigué.

Le 11 mai, un peu avant l'aube, Yvonne et Charles sont réveillés par Bernard Tricot et François Flohic : cinquante barricades ont été dressées au cours de la nuit dans le Quartier latin. Pour résister aux forces de l'ordre qui ont donné l'assaut à deux heures du matin, les étudiants ont dépavé les rues, brûlé une soixantaine de voitures. Il y a plus de trois cents blessés. Mais personne n'a été tué.

Faute d'avoir démantelé les barricades dès qu'elles ont été

érigées, il faudrait maintenant céder devant la pression. En d'autres termes, reculer. Charles refuse et décide, au contraire, de sévir.

Profitant de la déstabilisation des pouvoirs publics, la CGT lance un mot d'ordre de grève général pour le lundi 13 mai. Et les slogans repartent de plus belle : « Sous les pavés, la plage », « Le bonheur tout de suite, et maintenant ».

Yvonne assiste, stupéfaite, au retour de Pompidou, qui arrive à l'Élysée avec ses solutions à lui. Il prend la situation en main, va intervenir à la télévision. Il faut lui laisser carte blanche. C'est ça ou il démissionne tout de suite. La vraie nature du Premier ministre de Charles, enfin... Elle observe son visage en gros plan sur l'écran, écoute ce discours qui désavoue publiquement tout ce qui a été fait jusqu'alors : il promet la réouverture de la Sorbonne dès le lundi, la libération des étudiants interpellés, la tenue de négociations pour trouver une issue à la crise universitaire. « Ces décisions sont inspirées par une profonde sympathie pour les étudiants et par la confiance dans leur bon sens [1]... » Il joue sa partie à lui, le traître. Elle sait bien, et depuis longtemps, qu'il n'attendait que cela : l'occasion d'occuper le devant de la scène. Charles est bon à mettre au rancart, jeté aux oubliettes, enfermé dans ce palais vide...

Heureusement, il reste des fidèles. Pierre Lefranc, qui dirige la Sofirad [2] depuis trois ans, rentre à Paris en urgence. Il a appris les premiers troubles alors qu'il participait, en tant qu'officier de réserve, à des manœuvres nationales sur le plateau de Langres. Jacques Foccart et lui mettent tout de suite en place des Comités de défense de la république, sollicitant le réveil des gaullistes qui, pour le moment, sont muets. Mais pour quelques Lefranc, combien de frileux ?

Yvonne a le sentiment que Charles n'est plus lui-même, qu'il ne parvient même plus à s'insurger contre les agissements de son Premier ministre. Bien plus : alors que la situation se dégrade d'heure en heure, il maintient son voyage officiel en Roumanie, prévu depuis longtemps. Il ne veut pas laisser penser qu'il juge la situation inextricable. En réalité, il laisse faire Pompidou jusqu'au

1. Jean Lacouture, *op. cit.*
2. Les ondes françaises, en direction de l'Afrique et du Moyen-Orient.

bout. Mais Yvonne n'est pas sûre qu'il s'agisse d'une tactique. Et s'il baissait les bras ?

Tandis que le cortège officiel emprunte les larges avenues de Bucarest, elle lit au passage avec émotion des enseignes en français : *Restaurant le Paris*, *Au chic français*. Il faut venir à l'étranger pour prendre la mesure du rayonnement du pays.

Paris s'enfonce dans l'anarchie, mais Charles s'en tient aux discours qu'il a prévus. Yvonne le sent absent, comme déserté de lui-même. Pour la première fois, elle le voit désemparé, hésitant. Il lui répète qu'il demande les réformes depuis 1965 parce qu'il a mesuré le poids de la jeunesse. Il n'a pas été suivi. Il est comme un enfant, incapable de retenir l'eau vive dans ses mains jointes.

Elle s'obstine à revenir sur Pompidou, ce Brutus. Son poignard, c'est l'immobilisme dont le Premier ministre fait preuve depuis trois ans. Elle nourrit maintenant pour lui une rancœur qui s'apparente à une vindicte définitive.

Charles et elle n'ont qu'un seul diner en tête à tête, en Roumanie. Et, devant les serveurs ébahis, il lui prend la main et, longuement, la presse contre ses lèvres.

À leur retour, ils trouvent le pays paralysé. Pompidou n'a pas réussi à désamorcer la crise. L'Odéon a été investi par les gens du spectacle, l'hôtel de Massa par les écrivains. La Sorbonne, rouverte, est devenue un vaste forum de la contestation. Les universités et les grandes écoles sont en grève. Les ouvriers occupent les usines. Même l'ORTF s'agite sous la pression de « rebelles ». Charles frappe du poing sur la table.

Qu'on fasse évacuer tout cela. Qu'on mette à la porte tous les grévistes de l'ORTF. Et il demande à Georges Gorse, chargé de l'information, de faire circuler auprès de la presse un slogan qui va faire florès : « La réforme, oui ; la chienlit, non ! » Un journal satirique rétorque aussitôt, sous une caricature de Charles : « La chienlit, c'est lui. » Sa une devient une affiche qui recouvre les murs de Paris. Et parce que le ministre de l'Intérieur vient d'interdire le territoire français à Cohn-Bendit, les étudiants crient : « Nous sommes tous des juifs allemands » et « CRS-SS ».

Ni les bâtiments occupés, ni les usines ne sont évacués. Les ordures ne sont plus ramassées. Les pompes à essence sont vides. Mais c'est une sorte de fête permanente partout : on refait le monde. On rejoint à pied les groupes de réflexion, les comités révolutionnaires.

Yvonne entend des proches dire que Charles est fini. Qu'il doit s'en aller pour que tout s'arrange. Pourtant, parce que Pompidou ne fait rien, il décide, le 24 mai, de parler une fois encore à la télévision, de dire que les choses doivent rentrer dans l'ordre si l'on veut progresser. Et il propose un référendum... sur la participation.

Coup d'épée dans l'eau. La nuit même, nouvelles émeutes aux cris de « Ton discours, on s'en fout », nouvelles barricades, saccages, des centaines de blessés, plus de huit cents arrestations.

Pompidou entreprend une grande négociation avec les syndicats, rue de Grenelle. Le SMIG est augmenté de 35 %, les avantages sociaux accrus. Rien n'y fait. Les syndicats ne sont pas suivis. À Renault-Billancourt, leurs dirigeants sont hués par la base. Les accords de Grenelle sont rejetés.

L'opposition enfonce le clou : le pouvoir est à ramasser, même dans le caniveau. Une énorme manifestation est organisée, qui part des Gobelins pour se rendre au stade Charléty. Pierre Mendès France y participe, attendant qu'on fasse appel à lui.

Yvonne ne dit plus rien. Parce que, dans des moments pareils, il n'y a rien à dire. Elle ne peut même pas conseiller à Charles de partir. Elle sait bien que, si malheureux, bafoué, humilié soit-il, il n'abandonnera pas le navire. En tout cas pas comme cela, en laissant le pays à la dérive.

Pourtant, elle a peur, maintenant. Dans la journée, alors qu'elle se faisait conduire à un magasin où elle a ses habitudes, un automobiliste l'a reconnue à un feu rouge, l'a insultée : « On vous foutra dehors », lui a-t-il lancé avant de redémarrer en trombe. Plus tard, dans ce magasin où on la connaît bien pourtant, des vendeuses syndiquées l'ont prise à partie. Elle en a eu les larmes aux yeux. Et si la prédiction de la bohémienne se réalisait maintenant ? Si la foule hystérique envahissait l'Élysée pour s'emparer du vieillard honni et le pendre ? Et elle avec ? Et Philippe et sa famille, dont elle sait qu'ils ont été menacés ? Elle raconte tout cela à Charles, en rentrant. Cette fois, elle tremble...

Le 27 au soir, Pierre Lefranc et Jacques Foccart font savoir qu'ils organisent, avec les Comités de défense de la république, une manifestation de soutien à Charles pour le 30 mai. Ils estiment que les agitateurs étudiants et la gauche ne forment qu'une partie du peuple. Les autres peuvent réagir si on leur demande de se prononcer. C'est un pari qui vaut d'être risqué.

Le 28, alors que François Mitterrand convoque la presse pour annoncer sa candidature à la succession de De Gaulle, Yvonne sait que Charles prépare quelque chose. Il lui demande de boucler le maximum de bagages, de faire reconduire Jeanne, la femme de chambre, dans son village du Nord. Il appelle le général Alain de Boissieu, qui commande la 7e division à Mulhouse, l'enjoint de venir le voir le lendemain matin. Puis il s'entretient avec Christian Fouchet, lui reproche son manque de fermeté. Yvonne connaît l'argument de Fouchet, comme celui du préfet de police de Paris, Grimaud, du reste : ne pas verser le sang. Mais la prudence n'est plus de mise. Le pays sombre, à force d'indécision.

Le lendemain matin, Charles demande à Bernard Tricot de prévenir Pompidou que le Conseil des ministres est différé d'une journée : il a besoin de prendre du champ, de se ressourcer à La Boisserie.

Lorsque Boissieu arrive, de Gaulle épanche sa bile, dit qu'on n'a plus besoin de lui, qu'il a envie de s'en aller. Et Boissieu a le réflexe qu'il attendait : au garde-à-vous, il lui assure que l'armée est derrière lui. À ce moment-là, Charles peut lui avouer qu'il souhaite rencontrer Massu ; il veut lui demander s'il est prêt à l'appuyer. Alain de Boissieu devra l'appeler de Colombey, obtenir qu'il vienne en Alsace. Ensuite, Charles parlera à la radio, de Strasbourg ou d'ailleurs.

Mais hors de l'Élysée, où tout peut arriver, avec la grande manifestation que prépare la CGT pour l'après-midi. Yvonne et l'aide de camp de Charles, François Flohic, seront, avec Boissieu, les seuls dans la confidence de cette rencontre avec le commandant des troupes françaises en Allemagne. Il prend également la précaution de faire évacuer Philippe et sa famille de Paris.

Juste avant le départ de Charles, Pompidou demande à le voir. Il refuse. Mais, sur les instances de Bernard Tricot, il accepte de lui parler au téléphone, le rassure : il sera là demain. Il termine l'entretien téléphonique par cette formule qu'il n'emploie jamais : « Je vous embrasse. »

Embrasser ce Brutus. Même en parole, elle n'aurait pu le faire. Mais enfin, Charles joue son va-tout. Il peut donc employer tous les moyens.

Yvonne, Flohic et lui décollent d'Issy-les-Moulineaux à midi, suivis par deux hélicoptères : l'un de la gendarmerie, l'autre de la sécurité. Alors qu'ils font escale à Saint-Dizier, Flohic renvoie l'appareil de la gendarmerie.

Boissieu arrive sur le tarmac de l'aérodrome. Il n'a pas réussi à joindre Massu par téléphone : la postière de Colombey, en grève, n'a jamais voulu passer la communication. Alors l'appareil transportant Charles, Yvonne et Flohic, suivi par celui de la sécurité, en rase-mottes et silence radio, file sur Baden-Baden. C'est l'Allemagne, certes. Mais l'on va considérer la résidence de Massu comme une enclave française. Que faire d'autre, sinon se rendre dans cette fiction du territoire ?

C'est étrange, se dit Yvonne tandis qu'ils traversent le Rhin. Charles est comme le pape : d'ordinaire, on sait toujours exactement où il est. Là, on a perdu sa trace. Elle ne comprend pas encore très bien sur quoi va déboucher ce rendez-vous secret. Elle pressent pourtant que c'est là un tournant de ces journées de mai où ils ont atteint, tous les deux, le fond de l'humiliation. Elle s'astreint à ne rien dire, à regarder, comme à son habitutde, le paysage qui défile sous l'appareil. Elle n'a qu'une envie, profonde, presque physique : rentrer à Colombey.

Pendant quatre heures, on a perdu le général de Gaulle. Le choc psychologique qu'il fallait pour réveiller la France. Ce « coup », Charles ne l'a peut-être pas voulu ainsi. La postière de Colombey saura-t-elle jamais que son geste « révolutionnaire » a stoppé net la grande farandole de ce mois de mai ?

Charles s'assure du soutien de Massu, puis cap sur La Boisserie. À peine sont-ils arrivés qu'il entraîne Yvonne et Flohic dans un tour du parc, parle « de fleurs, d'arbres, de poésie. Il y a là quelque chose de singulier, d'irréel, après les événements que nous venons de vivre [1] ». Yvonne est rassérénée. Il a repris la situation en main. Il sait où il va et recentre tous les projecteurs sur lui.

1. François Flohic, *Souvenirs d'Outre-Gaulle*, Plon, 1979, p. 182.

En revenant de la promenade, il se sert de cet appareil qu'il déteste : le téléphone. Il appelle Bernard Tricot et Yvonne l'entend prononcer cette phrase qui le dépeint tout entier, à cet instant : « Je me suis mis d'accord avec mes arrière-pensées. »

Il revient, hilare, dans le salon : la manifestation de la CGT, énorme, s'est déroulée dans le calme. Mais le plus important est l'effet bouleversant qu'a produit sa disparition momentanée. Les muets se sont réveillés.

C'est la première nuit, depuis un mois, qu'il dort paisiblement. Yvonne reste longtemps éveillée dans son lit. Elle entend une chouette hululer, un passereau pousser un cri effrayé dans la nuit. Les animaux aussi ont leurs guerres.

Des moments comme ceux-là, elle n'en veut plus, pour rien au monde. Pourtant, c'est une journée où Charles a gagné contre l'adversité. Pour un temps. Combien de temps ? Elle finit par s'endormir alors que l'aube point déjà.

Ils regagnent l'Élysée à midi et demi, le lendemain, déjeunent rapidement d'un repas presque froid tandis que Charles parcourt les journaux. Il n'y en a que pour sa « disparition »... Il préside le Conseil des ministres à quinze heures, annonce qu'il parlera à la radio, accepte, sur les adjurations de Pompidou, de renoncer au référendum sur la participation ; il va dissoudre l'assemblée. Qu'est-ce qu'il prépare encore ?

Il est seize heures trente. Yvonne allume la radio dans le salon jaune. Comme du temps de Londres, il a décidé de ne parler qu'à la « TSF ». Elle reste debout, penchée sur le poste. La voix de Charles est presque déformée, mais claire :

Françaises, Français,

Étant le détenteur de la légitimité nationale et républicaine, j'ai envisagé, depuis vingt-quatre heures, toutes les éventualités, sans exception, qui me permettraient de la maintenir. J'ai pris mes résolutions.

Voilà. C'est de Gaulle. La voix est ferme, le ton péremptoire, tel qu'elle le lui connaît lorsqu'il avance sur le chemin qu'il s'est tracé.

Dans les circonstances présentes, je ne me retirerai pas. J'ai un mandat du peuple, je le remplirai.

Je ne changerai pas le Premier ministre [...] Je dissous

aujourd'hui l'Assemblée nationale. J'ai proposé au pays un référendum [...] j'en diffère la date. [...]

La France [...] est menacée de dictature. On veut la contraindre à se résigner à un pouvoir qui s'imposerait dans le désespoir national, lequel pouvoir serait alors évidemment et essentiellement celui du vainqueur, c'est-à-dire du communisme totalitaire. [...]

Eh bien ! Non ! La République n'abdiquera pas. Le peuple se ressaisira. Le progrès, l'indépendance et la paix l'emporteront avec la liberté.

Vive la République ! Vive la France[1] *!*

Yvonne éteint. Elle ne veut pas entendre les commentateurs. Elle sait qu'il a été comme il devait être pour sortir de l'impasse : déterminé et droit. Elle va pour s'asseoir lorsqu'elle s'aperçoit qu'il est appuyé contre le chambranle de la porte. Il a écouté en même temps qu'elle son intervention, qu'il a dû enregistrer quelques instants plus tôt. Il cherche son regard, y lit tout l'amour qu'elle lui donne. Il vient vers elle, la serre dans ses bras. Elle voudrait s'abandonner, là, et s'endormir. C'est elle, maintenant, qui est fatiguée. Mais il l'entraîne vers l'une des fenêtres, l'ouvre. On entend, au loin, du côté de la place de la Concorde, une rumeur qui enfle.

Elle se précipite vers la radio, la rallume. Les reporters sont en direct. La foule arrive de partout, d'un pas décidé, en chantant *La Marseillaise*. On l'entend hurler « Vive de Gaulle ! » La place de la Concorde est noire de monde, comme les Champs-Élysées. Plus d'un million de personnes, estiment les journalistes, avec, en tête du cortège, Malraux, Lefranc, Foccart, Mauriac et ses fils, Debré, tous les gaullistes historiques et anonymes, jeunes, vieux, ensemble dans une sorte de communion déterminée qui les conduit jusqu'à l'Arc de triomphe.

Charles et Yvonne restent longtemps épaule contre épaule, à la fenêtre, écoutant cette marée humaine s'écouler lentement en chantant.

Trois heures plus tard, l'Élysée, tellement silencieux, ces derniers jours, a repris vie. C'est gagné. Pour combien de temps ?

---

1. *Discours et Messages*, t. V, *op. cit.*, p. 292-293.

L'amertume partagée

Il se remet à travailler, mais le cœur n'y est plus. La France sort lentement de cette paralysie qui a duré plus de quinze jours. Ce sont déjà les vacances : l'essence est revenue dès le week-end de la Pentecôte. Les longues files de voitures des estivants encombrent la nationale 7. La migration vers les plages commence. Le massacre est là, dans ces premières journées de juin, dérisoire, tragique : soixante-dix morts et six cents blessés dans ces tôles fracassées que montre la télévision. Mourir dans un accident de la route, sous ce soleil, dans ce joyeux cortège qui court vers le farniente...

Charles secoue la tête. Yvonne rassemble son tricot, se lève. Elle ne veut pas le regarder. Elle sait la fêlure qui s'installe en lui, ne supporte pas de le voir souffrir.

Tout au long de ce mois de juin, où le pays se remet en marche, il se produit encore quelques émeutes, des saccages, un lycéen meurt à Flins, deux ouvriers sont tués à Sochaux, l'Odéon et la Sorbonne sont évacués, la grève se termine à l'ORTF.

L'été rend tout étale. C'est comme si, après une immense fête, il ne restait que des détritus à balayer. Yvonne sent qu'une mutation s'est faite, en profondeur. Elle n'est pas retournée dans le magasin où les vendeuses l'avaient prise à partie. Mais elle sent, ailleurs, que les jeunes, surtout, la regardent différemment : avec moins de respect, d'attention. « Le laxisme », dit Charles. Non : une autre morale, une autre distribution des rôles.

Ils appartiennent au passé, tous les deux. La France, accouchée par ce mois de mai 1968, est nouvelle. D'un coup, certaines barrières ont cédé. Celles de la liberté sexuelle, en particulier. Yvonne a vu avec effarement, à la télévision, le caravansérail qu'était devenue la Sorbonne, au moment de son évacuation : ces sacs de couchage jetés les uns à côté des autres, garçons et filles mélangés. Un lupanar ? Oui, si l'on se range à leurs valeurs à eux, celles des « vieux ». Mais sa réprobation, sa condamnation n'y peuvent rien : la vraie révolution est là, dans cette liberté sans fard et sans frein.

Elle savait, lorsque Charles a approuvé le projet de loi de Lucien Neuwirth sur la pilule contraceptive, l'année dernière, que ce serait la porte ouverte à tous les excès. Pour lutter contre ce drame qu'est l'avortement, plaidait le député.

Et l'on avait abouti à cela : faire l'amour sans risque. Elle a entendu certaines militantes d'âge déjà mûr avancer cet incroyable argument : le droit des femmes à disposer de leur corps. Les idées exposées par Simone de Beauvoir dans ce *Deuxième sexe* qu'elle n'a jamais voulu lire ont cheminé de manière souterraine et éclatent maintenant au grand jour. Elles ont mis vingt ans à pénétrer les consciences, à balayer des siècles d'interdits. Charles se rend-il compte qu'il a pris sa part dans cette « libération », en acceptant la loi Neuwirth ?

Mais il a d'autres préoccupations. Lorsqu'elle essaie d'aborder la question, il rétorque qu'elle est trop bigote, qu'il vaut mieux empêcher une grossesse que d'accepter cette infamie : un avortement. Et puis, qu'elle cesse de l'ennuyer avec ces histoires. Il y a les législatives à remporter, et avec une solide majorité pour pouvoir entamer les réformes qu'il veut mener à bien. Toujours avec le même Premier ministre ? Non. Cette fois, il en changera.

Et il l'a, sa majorité. Et même au-delà de ses espérances : le 30 juin, l'UDR obtient deux cent quatre-vingt-treize élus, les Indépendants de Giscard soixante-deux. Le PCF et la FGDS sont réduits à la portion congrue. C'est une Chambre introuvable. « L'élection de la peur », dit Charles. Mais que veut-il donc ? Il a les mains libres désormais et toute latitude pour opérer les changements.

Enfin, il remplace Georges Pompidou par Maurice Couve de Murville, son ancien ministre des Affaires étrangères. C'est un homme honnête et fidèle. Mais Brutus a les mains libres maintenant : il peut se présenter en dauphin et faire encore beaucoup de mal, car il est pressé. Il est aujourd'hui le chef du groupe UDR à l'Assemblée. Deux de ses proches, François-Xavier Ortoli et Jacques Chirac, sont dans le gouvernement de Couve de Murville. Ils occupent respectivement les postes de ministre et de secrétaire d'État à l'Économie et aux Finances. Pompidou risque de les dresser contre cette grande idée de Charles : la participation.

La vie reprend, et avec elle le travail. Puis les journées de repos, d'échappée à La Boisserie avec cette famille qui est leur sang vif, à tous les deux. Mais les affaires du monde ne les laissent pas en paix. Une nuit, elle est réveillée par la sonnerie du téléphone. Charles se lève d'un bond : il a dû arriver un malheur. Il allume. Deux heures du matin. Elle enfouit la tête dans son oreiller, puis sort de son lit, elle aussi. Elle le suit dans l'escalier, va jusqu'à la cuisine tandis qu'il se dirige vers le hall. Deux verveines sont prêtes lorsqu'il revient : les Soviétiques ont envahi la Tchécoslovaquie. Il faut rentrer à Paris. On n'est que le 21 août. On reviendra peut-être finir les vacances, lorsque la situation sera rétablie...

Il l'emmène à nouveau en voyage officiel, en Turquie, cette fois. Elle retrouve avec émotion ce pays dont elle n'a parcouru qu'une petite partie lorsqu'ils se rendaient au Liban en 1929. Ils voguent sur le Bosphore, longent ces rives peuplées de tombes de marbre à côté d'anciens palais aujourd'hui déserts. Puis ils traversent une terre riche, dans laquelle des femmes aux pantalons colorés plantent du tabac tandis que les hommes, assis sous de maigres bosquets, surveillent les travaux en bavardant. « La vraie vie », dit Charles en riant. Ils arrivent à Ankara, si différente d'Istanbul.

Ce voyage en Turquie est un intermède, une manière de rencontrer une autre image de la France : un pays respecté à l'étranger. Il aura réussi au moins cela, le vieil homme qui, à ses côtés, parle le langage de l'Histoire. Mais tout est si fragile... Ici, les États-Unis sont partout. La Turquie est l'un des verrous de la Méditerranée. Ce sont les Américains qui, pour le moment, en ont la clé. Qui peut encore dire *Mare Nostrum* sur ces rives aux eaux magnifiques ?

Tel sera bientôt aussi le lot de l'Europe. L'Allemagne même succombe aux sirènes d'outre-Atlantique. Le couple franco-allemand bat de l'aile. La fragilité de la France après les événements de mai, la fuite des capitaux à l'étranger, les rumeurs de réévaluation du mark, la faiblesse du franc, tout cela sera bien difficile à surmonter. Elle observe Charles à la dérobée. Sa joie s'est enfuie. Il a vraiment l'air de ce qu'il est : un vieil homme fatigué.

« Mon Dieu, pourquoi toutes ces épreuves ? Toute cette angoisse, à nouveau ? » C'est déjà l'automne. Deux jardiniers ramassent les feuilles mortes, en font des tas qu'ils chargent à l'arrière d'une petite camionnette. Elle marche vers la pièce d'eau du parc de l'Élysée. Elle a demandé quelques morceaux de pain rassis aux cuisines pour nourrir les cygnes. Non qu'ils soient affamés. Mais parce qu'elle a besoin de s'occuper les mains, l'esprit, avec des futilités : Charles est épuisé, désabusé.

Elle le voit agir avec un détachement nouveau, comme s'il n'y croyait plus. La tâche lui paraît énorme, insurmontable. C'est cela qui inquiète Yvonne. Et l'inertie, face au changement, est tellement lourde...

Edgar Faure, le nouveau ministre de l'Éducation, a enfin engagé la réforme des universités. Mais il a été obligé d'embaucher deux jeunes gens qui viennent de terminer leurs études pour expliquer aux « mandarins » de quoi il retourne. Car les professeurs se contenteraient bien d'un *statu quo ante*. Ils voudraient effacer la révolte du printemps. Alors il faut passer en force avec les rares alliés ayant compris l'enjeu : donner à la jeunesse française la meilleure formation possible. Sans tenir compte des rumeurs : Edgar Faure serait entouré de « gauchistes ». Après tout, même si c'était vrai, ils sont l'une des voix de la France.

C'est alors qu'éclate l'affaire Markovic. Claude Pompidou est accusée d'avoir participé à une soirée « particulière », son mari aurait laissé faire en connaissance de cause. Des photos compromettantes auraient été trouvées entre les mains d'un garde du corps d'Alain Delon, un proche des Pompidou. Le garde du corps se serait finalement, on ne sait pourquoi, suicidé.

Yvonne et Charles sont à La Boisserie lorsque Bernard Tricot vient les informer de cette sordide histoire. Yvonne pourrait se réjouir du mauvais coup porté à celui qu'en secret elle appelle l'« ennemi intime ». Mais elle est outrée par la nature de l'attaque qu'elle juge indigne. Il faut assurer les Pompidou de leur confiance. Et même... de leur amitié. Yvonne sait que la politique est ainsi : quand on veut salir, tous les moyens sont bons.

Mais Charles ne souhaite pas évoquer lui-même ce genre d'affaires.

Il charge Couve de Murville de dire à Pompidou sa sympathie dans cette épreuve ; et d'ajouter qu'on ne peut tenter de freiner le cours de la justice sans risquer un scandale plus important encore. Le message ne parvient que quatre jours plus tard à l'ancien Premier ministre, qui s'estime trahi par le Général dans cette affaire qu'il considère comme une machination politique.

Lorsque Charles le reçoit enfin pour lui dire son amitié, il est trop tard. Le mal est fait. Yvonne regrette profondément ce douloureux épisode. Les relations entre les deux hommes ne peuvent, maintenant, que se dégrader. Il n'y a plus de dauphin. Il y a une personnalité politique qui, une fois surmontées les difficultés du moment, se dressera face à la « statue du Commandeur ».

Longues, lentes luttes. Ne pas dévaluer, tenir le pays, préparer le référendum naguère promis, enterré, ressorti cette fois avec deux thèmes peu mobilisateurs : la régionalisation et la transformation du Sénat en chambre économique renforcée.

Consulter le pays, percevoir la réalité de cette France dont il n'entend plus que les grognements, les rebuffades, les critiques qui lui parviennent enflés par les journaux, la radio, la télévision. Et même les notes des Renseignements Généraux...

Lorsqu'il revient de son bureau, un peu avant vingt heures, Yvonne le sent épuisé par ces batailles qu'il ne parvient pas à gagner franchement. Le pays lui échappe. On ne l'écoute plus. Il n'a même plus confiance dans certains de ses ministres. Trop d'informations qui devraient être confidentielles se retrouvent dans la presse, laquelle ne désarme pas contre lui.

Yvonne voudrait l'aider. Elle lui demande de patienter : samedi, ils seront à La Boisserie, ils pourront peut-être, s'il ne fait pas trop froid, marcher un peu dans les bois, dans cette terre brune qui a des odeurs de fer et d'humus. Oui, c'est cela, La Boisserie. Si la France vote non au référendum, il se retirera enfin et ils pourront goûter la paix, dans le bruissant silence de leur propriété.

Mais avant cela, le fracas du monde, à nouveau : les Israéliens, impénitence et démesure. En représailles au détournement d'un avion d'El Al par deux Palestiniens à Athènes, ils viennent de détruire, sur l'aérodrome de Beyrouth, treize avions civils libanais.

Ils ont agi avec des appareils français. La réponse de Charles est immédiate : embargo total sur les armes et les pièces détachées à destination de l'État hébreu.

Cette fois, il a tout le monde contre lui, y compris certains de ses ministres et une bonne partie des députés UDR. Louis Terrenoire est l'un des rares qui le soutiennent. Terrenoire, qui est passé par Dachau, ne peut être taxé, lui qui a partagé le martyre des Juifs, d'antisémitisme. L'ancien ministre de l'Information de Charles pense comme lui : Israël pratique le terrorisme d'État contre un autre terrorisme que sa violence a provoqué.

Mais qui écoute ? Tout le monde se dresse face à Charles. Yvonne n'en peut plus de ces attaques. Il faut partir. Il faut laisser là, dans ce palais agité comme une ruche, un fardeau politique qui n'en vaut plus la peine tant la mauvaise foi des uns et l'aveuglement des autres sont grands.

Puis vient la trahison définitive, le 17 janvier 1969. Brutus, cette fois, brandit le poignard. Yvonne et Charles sont à La Boisserie lorsqu'ils entendent la radio : de Rome, Pompidou se dit prêt à se porter candidat à la présidence de la République, le moment venu. À l'heure où le référendum est engagé, où chacun sait que, si les Français n'y répondent pas favorablement, Charles s'en ira. Pompidou offre l'alternative. Aucun danger à dire non puisque la relève est assurée. C'est la vengeance, après l'affaire Markovic.

Charles se laisse aller au fond de son fauteuil. Yvonne voit ses belles mains, petites au regard de sa taille, se crisper sur les accoudoirs. Trahison ? Et si c'était cela, finalement, qu'il attendait : qu'on le pousse à partir…

Cette fois, elle ne pardonnera pas : elle rumine, marmonne, se pique avec son aiguille. Il l'énerve, aussi, à être malheureux à ce point. N'a-t-il pas compris que c'en est fini ? Ce pays ne veut plus qu'on lui demande d'efforts, il n'a rien à faire de la grandeur. La guerre, la Résistance, cet héroïsme qui a fait des dizaines de millions de morts appartient au passé. Allons, il faut se résigner, laisser la place aux ambitions des autres et vivre un peu pour soi enfin…

À Genève, moins d'un mois plus tard, Pompidou recommence. « Si Dieu le veut », il aura un « destin national », dit-il. Le référendum est perdu d'avance. On pourrait encore y renoncer. Mais Charles est trop engagé. Il faut se résoudre à affronter l'opinion.

Il reste, malgré tout, quelques petites joies : la rencontre avec le nouveau président des États-Unis, Richard Nixon, en qui Charles sent un grand homme d'État. Lui a compris son désir d'indépendance pour la France. Ils évoquent longuement la Chine, que de Gaulle a été le premier à reconnaître comme une grande puissance. Nixon estime que les États-Unis doivent en faire autant et souhaite rencontrer Mao. Et puis il y a la guerre du Viêt-nam : des négociations se sont ouvertes à Paris en plein mai 1968, dans l'indifférence générale. Là aussi, il faudra se désengager, comme la France avec ses anciennes colonies. Charles est ragaillardi de découvrir que l'homme à la tête de la première puissance mondiale a des idées si proches des siennes.

Mais ce n'est qu'une maigre satisfaction, dans cette France de 1969 repliée sur ses petits problèmes. Il reste le référendum. L'avant-veille du scrutin, Charles de Gaulle avertit les Français que, s'ils rejettent les deux réformes qu'il propose, il s'en ira. Les dés sont jetés.

Yvonne a vidé les placards, rangé les quelques photos qu'elle avait posées ici et là. Durant les dix ans qu'ils ont passés dans cet appartement de l'Élysée, rien ne s'est accumulé. Ils ont toujours été comme de passage, des soldats sur le champ de bataille. Elle n'a aucun regret. Elle a vu le personnel, l'a longuement remercié, a eu un mot pour chacun, y compris pour ce baromètre électoral qu'est Jeanne, la femme de chambre venue du Pas-de-Calais. À chaque élection, elle a prévu le succès à la virgule près. Là, elle va répétant : « C'est fichu. Personne n'en veut, de ses réformes. D'abord, personne n'y comprend rien. »

Le dimanche matin, avant d'aller voter dans la petite mairie de Colombey, ils entendent la messe à La Boisserie. Yvonne prie non pour que le oui l'emporte mais pour que Charles cesse de souffrir de ce divorce définitif entre la France et lui. En recevant la communion, elle a la sensation confuse d'une amertume nouvelle. Elle a du mal, ensuite, à supporter les flashes des photographes, avant d'entrer dans l'isoloir.

Le déjeuner est morne, triste. Le vent secoue les arbres du parc, renvoie des rafales de pluie sur les vitres. François Flohic est resté à Bar-sur-Aube. Ils sont tous deux assis auprès du feu, lui essayant de lire, elle de tricoter. Charlotte frappe à la porte avant de leur servir le thé. C'est comme un deuil, ce silence. Comme si un grand malheur s'était abattu sur la maison. Pourtant, Yvonne a tellement voulu qu'il se désengage, qu'ils reviennent vivre ici. Mais pas dans ces circonstances.

À vingt heures, tout est perdu : 53 % des Français de la métropole ont voté non. Une journaliste racontera plus tard à Yvonne qu'au ministère de l'Intérieur, lorsque la première fourchette de résultats a été donnée, ses confrères ont poussé des vivats. Puis, à minuit dix, l'un d'entre eux est venu lire la dépêche de l'AFP qui venait de tomber : « Le général de Gaulle communique : "Je cesse d'exercer mes fonctions de président de la République. Cette décision prend effet aujourd'hui à midi." » Alors un silence mortel est tombé sur la salle de presse. Personne n'osait se regarder. Comme si tous, de leur plume acérée, venaient de tuer le père. Le lendemain matin, elle a eu le sentiment, en gagnant à pied son journal, que les gens rasaient les murs. Toute la France, même celle de l'opposition, était sous le choc.

Cette nuit-là, à La Boisserie, ils se sont couchés après la diffusion du message de Charles à la radio. Ils ne se sont presque rien dit. Depuis des semaines déjà, ils savaient l'un et l'autre, par les sondages des Renseignements Généraux, que tout était joué. Mais la réalité est comme un mur sur lequel on se heurte, et qui blesse profondément.

Elle l'entend peu à peu respirer plus calmement et se dit que c'est demain qu'il aura le plus besoin d'elle. Elle doit se lisser, feindre la quiétude pour trouver la force d'inventer la paix.

Les retraités de La Boisserie

Le lendemain, 29 avril, la première visite est celle de Jacques Vendroux, triste et désabusé. Mais Charles fait bonne figure. Le lien presque fusionnel qu'il entretenait avec le pays est rompu. Il est comme amputé d'une partie de lui-même. Rien n'est pourtant tout à fait terminé ; il faut régler les derniers détails avec ses plus proches collaborateurs : un Bernard Tricot effondré, un Xavier de La Chevalerie à qui il ne parvient pas vraiment à cacher son désarroi. Il refuse la dotation accordée à un ancien président de la République, le traitement de membre de droit du Conseil constitutionnel. Il a sa retraite de militaire. Il fera avec. À peine accepte-t-il un bureau temporaire, avenue de Breteuil. Il reçoit Pierre Lefranc, qui lui propose de transformer le 5 de la rue de Solférino en institut Charles-de-Gaulle et de réunir et publier ses discours et messages. Puis c'est Jacques Foccart, et sa détresse. Mais il n'accorde pas audience à Pompidou, qui vient d'annoncer officiellement sa candidature.

Il faut partir, s'éloigner pendant que se dérouleront les empoignades des présidentielles. Il ne veut cautionner personne. Yvonne le sait : c'est la seule solution pour qu'il retrouve un semblant de tranquillité. Ils iront en Irlande sur les traces de certains ancêtres maternels de Charles : les Mac Cartan. C'est Xavier de La Chevalerie qui est chargé de préparer le voyage, de choisir, dans un premier temps, un petit hôtel isolé, face à la mer, si possible à proximité d'une forêt où ils pourront marcher.

Cette fois, ils seront comme de vrais touristes, presque comme n'importe qui, croit-elle, sans une meute de photographes derrière eux, libres d'aller et venir. Ils n'emmèneront que François Flohic parce que Charles reste un ancien militaire et que son aide de camp est son ombre. Ils savent que Jean Mauriac, qui les suit depuis si longtemps, finira bien par les retrouver. Mais lui, qui est la discrétion même, ils l'acceptent volontiers.

Elle prépare seule les bagages. Non qu'elle n'ait pas confiance dans les domestiques, mais parce qu'il faut que leur départ reste secret le plus longtemps possible. Le 10 mai, les journalistes sont à Bar-sur-Aube ou à Chaumont et les gendarmes dorment encore. À huit heures du matin, Yvonne, Charles et François Flohic embarquent, sur la base de Saint-Dizier, à bord d'un avion du Glam, un petit Mystère 2D qui, deux heures plus tard, les dépose à l'aéroport de Cork, dans le sud du comté de Kerry. Au pied de la passerelle, hélas, encore des officiels : le Premier ministre irlandais, Jack Lynch, son épouse, le ministre des Affaires étrangères, enfin l'ambassadeur de France à Dublin, Emmanuel d'Harcourt, compagnon de la Libération, amputé d'une jambe.

Petite cérémonie, échanges d'amabilités et de toasts dans une atmosphère chaleureuse, que l'ambassadeur de France a tôt fait de casser par quelques mots goguenards : les Anglais sont furieux. De Gaulle en Irlande maintenant, alors que des heurts violents se produisent à Londonderry et que des élections sont prévues en Eire le 18 juin, voilà qui n'est pas du tout du goût du 10, Downing Street. Yvonne est ébahie. Elle n'est pas du tout sûre que Charles n'ait pas eu une ultime arrière-pensée en choisissant l'Irlande.

Mais ses doutes sont de courte durée. Par une route étroite, accidentée et bordée de fuchsias, ils gagnent leur premier hôtel, *Heron's Cove*, près de Sneem, sur la baie de Kenmare. Le Gulf Stream donne à la végétation un aspect presque tropical, avec des palmiers, des rhododendrons flamboyants, des azalées géantes, des plantes grasses aux fleurs d'un rouge carminé. La mer, étale, presque blanche, vient baigner le parc de la maison très « cosy » avec son grand salon moquetté d'un écossais vert et jaune et sa cheminée dans laquelle on pourrait faire rôtir un mouton du Kerry.

Surprise : le gouvernement irlandais a fait venir un lit spécial pour Charles, un lit immense fabriqué pour un géant. Il le refuse. En revanche, Yvonne ne peut accepter l'état de délabrement du lavabo de sa chambre. Elle en demande le remplacement. Ces contretemps leur font presque perdre une partie de l'après-midi. Ils parviennent néanmoins à faire leur première promenade. On peut recommencer à vivre...

Elle a mis dans les valises *Les Mémoires d'outre-tombe*, de Chateaubriand, et le *Mémorial de Sainte-Hélène*, de Las Cases, comme Charles le lui a demandé. Elle y a ajouté les derniers romans reçus : *L'Autre Personne*, de Lucie Faure, l'épouse d'Edgar, *La Cravache d'or*, de Paul Vialar, le *Napoléon* d'André Castelot, qu'elle veut lire parce qu'elle aime bien le style simple de l'historien. Et puis il y a une petite bibliothèque, à *Heron's Cove*, dans laquelle elle peut puiser.

Tandis que Charles se remet à ses *Mémoires*, elle fait quelques courses, avec François Flohic, dans le petit village de Sneem aux maisons colorées et gaies, puis se rend à Kenmare. Après le déjeuner, ils partent tous les trois marcher sur la grève. Ils poussent jusqu'à *Derrynane*, la maison où vécut le héros du nationalisme irlandais au XVIIe siècle, Daniel O'Connel, à qui la grand-mère de Charles consacra une biographie.

Ils sont isolés du reste du monde, et Yvonne a le sentiment que son mari se reprend un peu. Ils ignorent encore que, caché dans un repli de la lande, un photographe les mitraille. Les envoyés spéciaux de quelques journaux se sont installés non loin de là, dans un hôtel bien plus confortable que celui qu'occupent les de Gaulle. Bien plus cher, aussi : *Parknasilla*.

Et la presse internationale montrera ces trois silhouettes solitaires chahutées par le vent, se découpant sur un vaste paysage pelé.

Au cours de leurs promenades, l'après-midi, Charles ne peut s'empêcher de commenter tel ou tel événement des derniers mois, pour Flohic, pour elle, pour lui-même. Sa blessure ne se referme pas. Et le récit de l'année 1958, qu'il entreprend pour ses *Mémoires* dès le 15 mai, ne peut que rouvrir ses plaies. Yvonne invente chaque jour de nouvelles sorties pour tenter de le distraire. Mais, au bout du compte, ne reste que cette souffrance, si communicative.

Le 23, ils gagnent le Connemara. Le paysage est de plus en plus beau et leur hôtel, *Cashel House*, sur Cashel Bay, plus agréable que le précédent. Peu à peu, Charles retrouve sa robustesse et son allant. Ils reprennent leurs vagabondages sur ces plages que baigne une mer d'argent mat. Deux jours plus tard, Emmanuel d'Harcourt vient déjeuner et insiste pour que Charles lui livre, dans les grandes lignes, sa vision de l'Europe. Il se fait un peu prier, puis s'embarque dans un long discours.

Yvonne ne le supporte plus. Elle voudrait que l'on cesse de l'entraîner sur le terrain politique, qu'on lui fiche la paix, enfin. Il est sorti des affaires. Il ne sera pas un consultant auquel tout un chacun pourra faire appel pour quémander tel conseil, telle analyse. Le pacte est rompu. Qu'il s'intéresse aux affaires du monde, c'est inévitable. Mais qu'il y participe encore... Non.

Enfin, ils retournent dans le Kerry, près du berceau des Mac Cartan, la ville de Killarney. Les de Gaulle et Flohic habitent *Dayri Cottage*, ancienne laiterie du château des comtes de Kenmare. La maison est située près d'un lac d'un vert intense, enserré dans un parc aux arbres immenses. En face, sur l'autre rive, un antique cimetière aux croix celtiques de guingois est le paradis des pies et des chats. Une église de style gothique un peu rude, en pierre grise, ajoute à l'étrangeté du lieu.

Mais ils aiment infiniment la ville et ses environs. Ils les parcourent en tous sens, reviennent sur leurs pas, s'éloignent enfin pour suivre le fameux Ring of Kerry, qui forme une boucle autour des collines de la région et ramène ses visiteurs par une route somptueuse plongeant sur les lacs de la vallée de Killarney. À Moll's Gap, où ils s'arrêtent pour acheter des plaids de laine angora, on leur raconte l'histoire de la fameuse femme bandit Molly Malone. C'était ici le repaire de sa troupe de gens de sac et de corde. Si même les femmes, en Irlande, ont ce caractère rebelle, comment s'étonner que Charles, avec du sang irlandais dans les veines, soit ce qu'il est ? Elle rit. Il bougonne. Cette Molly Malone, elle, a mal fini...

Le séjour s'achève. Le 15 juin, Georges Pompidou est élu président de la République. On peut rentrer à La Boisserie. Charles envoie un télégramme de félicitations par l'intermédiaire de Xavier de La Chevalerie. Yvonne est agacée, mais impossible d'y échapper : les usages...

Quatre jours, encore. Le 17 juin, les de Gaulle sont les hôtes du président Eamon De Valera, le fondateur de l'Eire.

Pour la première fois depuis 1945, Charles ne se recueille pas, ce 18 juin 1969, au mont Valérien. Il est reçu par son ami d'Harcourt à l'ambassade de France à Dublin. Tout le monde est très affable, mais Yvonne n'en peut plus de ces réceptions, de ces ronds de jambe, de ces intarissables discussions politiques. C'est elle qui dit maintenant, avec dérision : « Dix ans, ça suffit. »

Reste une dernière formalité, la plus importante peut-être : rencontrer les arrière-arrière-cousins Mac Cartan. Les voici, dans la matinée du 19 juin. Ils sont une bonne trentaine. Ils confirment : Charles descend bien du Mac Cartan tué à la bataille de la Boyne en 1690. Son dernier fils a émigré en France lors de cet exil irlandais qu'on a appelé le « vol des oies sauvages ». Nous voilà bien. Yvonne espère que cette histoire restera entre Charles, Flohic et elle. Le « vol des oies sauvages » : en France, on ne manquerait pas d'en faire des gorges chaudes.

Dernier déjeuner chez le Premier ministre irlandais, Jack Lynch. Au moment du toast, Charles ne peut s'empêcher de faire des siennes. Yvonne entend distinctement : « Je lève mon verre à l'Irlande unie. » Mais le micro ne fonctionne pas très bien. Ses paroles se perdent dans un brouhaha. Pas pour tout le monde, car elle remarque le regard courroucé de deux ou trois convives. On évite l'incident diplomatique. On ne le changera jamais...

Enfin, dans l'après-midi du 19 juin, ils sont de retour à La Boisserie, tels qu'Yvonne les a souvent rêvés. Ils reçoivent peu, hormis quelques fidèles. Leurs journées sont réglées par les travaux d'écriture de Charles : ils se lèvent un peu plus tard qu'auparavant, vers huit heures, parfois huit heures et demie. Ils prennent leur petit déjeuner dans leur chambre : thé, biscottes et, pour elle, les confitures qu'elle a préparées à l'automne précédent, ou la marmelade d'orange amère qu'elle achète. Il occupe la salle de bains le premier, descend dans son bureau à neuf heures.

Il écrit jusqu'à midi, elle convient du déjeuner avec Honorine, règle les problèmes domestiques avec Charlotte, se rend à Colombey, à Bar-sur-Aube ou à Chaumont pour faire des courses. Le chien Rase-Mottes, affectueux et si intelligent qu'« il ne lui manque que la parole », comme elle le dit, l'accompagne dans la petite 2 CV qu'elle conduit elle-même.

Après le déjeuner, tandis que Charles travaille encore de quatre à six heures, elle s'occupe de la maison, de son courrier, toujours énorme, accusant réception de chaque lettre par un petit mot gentil. Tous deux se font un devoir de répondre à tous leurs correspondants, illustres ou inconnus.

Le thé est en général servi vers cinq heures, accompagné de biscuits ou de gâteaux secs. Après dix-huit heures, ils partent d'un même pas faire le tour du parc, ou, dès que les jours s'allongent, dans ces forêts voisines dont ils n'auront jamais fini d'explorer les sentiers ombreux et parfumés.

La vie s'écoule ainsi, sans heurts. Sauf lorsque la rédaction de tel ou tel épisode politique difficile replonge Charles dans de douloureux souvenirs. Quoi qu'il dise, il ne se remettra jamais de l'échec de 1969 et elle en conçoit une tristesse diffuse, qui la rend douce et mesurée. Les visiteurs qui sont passés par La Boisserie à cette époque louent même sa gaieté, son entrain, son charme, qui apaisaient Charles et lui redonnaient un peu de sérénité.

Elle n'est jamais si heureuse que lorsque ses enfants et petits-enfants sont là. Charles aussi, du reste, qui avoue une passion particulière pour Yves de Boissieu, le second fils d'Élisabeth, et Anne de Gaulle, la petite dernière de Philippe.

Il l'entraîne encore, cependant, dans la plus grande discrétion, sur les lieux de l'Histoire : le 11 novembre 1969, à Verdun, au fort de Souilly.

Un mois plus tard, alors que la première neige a déjà envahi Colombey et ses environs, voici « l'ami génial », André Malraux, l'œil noir et la mèche en bataille. Geoffroy de Courcel, qui l'accompagne, assiste au dialogue de deux esprits exceptionnels. Lorsque, un an après la disparition de Charles, Yvonne lira *Les chênes qu'on abat*, elle regrettera cette publication si tardive. De ces quelques heures enneigées passées à La Boisserie, Malraux livre un récit transfiguré, reflet de la conversation passionnée que les deux hommes entretinrent tout au long de leur vie.

Après des fêtes de fin d'année en famille, Charles est pris d'un nouveau désir de voyage : ce sera l'Espagne, cette fois, avant la Chine. Il rêve de ce périple en poursuivant la rédaction de ses *Mémoires d'espoir*. Yvonne accumule les guides, dévore tout ce qu'elle trouve intéressant, lui fait part de ses découvertes. Il relit *Le Cid*, le *Torquemada* de Victor Hugo. Il s'évade dans Claudel, Montherlant, Cervantes, des biographies de Charles Quint, de

Philippe II, qu'elle lit dès qu'il les a terminées. Il veut aller à Madrid, visiter l'Escurial, trouver un lieu calme, dans une sierra, où ils pourront marcher. Yvonne, elle, aurait un faible pour Compostelle et Roncevaux.

Ils invitent à Colombey l'ambassadeur de France à Madrid, avec qui ils s'entretiennent de cette idée qui ne devrait poser de problèmes à personne. Ils ne sont plus qu'un couple de « retraités » un peu particulier, désireux de payer ses déplacements et ses chambres d'hôtel. Le nouvel aide de camp de Charles, Étienne Desgrées du Loû (François Flohic a pris sa retraite), préparera le voyage.

Il s'épaissit, prend de l'estomac. Elle le surveille, certes, mais il grignote des bonbons toute la journée. Manie d'un vieil homme, dans sa soixante-dix-neuvième année ? Peut-être. Mais il a bon pied, bonne mémoire, bonne endurance. Il travaille comme un forcené, lutte contre les mots, les idées, sortant parfois comme d'un rêve pour lire à Yvonne un passage dont il n'est pas tout à fait satisfait.

Le premier volume des *Discours et Messages* paraît chez Plon en avril. Celui des *Mémoires d'espoir* doit être prêt avant le début de l'été.

Elle est heureuse qu'il s'investisse ainsi dans le travail. Mais elle sait qu'il a le sentiment de courir contre la mort. Sa tâche est loin d'être achevée. Et, s'il dit ne pas sentir la fatigue, il craint que ce grand corps ne le lâche à l'improviste. Comme pour Catroux et Capitant, qui viennent de partir pendant ce lumineux printemps. La mort fauche, autour d'eux, comme sur un champ de bataille où aucun ne peut prétendre à la victoire.

Elle n'y pense pas. Les nourritures roboratives qu'elle fait préparer pour Charles lui ont, certes, fait prendre un peu de poids. Mais elle se sent bien maintenant qu'elle a retrouvé une vie réglée, loin des turbulences politiques. Elle accueille même avec satisfaction les collaborateurs de son mari, le mardi matin : Pierre-Louis Blanc, chargé de la documentation des *Mémoires*, son secrétaire, Xavier de Beaulincourt, son aide de camp, le colonel Desgrées du Loû.

Pour les fidèles, elle se montre plus attentive encore. Elle sait qu'avec eux, Charles est vraiment lui-même, mais, lorsque la conversation glisse vers la manière dont le nouveau gouvernement dirige la France, elle craint chaque fois qu'il ne s'emporte.

Au mois d'avril, Pierre Lefranc revient à la charge avec une idée qu'Yvonne approuve sans réserve : fonder un institut Charles-de-Gaulle dans les locaux du 5, rue de Solférino, marqué par l'histoire du gaullisme. Ainsi pourra-t-on approfondir cette pensée politique avec laquelle elle a cheminé toute sa vie.

Comme certains auteurs lui envoient toujours leurs livres, Charles les lit et remercie d'un petit mot pertinent qu'il lui communique, lorsqu'elle-même a apprécié cette lecture. À Pierre Emmanuel, à Jean Guitton, à Michel de Grèce, à Henri Troyat. Ils partagent tout désormais, avec un bonheur apaisé, une quiétude que viennent parfois bousculer les douloureux souvenirs des batailles politiques.

Ils partent pour l'Espagne le 3 juin, une fois encore dans le plus grand secret, par la route. Par petites étapes, ils traversent la France, font une halte au château-hôtel de Roumegouse, dans le Lot. Ils y étaient déjà descendus à l'époque du RPF. Ce château appartenait alors à la famille de Pierre Lefranc mais, depuis, il a changé de mains. Avant de s'y arrêter, Yvonne a demandé à Lefranc de vérifier qu'il est toujours « convenable [1] ». En province, dans de pareils lieux, on risque toujours de mauvaises rencontres (un patron et sa secrétaire, quelque gourgandine en mal d'aventure...). Pour rassurer Yvonne, Pierre Lefranc y dépêche sa mère, qui y séjourne deux jours en espionne de la moralité et revient avec le satisfecit attendu. Les de Gaulle y passeront donc leur première nuit de voyage.

Ils gagnent ensuite Santillana del Mar, la ville de Ruy Blas, où ils logent dans un parador à proximité de la cité qui semble figée dans le XVIIIe siècle. Là, premier problème diplomatique de ce voyage que les Espagnols ont préparé avec faste : la chambre est déjà payée par le gouvernement de Madrid. Que faire ? Refuser signifie rentrer immédiatement. Et accepter les met dans l'embarras : ils ne désiraient pas être les hôtes de l'Espagne. Après en avoir discuté avec Yvonne, Charles décide de laisser un pourboire équivalant au prix du séjour. Elle est satisfaite : ainsi, ils

1. Anecdote racontée par Pierre Lefranc à l'auteur.

seront libres. Quant au personnel des hôtels, il a rarement vu clients si généreux.

Ils prient à Saint-Jacques, à Avila, traversent des paysages ocre rouge accablés de chaleur. Ils aiment ces espaces rudes et sévères et goûtent leurs haltes, le soir, dans ces résidences confortables, souvent imposantes, installées dans d'anciennes demeures de maîtres, de vieux châteaux.

À Madrid, où ils parviennent le 8 juin, leur première visite est pour l'Escurial. Une austérité décidément bien conforme aux portraits de Philippe II par Vélasquez, pense Yvonne. Mais Charles y voit de la grandeur. Elle ne le contredit pas. Elle a un autre souci : à treize heures, en compagnie de l'ambassadeur de France, ils doivent rencontrer Franco. Elle n'arrive pas à se faire à cette idée. Charles essaie de la convaincre qu'en dépit de tous ses crimes il n'a pas fait trop de mal à son pays.

Parfois, elle ne le comprend pas. Il a pourtant combattu le vieillard au regard sournois. Alors qu'est-il venu chercher là ? Ses propres souvenirs, face au dictateur écrasé par l'âge ? Ou est-il seulement curieux de rencontrer un dinosaure politique dont la longévité au pouvoir n'a cessé de le surprendre ?

Par bonheur, ils ne restent qu'une heure avec Franco (une heure de trop, quoi qu'il en dise) puis, au pas de charge, voient les Goya et les Vélasquez du musée du Prado.

Le 9 juin, après avoir visité Tolède, ils s'arrêtent en Andalousie orientale, à Jaén, dans un parador où leur chambre est immense. Ils y demeurent quatre jours, puis en passent dix dans la Sierra Bianca, au-dessus de Marbella. Là, tandis qu'il corrige les épreuves du premier volume des *Mémoires d'espoir*, elle se fait accompagner par le colonel Desgrées du Loû dans les petits villages blancs qui s'agrippent à la montagne alentour.

En fin d'après-midi, Charles la rejoint enfin, et ils partent sur les sentiers muletiers, parmi les orangers et les lauriers-roses.

Elle a bien vu que Jean Mauriac les suit discrètement depuis la Galice. « Il ne fait que son travail [1] », répond Charles pour justifier sa présence. Elle pense qu'ils feraient aussi bien de l'inviter à les rejoindre le soir. Après tout, c'est un vieux compagnon, lui aussi. Mais elle se tait. Son mari n'a peut-être pas envie de parler. À peine a-t-il reçu quelques instants, ce 18 juin, le jeune homme

1. Jean Mauriac est toujours le journaliste de l'AFP attaché au général de Gaulle.

envoyé par l'Association pour le soutien de l'action au général de Gaulle, Olivier Germain-Thomas, neveu de Pierre Lefranc. Ce sera l'unique visiteur.

Ils rentrent par Séville, les routes de l'Estrémadure et de la Castille, passent enfin le col de Roncevaux. On ne le franchit qu'à un peu plus de mille mètres d'altitude, mais c'est la montagne, telle qu'elle l'a aimée dans sa jeunesse. Elle l'émeut davantage que ces étendues glabres et sèches qui semblent l'avoir ravi, lui.

Ils sont de retour à La Boisserie le 28 juin. Charles reçoit, quelques jours plus tard, les premiers exemplaires de l'avant-dernier volume des *Discours et Messages*.

Cet été sera calme, familial, dans le havre d'une retraite sans histoire. Il attend le premier tome de ses *Mémoires d'espoir*, poursuit l'écriture du second. Parfois, il sort de son bureau en se tenant les reins. Yvonne s'inquiète dès qu'elle lui soupçonne le moindre malaise. Mais il éclate de rire devant sa mine affolée. Elle ne doit pas s'alarmer : ce n'est pas d'un mal de reins qu'il mourra, mais peut-être de cette difficulté croissante qu'il a à écrire vite et bien. Il lui montre ses brouillons, de plus en plus raturés, surchargés. Il se demande même comment Élisabeth, qui tape toujours ses textes, arrive encore à les relire.

Non. Ils vont plutôt bien, tous les deux. Mais un nouveau deuil les frappe : François Mauriac s'est éteint. C'était l'ami de Charles. Celui qui, avec Malraux, l'a le mieux compris. Elle ne lui en veut pas d'avoir critiqué, dans l'un de ses derniers « Blocs-Notes », leur visite à Franco. S'ils s'étaient parlé, Charles aurait pu lui expliquer. Yvonne aimait sa plume acerbe, son intelligence, sa hauteur de vue. Mais parce qu'ils ont décidé de ne plus se montrer en public, ils n'assisteront pas à ses obsèques. Desgrées du Loû les représentera, non pas officiellement, mais comme un double, un signe de l'affection que Charles portait au vieil écrivain.

Quelques semaines plus tard, c'est Edmond Michelet qui s'en va, juste avant la sortie en librairie des *Mémoires d'espoir*. Joie et tristesse mêlées. Yvonne ne sait plus quoi faire. Charles l'avoue maintenant, il est obsédé par la peur de ne pas aller au bout de son œuvre. Il n'en aura pas terminé avant ses quatre-vingt-quatre ans. Il a toujours été angoissé, les jours précédant son anniversaire. Mais cette année, il va avoir quatre-vingts ans et semble plus abattu que jamais. Parfois, en passant devant les fenêtres de son bureau, elle le voit immobile, le regard perdu derrière ses lunettes. Elle pense aux dernières lignes des *Mémoires de guerre* :

Vieil homme, recru d'épreuves, détaché des entreprises, sentant venir le froid éternel, mais jamais las de guetter dans l'ombre la lueur de l'espérance !

La femme désertée

Elle sort de sa longue rêverie en entendant une voiture s'arrêter devant la maison. Il est un peu plus de minuit. Elle regarde le visage lisse de Charles : il a rajeuni de quinze ans. Elle doit encore tenir bon, devant Élisabeth, Alain de Boissieu et sa fille Anne qui entrent, bouleversés. La peine de sa fille pourrait la faire défaillir, tout comme le chagrin d'Anne. Mais elle ne s'effondrera pas. Philippe, Marie-Agnès, la sœur de Charles, et les Vendroux ont été prévenus. Personne, hors la proche famille, ne sait encore que le général de Gaulle est mort.

C'est normalement à Philippe de prévenir le président de la République, Georges Pompidou. Ce dernier est dépositaire, comme lui et comme Élisabeth de Boissieu, des dispositions testamentaires du Général, auxquelles Yvonne ne dérogera pas. Mais, par scrupule, pour ne pas demander un avion du Glam, le fils du général de Gaulle prend un train de nuit depuis Brest. Il n'arrive à Paris qu'à sept heures du matin et ne parvient pas à joindre le chef de l'État. C'est à Pierre Lefranc qu'il confie cette charge.

Georges Pompidou est finalement prévenu à huit heures quarante, le 10 novembre. Quelques minutes plus tard, c'est son Premier ministre, Jacques Chaban-Delmas, qui apprend la nouvelle. Pompidou décachette le testament que le général de Gaulle lui a remis en 1952. Pierre Lefranc a apporté le texte, identique, de Philippe de Gaulle. Pas de cérémonie officielle, donc. Des obsèques dans la discrétion, à Colombey.

Quand Georges Pompidou va-t-il se recueillir sur la dépouille du Général, à La Boisserie ? C'est qu'il n'a pas beaucoup de temps... Pierre Lefranc et Chaban insistent. Il cède de mauvaise grâce : il ira voir Mme de Gaulle dans l'après-midi. On appelle Yvonne pour la prévenir. Elle refuse, ne souhaite que la présence des proches dans ces premières heures douloureuses.

Mais Brutus frappe encore. Sans attendre l'autorisation de la famille, il diffuse le testament de Charles. Yvonne se raidit.

Tout est dit. La France apprend à neuf heures quarante, par un flash de l'AFP, que le Général s'est éteint la veille. Les Français savent aussi que chacun peut venir l'accompagner jusqu'à cette dalle de pierre blanche sous laquelle repose la petite Anne.

À treize heures, après un Conseil des ministres extraordinaire, et alors que des télégrammes de condoléances affluent du monde entier, Pompidou apparaît à la télévision :

Françaises, Français,
Le général de Gaulle est mort
La France est veuve...

Lorsque Jacques Vendroux et Cada arrivent, le lendemain matin, Yvonne remet à sa belle-sœur la dernière lettre que Charles lui a écrite et qu'il n'a pas eu le temps de lui envoyer. Pendant qu'il la rédigeait, Yvonne était sous le casque de coiffure, dans sa chambre. Charlotte venait de lui faire une mise en plis. Elle s'en voudra toujours d'avoir passé cette dernière heure loin de lui, occupée à des « fanfreluches ». Elle l'a laissé seul faire le tour du parc. C'est lui qui, vers dix-huit heures trente, lui a monté une tasse de thé et un biscuit. Elle est pimpante lorsqu'elle redescend. Elle s'installe à son secrétaire. Il est devant la table de bridge, sa patience entamée. Et puis...

Cada pleure. Charles a répondu aux souhaits qu'elle lui a adressés pour la Saint-Charles.

Faites s'il vous plaît des vœux, et même des prières, pour le grand travail que j'ai entrepris et que je destine moins aux contemporains qu'aux générations futures, et cela au nom de celles et de ceux qui ont agi en même temps et dans le même but que moi, au premier rang desquels vous fûtes et vous demeurez, ma chère sœur, ainsi que Jacques et tous les vôtres[1].

1. Jacques Vendroux, *Ces grandes années que j'ai vécues*, p. 375-376.

Au moment du déjeuner, Yvonne prend la mesure de sa détresse. La place de Charles est vide. Elle ne le supporte pas. Puisque Philippe n'est pas encore arrivé, elle demande à Élisabeth de s'y asseoir. C'est un moment d'intense émotion, où chacun, les Vendroux, Alain de Boissieu et la jeune Anne, sont débordés par leur chagrin et par celui d'Yvonne. Elle se laisse tomber sur sa chaise. Elle ne peut rien avaler.

Marie-Agnès gagne La Boisserie en début d'après-midi. Elle a quatre-vingt-trois-ans. Jamais elle n'aurait imaginé se retrouver là, devant le corps de son frère si tendrement aimé. Yvonne lui tend la lettre que Charles lui a écrite, dans l'après-midi, comme à Cada : « Tout est calme, ici... », lui disait-il.

Philippe enfin, arrive vers dix-sept heures, ce 10 novembre. Personne, ni à l'Élysée, ni à Matignon, n'a pris contact avec lui, dit-il à sa mère. Yvonne serre les lèvres.

Philippe, qui ressemble tellement à Charles, se penche sur le visage de son père. Elle le regarde, courbé, cachant ses larmes. Elle pourrait s'effondrer maintenant. Mais il faut tenir, encore.

La maison est silencieuse. De rares étrangers à la famille ont pu s'incliner devant la dépouille de Charles. On peut fermer le cercueil.

Yvonne refuse que l'on exécute un moulage du visage de Charles, et que l'on coupe une mèche de ses cheveux. « Pas de reliques », répète-t-elle. Elle a néanmoins demandé à l'un des menuisiers venus prendre les mesures pour la bière de retirer l'alliance de son mari. Et dès que tous les proches l'ont béni, elle fait fermer le cercueil.

Lcrsqu'elle entend les vis entrer dans le bois, c'est Charles et la petite Anne, ensemble, qu'elle perd à nouveau. Élisabeth et Philippe se tiennent auprès d'elle, si rigide, immobile, défigurée par le vide qui l'habite à présent. Avec Charlotte, Honorine et Marroux, à genoux, elle va encore prier pour le repos de cette âme qui la laisse si seule.

Le lendemain après-midi seulement, Yvonne accepte enfin de recevoir Georges Pompidou et Jacques Chaban-Delmas. Le cercueil est clos. Il n'y a rien à dire.

Le 12 novembre a été proclamé jour de deuil national. À Notre-Dame, monseigneur Marty officie devant tous les chefs d'État de la planète. À Colombey, des trains et des cars affrétés spécialement déversent des milliers de fidèles qui, en silence, gagnent la minuscule église. Yvonne ne veut pas le savoir. Lorsqu'elle entend le glas, à quatorze heures, elle est prise d'un malaise, qu'elle parvient à maîtriser. C'est ainsi : la mort fait partie de la vie.

Il est un peu moins de quinze heures quand on lui enlève le corps de Charles pour le placer sur un blindé. Le cercueil est recouvert du drapeau qui a enveloppé son mari depuis sa mort. Elle monte, avec ses enfants, dans la première voiture qui suit le char. Dans trois autres automobiles ont pris place ses petits-enfants, le colonel Desgrées du Loû, Xavier de Beaulincourt, chef du secrétariat privé de Charles, Charlotte et Honorine. La foule est énorme, compacte. Yvonne voit les gens pleurer, faire, dans leur direction, le V de la victoire, mais elle ne reconnaît personne. Elle ne voit personne. Elle sait que les dernières volontés de son mari sont respectées. Les compagnons de la Libération sont là, les détachements de corps d'armée, les proches... Et, surtout, ce peuple de France avec lequel il se sentait en communion...

La petite église est comble, si bien que, lorsque Malraux arrive, hagard, le regard chaviré par le chagrin, il faut se serrer pour l'accueillir. Le cercueil entre dans la nef, porté par douze jeunes garçons de Colombey, tous fils d'agriculteurs. Quatre saint-cyriens, dont un noir, les encadrent. Yvonne suit, sous ses voiles noirs, accompagnée par la famille. Ils se serrent sur leur banc alors que, devant l'autel, l'un des jeunes saint-cyriens, pris d'un malaise, s'effondre. On l'évacue avec difficulté dans la foule compacte qui occupe l'allée centrale.

La messe est célébrée par le neveu du Général, le révérend père François de Gaulle, l'évêque de Langres et le curé de Colombey, l'abbé Jaugey. Yvonne prie de toute son âme. Puisse Charles trouver la paix...

Les douze jeunes gens de Colombey portent le cercueil jusqu'au cimetière. Des monceaux de fleurs couvrent toutes les tombes. Il y a des couronnes énormes, barrées des noms de Mao Tsé-toung, de Chou En-Lai, de Nixon, de Golda Meir... Mais la vue d'Yvonne se brouille lorsque son mari rejoint la petite Anne. Elle est hébétée. Son fils la prend par le bras.

La foule s'écarte pour la laisser regagner sa voiture. Il faut tenir, encore. Il est seize heures trente quand elle retrouve enfin La Boisserie. Le chien Rase-Mottes l'accueille avec un regard pathétique. Elle étouffe un sanglot. Ses enfants et petits-enfants l'entourent, la soutiennent.

Son regard est attiré par une pile de journaux que Philippe ou Alain ont dû ouvrir. Un seul titre barre la une : « Le général de Gaulle est mort. » Elle ne sait pas encore qu'au moment des obsèques, sous la bruine, la longue cohorte du peuple de France, silencieuse et triste, remontait les Champs-Élysées vers l'Arc de Triomphe, dans un poignant hommage à cet homme qu'elle a partagé avec l'Histoire.

Lorsque tout le monde est parti, elle peut enfin s'abandonner à son chagrin. Elle monte dans sa chambre, s'allonge sur son lit. Ses larmes coulent. Longtemps. Une source intarissable. Personne n'ose la déranger. Rase-mottes essaie bien, une fois ou deux, de gratter à sa porte. Mais il comprend, lui aussi, qu'il faut la laisser en paix.

Pourtant, dès le lendemain, elle se ressaisit. Il faut ranger, tout mettre en ordre, éviter les dérives : on ne sait jamais – surtout pas de reliques. Elle fait descendre le lit de Charles, ordonne qu'on le brûle, jette dans le brasier ses vêtements, ses chaussures, tous ses effets personnels. Pierre Lefranc arrive à La Boisserie au moment où il ne reste quasiment plus rien. Il se bat presque avec elle pour sauver un képi, sa capote d'officier, quelques décorations. Grâce à Alain de Boissieu, elle finit par épargner deux autres képis et deux uniformes, qu'elle fait parvenir au musée de l'Ordre de la Libération et à Saint-Cyr. Elle adresse un dernier képi à Marguerite Potel, en souvenir d'Anne et de ces longues années qu'elles ont vécues côte à côte.

Elle range, trie, brûle, met de côté des documents particuliers, qu'elle confie à Philippe. Elle a toujours pris soin de collecter tous les écrits que Charles laissait parfois traîner dans le salon. N'importe quel visiteur aurait pu les subtiliser. Lui-même, généreux et inconscient, en distribuait. Alors que tout doit être préservé, pour l'Histoire. Philippe est le gardien de la mémoire de son père. Lui seul saura la faire respecter.

Enfin, elle se penche sur ses comptes. Avec la demi-solde d'officier de Charles, elle n'ira pas loin s'il faut envisager de grosses réparations à La Boisserie. Et elle ne sollicitera pas l'aide de ses enfants : ils n'ont pour vivre que leurs traitements d'officiers et bien assez de dépenses avec leurs propres enfants, dont certains sont à l'université.

Et que vont devenir les domestiques ? Il faut leur dire la vérité. Charlotte proteste qu'elle n'a pas besoin de gages. Elle a un petit pécule, puisqu'elle ne dépense rien, ici. Et puis comment quitter Madame maintenant ? De toute manière, elle n'a pas où aller. Quant à Honorine, elle est jeune encore. Peut-elle trouver une autre bonne maison ? Honorine se met à pleurer. Elle ne va pas laisser Madame ainsi, toute seule ? Mais il est vrai qu'elle ne peut rester sans gages. Elle va chercher.

La vie s'écoule, petitement. Il lui arrive d'oublier qu'elle est seule. Elle se dirige vers la bibliothèque et s'attend à voir Charles assis dans son fauteuil favori, un livre à la main. Puis elle sort, marche dans le jardin, comme lui, s'acharne à en faire le tour, Rase-Mottes sur les talons.

Elle a essayé de régler ses journées pour tuer la solitude. Elle se lève un peu plus tard. Comme elle n'a plus beaucoup de courses à faire, elle répond à son courrier dès le matin. Elle déjeune parfois à la cuisine, avec Charlotte et Honorine. L'après-midi, elle rend visite à des malades, elle s'occupe du jardin. Le dimanche, elle continue d'assister à la messe de onze heures trente, à Colombey, puis se rend au cimetière. Elle reste de longs moments immobile devant la dalle blanche recouvrant les corps de ces deux êtres qu'elle a tant aimés. Parfois, elle surprend des anonymes venus se recueillir sur la tombe de Charles et s'éclipse discrètement. C'est dans l'ordre des choses. Il appartient au peuple tout entier…

L'hiver, elle tricote, comme à son habitude. Elle ne retrouve un peu de bonheur qu'en présence de ses enfants et petits-enfants. Elle décline toutes les invitations, n'assiste jamais à la messe commémorative du 9 novembre, à Colombey. Elle reçoit encore quelques collaborateurs de Charles, pour régler des problèmes ponctuels, et accueille volontiers la maréchale Leclerc, avec laquelle, depuis leur première rencontre, elle se sent des affinités.

À Pâques, elle se rend chez Philippe, à Agay, dans le Midi. En juillet, elle rejoint les Boissieu à Locmariaquer, en Bretagne. Maintenant, elle surveille ses arrière-petits-enfants, qui apprennent a écouter la mer dans les coquillages. Il lui arrive de partir, avec Jacques et Cada, dans des voyages qui ressemblent à ceux qu'elle faisait avec Charles. Ils découvrent Menton, parcourent l'Alsace, le Jura. Elle a retrouvé son fond de gaieté, mais l'absence de Charles l'enferme souvent dans le silence.

Son visage s'est affaissé. Une légère ptôse des paupières lui donne un regard accablé. Sa bouche, autrefois si jolie, s'encadre de deux rides amères. Il lui faut bien l'entourage des siens, leur attention, leur gentillesse, pour que l'on retrouve, dans ces traits marqués, la jeune femme à la gracieuse vivacité.

Elle ne participe à aucune cérémonie officielle, à de très rares exceptions près : le 25 juillet 1971, à Coëtquidan, pour le triomphe de la promotion d'officiers « Charles de Gaulle » ; aux Invalides, pour la remise de la plaque de grand officier de la Légion d'honneur à son gendre, Alain de Boissieu.

Finalement, Honorine la quitte. Elle se marie. Un mariage arrangé, en Suisse. Yvonne la dote de ce qu'elle peut. Elle ne l'oublie jamais pour les fêtes, lui écrit.

Il lui arrive de passer de longs moments immobile, à se remémorer les cinquante-huit ans qu'elle a vécus aux côtés de cet homme inouï : Charles. Elle lui a tout pardonné : son intransigeance, ses sautes d'humeur, sa mauvaise foi, parfois. Par une transmutation étrange, et malgré l'intimité qu'ils ont partagée, pour elle aussi, il est devenu la statue du Commandeur.

Un jour, Pierre Lefranc lui annonce que les gaullistes voudraient dresser une immense croix de Lorraine, sur la colline en contrebas de Colombey. Philippe est d'accord. Et elle ? Une croix de Lorraine, oui, c'est le symbole qu'il faut.

Le 18 juin 1972, le monument est inauguré. Pompidou est là, qui lui tend la main. Elle hésite de longues secondes, avant de lui donner la sienne. Elle a eu tout le temps nécessaire, depuis avril 1969, pour couver son ressentiment. Finalement, afin d'honorer la mémoire de Charles, elle se résigne.

Un an et demi plus tard, Georges Pompidou est emporté par la maladie. Elle écrit à son épouse, qu'elle aimait bien. Toutes ces dissensions sont si loin, maintenant... Et le jeune ministre des

Finances de Charles qui devient président de la République... Ce sont encore les rumeurs du monde qui atteignent, comme étouffées, les remparts de La Boisserie.

Yvonne consacre une partie de son temps à la Fondation Anne de Gaulle. Les droits d'auteur de Charles y sont versés automatiquement. Mais elle vérifie les comptes et le fonctionnement de l'institution. Élisabeth l'aide, en effectuant les visites qu'elle n'a plus le courage d'y faire.

Lorsque Charlotte tombe malade, Yvonne la soigne, la veille jour et nuit, dépense sans compter pour elle. Les deux femmes sont liées par la même solitude. Elles ont partagé les heures de gloire. Il est normal qu'elles partagent les épreuves.

Puis Charlotte la quitte. Elle est trop âgée, maintenant. Elle ne lui est plus d'aucune utilité. Et Marroux, le fidèle, le courageux, celui qui, par deux fois, leur a sauvé la vie, à Charles et à elle, prend sa retraite.

Cette fois, elle est vraiment seule, erre dans la maison, n'a plus le courage de rien. Elle ne pourra pas supporter longtemps cet isolement. Tout le monde la croit forte et dure. Elle est d'une fragilité que l'âge accentue chaque jour.

Lorsqu'elle s'aperçoit qu'une fuite a quasiment détruit une pièce du premier étage, elle préfère réparer et se priver de chauffage. Il faut préserver cette maison qui fut celle de Charles et qui appartient à la France. Un jour que Pierre Lefranc vient la voir, il la trouve emmitouflée dans un manteau : la maison n'est plus chauffée. Et, sur ces territoires des confins de la Lorraine, l'hiver est un enfer glacé. Des amis se cotisent pour payer le fuel. Elle refuse. Elle n'a besoin de rien. Elle va partir, laisser la maison aux enfants, qui en feront un musée. Le prix des visites permettra de l'entretenir. Ou alors l'institut Charles-de-Gaulle la gérera, en coordination avec Philippe. Tout est intact. Elle n'a rien changé depuis la mort de Charles.

Sa décision est prise. Elle écrit à plusieurs institutions religieuses qui acceptent des pensionnaires, demande les prix, opte pour les sœurs de l'Immaculée-Conception de Notre-Dame-de-Lourdes, 73, avenue de la Bourdonnais, à Paris. Au Bazar-de-l'Hôtel-de-Ville, elle achète des meubles en bois blanc, très simples, pour garnir sa chambre au cinquième étage de la maison de retraite. Elle n'emporte presque rien de La Boisserie : à peine quelques photographies. Fin septembre 1978, elle est installée. Elle a quitté La Boisserie sans se retourner.

Elle vit là, dans sa petite chambre. Elle apprécie la simplicité des sœurs, leur gentillesse, leur discrétion. Les trente-deux autres pensionnaires sont, comme elle, de vieilles dames qui ont eu de belles vies. Certaines en parlent, embellissent les souvenirs. Elle ne dit pas grand-chose, encore qu'elle soit toujours affable et souriante. Elle est fière, aussi, lorsque Philippe vient la chercher, ou qu'Alain de Boissieu l'attend dans le hall pour l'emmener dîner ; quand Jacques et Cada l'entraînent dans de longues promenades. Elle sort à nouveau, voit des expositions, rencontre de vieux amis, ses petits-enfants, ses arrière-petits-enfants. Elle reste souvent silencieuse, pense à Charles. Il n'est pas un instant de sa vie où il ne soit présent. Mais il n'est jamais si proche que lorsqu'elle prie.

Elle est devenue une vieille dame un peu sèche qu'on ne reconnaît plus dans la rue. C'est aussi bien ainsi.

De temps à autre, elle lit un journal, pour se tenir au courant, vaguement. Mais elle n'a plus de goût pour les affaires de la France. Elle suit de loin la lutte des femmes pour l'avortement et se scandaliserait de la loi Veil si elle avait encore la force de s'insurger. Ce monde n'est plus le sien. Elle a vécu une autre époque, avec Charles. Ils venaient tous deux d'un autre siècle.

Elle est fatiguée, souvent. Puis elle commence à souffrir. Quand elle se décide à consulter, il est tard, déjà. Le cancer est bien avancé. Le 4 juillet 1978, elle est transportée en urgence au Val-de-Grâce. Avant l'opération, elle reçoit les derniers sacrements. Lorsqu'elle se réveille, elle est déjà détachée du monde.

Elle quitte l'hôpital amaigrie et déprimée. Elle n'a pas envie de se battre, ne sort presque plus. Elle prie. Elle revit avec Charles, attend de le retrouver.

Les médecins disent qu'il faut accepter une nouvelle opération. À quoi bon ? « Laissez-moi mourir, leur dit-elle. Laissez-moi rejoindre le Général... » Elle a fait sa vie, une vie si forte, si riche. Elle accepte encore, pourtant. Il faut aller au bout des épreuves, patienter, supporter… C'est sans doute le prix à payer. Elle a cependant apporté la robe dans laquelle elle veut être enterrée. Et un crucifix.

Le 8 novembre 1979, sur son lit d'hôpital, à une heure trente, elle sort d'un long engourdissement. Elle est si fatiguée… Elle referme les yeux et, dans la lumière éblouissante, une immense silhouette lui tend les bras.

Charles l'a laissée seule un 9 novembre. Neuf ans plus tôt.

Le lendemain, pour la première fois, elle fait la une des journaux.

Index des noms

C

D

E

F

G

T

V

W

Y

Z

Table des matières

Achevé d'imprimer en novembre 2000
sur presse Cameron
par ***Bussière Camedan Imprimeries***
à Saint-Amand-Montrond (Cher)
pour le compte de France Loisirs

N° d'édition : 34204. N° d'impression : 004926/4.
Dépôt légal : août 2000.

Imprimé en France